詩의 고독과 절망

The loneliness and despair of the poetry

건지학술총서

12

The loneliness and despair of the poetry

詩의 고독과 절망

양병호

전북대학교출판문화원

서문

#. 개, 나는 개다. 적어도 밤을 새워 짖을 채비는 해왔다. 살아오는 동안 도처에 암약하는 어둠과 맞닥뜨렸다. 허약한 삶의 갈피마다 가득 차오르는 음습한 음모를 목도하였다. 그러나 목청이 쉬어빠져 공명을 이루지 못했다. 나의 목소리는 허공으로 날아올라 산산이 부서진 이름조차 되지 못하였다. 어딘가에 떠도는 혹성에 안착하지 못하고 자꾸만 비켜 갔다. 별 헤는 밤마다 악몽을 꾸곤 했다. 그러나 참말로 나는 지조 높은 개를 꿈꾸었었다. 그런데 올해 나는 마침내 개 중에서도 황금 개가 되었다. 본의 아니게.

#. 나, 나는 피리가 되고 싶었다. 만파식적 같은. 그러나 불협화음만 피식, 불어제치는 소음이었음을 자인한다. 결코 파도를 일으키는 바람이 되지 못한 채.

#. 의미, 의미는 무의미를 먹고 자란다. 태초에 무의미가 존재했다. 의

미가 존재하지 않았다. 존재가 무의미였다. 무의미가 존재였다. 그리하여 인생은 원래 무의미한 것이다. 그렇다 하면 인생은 허무가 본질이다. 허무가 인생이다. 인생의 허무를 인정하면 진짜 허무하다. 그리하여 인생은 허무가 아니라는 사실을 강변한다. 억지로라도 의미를 구축하여야 한다. 허무로부터의 탈출을 위한 최후의 방편은 의미의 구축이다. 그런데 의미의 건축 자체가 무의미한 것이다. 의미의 구축을 향한 몸부림은 허무하다. 생각해 보면 최고의 인생은 무의미를 향하여 직핍하는 것이다. 어질더질.

#. 시, 시는 생각한다. 허무의 늪에서 피어나는 한 송이 꽃이기를. 무의미의 광야에서 독야청청하는 낙락장송이기를. 방향 없이 몰아치는 마음의 사막에 부는 한 줄기 미풍이기를. 시는 줄창 꿈꾸어 왔다. 그리하여 죽음, 사랑, 절망의 강을 건너 안녕의 피안에 당도하기를 소망하였다. 그러나 시는 과학의 위세에 억눌린 채, 근거 없는 속요라는 처지에 직면하였다. 시는 몸의 감각성에 치이고, 물질의 탐욕에 기죽고, 미디어의 자극성에 굴복한, 패잔병의 우울한 초상으로 너덜거리고 있다. 시방. 시는 헛헛한 세상의 구석에서 주눅 든 채 고독하다. 마침내 시는 물질과 자본의 도저한 흐름 앞에 절망한다.

#. 사랑, 사랑은 시의 화두이다. 마음과 마음이 교호하는 그런 사랑. 시는 사랑을 사랑한다.

#. 시인, 시인은 은밀하게 사랑을 타전하는 게릴라이다. 인간의 맘과 몸, 몸과 맘의 변증법에 대해 사랑의 해답을 마련하려 고군분투하는 존재

이다. 시인은 사랑을 먹고 마시며, 사랑 때문에 살고 죽는다. 순결한 영혼의 사랑을 꿈꾸며.

#. 눈, 눈이 퍼붓는다. 푹푹. 근심처럼 눈이 내려 쌓이고 있다. 매급시. 도회지의 빌딩은 창백한 사념에 잠긴다. 푹푹. 가지 잘린 뭉툭한 형상의 가로수는 쏟아지는 눈을 응시한다. 하염없이. 삶의 갈피마다 광고 전단지는 아무렇게나 짓밟혀 나뒹군다. 푹푹. 호남지방엔 한숨처럼 대설경보가 발령되었다. 묵묵. 여기저기로 허름한 추억이 흩날린다. 함부로. 눈은 풍경을 향하여 하얀 폭력을 휘두른다. 푹푹. 그 폭력이 상처를 어루만지며 환한 영상을 제공한다. 잠깐. 세상은 순백의 마스크를 쓰고 피학적으로 묵상한다. 고즈넉이. 내 사랑도 희미하게 지워지고 있다. 푹푹. 퍼붓는 눈발 속으로 날아가는 굴뚝새 따라. 허겁지겁.

#. 책, 이 책은 시인들의 묵시록이다. 아니 이 책은 시인들이 숨 죽여 부르는 영가이다. 아니 이 책은 저들의 눈물과 피와 불면과 상처를 기록한 심서이다. 아니 이 책은 시인들의 사랑을 적은 묘비명이다.

#. 나는 시인들의 순결한 영혼을 기린다. 내일도.

목차

II. 작품론

I.

시인론

01
온고이지신의 줏대 시인
– 고하 최승범

1. 선비정신의 줏대로 살아온 한국문학계의 어른

고하 최승범은 1931년 6월 24일 남원군 사매면 서도리 449번지 노봉마을 삭녕 최씨 집성촌에서 최성현崔成賢과 홍덕순洪德順을 어버이로 출생하였다. 그는 초등학교 입학 전 할아버지 고은古隱 최장자崔壯字로부터 『추구推句』를 배웠다. 할머니로부터는 춘향전, 흥부전, 장화홍련전, 심청전을 팔 베고 들었다. 초등학교에 입학해서는 역시 할아버지로부터 『소학小學』을 배웠다.

나는 일곱 살 때 할아버지로부터『추구』로 한자를 깨쳤다. 손수 필사 장정한 5언구 『추구』였다. "天高日月明 / 地厚草木生"의 글자를 짚어가며 새김과 음을 읽고, 글귀의 뜻도 어렵잖게 이해할 수 있었다.

春水滿四澤 춘수만사택

夏雲多奇峰 하운다기봉

秋月揚明輝 추월양명휘

冬嶺秀孤松 동령수고송

도연명陶淵明의 유명한 사시시四時詩를 알게 된 것도 저 『추구』에서였다. 내가 문학을 하게 된 것도 『추구』 덕택이 아닌가 싶다. 『천자문』은 꽤나 철학적이라는 생각이 들기 때문이다.[1]

이후 고하는 초등학교에 들어가 조부모님과 부모님 슬하에서 평범한 유년 시절을 보낸다. 그러나 초등학교 4-5학년 때쯤 어려운 가정 형편에 처한다. 그리하여 고하는 초등학교를 졸업하고 순창으로 출가한 고모의 도움으로 1945년 순창농림학교에 입학한다. 해방 후 처음으로 국어와 영어를 교육 받는다. 이후 월반 시험을 거쳐 남원농고 4학년으로 전학을 한다. 남원농고 재학시 문예부 활동을 하며 문사의 꿈을 키운다. 고하는 1949년 9월 명륜대학(전북대학교 전신)에 입학하였다. 이후 1950년 한국전쟁이 발발하자 13연대에서 위관급 문관으로 대전에서 복무하였다. 이후 전북대학교에 복학하여 가람 이병기 선생을 모시고 학업에 열중하였다.

가람을 처음 뵈온 건 6. 25전란 중이었다. 1. 4후퇴 후, 향리인 익산군 여산면 원수리에 와 계시다가 전주의 명륜대학과 전시연합대학에 출강하시던 무렵이었다. 나는 전북대학교 문리과대학의 제1회 국문과 학생으로서 가람을 스승으로 모시게 되었다.

우리 국문학계의 태두요 시조시인으로서의 가람의 명성은 고교 시절부터 익

1 최승범, 『향수어린 책』, 시간의 물레, 2015, 10-11쪽.

히 들었던 바, 이 어른의 강의를 들을 수 있게 되었다는 데 대하여 나는 몹시 설레는 가슴이었다.

뵈옵자, 대학자요 시인이라는 인상보다 그저 내 어린 시절 시골의 이웃에 살던 수더분한 아저씨의 모습 그대로였다. 짙은 회색 두루마기에 중절모자를 쓰고 대학에 나오셨고, 강의는 두루마기 바람으로 하셨다.[2]

고하는 전북대 국문과를 다니며 가람을 스승으로 모신다. 그런데 스승으로 모시는 자세나 태도는 가히 진지하고 경건한 것이었다. 유교에서 말하는 군사부일체의 전형을 몸소 실천한 것이다. 가람은 평소 자신이 스스로 술, 난초, 제자의 삼복을 지니고 태어난 것을 자랑한 바 있다. 여기서 제자복은 다른 제자들도 여럿 있었지만 아마도 고하를 두고 한 말이 아닌가 싶기도 하다.

고하의 삶을 살펴보면 가람의 생활 습관과 많이 닮아 있다. 즉 학문하는 태도도 온고지신의 학풍을 지니고 있다. 예컨대 가람과 고하는 선학들의 고전을 열심히 읽는다. 뿐만 아니라 서지적 애호심도 남다르다. 가람과 고하는 고전과 한적에 대한 탐독은 물론이려니와 출간되는 문학서적의 구입과 소장에도 특별한 관심과 애정을 지니고 있다. 고하는 3만여 권의 책을 소장한 장서가이기도 하다. 또한 가람이 시조 부흥 운동을 일으키고 시조의 현대화에 힘쓴 것을 본받아 고하가 현대시조의 새로운 국면을 개척한 점도 학문 계승의 본보기가 된다. 뿐만 아니라 난초를 애호하였던 가람의 자세를 이어 고하도 항상 난을 옆에 두고 즐기는 생활을 몸소 실천하였다.

---

2 최승범, 『스승 가람 이병기』, 범우사, 2001, 78-79쪽.

고하는 1953년 전북대 학부를 졸업한 다음 대학원에 진학하여 더욱 가까이 가람을 모시고 학문에 정진한다. 한편 고하는 1953년 1월 신석정 시인의 장녀 신일림과 결혼하여 가정을 꾸린다. 대학원에 진학한 고하는 1955년부터 전북대학교 대학신문사 편집주임의 일을 맡아 신문 제작에 능동적 역할을 담당한다. 사실 고하는 이미 학부 때부터 학보사 기자로서 전북대신문 발간에 참여하였다. 이 때 법대에 재학 중이던 한승헌 변호사와 함께 전북대신문의 기자로 활동한 것이다. 이들의 우정은 이후에도 현재까지 계속 이어져 오고 있다. 이후 1957년 전북대학교 국문과 박사과정 입학과 아울러 전임촉탁강사로 발령 받아 1996년 정년하기까지 전북대학교 국문과에서 후학을 양성한다. 고하는 1958년 『현대문학』 6월호에 「설청」 외 2편으로 추천을 받아 시인으로 등단한다.

이후 고하는 전북대학교에서 다양한 보직을 수행하면서 대학 발전을 위해 헌신한다. 고하는 1974년 교양과정부장을 역임하면서 신입생들의 교양과정 개발과 수월한 교양정신 함양을 위해 봉사한다. 이후 1977년 고하는 전북대신문사의 주간을 맡아 학내언론과 소통의 중임을 수행한다. 그리고 1985년 전북대학교 인문대학장이 되어 인문학 발전을 위해 헌신한다. 1987년에는 전북대 사회과학연구소장의 일을 맡아 봉사한다. 1990년에는 전북대학교 교무처장으로서 학교 발전을 위해 중책을 수행한다.

고하는 전북대학교 구성원으로서 이와 같은 다양한 보직을 합리적이고 원활하게 수행함으로써 대학 발전을 위해 노력해왔다. 한편 고하는 지역사회와 나라의 발전을 위한 일에도 성실하고 꾸준하게 참여하였다. 그는 전주 UNESCO협회 상임이사(1967), 한국문화재보호협회 전북지부장(1972), 전북지방법원 조정위원(1986), 전주 지바 문화교류회 대표(2001), 세계서예전북비엔날레 조직위원장(2002) 등을 역임하면서 지역과 국가를 위한 일에도 앞장서 봉사한다.

또한 고하는 문인이자 학자로서 다양한 문화 예술 단체 조직의 대표로 성실하게 봉사한다. 한국문인협회 지부장(1969), 한국문화단체총연합회 전북지부장(1971), 전북 외솔회 회장(1975), 한국언어문학회 회장(1985), 고하문예관 관장(1997), 고하문학관 관장(현재)을 역임하며 봉사한다.

이와 같이 문화 예술을 위한 각종 단체의 대표로서 지역과 나라의 문화 발전을 위한 일 중에서 가장 두드러진 업적은 『전북문학』(1969-현재, 통권 272호)의 지속적인 발간이다.

『전북문학』은 1969년 7월 10일 창간한 후 2015년 12월 현재 총 272권이 간행되었다. 대략 45년 동안 1년에 평균 6권씩 간행된 것으로 보아 격월간의 성격을 띤 것이다. 『전북문학』은 주로 시와 수필, 꽁트 등을 실었다. 『전북문학』에 작품을 발표한 필자는 대체로 전북에 거주하거나 전북에 연고를 둔 문인들이었다. 『전북문학』 창간 동기와 취지는 다음과 같다.

> 내가 1966년 일본 동경에서 기타가와 후유이꼬北川冬彦을 만났는데, 그 분이 주축이 되어 만든 동인지 약 20쪽짜리 『지깡(시간)』이란 책을 주어. 그리고 또 조금 있다가 구사노 신뻬이草野心平가 자신이 만든 약 50쪽짜리 동인지 『레끼떼이(역정)』를 주어. 그래서 그걸 내가 받아보고 이야기 들으면서, 그 분들 만나면서, 야 내가 전주로 돌아가면 지역문화를 위해서, 문인들도 있고 한데 발표의 장이 없으니, 그래 요 운동을 해야겠다. 그래서 1969년 이리의 홍석영, 군산의 이병훈 등 25인이 모여 창간호를 냈지.

1969년 창간한 『전북문학』은 이후 '독자시단', '초대석' 등 다양한 코너를 마련하여 외부 필진에게도 문호를 개방하기도 한다. 이후 전북 지역을 벗어나 일본과 중국 문인들의 작품도 번역 수록하는 개방성을 보인다.『전북문학』은 지역에서 약 45년 동안 끊임없이 줄기차게 발행됨으로써 지역문학의 위상을 제고하였을 뿐만 아니라 한국문학의 발전에도 지대한 공헌을 하였다. 이는 물론 고하 최승범의 꾸준하고 성실한 문학에의 열정과 헌신으로 인한 것이었다.

2. 전통과 풍류를 찾아 현대화하는 온고지신의 수필 정신

고하 최승범은 전북대 대학원에서 1956년「계축일기癸丑日記」로 석사학위를 받는다. 또한 1980년 전북대 대학원에서『한국수필문학연구』로 박사학위를 받는다. 이로 보아 고하의 학문적 입장과 태도는 시조와 아울러 수필에도 그나큰 애정을 가지고 있음을 알 수 있다. 따라서 고하는 시조시의 창작과 논문 발표 이외에 수필 창작에도 몰두한다. 고하가 출간한 수필집은 그의 저서 55권 중 대략 반수를 차지한다.

고하는 1958년『현대문학』5월호에 시「설경」등을 발표하며 등단했다. 따라서 이미 시력 반세기를 넘긴 시인이다. 그 반세기 동안 고하는 시조, 수필, 문학 연구 등의 작업을 왕성하고 끈질기게 수행해 왔다. 이러한 작업을 통해 고하는 한국의 전통 가치와 문화를 계승하려는 의욕을 보여줄 뿐 아니라, 부박한 현대적 삶의 정신적 이정표로 선인들의 정신 가치를 내세우려 한다.

특히 고하가 발표한 수필의 경우 이러한 의도와 욕망이 구체적이고 직접적으로 드러난다. 예컨대 한국의 전통적인 삶의 우아하고 멋스런 생활양식에 대한 천착이 그것이다. 고하는 음식, 소리, 빛깔, 풍물, 세시풍속 등 우리의 일상적인 삶의 밑바탕을 이루고 있는 전통에 대해 차분하고 섬세하고 따뜻한 시선을 보낸다. 그리하여 급박하게 변화한 생활양식 때문에 정체성을 상실하고 표랑하는 현대인들에게 의미있는 푯대를 제시한다. 해방 이후 물밀듯 거침없이 쏟아져 들어온 서구의 정신과 가치 그리고 각종 삶의 방식으로 인해 우리는 서양/ 동양, 전통/ 혁신이 범벅된 생활을 해왔다. 고하는 이처럼 정체성이 흔들리는 사회에서 줏대를 잡고 살아가기 위해서는 조상들의 삶의 방식을 현대적으로 계승 발전시켜 나가야 하는 것으로 본다. 이를 위해 고하는 전통의 가치와 정신에 대한 천착을 수필을 통해 꾸준히 개진한다.

> 수필에는 필자의 심경이 전 인생에 확충되어 있어야 하고, 따라서 문예적인 향취와 가치를 지니고 있어야 할 것이다. 그럼으로써 모든 수필은 날카로운 지성과 따뜻한 감성으로 모든 사물에 달관한 작자의 심경이 줄줄이 배어 읽는 이에게 친밀성과 육박미를 부어주는 것이어야 하겠다.
> 날카로운 지성과 따뜻한 감성의 어느 한 쪽만을 갖기는 쉬울지 모르나, 두 가지 면을 다 풍부하게 갖기란 누구나가 쉬운 일이 아니다. 따라서 수필은 만인이 다 쓸 수 있는 것이면서도, 높은 향기를 풍기는 좋은 수필을 얻기란 어려운 일이기도 하다.
>
> 「수필」, 『남원의 향기』 에서

> 나는 최근 수년간에 걸쳐 수필할 수 있는 기회를 얻게 될 때마다 주로 한국적인 것을 되돌아보고 그것을 담아내고자 하였다.
> 진정 우리의 것이라고 할 수 있는 많은 것들이 우리의 둘레에서 차츰 사라지고 빛바래져가는 것을 볼 수 있기 때문이다. 적잖이 아쉬운 일이 아닐 수 없다.
>
> 「서문」, 『한국을 대표하는 빛깔』 에서

위 인용문에서 보이듯 고하는 '좋은 수필'이란 지성과 감성을 두루 갖추어야 할 것과 포괄적인 인생관과 미학적인 글쓰기가 동반되어야 함을 역설한다. 또한 고하는 글쓰기의 소재로 '한국적인 것'을 들고 있다. 이는 물론 한국의 고유 전통과 문화를 강조한 것이다. 예컨대 고하는 수필을 통해 '온고지신'의 가치를 발현하려 한다.

> 내가 단청의 빛깔에 처음으로 황홀해 하였던 것은 초등학교 3학년이든가 4학년 때의 일이다. 할머니의 손을 잡고 남원의 춘향제 구경을 갔을 때의 일이다. 할머니의 손을 잡고 남원의 춘향제 구경을 갔을 때, '광한루'의 크고 높은 건물과 또 한켠에 자리한 '춘향각'의 자그마한 사당 같은 건물에서였다. 광한루는 고향마을의 집들에서는 볼 수 없었던 건물이었다. 아름드리 높고 둥근 기둥인가 하면, 2층에는 난간이 둘러져 있고, 또 그 위의 서까래도 굵직굵직 쑥쑥 내어 물려져 있었다. 이보다도 기둥과 난간 서까래에 울긋불긋 칠해져 있는 빛깔들이 찬란하고 아름다웠다. 춘향각도 규모는 작으나 저렇듯 야단스러운 빛깔들이었고, 안에는 춘향이 서있는 고운 모습의 그림이 걸리어 있었다.

> 어슬녘에 전남 구례의 천은사에 든 적이 있었다. 그 때엔 몇몇 비구니가 절을 지키고 있었고, 절에 든 일반 사람들도 볼 수 없었다. 이 절의 빛나는 단청을 홀로 두리번거리며 바라보는데, 와락 무섬증이 드는 것이었다.
>
> 어린 시절 할머니의 손을 잡고 광한루 경내를 돌며 많은 인파 속에 바라보던 단청 빛깔에서의 느낌과는 딴판이었다. 왜 그랬을까. 내 마음이 속俗에 찌들어 있었기 때문이 아니었을까.
>
> 단청은 속된 마음을 비우고 바라보아야 그 아름답고도 장중한 빛깔을 제대로

바라볼 수 있다는 생각이다.

「단청-마음 비워야 보이는 화엄경」에서

이 글은 유년 시절 남원의 광한루에 가서 '단청'을 본 경험담을 기억을 더듬어 서술하고 있다. 유년이어서 더욱 신기롭고 찬란하게 다가왔을 '단청'에 대한 아름다움을 표출하고 있다. 전통 색깔에 대한 서술자의 체험이 이후의 삶에 있어 원초적 아름다움으로 각인되어 있었던 것이다. 그러나 성년이 되어 다시 가본 광한루의 '단청'을 보고서는 두려움과 무서움을 느낀다. 예컨대 유년 시절의 '단청'과 성년 시절의 '단청'에 대한 감각과 느낌이 서로 상반되는 현상을 보인다. 이를 두고 서술자는 객관적 대상 즉 사물에 문제가 있는 것이 아니라 인지주체자의 마음의 문제임을 각성한다. 전통의 상징인 '단청'의 아름다움을 수용 반응하는 것에도 인지주체자의 무욕의 마음이 중요하다는 것을 강조하고 있는 것이다.

밥상머리에 앉으면 때로 씀바귀나물 생각이 날 때가 있다. 그 쌉싸래한 맛과 더불어 어린 시절에의 그리움이 밀어들기도 한다. 시골에서는 씀바귀를 쓴나물이라고 했다. 할머니는 곧잘, '쓴나물은 약이 된다. 이걸 먹어 두면 여름에 더위를 먹지 않는단다'는 말씀이셨다. 된장, 고추장을 버무려 무쳐놓은 씀바귀나물은 처음 입맛엔 써서 못 먹을 것 같았으나, 몇 번 먹어보니 뒷맛이 오히려 단맛이다. 이런 점에서 『시경詩經』에 있는, '그 누가 씀바귀를 쓰다고 하는가. 그 맛 달기가 냉이와 같은데(誰謂荼苦其甘如薺)'는 옳은 표현이려니 싶다.
씀바귀는 우리나라의 산이나 들, 또는 밭에 절로 나는 여러해살이 풀인데, 일찍부터 뿌리나 어린잎을 나물로 하여 먹어 왔다. 특히 이 씀바귀나물을 즐겼던 옛분으로 두 분을 들 수 있다. 그 한 분은 성종 때의 정승인 손순효孫舜孝,

- 그는 지위가 높을수록 마음가짐이 더욱 검약하였다. 손을 맞아 술자리를 벌일 때에도 언제나 다만 검정콩 · 씀바귀나물 · 솔순으로 안주를 하였다. 거의 한 무렵 사람인 성현成俔이 그의 「용재총화」에서 말하였다.

- 검정콩 · 씀바귀 · 솔순은 계절의 제한은 있으나, 우리나라 어데서고 흔하게 볼 수 있는 식품들이다. 손쉽게 구할 수 있고, 또 손쉽게 조리할 수 있는 식품들이다. 그러면서도 제각기 독특한 맛과 향기가 있다. 이로써 술을 마실 수 있다면 안주로서의 칼로리가 꽤 높은 것으로 보지 않을 수 없다.

다른 한 분인 선조 때의 시인 정철鄭澈, 그가 남긴 시조로 보아서 알 수 있다.

쓴나물 데온 물이 고기도곤 맛이 있네
초옥草屋 좁은 것이 그 더욱 내 분이라
다만당 임 그린 탓으로 시름겨워 하노라.

여기 '쓴나물'은 씀바귀가 아닌 일반적으로 '맛이 쓴 나물'일지도 모른다. 그러나 그의 다른 시조 '쓴나물 데워내어 달도록 씹어 보세'로 미루어 같은 씀바귀로 보아 좋을 것 같다. 다만 '쓴나물 데온 물'이 문제다. 씀바귀는 국으로 끓여 먹지 않기 때문이다. 그렇다면 여기 '쓴바귀 데온 물'은 씀바귀국이라기보다도 씀바귀에 강된장을 풀어 자작자작 지져 놓은 것이 분명하다. 다른 지방은 몰라도 전라도에서는 씀바귀를 이렇듯 조리하여 먹기도 한다.
살코기 몇 점 다져 넣으면 더욱 맛이 있다. 보리밥을 비벼 먹어도 별미가 돋고, 바특한 씀바귀국물을 숟가락 끝으로 조금씩 떠먹어도 술 비위에 썩 맞아 떨어진다.

송강 정시인은 이 맛을 무던히도 즐기셨던 것 같다. 두 번이나 그의 시조에서 말하였으니 말이다.

저 지난 해이던가, 나와는 사귐이 두터운 일본의 동양음식 풍속연구가인 마끼 히로시 박사의 이야긴즉, '씀바귀의 뿌리는 위장뿐만 아니라 간장이나 암에까지 효험이 있는 것으로 확실히 알고 있다'고 했다. 나로서야 여기 뭐라고 덧붙일 수 있는 임상자료를 가지고 있지 못하지만, 마끼 박사는 씀바귀 뿌리의 즙을 즐겨 마시고 있거니와, 자신의 권유로 이를 마신 암환자가 현저한 회복세를 보이고 있다는 덧붙임이었다.

봄철에 씀바귀나물을 먹으면 여름에 더위를 먹지 않는다는 말은 어려서부터 들어 왔다고 했지만, 씀바귀즙의 약효를 말하는 것도 일찍이 듣긴 들은 바 있다.

씀바귀 줄기에서 나오는 흰 즙을 사마귀에 바르면 사마귀가 녹아 없어지게 된다는 민간요법이 곧 그것이다.

하루는 밥상머리에서 씀바귀 타령을 하였더니, 다음 날 상 위에 씀바귀나물이 올라 있었다. 잎과 뿌리가 아직 연하여 팔팔 끓는 물에 슬쩍 데쳐낸 것을 바로 나물로 무친 것이라고 했다. 된장 · 고추장 · 간장에 마늘다짐과 참기름으로 버무려 양념을 했다는 설명이기도 했다.

역시 입맛이 돋았다. 어린잎은 쑥부쟁이나 고들빼기 비슷도 하였으나, 뭔가 다른 형상과 맛이었다. 200원 어치의 씀바귀로 네 식구가 두 끼니에 걸쳐 감식을 했으니, 이웃 분들에게도 권해 볼만한 식품이지 않은가.

「씀바귀」, 『풍미산책』 에서

고하의 전통과 풍속에 대한 천착은 일상의 생활과 밀접한 관련이 있는 소재를 즐겨 다룬다. 고하는 한국의 소리, 빛깔, 멋, 맛 등에 대해 전통적인 의미와 가치를 수필로 밝히고 있다. 그 중에서도 전통적인 음식문화에 대해 깊은 성찰을 보여준다. 그 전통 음식에 대한 소재는 궁중이나 대갓집에서의 고급스런 음식보다도 일상 여염집에서의 음식에 대해 더 깊은 애정을 보인다. 특히 자신이 어려서부터 상식해온 평범한 음식을 소탈하고 맛깔스럽게 소개한다. 이 음식에 대한 묘사는 여타 음식에 대한 책들과 달리 단지 조리법에만 관심을 갖지 않는다. 음식의 재료에 대한 체험적 기술, 그리고 음식을 향유하던 고유하고 독특한 풍정, 그 음식에 얽힌 문예 미학적 검토를 위해 옛 선인들의 문학작품 등을 인용한다. 이로 인해 고하의 음식문화에 대해 성찰한 수필들은 고아하고 아취가 있는 글로 품격을 높인다.

이 「씀바귀」 역시 이러한 고하 수필의 서술 양식 혹은 기술 체제의 전형적 특징을 지니고 있다. 우선 고하는 자신이 직접 체험한 '씀바귀'에 대한 유년의 경험을 기술한다. 다음으로 '씀바귀'에 대해 쓴 전적을 살핀다. 그리하여 『시경』과 『용재총화』에 나오는 '씀바귀'를 소개한다.

이어서 그는 송강 정철의 시조를 통해 '씀바귀'로 만든 음식에 대해 고찰한다. 나아가 일본의 동양음식 풍속연구가인 마끼 히로시 박사의 견해도 소개한다. 그리고 마지막으로 민간에서 '씀바귀'를 활용하는 다양한 방식을 소개한다. 그리고 현재적 관점에서 자신이 '씀바귀'로 만든 음식을 섭취한 향취를 소개한다. 이처럼 고하의 수필은 자신의 체험담으로부터 시작하여 고전을 폭넓게 읽은 다음 전통의 멋과 연결시키는 서술 양식을 즐겨 채택한다.

> 어린 시절의 겨울철 고향을 생각하면 언제나 호동그란히 정겹다. 낮이면 낮인 대로 눈사람을 만든다. 썰매놀이 · 제기차기를 한다 하여 즐거웠고, 밤이

면 밤인 대로 할머니나 할아버지의 품속에서 귀염을 받으며 옛 이야기를 듣고 하여 즐겁기만 했다.

밤이면 미영씨기름이나 석유등잔에 불을 켰다. 그 어스레 밝은 불빛을 에둘러 앉아서도 식구들의 마음은 낙낙했고 이야기 소리 또한 도른도른 기쁘기만 했다. 문밖은 어둠이요 설한풍이 불어도, 방안은 언제나 질화로불처럼 따스하고 거기 다독거려진 불씨처럼 옹글졌다. 설맞이를 위해 새로 바른 안방의 빗살문이나 사랑방의 띠살문 장지엔 고운 때가 묻었어도, 방안엔 언제나 정갈하고 해맑은 빛살을 일렁여주고 있었다.

이제 우리의 주생활에서 이러한 정경은 '그림 속의 떡'이다. 조지훈 시인의 '동야초冬夜抄'로나 그러한 정경에 대한 그리움을 달랠 수밖에 없다.

포플라나무 꼭대기에 깨어질 듯 밝은 차운 달을 앞뒷산이 쩌렁쩌렁 울리도록 개가 짖는다 / 옛 이야기처럼 구수한 문풍지 우는 밤에 마귀 할미와 범 이야기 듣고 이불 속으로 파고들던 따순 아랫목 / 할머니는 무덤으로 가시고 화로엔 숯불도 없고야, 다 자란 아기에게 젖줄 이도 없이 외로이 돌아앉아 밀감을 깐다.

이러한 정감이 어디서 우러날 수 있겠는가. 농촌의 주생활도 많이 달라졌다. 방문부터가 빗살문이나 띠살문이 아닌 유리창문으로 바뀌어졌고, 방안의 단란하기만 했던 분위기도 문명의 이기라고 할까, 아무튼 새로운 기물들이 들어섬으로써 많이 달라졌다.

빗살문이나 띠살문에 발랐던 문풍지도 자연 사라지고 없어졌다. 앞으로 문풍지는 사전에나 남게 될 말이 되고 말지 않을까. '옛날 방문 틈으로 새어드는 바람을 막기 위하여 문짝 가를 돌아가며 바른 종이' 쯤의 풀이를 해야 할 것이다.

사실, 오늘날 아이들에게 문풍지를 묻는다면 시중에서 팔고 있는 '씽글 문풍지'를 말하는 아이들이 십중팔구이지 않을까.
'냉 · 난방 온도유지' '찬바람 · 가스방지' 용이라 하여 스펀지로 만들어 놓은 이른바 문풍지라는 것 말이다.
이 '씽글 문풍지'로 옛날 장지 문풍지의 정취를 말하고자 한다면 이는 얼토당토않은 일이다. 문틈으로 새어 들어오는 바람을 막을 수는 있다 하더라도 저 문밖의 바람 따라 실실이 가닥가닥 오묘하기 이를 데 없이 내는 문풍지 소리를 어떻게 '씽글 문풍지'에서 설명할 수 있을 것인가.
옛날의 문풍지 소리엔 우리 겨레의 애환이 서려 있었다. 한갓 바람에 떨려 소리 내는 문풍지 소리였지만 그것은 우리 겨레의 마음의 소리로 울리기 마련이었다. 듣는 이의 마음이 기쁘면 기쁜 소리로, 슬프면 슬픈 소리로, 노여우면 노여운 소리로, 사랑스러우면 사랑스러운 소리로, 짜증스러우면 짜증스러운 소리로, 두려우면 두려운 소리로, 시름겨우면 시름겨운 소리로, 문풍지는 함께 노래해 주기도 하고 울어 주기도 했다. 문풍지를 소리 내게 한 바람은 '예사 바람'이 아니었고, 그 문풍지 소리는 '많은 말과 사연'을 담은 소리로 울리고 있었다.

간밤에 지게문 열던 바람 살뜰히도 나를 속였구나 / 문풍지 소리에 임이신가 반가와 한 나도 잘못이거니와 / 행여나 들어오라 했더면 참사참천慙思慙天할 뻔 했구나

독수공방을 지키던 옛 사람에게 이 문풍지 소리는 임의 기척소리로 들려왔던 것이다. '참사참천할 뻔 했다'는 말은 '몹시 부끄러워 얼굴을 들지 못할 뻔 했다'는 뜻이다.
얼마나한 고독, 얼마나한 외로움이었을까.

밤마다 영혼을 앓는, 그대 피리 떨리는 가락 / 내 육신 죄다 사르는, 그건 불이었어라 / 아리는 깊은 속살을 감싸안는 품속이어라.

김월한 시인의 「바람에게」 에서도 저러한 문풍지 소리를 듣는다. 바람 자체에야 무슨 소리가 있는가. 그 바람이 사물에 닿을 때 소리가 나고, 그 소리는 듣는 이의 마음에 따라 읽혀지는 것이다.

듣는 이에 따라 '속살로 앓는 젖은 목소리'로 읽을 수도 있겠고, '찢어진 치마폭 끌며 떼거지로 왁자지껄' 떠드는 소리로 읽을 수도 있겠고, '먹피로 에인 가슴 파르르 떨어낸다'고 읽을 수도 있겠고, '억압을 풀어 쌓던 냉가슴 시름 달래 운다'고 읽을 수도 있겠다.

그래 그래, 문풍지 소리에는 먼 옛날로부터 겨울을 나야 했던 우리 겨레에겐 그 삼동 겨울을 두고 애환을 함께해 온 시가 담겨져 온 것이다.

나는 어린 시절 이 문풍지 소리에서 '콩쥐팥쥐전'의 콩쥐의 애련함이나 '장화홍련전'의 장화와 홍련이 애갖아 부르는 '어머니 어머니' 소리를 읽기도 했고 듣기도 했다. 때로는 옥에 갇힌 춘향이 듣던 귀곡성 같은 소리로 들려와 숨소리를 죽이고 이불을 둘러썼던 기억도 있다.

이제 문풍지 소리는 어린 시절과 더불어 한 가닥 그리운 풍물시일 뿐이다.

「문풍지 소리」, 『바람처럼 구름처럼』 에서

이 수필은 한국의 소리를 찾아 그 의미와 가치에 대해 기술하고 있다. 그 중 유년의 생활양식을 통해 익히 체험한 바 있는 '문풍지소리'에 대한 서정적 감상을 제시한다. 고하는 겨울철이면 빈궁 속에서도 가족끼리 혹은 친구들과 더불어 건넜던 겨우살이를 낙천적이고 긍정적 시선으로 포착하고 있다. 그의 눈에 포착된 유년의 세계 혹은 공간은 화평하고 낙낙한 여유를 지니고 있다. 이처럼 가난과 결핍 속에서도 긍정적으로 생활할 수 있었던 것은 이해주체자의 세계관, 가치관과 밀접한 연관이 있다. 말하자면 고하는 선천적으로 긍정적이고 낙관적인 가치관을 지니고 있다.

이어서 조지훈 시인의 「동야초冬夜抄」를 인용하여 필자의 겨울 서정을 보강하는 한편 과거의 겨울 풍경을 더욱 선명히 하는 효과를 불러일으킨다. 그 다음 문풍지가 과거의 사물로 사라지고, 대신 '씽글 문풍지'가 전통 문풍지의 기능을 대체하고 있는 현실 상황을 제시한다. 이로 인해 과거의 문풍지소리가 주는 '많은 말과 사연'이 사라져버린 현실을 안타까워하고 있다. 이어서 김월한 시인의 시를 통하여 문풍지소리가 주는 시정을 환기한다. 이를 통해 작가는 우리 조상들의 삶의 애환이 서려있는 상상력으로까지 나아간다. 문풍지소리에서 발원하여 다양한 삶의 곡절을 그림처럼 상세하게 묘사하고 있는 것이다. 말하자면 고하는 우리의 과거 전통적인 '소리'로부터 당대 사람들의 삶에 대한 풍류와 여유를 소환하고 있다.

우리는 그동안 전통 가치의 구심력과 서구 가치의 원심력이 이루는 길항작용 사이에서 갈등을 일으키는 삶을 이루어 왔다. 물론 원심력의 작용이 문명과 과학, 합리와 이성이라는 명분을 앞세워 우월한 지위를 누려왔다. 하여 우리의 삶은 수천 년 동안 연면히 계승되어온 전통적 삶의 안정감에서 벗어나 새로운 삶의 방식에 적응하느라 고심해왔다. 물론 시간의 절대적인 위력과 교통 통신 미디어의 발달 때문에 우리는 국제화되고 표준화된 문명적 삶이 주는 안락감을 수용하였다. 그러나 문제는 이러한 변화가 우리의 전통 가치나 양식과 화합을 이루며 수용되어야 하고, 또 그렇게 되었을 때만이 새로운 전통과 가치로 편입 수렴된다는 것이다.

고하는 이러한 생각을 온화하고 부드럽게 그러나 확신과 신념을 가지고 수필을 통해 피력한다. 고하는 일상생활의 소소한 것들을 글감으로 선택한다. 그리고 그 소소하고 자질구레한 일상의 사물에 대한 과거로의 시간 여행을 떠난다. 그리하여 조상들이 그것들을 어떻게 만들고 취급하고 다루고 향유하여 왔는지 박물학적으로 상세하게 탐구한다.

그 탐구의 과정에 동반되는 의미는 멋과 여유와 배려와 존중과 겸양의 정신이다. 말하자면 조상들이 전통적으로 지녀 왔던 이와 같은 낙낙한 정신을 되새기며 삶을 이루자는 것이다. 이러한 생각들을 서술함에 있어 고하는 절대 교훈적이거나 흥분하거나 과격한 어조를 보이지 않는다. 고하는 차분하고 잔잔한 음성으로 차근차근 친절하게 자신의 생각을 말한다. 여하튼 고하 수필을 관통하는 가장 뚜렷한 정신 가치는 휴머니즘이다.

3. 낭만적 휴머니즘을 지향하는 청빈낙도의 시 정신

고하의 시는 수필과 유사하거나 동일한 특성을 보인다. 예컨대 고하의 시는 결코 거창한 것을 다루지도 않고 흥분하지도 않는다. 고하는 일상생활에서 접촉하는 조촐한 사물과 세계, 그리고 맑고 투명한 생각들을 형상화한다. 그 사물과 세계는 언제나 삶과 인생의 본질을 반추하거나 얼비치는 거울로 기능한다. 아니면 그 시적 대상들은 삶에 대한 여유와 자족을 노래하는 비유의 대상으로 작용한다. 말하자면 고하의 시는 삶을 맑게 정화하고 정련하는 역할을 한다. 고하는 자아의 정체성을 확립하고 삶의 지혜를 가다듬는 자기 다짐과 성찰을 위해 시를 쓰는 것이다.

우리 서로 있자요

갈미봉 구름이듯
우리 서로 있자요

정자와 느티나무이듯
세월 하냥 있자요

「서시序詩」

이 작품은 고하의 시정신과 인생관을 보여주는 간결한 시이다. 순응주의적 태도가 저변에 흐르고 있는 이 시는 동일한 통사 구조의 반복으로 조성된 음악성이 부드럽기 그지없다. 더군다나 '있자요'의 독특한 음운이 환기하는 밝은 주술성이 시의 분위기를 긍정적으로 유도한다. 그리고 이 시는 '우리'들 사이의 관계에 대해 이야기한다. 그 관계망은 1연 풀잎과 바람, 2연 갈미봉과 구름, 3연 정자와 느티나무로 반복 중첩되고 있다.

여기서 중요한 것은 관계를 맺고 있는 사물들의 특성과 관계의 양상이다. 먼저 이들은 서로 친연적인 관계를 맺고 있는 사물들이다. 물론 앞의 사물들은 수혜자적 특성이 뒤의 사물들은 시혜자적 특성이 강하다. 하지만 그런 관계의 특성보다 부각되는 것은 '우리 서로'라는 상호 대등한 관계 설정이다. 말하자면 자연 친화적인 사물들처럼 우리 인간들도 서로 의지하거나 도움을 주며 평화로운 삶을 이루자는 희구를 말하고 있다. 그 소망은 공간과 관계 인식을 넘어 시간 인식에까지 이르고 있다. 시인은 이러한 낭차짐한 관계가 '세월 하냥' 오래도록 지속되기를 염원한다.

고하는 한국 현대시의 주된 맥락인 서정에 대해 지극히 민감하고 또 즐겨 형상화한다. 그 서정은 맑고 순수하다. 그동안 현대시는 서구 문화와 현대 문명의 세례를 통해 실험적이고 폭발적인 작시 경향을 보이기도 했다. 이러한 작업은 현대시의 영역을 확장하는 한편 방법적 수준을 강화한 것이 사실이다. 그러나 한편 이러한 작업들은 자족적인 태도를 너무 강조하여 독자와의 소통을 방해하는 기제로 작용하기도 했다. 고하 시인은 과도하거나 격렬한 작시 태도를 지향하지 않는다. 오로지 전통적이고 안정적인 작시 태도를 견지하여 정통의 서정 미학을 추구한다. 하여 고하의 서정 정신은 전통과 순수의 범주 하에 그리움이나 기다림과 같은 맑고 투명한 서정을 형상화하길 즐긴다.

연휴의 창 앞을
산자락이 다가서고
나비 날 듯 벌이 날 듯
눈이 오는 아침을
춘설차
찻종 앞 턱을 고이면
내 그리운
얼굴들

꽃잎 같은 사람아
정겨운 사람아
서글거린 사람아
간잔조롬한 사람아
나무 순

새싹 같은 사람아

이렇듯 눈발 사이

오는 사람들

「춘설 찻종 밀쳐놓고」

이 작품은 순수한 그리움의 서정을 형상화하고 있다. 이 시의 화자는 눈이 난분분한 연휴의 아침에 찻잔을 앞에 두고 고요한 명상에 잠긴다. 그는 지나온 삶의 과거 속에 침잠하여 그동안 연을 나누었던 사람들을 회상한다. 그 회상의 낙낙하고 여유로운 평화적 태도로 인해 자연 역시 긍정적인 태도로 다가선다. 예컨대 '산자락'도 화자로부터 멀리 떨어진 것이 아니라 '다가서'는 것이다. 뿐만 아니라 내리는 눈 역시 '나비 날 듯 벌이 날 듯' 평화로운 자태를 유지한다. 이는 시인이 세계를 긍정적이고 평화롭게 응시하는 태도가 반영된 결과이다.

눈 내리는 겨울 아침 차를 마시며 회상하는 화자의 기억 속에 떠오르는 얼굴들 역시 "꽃잎 같은 사람, 정겨운 사람, 서글거린 사람, 간잔조롬한 사람, 나무 순 새싹 같은 사람"들이다. 이들은 모두 친자연 사물로 은유화되거나 부드럽고 긍정적인 마음을 통해 형상화된다. 이러한 형상화의 특징은 그리움의 서정에 걸맞게 순연하고 고즈넉한 분위기를 조성한다. 그 그리움은 너무 맑고 투명해서 시를 읽고 난 독자를 원형질적인 맑음의 세계로 인도한다. 나아가 맑고 투명한 그리움의 정서에 감염되어 카타르시스를 느끼게 한다. 결국 이 시는 독자에게 삶을 관조함으로써 순치되고 투명해진 진정한 자아와 대면하는 기회를 제공한다.

고하 시인은 자아에 대한 성찰과 올곧은 생활 자세에 대해 끊임없이 사색한다. 세상을 사는 올바른 태도와 자기 다짐은 고하 시인의 전 인생을 관류하는 화두나 다름없다. 그 정신과 마음을 단련하는 바탕에는 유교의 생활윤리가 자리 잡고 있다. 고하 시인은 이상적인 삶의 지표로 조상들의 유교 정신, 즉 선비 정신을 추켜세운다. 그 선비 정신의 핵심 요체는 유학의 기본 이념인 인의예지이다. 선비 정신은 조선시대 선비들이 이상적인 도덕률에 따라 행동하고 명분을 존중하였던 학자들의 강령과 같은 것이다.

선비들의 정신세계를 요약하면 다음과 같다. 선비들은 더불어 사는 삶을 위하여 배려와 어짊 즉 인을 숭상하였다. 그리고 지조와 절개를 바탕으로 한 의리를 삶의 절대적인 가치로 삼았다. 또한 타인을 향한 겸손과 겸양을 통해 화합하고 조화로운 삶을 살기를 희구하였다. 그리고 우주와 자연 인간의 삶 자체에 대한 근원적이고 본질적인 질문을 끊임없이 수행하는 학자이길 소망했다. 다시 말해 선비들은 학문을 애호하고 후학 양성에 힘썼으며 의리를 중시하였다. 친자연적이며 청빈낙도의 삶을 살고자 하였다. 천인합일의 정신 즉 인간중심적 우주관을 지녔다. 그리고 그들은 지행일치, 학행일치의 삶을 추구하였다.

그런데 고하 시인의 실제 현실 생활의 삶과 자세는 바로 이러한 선비 정신을 그대로 구현하고 있다. 놀랄 만큼 아니 요즘 보기 드문 이런 고하의 선비적 삶은 무분별하고 부박한 현대인의 삶에 하나의 이정표로 작용한다. 그러한 평소의 고하의 삶의 자세는 당연히 시로 자주 형상화된다.

마른 대나무는
푸른빛 가셨어도
그 성깔 한결
결을 이루었네

한생을
군곧은 결로 산
부러운 삶이여

「苦竹」

이 시는 고죽 즉 왕대를 대상으로 삶의 자세를 형상화하고 있다. 대나무는 유학자인 선비들의 절개나 의리를 상징하는 사물이다. 대나무는 맑고 차고 푸르고 곧은 성질을 지니고 있다. 그리하여 선비들은 대나무의 청아하고 고고한 품위와 맵시, 매서운 추위 속에서 돋보이는 짙푸른 기개, 깨끗하게 안을 비워 두는 결백함 등의 속성을 흠모하여 본받고자 했다. 예컨대 대나무는 절개와 청렴과 결백을 소중하게 여기는 선비의 상징물인 것이다. 그래서 대는 시인, 묵객, 화가들이 즐겨 예찬하는 선비 정신의 대리물이라 할 수 있다.

이 작품에서도 시인은 대의 절의적 속성을 섬세하게 묘사한 다음 그 속성을 정신 혹은 가치로 치환하여 인지하고 있다. 나아가 그러한 정신 가치를 지향하며 사는 화자의 태도를 드러낸다. 요약하면 화자는 바람직한 인생의 태도를 '군곧은 결'로 사는 것이라 은유화 한다. 그런데 이 시에는 왕대가 지니고 있는 굳고 곧은 삶의 자세를 유지하며 삶을 지속하고 싶은 욕망과 화자의 그렇지 못한 현실 생활에서의 실망감이 표상되어 있다. 즉 왕대의 군곧은 삶이라는 이상과 부러움을 느끼는 화자의 현실 사이의 괴리가 이면에 깔려 있다. 이처럼 '부러움'을 고백하는 화자의 태도는 이 시에 진솔성의 분위기를 부각시키고도 남음이 있다.

귀연 애기 옹알옹알

옹알이를 사자하여
-눈 가리고 아웅.
아예 말 일이다
별과도
바꿀 수 없는 두 눈
허 끼이면
어쩌랴

두 눈에 끼어든 허
허파로 옮아 자라
사방팔방 바람 되어
내달린다면
온 세상
-가랑잎으로 눈 가리고 아웅.
어느 세월
가시랴

「가랑잎으로 눈 가리고--상말 7」

이 시 역시 세상을 살아가는 삶의 자세를 형상화하고 있다. 즉 진실한 삶의 태도를 지녀야 한다는 것을 강조하고 있다. 시인은 진실을 허위로 가리는 '눈 가리고 아웅' 하는 태도가 습관이 되면 세계를 바라보는 시선에 '허'가 끼이게 된다고 지적한다. 그리고 나아가 너나없이 '사방팔방' 이런 풍조가 유포된다면 '온 세상'이 허위로 뒤덮일 것이라고 경고한다.

앞의 인용시가 본받고자 하는 지향적 가치에 대해 이야기하고 있는데 비해 이 작품은 부정적인 생활 자세에 대해 비판적인 시각을 드러내고 있다. 현대에 접어들며 기존의 미덕이나 미풍이 실용과 효율이라는 미명하에 폄하되는 경향이 있다. 고하 시인은 특히 부정적으로 인식되는 현대 사회의 여러 삶의 방식이나 가치, 정신 등에 대해 날카로운 비판적 태도를 보여준다. 물론 이러한 비판 정신이 지향하는 것은 올곧은 삶을 지향하려는 데 있다. 달리 말해 고하 시인이 항상 강조하는 줏대 있는 삶을 지향하려는 의지 때문인 것이다.

고하 시인은 연줄 즉 인연을 소중하게 생각하는 휴머니스트이다. 고하는 특히 아주 많은 기행시를 발표한 바 있다. 시인이 세계의 여러 곳을 여행하며 느낀 풍물이나 풍광은 물론이려니와 기행지에서 만난 사람들과의 연줄을 소중하게 시화하고 있다. 이는 시인이 지닌 호혜주의적 인간관 때문으로 보인다. 그는 세상살이의 한 즐거움으로 사람과의 교유를 통한 인간애의 구현을 생각하는 것이다. 고하의 교유 태도는 매우 신중하고 겸양스러우며 또 배려적이다. 고하는 상대에 대한 섬세한 배려와 존중을 통해 인간들 사이의 신뢰와 우정을 몸소 실천하고 있다.

발로 흙을 밟고
사는 나날이어도
눈은 물흐름 속
피라미도 살피고
둘레의
이웃들과는
가슴 잇는
같음표

손은 아래로 드리었대도
낮은 부분 안아 품하고
머리의 촉각은
늘 높푸른 하늘로 올려 세워
둘레의
이웃들과는
도란거린
산드라움

「인간가족」

이 시는 인생과 삶의 본질에 대해 구조적이나 의미론적 측면에서 다층적 양상을 보인다. 시인은 현실 생활의 삶이 비록 누추하고 비루하다 하여도 삶의 이상적인 태도는 자연의 낙낙한 여유를 지향해야 한다고 말한다. 그리고 같은 시공을 사는 '둘레의 이웃'들과도 마음을 소통하는 관계맺음을 하며 살고 싶음을 희구한다. 이 작품은 시인의 공간 인지가 상하좌우로 넓게 확산되어 있으며, 그 대칭적 균형감이 시의 구조를 튼실하게 유지한다.

이 시를 비롯하여 고하 시인은 삶을 이루며 만난 사람들과의 우정을 소중하게 여기며, 그것이 인간적인 삶의 한 방편임을 형상화한다. 또한 시인은 순수하고 이상적인 삶의 원형으로 고향과 유년 그리고 자연을 즐겨 채택한다. 팍팍하고 부박한 현실 생활에서 이러한 시적 소재들은 낭만적이며 여유로운 심상을 제공하는 질료가 되는 것이다.

이상에서 살펴본 고하 시학의 시적 관심, 시적 대상, 세계관, 가치관을 요약하면 친자연주의, 순수 낭만주의, 휴머니즘, 전통주의, 선비정신, 유교주의 등이라 할 수 있다. 고하 시인은 이같은 시의 형상화를 통해 자아의 정체성을 확립하고 혼란스런 시대를 살아가는 삶의 지혜를 갈고 닦는다. 말하자면 고하 시인은 아리잠직한 줏대의 정신으로 세상을 살아가고픈 심정을 형상화 하는 것이다. 결국 고하 시학의 이념은 법고창신이다.

그리고 이러한 시들은 자칫 교술적이거나 관념적이거나 추상적인 특성을 보일 수 있다. 그러나 고하 시는 철저하게 사물시, 구체시를 지향한다. 하여 고하 시는 세계와 사물에 대한 섬세하고 따뜻한 시선을 통해 선명하고 구체적인 시상을 건져 올린다. 고하 시는 이러한 미덕 외에 언어 미학적 완결성이라는 장점을 성취하고 있다.

① 어린봄 개울가를
간댕간댕 간댕거리는
아 얼마 만인가
땅버들 버들강아지
-오요요
옛 손짓이자
은가룰 흩는
햇빛

「동화」

② 어린봄 개울가를 간댕간댕 간댕거리는
아 얼마 만인가 땅버들 버들강아지
-오요요 옛 손짓이자 은가룰 흩는 햇빛

고하는 시어 선택과 정련에 매우 민감하다. 너무 고전적인 이야기이지만 시는 분명 언어예술이다. 그 언어 예술성을 가장 먼저 담보하는 것이 바로 시어에 대한 고민이다. 고하는 특히 이 시어에 대해 예민하고 섬세한 관심을 보인다. 시인이 즐겨 사용하는 어휘들은 순수우리말, 일상인들의 평소 생활감정을 드러내는 말, 아취가 있는 고유어, 독특한 어감을 자아내는 지역어 등이다. 예컨대 아리잠직, 낭차짐, 연줄, 간댕간댕, 줏대, 연잇는, 푸름철, 부산떨다, 홍결, 넌출, 간잔조롬, 서글거린 등이 그렇다.

그리고 무엇보다 고하 시가 갖고 있는 언어미학성은 리듬 즉 음악성에 있다. 고하는 시조시인이다. 그러나 고하는 시조시형에 있어 정형성 안에 있으며 벗어나는 리듬 구사를 한다. 그것은 바로 시행 가름의 독자적이고 탁월한 분행 방식에 있다. 러시아 형식주의자들은 시학의 지배소로 리듬을 들고, 리듬은 율격의 틀 안에 갇히는 것이 아니라, 그 시의 의미구조에 걸맞는 독자적인 음악성을 구현하는 것이라고 주장했다. 고하 시는 바로 시조의 틀/율격 안에 있으면서 그 틀을 벗어나는 리듬을 보여준다. 위에 인용한 시 「동화」 ②는 시조의 정형을 보여주는 행 가름을 하고 있다. 반면에 시 ①은 고하의 예민하고 섬세한 리듬 의식을 보여주는 분행을 통해 유려한 음악성을 성취하고 있다.

고하 시학의 미학성은 시인의 시적 관심이나 시적 대상의 전통주의, 휴머니즘, 순수 낭만주의, 친자연주의에도 기인한다. 그러나 무엇보다 주목해야 할 점은 고하 시학의 미학적 완성도가 시어에 대한 치밀하고 섬세한 고민 그리고 독자적인 분행을 통한 유려한 음악성의 성취에 있다는 것이다.

고하 최승범 선생은 전북이 배출한 현대의 인문학자 중에서 가람 이병기 선생을 이어 한국의 전통과 문화를 문학을 통해 선양한 대표적 문인이다. 고하는 약 55권에 이르는 저술 활동을 통하여 한국의 전통적 정신과 가치를 현대적으로 고양하였다. 고하가 표방하는 전통 정신과 가치는 풍류와 줏대 정신이다. 서구 정신의 유입과 과학문명의 발달로 전통적 삶의 가치관이 흔들리는 정체성 상실의 시대에 고하는 이러한 풍류와 줏대 정신을 통해 한국 고유의 삶의 이정표를 세운 것이다. 고하의 이러한 문학적 업적은 우리 전북을 초월하여 한국의 정신적 좌표로 연면히 이어져 한국인의 사표가 될 것이다.

02
가을과 시와 어머니 그리고 고독한 자아

– 이운룡 시집 『어안魚眼을 읽다』를 읽고

1. 유황 냄새 불타는 안개지역의, 세계 읽기

인간 존재는 세계와의 교섭을 통해 생을 지속한다. 그 세계는 조촐한 일상으로부터 우주의 궁극적 본질에까지 이른다. 인간은 자신이 몸담고 있는 환경 세계에 민감하다. 환경 세계의 변화가 존재의 영속에 지대한 영향을 끼치기 때문이다. 그 환경 세계는 자신의 일상으로부터 출발하여 가정, 지역, 국가, 세계, 우주로까지 동심원을 그리며 확장된다. 또한 이러한 공간적 확장뿐만 아니라 과거에서부터 현재를 거쳐 미래로까지 나아가는 시간적 진행에 대한 세계 인식도 아울러 포함된다. 특히 시인은 세계에 대한 관찰과 조망에 대해 민감하고 섬세한 감수성을 지니고 있다.

이운룡 시인 역시 이 세계를 응시하는 섬세한 시선을 지니고 있다. 그는 지상에서 일어나는 크고 작은 일에 대해 촉각을 곤두세워 관찰하고 있다. 말하자면 그는 여느 다른 시인들과 마찬가지로 세상을 읽는 일을 등한시하지 않고 있는 것이다. 나아가 그는 자아와 존재에 대한 성찰 역시 지속적으로 엄격하게 수행하고 있다. 이와 같은 존재론적 인식은 세계와 무관한 절대적인 성찰과 세계와 소통하는 상대적인 존재의 성찰을 모두 포함하고 있다. 예컨대 시인은 인간 존재의 궁극적 본질과 세계와의 조화를 추구하는 존재로서의 위상을 동시에 탐구하고 있는 것이다.

시인의 이러한 태도는 이번 시집의 제목 『어안魚眼을 읽다』가 암시하고 있기도 하다. 여기서 중요한 키워드는 '어안'과 '읽다'이다. '어안'은 살아서나 죽어서나 눈을 감지 않는다. 이는 세계와 존재에 대한 응시와 관찰의 투철한 자세를 함축하고 있다. 달리 말하면 살아서나 죽어서나 눈을 감지 않는 어안의 자세로 세계에 대한 관찰과 존재에 대한 성찰을 수행하겠다는 것이다. 특히 '읽다'를 통해서 그 목적어는 자연스럽게 하나의 '텍스트'가 된다. 예컨대 시인이 관찰하는 세상과 성찰하는 존재는 텍스트로 기능하는 것이다. 풀어서 말하자면 존재와 세계라는 텍스트를 불철주야 탐구한다는 것에 다름 아니다.

그런데 시인은 조사 '-으로' 대신에 '-을' 사용함으로써 이러한 의미론적 관계를 비틀고 있다. 즉 『어안으로 읽다』가 아니라 『어안魚眼을 읽다』인 것이다. 이는 관찰과 성찰의 태도를 간접화 혹은 이중화 시키는 효과를 불러일으킨다. '어안'에 비친 또는 '어안'으로 타자/물고기가 읽은 존재와 세계를 시인이 다시 읽는 것이다. 찰나적인 눈 깜짝임도 허용하지 않고 영원히 부릅뜬 눈으로 존재와 세계를 관찰하겠다는 투철한 자세의 표명인 것이다. 한편 시인의 주관적인 태도를 지양하여 타자의 눈에 보인 존재와 세계를 타자화/객관화하여 응시하겠다는 태도이기도 하다.

시인의 존재와 세상 읽기는 이처럼 투철하고 객관적인 자세를 통해 이루어진다. 우선 그는 자신이 몸담고 있는 이 세상에 대해 관찰한다. 그런데 그의 어안에 비친 세계의 모습은 화평하거나 자족적인 풍경을 제공하지 않는다. 시인에게 제공되는 세상의 모습은 불완전하고 부조리한 풍광이다. 세상은 온갖 오욕과 부정과 부조리와 탐욕이 점철되어 있는 환멸의 공간이다. 그리하여 시인은 세상과 불화 관계를 맺고 있다. 시인은 그러한 세상을 읽으며, 세계의 모순과 죄악에 대하여 고발하고 질타한다. 이러한 점에서 시인은 낙관주의적 낭만주의자가 아니다. 이운룡 시인은 비관적 허무주의자에 가깝다.

숨 쉬고 싶다고 지하 허파가 소리친다. 죄 없는 천벌도 있는지 바퀴가 깔아뭉개고 오물을 쏟아 부으니 숨넘어가는가 보다. 가스 방출의 괄약근은 느슨해져 온갖 욕설이 줄줄 샌다. 실핏줄 비밀통로는 살지고 소화되지 않은 불만은 강으로 퍼낸다.

세상의 귀는 어둡다. 지옥은 지상의 입과 눈, 머릿속에 있다. 도시의 붕괴, 지진, 쓰나미, 산불은 이유 있는 반항, 하늘은 음험한 골짜기를 모른 척할 뿐, 한두 평 땅뺏기, 올라서기, 유황냄새 불타는 분화구 등에서 죽음을 치장하는 세상

감언과 미소 가운데, 적과의 동침에, 상사의 서랍과 개수대에, 심지어 당신들의 무의식 속에도 맨홀은 유폐되어 있다. 그렇다 하고 그렇지 않다고도 한다. 세상엔 막힌 눈구멍 귓구멍만 있으니까.

「맨홀은 숨 쉬고 싶다」 전문

이 시는 지상을 '맨홀'로 치환하여, 세상의 비극적인 풍경을 파노라마처럼 광범위하게 묘사 진술하고 있다. 1연에서 지상의 모습은 인체로 비유되어 있다. 인체는 여러 측면에서 원활한 호흡과 순환을 이루지 못한 채

망가져 있다. 우선 '허파'부터 만족할만한 호흡을 하지 못해 불편을 호소하고 있다. 지상 혹은 세계는 지은 죄 없이도 형벌을 받고 있다. 그 형벌은 짓밟음과 오물 투척으로 구체화되고 있다. 심지어 세계의 '괄약근'조차 고장 난 상태로 '욕설'을 내뱉고 있다. 지상의 '실핏줄'은 경화에 걸린 상태이며, '소화되지 않은 불만'은 자연을 오염시키고 있다. 말하자면 지상 혹은 세계는 지독한 질병에 걸려 있으며, 천벌을 받고 있는 중이다.

2연에서 시인은 지상 혹은 세상을 '지옥'으로 읽어낸다. 세상은 '귀가 어두워' 진실/진리를 들을 수 있는 상황이 아니다. 따라서 세상은 지옥이 되고, 그 지옥은 지상의 도처에 편재해 있다. 지상에서 일어나는 각종 자연재해는 지옥을 구성하는 요소이다. 시인은 이 자연재해를 '이유 있는 반항'으로 인지한다. '귀가 어두워' 진리와/진실을 외면하는 인간들에게 지상이 내리는 형벌이라는 인식을 하는 것이다. 동시에 이러한 자연재해는 사실 인간이 스스로 자초한 것이라는 전제가 깔려 있다. '하늘'은 인간 세상에서 일어나는 일을 모르쇠하고 있다. 그리하여 인간들은 무한경쟁을 통하여 '땅 빼기, 올라서기'와 같은 배타적이며 탐욕스런 생활을 하는 것이다. 결국 시인은 세상이 '죽음'을 향하여 치닫는 형국에 처해 있는 것으로 인지한다.

시인의 상상력은 지구(1연)에서 자연(2연)을 거쳐 개인(3연)에게로 이동하고 있다. 예컨대 시인의 세상 읽기의 시선이 거시적 조망으로부터 미시적 초점화로 나아간다. 하여 3연에서 '지옥' 같은 이 세상의 특성들은 결국 지상의 인간들 내면에 잠복하고 있음을 드러낸다. 그것은 표리부동한 인간들의 행태로서 무의식의 소산이다. 말하자면 세상을 지옥으로 전화시키는 요인은 인간 내면의 문제인 것이다. 인간의 탐욕과 부조리를 상징하는 '맨홀'은 지상에 '유폐'되어 있어 언제라도 그 정체를 드러낼 수 있는 것이다. 그런데 인간들은 이러한 사실에 대해 갑론을박하는 태도를 보인다. 시인은 이러한 태도는 인간의 훼손된/단절된 인식 능력 때문이라고 진단한다. 세상을 질병에 걸린 상태, 세계를 자연재해의 지옥으로 읽어내는 시인은 그 원인이 결국 인간의 마음에 존재한다는 유심론적 태도를 보인다.

이 작품의 특징적인 작시법은 '몸'의 상상력이 활용되고 있다는 점, 그리고 의학 용어가 쓰이고 있다는 점이다. 그런데 이 시뿐만 아니라 『어안魚眼을 읽다』 시집에는 이와 같은 특징이 매우 광범위하게 드러나 있다. "모세혈관, 두개골, 뇌, 망막출혈 수술, 골다공증, 마취, 무척추, DNA, 체세포, 혈맥지도" 등과 같은 몸의 의학 용어가 두드러지게 나타나 있다. 이러한 어휘를 바탕으로 신체에 대한 이미지 혹은 메타포가 관념을 구체적이고 감각적으로 형상화하고 있다. 아마도 시인이 「자서」에서 고백했듯이 두 번의 수술 체험이 시인의 상상력에 영향을 끼쳤을 것이다.

그런데 세상을 '몸'으로 읽어내는 이러한 상상력은 기실 시인의 세계관과 밀접한 관련성이 있다. 몸은 하나의 유기체이다. 이 유기체는 생명력을 지속시키기 위하여 조화와 평형을 기본 강령으로 삼는다. 바람직한 '몸'의 상태를 유지하기 위해서는 전체적인 통일성, 즉 부분과 전체의 유기적인 조화가 필수적이다. 세상 역시 마찬가지이다. 세계도 부분과 전체가 서로 상응하면서 조화를 이루어야 안정과 평화를 이룬다. 이러한 점에서 시인이 희구하는 세계의 참모습은 건강한 '몸'의 상태인 것이다. 시인은 세계를 '몸'의 구조적 통일성을 통해 읽어내는 독특한 인지 태도를 보인다.

안개 속에는 안개가 없네. 그러나 마취에서 깨어난 헛소리처럼 차들은 안개 속으로 빨려 들어가고, 검은 망토를 두른 불빛들만 오렌지색 꽃잎을 악물고 지켜보네. 안개 속을 통과해본 불빛들은 알지, 고전의 리듬이 어떻게 깨지고 지워지는지를.

항로를 벗어난 잠의 쪽배는 자살파도를 제 집에 모셔놓고 떠다니네. 왜가리 울음소리가 어둠을 쪼아댈 때에도 물안개는 증거 인멸의 입을 굳게 다물고 있지.

마지막 목숨이 반항하듯 첨탑의 십자가들이 눈 부릅뜨고 있는 밤. 세기의 어둠이 팽창하여 지구촌 꽃떨기들은 그야말로 지상천국, 화사하기만 하네.

「지구촌 안개지역」 전문

이 작품은 지구의 상황을 묘사 진술함으로써 세계를 읽어내고 있다. 시 제목이 암시하듯, 지구는 '안개지역'으로써 사물이 제 모습을 명확하게 발현하지 못하는 상황에 처해 있다. 앞의 작품과 마찬가지로 이 시 역시 불온한 세계에 대해 이야기하고 있다. 그러나 이 작품은 서정적인 묘사를 통해 몽환적이며 환상적인 풍경을 연출한다. 물론 이 몽환과 환상은 겉보기와 달리 이면에 불완전성을 내장하고 있다. 현실에서도 안개에 쌓인 풍경은 환상적인 느낌을 준다. 그러나 풍경 속의 구성소인 사물들을 가림으로써 불명확성을 강화하여 혼돈을 함축한다. 따라서 세계의 혼돈상을 안개라는 사물을 설정하여 형상화한 이 작품은 서정적인 묘사를 통해 그 효과를 강화하고 있다.

"안개 속에는 안개가 없네."라는 첫 진술은 실체가 존재하지 않는 허상으로서의 안개의 속성을 드러낸다. 지구 환경을 덮고 있는 안개는 언젠가는 사라질 가설적 존재인 것이다. 안개 속에 존재하는 세계는 실상이 가려진 채 사물의 정체가 드러나지 않는다. 오로지 익명으로서만 존재한다. 그래서인지 이 작품에는 인간의 모습이 구체적으로 드러나 있지 않다. 능동적인 주체로서 '차', '불빛', '쪽배', '왜가리'가 등장할 뿐이다. 이들은 무정물이기 때문에 의인화되어 그 동작/활동의 타당성을 확보한다. 그리하여 이들은 인간의 대리물로서의 기능을 함축하고 있다.

인간의 대리자로 기능하는 '차'는 '마취에서 깨어난 헛소리'로 은유되고 있다. 혼몽지간의 상태인 것이다. 정신이 제대로 작동하지 않는 비몽사몽의 상태에서 '차'들은 '안개 속으로 빨려 들어가고' 있다. 여기에는 문명화 된 현대인들의 피동적이고 불예측적인 삶의 모습이 투영되어 있다. 이어서 '불빛'으로 은유된 존재들은 '검은 망토'를 두르고, '악물고', '꽃잎을' 지켜보고 있다. 빛의 발산과 차단의 역설적 상황에 처한 존재들은 세계/꽃을 수동적으로 지켜볼 뿐 안개/세계를 제거/변화시킬 능동적인 힘이 부재한 것이다. 다만 '고전의 리듬'이라는 삶의 궁극적 가치가 파괴되고 소멸되는 것을 우두커니 응시할 뿐이다.

2연에서 지구촌의 상황은 더욱 그로테스크한 풍경으로 드러난다. 삶의 이정표를 상실한 '쪽배'/존재는 심지어 '자살파도'를 집안으로 끌어들이기까지 하고 있다. 불가해한 안개지역의 세계에 대응하는 존재들의 태도가 죽음을 향하여 정처 없이 부유하고 있다는 인식이다. '왜가리'의 '어둠'을 제거하기 위한 고군분투에도 '물안개'는 여전히 '증거인멸'의 자세를 고수하고 있다. 이는 세계가 가혹하고 냉엄한 '안개'에 휩싸여 명확하고 투명한 모습을 차단당하고 있는 질곡의 상황인 것이다. 세계는 안개로 인해 참담한 비극적 곤경에 처해 있다.

그래서 세계는 '밤'의 시간으로 인지된다. 비극적 세계 인식은 더욱 심화되어, '마지막 목숨'의 상황으로까지 전이 확산된다. 그러나 어둠으로 뒤덮인 세계에는 구원을 향한 '첨탑의 십자가'들이 존재한다. 어둠에 반항하며 눈을 부릅뜨고 밤을 지키고 서 있는 것이다. 그럼에도 세상은 '어둠이 팽창하여' 있는 비극적이며 부정적인 곳이다. 그리하여 지구 세계의 어둠이라는 상황 때문에 이율배반적으로 '꽃떨기'들은 화사하게 존재한다. 지구촌의 꽃은 어둠이 짙을수록 화사하게 피어난다. 시인은 이러한 역설적 상황을 '지상천국'으로 야유하고 조롱한다.

이운룡 시인의 세계 인식은 '맨홀, 천벌, 지옥, 어둠, 안개'의 시어가 암시 함축하듯 부정적이고 비관적이다. 생사불이의 어안으로 읽어내는 세상은 생과 사가 모두 위태로운 공간이다. 그러나 시인은 이러한 비극적 세계 인식에만 머물러 있지 않다. 그는 부조리하고 불합리한 지상을 올곧게 보아내는 인식론자로서의 사명에 충실하다. 세계를 투명하게 파악하고 인식하는 전제 작업을 통과해야만 시인이 희구하고 소망하는 세계를 꿈꾸고 또 마침내 당도할 수 있다는 점에서 그의 투철한 세계 관찰은 일정한 의미를 담보한다.

2. 빛이고 어둠인 맹탕 허무로서의, 존재 읽기

이운룡 시인은 세계에 대한 관찰과 더불어 자아 혹은 존재에 대한 성찰도 수행하고 있다. 그의 존재론적 탐구는 여러 시편에서 반복적으로 집요하게 이루어지고 있다. 사실 부조리하고 불완전한 세계에서 삶을 이루는 존재/자아에 대한 성찰은 이 시집의 주요한 테마이다. 특히 그는 존재에 대한 탐구를 자아 성찰을 통해 수행함으로써 진정성을 확보한다. 말하자면 공허한 관념 차원의 성찰이 아니라 현실적이고 일상 생활인으로서의 자아를 대상으로 하기 때문에 구체성을 획득하는 것이다. 그의 존재 성찰은 일상생활에서의 체험을 질료로 하고 있다. 실제로 이번 시집에서 다수 반복되는 병상 체험은 삶과 죽음이라는 존재론적 성찰의 동인으로 작용하고 있는 것이다.

존재 성찰의 하위 항목은 주로 삶, 죽음, 인생, 사랑, 윤리, 시, 순수, 도덕 등으로 드러난다. 노년에 이른 시인들은 지나온 삶을 반추하는 성향이 강하다. 이운룡 시인 역시 파란만장한 삶의 체험을 통하여 나름대로 인생에 대해 깨닫고 느낀 바가 많을 것이다. 이러한 생 체험은 이번 시집에서 잠언 혹은 경구의 형식을 통해 은유로 부각되고 있다. 특히 그의 병상과 수술 체험은 삶과 죽음을 내포한 인생을 새롭게 성찰하는 계기로 작동한다. 여기서 시인은 삶에 대한 낙관주의와 비관주의적 측면을 동시에 드러낸다. 예컨대 살아보니 더욱 성실하고 능동적으로 살아야겠다는 다짐과, 어찌됐든 인생은 허무한 것이라는 양가적 감정이 동시에 발생하는 것이다.

한편 이번 시집에는 계절 중에서 유난히 '가을'을 소재로 한 작품이 많이 상재되어 있다. 우리는 계절을 인생의 생로병사로 은유한다. 나아가 계절의 순환하는 속성을 인생의 과정으로 인지하기도 한다. 그 인지 과정에 따르면 가을은 당연히 노년을 은유한다. 인생의 노년을 가을의 정서로 표상하는 이미지와 시적 어법이 이 시집에는 다양하게 편재되어 있다. 가을이라는 계절은 본질적으로 성찰의 서정을 환기한다. 왜냐하면 가을은 우수의 계절이고, 가을은 명상의 계절이고, 가을은 사색의 계절이기 때문이다. 그러면서 한편으로 가을은 겨울을 기다리는 계절이다. 말하자면 가을은 죽음을 목전에 둔 계절인 것이다. 이 시집에는 인생의 겨울을 기다리는 화자가 성찰하는 인생의 다양한 풍광이 펼쳐지고 있다.

이번 시집 『어안魚眼을 읽다』의 또 다른 특징 중 하나는 산문시형의 시적 어법을 주로 채택하고 있다는 점이다. 리듬을 중시하는 운문의 시행 배열을 선택하지 않고 산문시의 형태를 시종일관 유지하는 것은 시인이 음악성보다는 묘사와 진술을 더욱 중시한다는 증표이다. 물론 산문시형이 갖는 일정한 리듬감은 존재한다. 그런데 그 리듬감은 정교하게 조직된 율동감이 아니라 둔탁하고 호흡이 긴 율동감이다. 다시 말해 리듬이 우성소/지배소로 존재하지 않고 보조적 요소로 존재한다. 시에서 리듬을 통한 음악성보다는 이미지와 메타포를 통한 의미 구축을 더욱 중시하는 태도인 것이다. 시인은 자신이 말하려고 하는 의미/테마에 집중하고 있다.

실제로 이번 시집의 작시법은 시인의 생각이나 관념을 형상화하는데 치중하고 있다. 그 관념은 주로 묘사와 진술을 통해 이루어지고 있다. 노년에 이르러 자신이 사유한 인생의 의미를 구축한 다음, 그것을 토로하고 진술하는데 주력한다. 이러한 성향은 거의 모든 작품에서 시적 화자가 어떤 의미/내용을 직접 말하는 형식을 취하고 있는 데서 드러난다.

예컨대 이번 시집의 화자는 거의 모두 1인칭으로 설정되어 있으며, 화자가 생각하는 일정한 의미/관념을 청자에게 이야기를 통해 전달하는 구조를 갖추고 있다. 『어안魚眼을 읽다』에는 2인칭이나 3인칭 화자를 설정하여 극화한 담론 형식을 거의 찾아볼 수 없다. 이제 시인이 진술의 담론 형식을 통해 말하고자 하는 의미/관념을 추적해보기로 한다.

> 나의 바코드가 망원렌즈에 잡힌 히말라야 설산 까마득히 찍혀 있다. 첩첩 살아온 책장을 넘기는 동안 나는 행복했고 사랑했고 슬픔은 잠시였다. 다만 저게 비단길이라 하면 비단길만 찾아갔다.

때때로 내가 오르는 산 갈피에선 크레바스가 입맛을 쩝쩝 다셨지만 아무것도 기록되지 않은 백지처럼 나는 무공해 한 생애의 독법만을 익혔다.

히말라야 설봉이 가물가물 눈에 잡혔으나 부어오른 욕망 대부분은 풍화되었거나 자멸하고 말았다. 더 오르지 못한 등고선에서 나는 산멸미에 채여 주저앉았다.

고독한 내 이름은 지하에 묻힌 금강석, 아니면 고대의 무덤 속 미라가 되든지 무시간 속 공중으로 부양될 터, 아직은 시공時空의 단색 무늬를 짜고 있지만 끝내는 어떤 큰 하늘이 내 어깨를 받쳐주려나?

「설산 자화상」 전문

이 작품은 화자가 자신의 지나온 삶을 반추하는 내용을 진술하고 있다. 먼저 화자는 자신의 '바코드'가 '설산'과 중첩되어 있다는 언표를 통해 자아를 객관화시키고 있다. 이는 자아를 '바코드'라는 익명의 자본주의 상품 기호로 인지하고 있음을 드러낸다. '설산'은 화자가 욕망하는 이상적 공간 표상이다. 그런데 자신의 욕망 혹은 꿈은 개인의 독자성이 사라진 '바코드'로 허상화 되어 있다. 화자가 지향하는 이상 공간인 '설산'은 화자가 직접 오르지 못한 곳이다. 화자는 '설산'을 오로지 망원렌즈 카메라를 통해 바라보며 그곳을 희구하고 있을 따름이다. 그래서 화자와 이상 공간인 '설산' 사이의 거리는 '까마득'하다.

인생에서 중요한 것은 '설산'을 연모하는 마음과, 또 그것을 향한 도정의 과정이다. 화자는 '설산'을 희구하며 삶을 이루는 동안 행복과 사랑과 슬픔의 정서를 느낀다. 주어진 삶의 가치와 이상을 향해 나아가는 과정이 곧 삶의 과정이고 '길'이다. 그 인생의 '길'에는 '크레바스'로 은유된 장애가 존재한다. 그럼에도 화자는 개의치 않고 자신의 독자적인 '설산'을 향하여 나아간다. 그러한 삶의 자세는 '백지'와 '무공해'로 은유되고 있는 바, 생을 이해하는 독자적인 방향 즉 '독법'을 통해 타당성을 확보한다.

그럼에도 불구하고 화자의 '설산'을 지향하는 삶의 행로는 순탄치 않다. 삶의 목표인 '설산'에는 결국 당도하지 못하고 실패로 귀결된다. 모름지기 이상적 가치와 성취를 향한 인생을 완성하는 것은 거의 언제나 불가능하다. 화자는 마침내 이상을 향한 도정에서 실패하여 좌절한다. 이상을 향한 '설산' 등정에 절망한 화자는 미래 속의 자아를 성찰한다. 그 결과는 세 가지 양상으로 드러난다. 하나는 자아 존재가 세상에 양명되지는 않을지라도 나름의 생의 의미로 빛나는 '금강석'의 가치를 지니는 존재, 다른 하나는 '미라'처럼 오랜 세월을 거쳐 유지 존속되지만 허황한 욕망의 박제에 불과한 존재, 또 다른 하나는 아무런 의미와 가치 없이 허공에 흩어지는 무의미한 존재라는 것이다. 그리하여 이 작품은 자신의 과거 삶/자화상의 반추를 통해 존재론적 인식을 형상화하고 있다.

이운룡 시인의 자아 존재에 대한 성찰은 여러 시편에서 빈번하게 반복된다.

> 하늘은 신생과 소멸에 각주를, 땅은 바다의 아가미에 각주를, 물은 엉김과 풀어짐의 장력에 각주를 달지 않았건만 시작도 끝도 없는 하늘이고 땅이고 물인 것. 나 또한 생체 리듬에 각주를 달지 않았지만 빛이고 어둠이라 설說하느니 한 점 무례하고 겸허한 목숨의 찰나여!
>
> 「나에 대한 각주脚註」 부분

시인의 자아 성찰은 존재론적인 관념을 통해 이루어진다. 그는 존재와 삶이라는 관념에 대해 철학적 태도로 명상과 사색을 즐긴다. 존재가 몸담고 있는 세계에 대한 명상 역시 철저하게 관념적이다. 예컨대 「나에 대한 각주脚註」에서는 세계를 구성하는 하늘 · 땅 · 물을 관념을 통하여 사유하고 있다. 즉 하늘과 땅과 바다는 생성과 소멸, 긴장과 이완이라는 이원론적 대립의 특성을 지니고 있다. 그러나 이러한 특성은 구체적으로 표상되지 않고, "시작도 끝도 없이"의 표현에서처럼 일원론적으로 동일화되어 있다. 말하자면 세계는 이원론적인 양가치의 세계가 아니라 하나로 뭉뚱그려진 일원론적 존재 특성을 지니고 있는 것이다.

그러한 세계 속에서 삶을 영위하는 '나'라는 존재 역시 이원론적인 특성을 지니고 있다. '나'는 '빛/어둠'이고 또한 '겸허/무례'의 대립적인 속성을 동시에 지니고 있다. 그러나 역시 이러한 인간/'나'는 이원론적인 속성을 동시에 지니고 있는 '한 점'이라는 일원론적 존재로 전환되어 인지된다. 말하자면 인간은 긍정적인 속성과 부정적인 속성을 동시에 지닌 이율배반적인 존재 특성을 지니고 있다는 것이다. 그리고 인간은 마지막 시어인 '찰나'를 통해 유한성을 지닌 존재로 인지된다. 결국 이 시에는 인간의 존재 특성이 유한성과 이율배반성이라는 관념을 통해 형상화되어 있다.

> 맹물에 핏속의 산소양념 간 맞게 풀어 넣고 말의 갖은 양념 듬뿍 넣어
>
> 몇 십 년 펄펄 끓인 내 몸의 젊은 국물 닳고 닳은 맛을 보니 맹탕이다.
>
> 긴 세월 세상 간 맞히다 바짝 졸아든 나의 실점失點을 건져보니

씨 없는 말 하나, 그러나 후회 없는 맹탕 허무가 짭짜름할 뿐.

「맹탕 허무」 전문

이 작품은 제목이 암시하는 바와 같이 인간의 존재론적 특성 중의 하나인 '허무'라는 관념을 형상화하고 있다. 시 전체 차원에서 인간의 삶은 음식을 조리하는 과정으로 비유되어 있다. 구체적으로는 육체적 삶은 '피'와 '산소'의 결합으로, 정신적 삶은 '말의 양념'으로 은유되어 있다. 그리하여 인간 존재의 삶은 육체와 정신의 생존이라는 이원적 측면으로 인식된다. 화자는 인생을 조리된 음식으로 인지하는 바, 지나온 삶을 회고컨대 '맹탕'이라는 것이다. 이는 삶의 무의미성 즉 허무에 대한 표명으로 보인다.

그런데 이러한 삶의 허무는 주체적 삶을 추스르지 못한데서 기인된다. 화자의 인생에 대한 후회/'실점'은 '세상 간 맞히는' 태도로 살아온 것이다. 화자는 주체적이고 능동적인 자세로 삶을 살지 못했던 안타까움을 토로하고 있다. 나아가 '씨 없는 말 하나'의 비유를 통해 지나온 정신적 삶 역시 결실을 거두지 못하였음을 고백하고 있다. 시인은 삶을 회고하며 후회와 반성의 정조를 드러낸다. 그러나 마지막 결구에 이르러, '맹탕 허무'의 삶일지라도 후회가 없음을 강조하며 자위한다.

하늘과 땅 손바닥에 올려놓고 훅 불어대면 한 알갱이 눈에 보이지만 손 내밀면 보이지 않는 세상, 色卽是空 空卽是色— 있는 것 같으나 없고 없는 것 같으나 있는, 내가 가면 또 누가 오는 이 세상.

「가고 오고」 부분

그렇지, 그렇지! 세상에서 쓸데없다 버려진 몸도 가을 풀잎 같지는 않으리. 너 와 나, 때가 오면 그처럼 시들어 몸 버리고 나면 풀잎들은 또다시 초록 눈뜨리.

「가을 풀잎들」 부분

한편 시인은 삶과 죽음에 대해서도 천착한다. 어찌 보면 이 시인의 인생에 대한 주요한 테마는 삶과 죽음이라는 관념에 대해 사유하는 것이다. 이 시집의 대다수 시편들은 인생 특히 삶과 죽음을 전면에 내세우지 않더라도 이면에 암시적으로 포함하고 있기 때문이다. 인용시 「가고 오고」는 이 제목이 표명한 바와 같이 '삶과 죽음'에 대해 진술하고 있다. 삶과 죽음은 '가고 오는' 것으로써, 순환하는 자연의 섭리인 것이다. 이와 같은 자연의 이법인 생명의 순환성은 불교의 관념인 "色卽是空 空卽是色"이라는 역설적 삶의 율법으로 표출된다. 예컨대 유한한 삶의 허무는 무한한 자연의 순환으로 치유되고 있다.

시인은 죽음의 허무에 깊이 침잠해 있다. 그 죽음은 '가을 풀잎'으로 치환되어 표상된다. 다만 인간의 죽음은 세상에서 버림받은 '가을 풀잎' 같지는 않다고 말한다. 그러나 이는 단정 어법을 통해서가 아니라 '않으리'라는 불확정적인 희구의 어조를 띠고 있다. 인간의 죽음은 유한한 것이지만 일회적인 것이 아니다. 시인은 봄이 오면 '초록 눈'을 뜨는 풀잎처럼 새롭게 재생 부활하리라는 미래에 대한 소망을 피력한다.

시인은 자아에 대한 존재론적 성찰을 다양하게 형상화하고 있다. 그 존재론적 성찰은 시인의 사유 방식이 철학적이며, 내면 성찰적이기 때문에 관념적 성향을 띤다. 관념의 내용은 삶과 죽음, 자아, 허무, 고독 등과 같은 것이다. 그러나 한편 시인은 자아에 대한 근원적인 질문을 통해 삶의 가치와 의의를 정립함과 동시에 인생의 고독과 허무를 내면적으로 극복하고자 하는 의도를 보인다. 그 극복의 자세는 삶의 긍정적 가치를 재확인하면서 죽음을 수용하는 것으로 드러난다. 그런데 죽음의 수용은 삶이 유한한 일회성으로 마감되는 것이 아니라 다른 생명으로 재생하는 순환론적 인식을 통해 극복되고 있다.

3. 시와 어머니가 그리운 불멸의 하늘새의, 이상 읽기

시인은 세계에 대한 관찰과 자아 존재에 대한 성찰을 관념론적이고 인식론적 차원에서 성실하고 집요하게 읽어내고 있다. 그가 '어안魚眼을 읽다'라고 시집 제목을 정한 것은 어찌 보면 존재와 세계를 투철하게 읽어내겠다는 다짐과 각오로 보인다. 다시 말해 존재와 세계를 텍스트로 전제한 다음 꼼꼼하고 섬세하게 '읽어'내는 것을 작시의 의미이자 가치로 생각하는 것이다.

시인의 세계에 대한 조망은 현실, 세상, 일상 차원으로까지 확대되고 있다. 그 결과 세계 인식은 생태 환경에서부터 시작하여 지구촌의 현실에 이르기까지 불온하며 부조리한 것으로 드러난다. 이는 비극적 세계 인식을 바탕으로 한 비관론적 태도를 보여준다. 또한 존재에 대한 관념론적이고 철학적인 성찰 역시 다양하고 빈번하게 수행되고 있다. 그 사색과 명상의 주요 테마는 인생의 궁극적 질문인 삶과 죽음이다. 시인은 죽음을 회피할 수 없는 절대적인 삶의 명제로 인식한다. 그리하여 시인은 허무의 정조를 드러냄과 동시에 이를 극복하고자 하는 자위 의식을 드러낸다. 그 자위 의식은 죽음을 고즈넉이 수용함과 아울러 순환론적 인식을 통해 재생을 꿈꾸는 소망으로 관념화되고 있다.

시인은 세상의 관찰과 존재의 성찰을 통해 인식한 관념세계에만 머물러 있지 않는다. 그는 이러한 존재와 세계 읽기를 통한 비극적이고 비관적인 인식과 관념을 초월하여 이상적인 천상의 세계를 꿈꾼다. 시인이 꿈꾸는 이상적인 관념은 영원, 순수, 사랑으로 요약된다. 이러한 관념은 특히 '시'와 '어머니' 그리고 '하늘'이라는 구체적 존재를 빌어 형상화된다. 즉 시인은 지상의 대립적 위치에 천상/하늘을, 죽음의 대척적 위치에 영원을 배치한다. 그리고 하늘과 영원의 관념은 순수와 사랑을 통해 구체화된다. 여기서 순수는 '시'를, 사랑은 '어머니'를 통하여 구체적으로 형상화 된다. 달리 말해 시인은 '시'와 '어머니'를 통하여 절대 자유의 영원하고 완전한 세계를 희구하고 있는 것이다.

> 말의 무늬가 시이다. 빗소리가 시이고 새 발자국이 시이다. 공기의 속내는 향기롭다. 비는 수직으로 서서 죽고 하늘에는 새의 발자국이 없다.* 시는 그렇게 써야 한다. 목숨은 그냥 쓸 만한 시이지만 낙서는 절대 아니다. 나는 죽는 날까지도 아기여야 한다. 혼자 논두렁 거닐면서 말 익히던 말이 시였다. 다만 수선집을 무심히 지나온 것이 잘못이다. 땜질을 했지만 평생 고쳐 써야겠다. 숨 끊어진 어느 날 슬그머니 빈손 놓으려나.
>
> * 이름은 잊었으나 어떤 시인의 시구詩句
>
> 「고쳐 쓰기」 전문

이 작품은 시 쓰는 과정과 행위를 통하여 삶과 순수를 지향하는 화자의 자세를 형상화 하고 있다. 화자는 '시'를 '말의 무늬', '빗소리', '새 발자국'으로 인지한다. '말의 무늬'는 언어의 흔적을 이야기하는데, 이는 인간의 생각을 표상한다. 예컨대 시는 인간의 사유작용의 소산인 것이다. '빗소리'는 자연의 계시 혹은 자연의 섭리로 읽어낼 수 있다. '새 발자국'은 '새'

가 '자유'의 관념으로 환유되기 때문에 자유의 흔적이라는 표상 의미로 이해된다. 여기서 시인의 관념을 종합하여 보면, '시'는 자연의 완전한 섭리와 자유의 정신을 언어로 기록한 것이라는 점이다.

화자는 공기의 향내를 맡는다. '공기'는 삶의 활력이라는 인지 의미를 지니고 있기 때문에 화자는 삶을 긍정적이고 낙관적인 태도로 인지하고 있다. 그런데 "비는 수직으로 서서 죽고 하늘에는 새의 발자국이 없다."는 인용 구절은 삶의 자세를 언표한다. 예컨대 '수직으로 서서 죽고'는 의지적인 삶의 결기를 함축한다. '하늘에는 새의 발자국이 없다'는 완전한 자유의 세계를 내포한다. 따라서 인간은 완전한 자유를 지향하며 주체의 의지에 따라 삶을 이루어야 하고, 그것은 마치 시가 추구하는 바와 동일한 것이다.

인생은 시가 지향하는 자유와 의지를 추구하는 것이어야 한다. 그래서 화자는 시의 천의무봉의 완전한 상태와 등가인 '아기'의 성향을 추구하고 또 그러기를 다짐한다. 말하자면 화자는 죽음에 이르기까지 '아기'의 순수성을 유지하기를 희구하면서 다짐한다. 그 절대 순수의 경지는 '시'가 지향하는 정신과 동일한 것이다. 화자는 유년에 자연과 조화를 이루며 홀로 살던 시절을 순수했던 과거로 기억한다. 그런데 화자는 살아오면서 '수선집'을 경과한다. '아기' 혹은 유년 시절의 절대 순수는 삶을 이루며 '땜질'을 하는 과정을 겪는다. 말하자면 그 순수성이 훼손되고 손상을 입은 상태이다. 그러나 시인이 추구하는 인생의 순수와 시의 절대 가치는 살아가는 동안 손상되었지만 죽음에 이르러 훼손된 상처는 '빈손'처럼 사라질 것이다.

이별을 글썽이는 눈물은 슬픔을 빚어낸 보석이다.

자신을 잊은 침묵은 아름답지만 무죄한 슬픔은 더욱 아름다운 것.

나무가 꽃을 버려야 푸른 아픔이 열리듯 눈물은 속을 찢고 나온 사랑 같은 것.

이별 앞에 뿌린 눈물은 심장을 깨물어 뱉어낸 보석이다.

「아름다운 눈물」 전문

시인의 순수에 대한 추구는 '눈물'로 전이 확산되어 나간다. '눈물'은 '슬픔'의 정서를 함축하는 구체적 매개물이다. 그 '슬픔'은 '이별'로부터 기인되는 것이다. 시인의 상상력은 '이별'에서 '눈물'로, 다시 '눈물'에서 '슬픔'으로, 또 다시 '슬픔'에서 '사랑'으로 연쇄를 이루어 확장되어 나간다. 첫 연에서 수용성을 지닌 '눈물'은 '보석'이라는 광물성으로 변용된다. 이는 '슬픔'을 견고하여 마모되지 않음으로써 희소성을 지닌 영원한 순수 가치로 인지하고 있기 때문이다. 2연에서 화자는 자아 존재를 자각하지 않는 '침묵'의 상태도 아름다운 것이지만, 그보다 순수한 '슬픔'이 더욱 아름답다고 주장한다. 시인은 순수한 이상적 가치인 '슬픔'의 정서를 아름다운 것으로 인지하고 있는 것이다.

그런데 이 '슬픔'이 아름다운 까닭은 '이별'로 인한 '사랑' 때문이다. 즉 이별은 슬픔의 정서를 자아내고, 또한 그 슬픔은 사랑이 동반되기 때문에 아름답고 순수한 가치로 전이된다. 그리하여 이별로 인한 슬픔의 구체적 표상인 '눈물'은 존재의 가장 소중한 '보석'이 된다. 결국 이 시는 순수한 '사랑'의 소중한 가치를 반복되는 은유를 통해 형상화 하고 있다. 한편 시인의 순수한 '사랑'에 대한 추구와 그 형상화는 '어머니'를 대상으로 하여 반복된다.

어머니는 글을 못 읽어도 세상 책을 다 읽으셨다. 사랑! 그것은 어떤 경전보다 어머니를 꾸미고 있는 고전이다. 나는 어머니를 먼저 읽어야 했다.

서가가 제법 풍부했던 대학 시절, 어머니라는 책을 읽지 못했으므로 나는 나를 유배 시켰다. 대학 교수 방에 책이 쌓여가도 어머니를 읽지 못한 나는 청맹과니였다.

어머니는 세상 책을 다 읽으셨는데 서가의 책들, 이거 언제 읽겠느냐 물으시면 어쩌나? 책 속에 어머니 계시고 어머니 말씀 적혀 있다면 세포까지 읽고 싶다만 늙어서 눈이 뜨여 그리워지는 어머니라는 책, 나의 독서는 빵점이다.

「어머니의 독서」 전문

지상의 모든 자식들에게 '어머니'라는 존재는 숭고한 모성으로 인지된다. 이 시 역시 자식의 입장에서 바라본 어머니의 존재 특성을 형상화하고 있다. 어머니는 자식에 대한 무한 사랑을 지닌 존재이다. 특히 어머니의 자식에 대한 사랑은 맹목적인 순수한 사랑으로 인지된다. 이 시는 어머니의 자식 사랑과 세상에 대한 이해와 화자의 어머니에 대한 사랑과 '독서'를 비교 대상으로 삼아 그리움의 정서를 표출하고 있다.

어머니는 텍스트가 아니라 생 체험을 통하여 세상의 이치를 읽어낸다. 어머니가 읽어내는 책은 사랑이라는 활자로 쓰인 '고전'이기 때문이다. 말하자면 어머니는 활자로 세상을 읽어내는 것이 아니라 '사랑'이라는 마음으로 세상을 읽어내는 것이다. 따라서 어머니가 읽어내는 세상은 '경전'이 아니라 '고전'이다. '경전'이 종교의 교리를 추상화, 관념화시킨 책이라면 '고전'은 인간의 보편적, 항구적 체험을 기록한 책이다.

그런데 화자는 '고전'과 동일한 세계의 이해력을 간직한 '어머니'를 읽으려 하지 않고 오로지 추상적이고 박제화 된 책만을 읽어 왔다. 화자는 대학생과 대학교수 시절 관념화, 추상화 된 책만을 읽으며 세상을 이해하려 노력하였다. 그리하여 '어머니의 사랑'을 읽지 못한 '나'는 사실은 세상에서 '유배' 당한 삶을 살아온 것이다. 달리 말해 화자는 '청맹과니' 즉 눈 뜨고도 세상의 본질과 질서를 보지 못하는 소경이나 다름없는 존재인 것이다.

그런데 '어머니'는 세상이라는 책을 다 읽으신 존재이다. 예컨대 어머니는 세상을 직접 체험을 통하여 몸소 읽으신 것이다. 하지만 자식인 화자는 타자가 세상을 기록한 책만을 읽어 왔다. 말하자면 타자의 이차적인 세상 인식을 읽어온 것이다. 그리하여 '어머니는 책'이라고 한 은유는 어머니의 직접적인 세상 체험이 곧 '책'이라는 의미를 함축한다. 하여 간접적인 '책' 대신에 일차적인 '책'인 어머니는 자식의 입장에서 필독해야 할 '고전'이다. 그 세상의 책인 어머니는 지금 화자 앞에 존재하지 않는다. 그래서 어머니를 읽지 못한 화자의 독서는 '빵점'이다.

> 나는 날개 없는 불멸의 하늘새다. 모세혈관에 하늘이 흐르고 구름이 떠다닌다.
>
> 하늘이 숨 쉬고 하늘이 말하고 푸른 지상주의 시간은 나를 분해하여 날려버리고 그 이상은 영원이다.
>
> 나는 우주 먼지의 입자이고 하늘의 총화이니 나의 집은 우주, 언제나 현재에 있으며 우주를 떠도는 빛이다.

내가 날기 시작하면 온 세상이 환해지는 새천국. 살아서 집 떠난 적 없으매 나는 하늘텃새다.

나 홀로 절대이고 절대의 나는 천국의 하늘새다.

「하늘새」 전문

이 작품은 시인의 이상주의자로서의 인식을 가장 활발하고 명쾌하게 드러내고 있다. 특히 시인이 소망하고 꿈꾸는 이상적인 존재상이 관념어를 통해 극명하게 형상화 되어 있다. 시인은 "불멸, 영원, 우주, 천국, 절대"와 같은 이상적인 의미소를 지닌 어휘들을 사용하여 존재와 세계를 긍정적이고 낙관적인 시각으로 응시한다. 이는 전술한 바의 지상의 삶에 대한 부정적인 전망과 자아 존재에 대한 비극적인 성찰을 극복하는 인식론적 전환으로 읽힌다.

먼저 화자인 '나'는 '하늘새'로 인지된다. '하늘새'는 '하늘'이 함축하고 있는 무한 공간성과 '새'가 내포하고 있는 자유의 의미를 복합적으로 상징하고 있다. 예컨대 '나'는 무한 공간을 자유롭게 날아다니는 천상적 존재이다. 그런데 '날개 없는 불멸의'라는 한정 수식어로 인해 역설적 존재 조건을 지닌다. 즉 인간 존재는 '날개 없는' 상태이기 때문에 실제적으로 하늘을 날 수 없는 지상적 존재이다. 그러한 인간의 지상적 존재 조건을 지닌 '나'가 '불멸'할 수 있는 것은 현실적 사실이 아니다. 이로써 천상적 존재를 지향하는 시적 화자의 인지 태도는 의지적이거나 신념적인 차원의 것임이 드러난다.

이와 같이 이상적인 자아 존재에 대한 몰입을 통해 '나'라는 존재의 성격은 초월적이고 범우주론적인 상태로 확장되어 나간다. 우선 자아 존재는 '하늘'과 '구름'이라는 초월적인 천상적 존재와 동일시되어 있다. 그리하여 화자인 '나'가 숨 쉬고 말하는 것은 곧 '하늘이 숨 쉬고 하늘이 말하는' 것으로 치환된다. 이로 인해 지상적 존재인 '나'는 '분해'되어 버린다. 그리하여 현실성과 지상성이 해체되어 버린 '나'의 '이상은 영원'이 된다.

또한 '나'는 '우주'와 '하늘'과도 동일화된다. 하여 '나'가 거주하는 공간은 광대한 우주가 된다. 나아가 '나'는 "언제나 현재에 있으며 우주를 떠도는 빛이다." '나'는 과거와 현재 그리고 미래라는 숙명적인 시간의 선형성을 벗어나 언제나 '현재적 존재'로 존재할 뿐이다. 달리 말하자면 불멸의 존재인 것이다. 뿐만 아니라 '빛'이라는 발광체로 존재하면서 우주를 밝히는 초월적 존재성까지도 획득한다. 그 결과 '내'가 자유롭게 하늘을 유영하면 세상은 새로운 '천국'이 된다. '나'는 천상의 천국에 존재하는 '하늘텃새'인 것이다. 그것도 절대성을 지닌 '천국의 하늘새'인 것이다.

이운룡 시인의 『어안魚眼을 읽다』는 세계, 자아 존재, 이상을 긴밀한 사유를 통해 탐구한 시집이다. 세계에 대한 사색은 비극적 전망을 통해 부조리하고 불합리한 모습을 드러내고 있다. 따라서 그의 세계 인식은 비극적이고 부정적인 특징을 보여준다. 자아 존재에 대한 성찰은 철학적이고 관념적인 태도로 인간의 삶과 죽음이라는 본질적인 명제를 다루고 있다. 인간의 삶은 유한하고 죽음은 절대적인 것이기 때문에 그의 시에는 허무와 고독의 정조가 짙게 표출된다. 그러나 시인은 이와 같은 부조리한 세계와 불합리한 현실에서 고독과 허무의 태도로 삶을 영위하는 것에 만족하지 않는다. 따라서 시인은 이상적인 세계에서의 삶을 꿈꾸고 소망한다. 그가 꿈꾸고 소망하는 이상 세계는 영원한 순수의 세계이다. 이는 '시'에 대한 연찬과 '어머니'에 대한 그리움을 통해 형상화 되고 있다.

결국 이운룡 시인은 이 시집을 통하여 형이상학적 인식론자, 철학적 관념론자, 순수한 이상주의자의 서늘한 위의威儀를 정립한 것이라고 말할 수 있다.

03
겹눈으로 응시하는 세계 그리고 역동적인 상상력의 작시법

– 이소애 시집 『색의 파장』 해설

1. 참신한 언어 찾기와 구체적 체험의 형상화

시는 체험을 상상력을 통하여 언어로 형상화한다. 이 명제는 시라는 문학 장르가 갖추어야 할 최소한의 요소를 제시하고 있다. 예컨대 시의 중요한 요소는 체험, 상상력, 언어이다. 그런데 전통적인 서정시는 일상 체험을 온건한 언어로 진솔하게 표상하는 편이다. 초현실주의 시 혹은 미래파 시는 상상력을 중시하며 언어 실험적 성격을 띤다. 이러한 작시 태도는 서정시와 모더니즘 시로 대별할 수 있다. 서정시는 시인의 정서와 서정을 중요시한다. 특히 자아와 세계를 혼융함으로써 발생하는 조화의 미학을 추구한다. 모더니즘 시는 세계에 대한 비판적 입장을 선호한다. 특히 세계의 부조리를 혁신적인 언어 실험을 통해 파악하려는 형식 미학을 추구한다.

현대시의 작시 특징을 이렇게 거칠게 말하는 이유는 이소애 시인의 작시 성향을 드러내기 위함이다. 이 시인의 작시법은 체험과 정서를 중시하는 서정시의 일반적 특징과 상상력과 언어 실험을 중시하는 모더니즘

시의 특징을 두루 갖추고 있다. 예컨대 서정시의 정서와 모더니즘 시의 형식미학이 적절하게 균형을 잡고 있다. 아마도 이러한 특성은 기질적 요인 때문이겠지만 더불어 폭넓은 독서력도 한몫 했을 것이다. 이소애 시인의 시를 통독하다 보면 그동안 한국 현대시가 축적해온 다양하고 현란한 작시법이 독자적으로 용해되어 사용되고 있다. 부지런한 시 읽기를 통하여 형성되었을 이 시인의 이와 같은 다채로운 작시법은 요즘 보기 드문 미덕이다.

한편 이소애 시인의 시는 감동의 추를 절대로 놓치는 법이 없다. 무릇 모든 예술이 그러하듯이 창작의 궁극적 목표는 독자를 감동시키는 것이다. 시 역시 최후의 작시 목표는 독자에게 감동을 주는 것이다. 이 시인의 작품은 진폭의 정도는 다를지언정 언제나 독자의 심금을 울린다. 여러 가지 이유가 있겠지만 가장 대표적인 요인은 체험의 진솔성 때문으로 보인다. 그의 시는 항상 자신의 체험으로부터 상상력을 발동시킨다. 그의 시편들은 시인이 일상에서 겪은 구체적인 체험으로부터 출발하기 때문에 공소하거나 허무맹랑하지 않다. 설령 시적 발상을 관념이나 추상으로부터 가져온다 해도 묘사나 진술에서 구체적인 이미지들을 차용하여 형상화한다. 예컨대 시인은 구체적인 체험의 시적 발상이라는 작시 강령을 충실하게 수호한다.

이소애 시의 또 다른 장점은 언어에 대단히 민감하다는 것이다. 언어는 시의 기본 질료이다. 따라서 시인들은 시상에 걸맞은 묘사를 위하여 언어의 모래밭에서 싱싱한 시어를 찾아 방황한다. 아니 시혼에 적확한 언어를 채굴하기 위하여 습관과 권태의 산맥을 치열하게 탐사한다. 이 시인 역시 시적 발상을 온전하게 형상화하기 위하여 언어를 찾아 끊임없이 고투한다. 그의 시어는 일상어, 구체어, 생활어가 대부분이다. 그런데 이들 시어들은 일상 대화에서 사용되는 것들이지만 활용빈도가 그리 높지 않은 것들이다. 그럼에도 시인이 부리는 시어들은 시인의 살아온 생애만큼이나 통시적 측면에서 폭이 두텁고, 공시적 측면에서 품이 넓다. 시인은 기꺼이 섬세한 언어 운용에 대해 진지한 고뇌를 감당한다.

2. 가족에 대한 따뜻한 응시와 연민의 정서

이소애 시인은 마치 잠자리 겹눈의 시선을 장착한 것 같다. 시인은 단일한 동공이 아니라 여러 동공을 지닌 겹눈으로 세계의 곳곳을 두리번거린다. 시인은 그만큼 세상의 다양한 풍경을 응시한다. 즉 시인은 연배에 비해 호기심이 대단하다. 나이가 들면 다양한 생 체험의 반복으로 인해 세상은 상투화 되거나 관념화되기 십상이다. 자잘한 일상이나 소소한 체험은 축소되거나 생략됨으로써 의미화 되지 못하고 사라진다. 따라서 세상과 삶은 권태와 환멸의 모습을 띠게 된다. 그러나 시인은 활기찬 시선으로 세계의 방방곡곡을 응시한다. 이로 인해 시인의 시세계는 다양한 스펙트럼을 드러낸다.

시인의 시선이 가장 빈번하게 바라보는 곳은 가족이다. 가족은 삶을 이루는 가장 기본적인 집단이다. 뿐만 아니라 실제의 삶이 이루어지는 구체적인 현장이기도 하다. 삶의 희로애락은 가족의 범주에서 파노라마처럼 전개된다. 시인은 가족 구성원들에게 그윽한 시선을 보낸다. 그 가족 구성원은 부모, 지아비, 아들과 딸, 손자 손녀 등이다. 이들에 대한 시선은 연민과 긍정을 통한 사랑의 마음으로 요약된다. 시인은 자신이 가정생활을 하며 몸소 겪은 체험을 형상화하기 때문에 구체적인 현장성이 강화되는 특징이 있다. 나아가 진솔성과 정직성의 시적 분위기를 환기하는 장점도 획득한다.

막사발처럼 울퉁불퉁 거친 삶을 살아온 아버지를 본다
협곡의 굴곡진 바람은 막사발을 감고 돈다
뽀얀 막걸리가 아버지 갈증 달래주는데
울음소리로 억지잠 부른다

옹색하게 살아 주눅이 든 아버지처럼
막사발은 살강 귀퉁이에서
번뇌와 시련에 시달렸고
모서리에 오래오래 걸려 있었다, 모서리가
아버지를 끌고 다녔다

생의 발자국 새겨진 막사발굽엔
하늘나리꽃으로 피어난 아버지가 계신다

「막사발」 전문

이 작품은 막사발과 아버지를 동일화시켜 '아버지'를 회억하고 있다. 막사발의 이미지를 투사하여 아버지의 삶을 추억하고 있는 것이다. 시인은 시적 대상을 정서로 구체화하기 위하여 적절한 사물을 선택하여 혼융하는 작시법을 즐겨 사용한다. 이러한 경우 그가 시적 분위기 조성을 위해 차용하는 이미지는 시적 대상에 복무하는 수단이 된다. 물론 다른 시편에서 세계와 자아의 동일화를 통해 물아일체의 정서를 환기하는 작시법도 자주 볼 수 있다. 하여튼 이 시에서 아버지에 대한 화자의 기억은 연민의 정서와 더불어 긍정적인 추모의 상황으로까지 나아간다.

아버지의 삶은 막사발이 제공하는 소탈하고 거친 이미지를 통해 구체성을 성취한다. 그 구체성은 '울퉁불퉁', '굴곡진', '주눅이 든', '옹색하게' 등의 감각적 어휘가 제공하는 질감으로 확보된다. 이 감각적 어휘들은 모두 부정적 상황이나 분위기를 환기한다. 즉 아버지의 삶은 세계와 화평하게 조응하지 못하고 불화를 겪고 있다. 이와 같은 감각적 어휘의 사용으로 시적 대상을 구체적이고 실감나게 하는 작시법은 시인이 자주 사용하는 주요한 묘사 방식이다.

이 시에서 유의미한 점은 공간 인지이다. 막사발은 언제나 '귀퉁이' 혹은 '모서리'에 존재한다. 이러한 공간은 중심이 아니라 주변을 나타낸다. 즉 막사발로 치환된 아버지의 삶은 중심적이지 못하고 주변적인 성향을 보인다. 심지어 '모서리'는 위태로운 상황을 암시하기도 한다. 막사발의 존재 공간을 주변부로 설정함으로써 아버지 삶의 위태로움과 변방의식이 적절하게 표상되고 있는 것이다. 아버지의 삶에 대한 섬세하고 구체적인 묘사와 더불어 이러한 공간 설정을 통한 의미화는 시의 구조를 중층적으로 만든다.

아버지의 삶에 대한 부정적 인지는 마지막 연에 이르러 긍정적으로 변모한다. 예컨대 아버지의 삶의 객관적 상황은 화자의 내면에서 주관적 변용을 거친다. 이는 '막사발'로부터 '하늘나리꽃'으로의 전이를 통해서 야기된다. 세계와 불화 관계에 놓인 아버지 삶은 화자의 주관적 변용을 거쳐 '하늘나리꽃'으로 미화된다. 특히 '하늘나리꽃'이 '하늘'을 지향하는 속성을 지니고 있다는 점에서 지상의 아버지는 하늘로 상승한다. 이승에서의 아버지의 남루한 삶은 시인의 상상력을 통해 저승에서의 화려한 삶으로 전환된다. 이러한 긍정적 상상력은 시인이 낙관적 세계관을 지니고 있기 때문이다.

부뚜막 군불 지핀 아랫목처럼
할매 등짝이 꽃피는 봄날처럼
환하게, 생의 주름꽃이 화들짝 피어난다
장작 두어 개비 짊어질
기력 없는 영감이어도
안쓰러운 아내를 위한 간헐천 같은 열정은 남아
지핀 불쏘시개가 활활 탄다

댓돌 위 고무신 두 켤레는
함박눈이 겹겹 쌓이며
서로를 녹여주는 배려의 꽃,
사랑꽃이다

「사랑꽃」 부분

이 시는 부부애를 형상화하고 있다. 지아비의 소소한 선물인 '찐빵 대여섯 개'를 받은 화자인 아내는 사랑의 느낌을 감지하고 행복감에 젖는다. 화자가 느끼는 행복감의 정서는 '아랫목', '봄날', '주름꽃'으로 중첩하여 은유화되고 있다. '아랫목'과 '봄날'은 온도 차원에서 따뜻한 감각을 제공한다. 따뜻함은 차가움에 비해 상대적으로 긍정적 감각을 표상한다. 이 은유를 통해 행복이라는 추상적 감각은 구체적 감각으로 드러난다. '주름꽃'은 실재하는 사물이다. 그러나 동시에 한정사 '생의'의 간섭을 받아 인생의 연륜을 암시하는 가상의 '꽃'이 되기도 한다. 즉 '주름꽃'은 '꽃'의 환희와 '주름'의 연륜이라는 중의적 의미를 내포한다.

지아비의 아내를 향한 사랑의 마음 역시 '간헐천 같은 열정'과 '불쏘시개'로 은유화 되고 있다. '간헐천'은 수량이 부족하여 항상 흐르지 못하고 이따금 흐르는 시내를 말한다. 노년 부부의 사랑의 감정은 '간헐천'처럼 이따금 그 정체를 드러내는 감정이다. 이로 인해 노년의 사랑 감정은 시각적으로 구체화된다. 한편 지아비의 아내를 향한 희미한 사랑의 감정은 '불쏘시개'가 되어 부부를 활활 태운다.

마지막 연에서 '고무신 두 켤레'는 부부를 지시하는 환유이다. 이 환유 '고무신'은 다시 '사랑꽃'으로 은유화된다. 은유를 성립시키는 매개는 '배려'이다. 부부의 사랑은 서로를 배려하는 마음으로 인해 '사랑꽃'을 피우는 것이다. 이소애 시인은 추상적 정서를 묘사함에 있어 구체적 사물을 동원한 은유를 즐겨 사용한다. 이처럼 은유는 시인의 상상력을 견인하는 주요한 작시 도구이다. 그런데 그 은유는 일상체험을 통한 즉물적 성향을 띤다. 따라서 시인의 시는 선명하고 명쾌한 이미지를 통해 감각성과 구체성을 강화한다.

> 아들 생의 무게에 휘청 허리가 휘었다
> 정규직 반장의 욕설을 참아내느라 쪼그라진 울분,
> 그 분노에 발싸심하다가
> 손가락으로 귓속을 파는 게 습관이다
>
> (중략)
>
> 썩은 과일처럼 내던지지 마옵소서!
>
> 자식의 하루가 어머니의 업보다

사내하청 노동자의 어머니는 속이 빈 깡통 같아서

눈물방울 방울마다 천둥소리가 난다

「어머니의 業報」 부분

이 작품은 아들을 연민의 시선으로 바라보는 어머니의 마음을 형상화하고 있다. 아들은 비정규직 사원이다. 아들은 생의 무게를 이기지 못해 온전한 삶을 이루지 못하고 있다. 아들은 분노와 울분으로 얼룩진 삶을 버티고 있다. 그런데 화자인 어머니는 아들의 불완전한 삶에 어떤 영향도 끼칠 수 없다. 오로지 안타까운 심정으로 '발싸심'이나 하는 수밖에 없다. 아들에 대한 염려와 안타까움은 하릴없이 '귓속'이나 파는 '습관'으로 고착된다. 더 나아가 '허리가 휠' 지경에 이른다.

화자인 어머니는 비정규직인 아들을 '썩은 과일'로 환치하여 인지한다. 화자는 아들이 '썩은 과일'처럼 직장에서 해고당하지 않을까 걱정한다. 아니 해고당하지 않기를 기원하고 희망한다. 이처럼 아들을 위해 노심초사하는 어머니의 마음은 숙명적인 '업보'로 자각된다. 그리고 어머니의 마음은 '빈 깡통'으로 은유화된다. 예컨대 마음이 모두 소진되어 공허한 상태이다. 그리고 아들을 향한 어머니의 연민의 정서는 '천둥소리'로 극화된다.

이상에서 살펴본 바와 같이 시인은 가족에 대한 애정 어린 겹눈의 시선을 보여준다. 그 시선은 모두 연민과 사랑의 속성을 지니고 있다. 시인은 자신의 직접적인 생 체험에서 우러나는 간절하고 현실적인 마음을 형상화하기 때문에 구체성과 진솔성을 획득한다. 나아가 가족에 대한 연민과 사랑의 정서는 다양하고 참신한 은유를 통하여 표현의 미학을 성취하고 있다.

3. 쓸쓸한 인생, 그리고 삶의 역설에 대한 성찰

이소애 시인은 인생의 의미와 삶의 비의에 대해서도 천착한다. 노년에 이르러 지나온 생의 갈피를 뒤척임과 동시에 인생의 의미에 대해서도 성찰한다. 인생은 시간과 밀접한 관련을 맺고 있다. 모든 생명체는 결국은 시간에게 굴복해야만 하는 존재이기 때문이다. 그 시간에 대한 시인의 반응은 외로움과 쓸쓸함의 정서로 침윤된다. 나아가 시인은 인생의 궁극적 의미에 대해서도 고민한다. 존재들에게 생과 사의 의미는 무시할 수 없는 질문이다. 그러나 시인은 인생이라는 질문에 대해 고뇌와 번민의 탐색 과정을 제시하는 것이 아니다. 그는 이러한 과정을 생략하고 자신이 통찰한 인생의 의미를 형상화하고 있다.

하루가 시간의 절벽에 위태롭게 서있다
꿈은 안개 속 동자꽃처럼 희미하고
몸은 황량한 벌판에 핀
제 몸 찌르고 사는 엉겅퀴꽃 가시 같다

절벽은 바람의 시간이 지나간 무늬일까
절벽은 파도 냄새를 싣고 다니는 바람의 흔적일까
가끔
하늘에서 뛰어내린 바람의 비명과
유서처럼 써내려간 절규가 들린다
칼날 같은 시련이 위에서 아래로 내려와
녹아든 참회의 눈물을 만든다

시간이 절벽 같은 날

외로움은 절벽을 달래주기 위해
어둡고 괴롭고 아름다운 소리를 낸다

「시간이 절벽 같다」 전문

이 작품은 '시간이 절벽 같다'는 제목이 드러내는 바와 같이 시간 의식을 형상화하고 있다. 시간을 절벽으로 인지하는 것은 절망감에 다름 아니다. 이에 대해 화자는 외로움의 정서로 반응한다. 시간이 절벽이라는 은유는 중의적 의미를 함의한다. 하나는 시간이 단절되어 삶이 낭떠러지로 곤두박질칠까 두려워하는 심리의 표상이다. 또 다른 하나는 통제할 수 없는 시간의 엄격한 질서에 대한 외경의 암시이다. 이와 같은 중의적 의미를 내포한 '절벽'의 시간에 맞닥뜨린 화자는 자아를 성찰한다.

자아 성찰은 정신과 육체로 이원화된다. 절벽으로 인지된 시간 앞에서 화자가 품었던 '꿈'/정신은 '안개' 속에 존재한다. 말하자면 안개로 인하여 '꿈'은 그 실체를 분명하게 드러내지 못한다. 이는 삶의 정신적 지표와 지향이 불분명한 삶의 처지를 드러낸다. 이어서 '몸'/육체는 '엉겅퀴꽃 가시'로 인지된다. 그런데 '엉겅퀴꽃'은 '황량한 벌판'에 존재한다. 삶의 공간이 부정적 환경으로 제시되고 있는 것이다. 뿐만 아니라 삶의 양상도 '제 몸 찌르고' 사는 자학적 속성을 드러낸다. 화자의 삶은 부정적 상황에 처해 있으며, 존재 양상 역시 비극적 면모로 드러난다.

2연에서 화자는 가혹한 시간의 질서에 대해 '절벽'으로 표상된 절망감을 토로한다. 그 절망감은 '바람'의 '무늬' 혹은 '바람의 흔적'으로 다가온다. 여기서 '바람'은 모든 존재들을 흔들고 지나가며 결국은 풍화작용을 통해 무화시키는 기제로 작용한다. 즉 시간은 이와 같은 바람의 속성으로 존재들을 위약하게 하며 결국에는 소멸시키는 기능을 하고 있다. 한편 화자는 가혹한 시간으로 인한 절망감 속에서 '비명, 절규, 시련'과 조우한다. 이들은 시간에 대응하는 나약한 인간의 처절한 행동 방식의 표상이다. 나아가 화자는 엄혹한 시간 앞에 '참회의 눈물'과 만난다. 절대적 존재인 시간 앞에서 지나온 삶에 대한 반성을 하는 것이다.

절대적 시간의 가혹한 운행에 대해 참회의 자세로 대응하는 화자에게 절망감이 야기하는 존재론적 '외로움'은 마침내 "어둡고 괴롭고 아름다운 소리를 낸다." 이 역설은 복합적인 인생의 본질을 드러낸다. 인생은 선과 악, 미와 추, 삶과 죽음과 같은 양가적 가치를 동시에 지니고 있기 때문이다. 역시 이 시도 다양한 은유적 인지 과정을 통해 인생과 시간의 불가역적 관계에 대한 고뇌를 감각적으로 형상화하고 있다.

> 자동차 바퀴에 다리를 빼앗긴 사내의 목발 소리가 쫑쫑하다 덕유산 향적봉 오름길엔 타이어가 제 몸 분해하여 서로를 부둥켜안고 누워 있다
>
> 타이어는 살아서 길을 둥글게 밟았을 터, 죽어서 길이 타이어 몸통을 밟고 산다. 사람이 타이어 뼈들을 밟으며 오른다
>
> 지구를 달렸을 바퀴가 고사목처럼 길에 깔렸다 바람이 동그랗게 속도를 내며 타이어 발목을 휘감는다 뒤바뀐 빛과 그림자
>
> 사내의 목발에 상고대가 피고 지고, 벼락을 삼키다 쓰러진 주목나무 곁에 함박꽃나무 백당나무가 살아 있다

「死後」 전문

이 시는 섬세하고 활달한 통찰력으로 삶과 죽음의 의미를 제시하고 있다. 이 작품에는 교통사고라는 단편 서사적 에피소드가 시의 구조를 주동하고 있다. 즉 교통사고를 당하여 다리를 잃은 사내와 그 가해적 상징으로 타이어를 대비시키고 있다. 또한 자연과 문명의 대비를 통해 이차적 대립 구조를 중첩시키고 있다. 이와 같은 이중 구조로 인해 이 작품은 복합적이고 중층적인 효과를 성취한다. 그러나 이 작품은 이러한 구조를 통해 변전하는 인생의 역설을 드러낸다.

1연에는 '자동차 바퀴에 다리를 빼앗긴 사내'와 '제 몸 분해한 타이어'가 병치되어 있다. 사내와 타이어는 본래의 고유한 모습이 손상되었다는 점에서 동일한 범주로 인지된다. 그러나 사고가 있기 전 타이어는 가해자이고 사내는 피해자이다. 사고 이후 이러한 상황은 역전된다. 사내는 타이어를 밟고 길을 간다는 점에서 가해자이고 타이어는 사내에게 밟힌다는 점에서 피해자이다. 예컨대 아이러니한 상황이 제시되고 있다. 그런데 시인의 시선은 매우 맑고 낙낙하다. 왜냐하면 사내의 목발소리가 '쫑쫑하게' 즉 경쾌하고 긍정적으로 들리며, 분해된 타이어는 '서로를 부둥켜안고' 즉 다시 조화를 이룬 상태로 보이기 때문이다. 기실 이소애 시인은 부정적이거나 비극적인 시적 대상을 자주 긍정적이고 조화로운 상태로 변용하여 인지한다. 이러한 시각 때문에 그는 낭만주의자로서의 면모를 지닌다.

2, 3연은 타이어의 생과 사의 존재 양상과 그 의미를 형상화하고 있다. 살아생전의 타이어와 길의 관계는 죽어서의 타이어와 길의 관계와 상반된다. 살아 있을 때의 타이어가 능동적인 동력을 지니고 있는 반면에 죽

어서는 길의 수동적 역할을 하기 때문이다. 예컨대 길을 밟고 달렸을 타이어는 죽어서는 사람과 바람이 밟고 다니는 길로 변용된다. 이 부분에서 '타이어'/존재의 죽음의 의미가 부각된다. 즉 존재의 죽음은 다른 존재들의 길의 역할을 하는 것으로 그 의미를 획득한다. 죽은 뒤 즉 사후의 의미는 타자들에게 길의 역할을 해야 한다는 것이다.

타이어와 동일한 운명을 지닌 '사내' 역시 개인의 의미를 벗어나 인간의 본질적 모습으로 제시된다. 그리하여 사내도 죽은 뒤에 타자를 위한 길의 역할을 준비하는 존재이다. 이러한 시인의 통찰은 타자를 위한 죽음으로 인해 세월이 흘러가면서 닥치는 시련과 다양한 사건의 반복에도 불구하고 세상을 긍정적인 공간으로 인지한다. 세상은 "벼락을 삼키다 쓰러진 주목나무 곁에 함박꽃나무 백당나무가 살아 있"는 화평한 공간이기 때문이다.

4. 불온한 현실에 대한 직시와 생동감 있는 언어 탐구

이 시인은 주변에서 일어나는 다양한 사건에 대해서도 민감하게 반응한다. 즉 자신이 몸담고 있는 시대와 현실을 직시하고 있다. 그는 부조리한 현실과 시대에 대해 정면으로 응시하며, 그 사회적 의미를 형상화 한다. 그 시적 형상화는 사건에 직접적으로 반응하기도 하는가 하면 사회 구조적 문제를 간접적으로 제시하기도 한다.

불온한 현실과 시대에 대한 시인의 관심은 '바다'를 소재로 한 시편들에서 더욱 두드러진다. 물론 이 시인의 '바다'는 다양한 함축성을 지니고 있다. 그에게 '바다'는 추억의 원천, 꿈의 텃밭, 존재의 시원, 관능과 몽환의 대상, 실연의 배경, 삶의 현장, 사랑의 공간 등 역동적인 상상력의 보고이다. 그는 자신의 체험과 관념을 '바다'의 율동에 따라 다양하게 변용시켜 형상화 한다. 이에 대한 구체적인 고찰은 다음으로 미루고, 여기서는 '바다'를 통해 현실을 반영한 부분만을 살펴보기로 한다.

단원고 백지숙 양의 시계는
바닷물을 필사하고 있다
구조되면 연락한다는 휴대전화 글자를
움직이지 말라는 말을 녹음하고 있다
주인은 없어도 달려가지도 멈추지도 않고
시간을, 밀물과 썰물에 흔들리며 필사 중이다
물고기처럼 아가미가 없어
파도의 등을 타고 하늘로 날아간 별의 눈물이 짜다

시계는 시간을 덤으로 주거나
바다에 던져도 양보하지 않아
빈방에서 꼬박꼬박 독서 중이다

「바다를 필사하다」 부분

이 작품은 2014년 5월에 발생한 '세월호 사건'을 형상화하고 있다. 세월호와 함께 멈춰버린 생명과 희생자의 손목에서 여전히 멈추지 않은 시계가 대비되고 있다. '시계'는 필사와 녹음을 통해 희생자들의 억울한 죽음을 증거하고 있다. 따라서 '시계'는 '필사' 행위를 통해 역사적 증거를 담당하는 기제가 된다. 나아가 침몰 사건을 엄중히 논증해야 하는 '우리들'의 대리물로 상징화되고 있다.

시인의 상상력은 희생자들에 대한 애도의 형상화로까지 나아간다. 그는 희생자를 '파도의 등을 타고 하늘로 날아간 별'로 애도한다. 그러나 그 애도는 '눈물이 짜다'는 감성적 언술로 인해 안타까움의 정서로 변전된다. '바다'와 '눈물'이 '짜다'는 감각으로 동일화됨으로써 그 애도의 진폭은 무한 확장한다. 또한 희생자와 동일화된 '시계'는 '독서' 행위를 수행하는 존재가 된다. 이로써 희생자는 죽지 않고 여전히 살아있는 존재로 변모한다.

> 가만히 있으라, 가만히 있으라, 땅다람쥐만도 못한 인간이 짖는 소리다 땅다람쥐는 포식자 앞에서 경고음을 낸다는데, 동료들을 피신시키고 죽는다는데, 팬티만 입은 남자는 혼자만 도망가네
>
> 「바다도 슬퍼서 운다」 중에서

이 작품 역시 세월호 사건을 시적 대상으로 하고 있다. 당시 사건을 구체적으로 환기시키는 에피소드와 '땅다람쥐'의 생태 본능을 차용한 이 시 역시 책임을 다하지 못한 인간을 야유 조롱하고 있다. 이와 같은 구체적이고 현장감 있는 묘사를 통해 시인은 세월호 사건의 희생에 대해 분노와 안타까움을 동시에 표출하고 있다. 이와 같이 현실에 대한 직접적인 사건 직시와 달리 부조리한 시대의 징후를 서정적으로 형상화한 작품도 살펴보자.

> 폭설이 강의 목덜미를 잡고 살래살래 흔든다 멀쩡한 강물이 침묵이다 깨진 소주병을 던지고 싶은데 깊게 파인 눈주름이 얼음 속 강물처럼 숨이 멎어 있다

전단지처럼 구겨진 마른 갈대 위로 한 뼘 눈이 깔고 앉았다 그 위대한 힘을 밀어내지 못해 오리 발자국처럼 파닥거린다, 침묵의 나이테를 깨보고 싶다

광고지가 길바닥에 버려져 있다 일자리 찾는 아파트 경비원 털목도리에는 두꺼운 근심이 쌓여 있다 오그려 쥔 손가락에 우울한 그늘 서너 평을 깔고 누워 있는 폭설이 참 무겁다

폭설은 바람 뼈를 훔쳐보거나 발로 밟아 보겠지, 강의 침묵은 분노할 때 제 몸을 물의 형태로 변태한다는데 눈물이 멈추지 않는다

노동자는 폭설이 다 녹아들 때까지 하루를 쉬고 또 쉰다
폭설이 광고지에서 일어날 때까지 오늘은 놀고 내일을 기다린다

「폭설이 광고지에 눕다」 전문

이 시는 강압에 시달리는 현대인들의 우울한 초상을 암시와 분위기 묘사를 통해 서정적으로 형상화하고 있다. 이 시에서 '폭설'은 현대인들의 삶을 위해하는 폭압적 기제로 작용한다. 그러나 그 '폭설'에 대한 현대인들의 반응 양상은 '침묵'으로 드러난다. '폭설'이 환기하는 폭압적 실체는 불확정성을 띠고 있어 유연한 함축성을 지닌다. '폭설'과 '침묵'이 함축하는 의미론적 애매성으로 인해 이 시는 열린 해석의 공간을 마련한다.

이 시는 '폭설'의 폭압으로부터 출발한다. 특히 '폭설'의 강압적 위력은 '강의 목덜미'를 잡아 흔드는 장면으로 구체화된다. 그러나 '강'은 반항이나 저항을 하지 못하고 폭설의 위력을 '침묵'으로 받아들인다. 물론 심정적으로는 '깨진 소주병'을 던지는 행위로 폭설의 위력에 항거하고 싶어

한다. 그러나 실제적인 행동으로까지 나아가지 못하고 '숨이 멎어' 있는 무저항 상태로 귀착된다.

2연에서 삶의 조건이나 상황이 제시된다. 그것은 '구겨진 마른' 상태로 묘사된다. 현대인들의 삶은 폭설의 위압에 의해 손상당하여 생명성이 거세된 상황인 것이다. 이처럼 위태로운 삶의 환경은 다시 '전단지'로 은유됨으로써 조악성과 일회성의 부박한 이미지를 덧입힌다. 또한 '전단지'가 덧없는 물질적 욕망을 자극하는 홍보 수단이기 때문에 은연중 자본의 위력을 암시하기도 한다. 바람에 쉽게 흔들리는 위약성을 지닌 '갈대'로 표상된 현대인은 자본의 위대한(?) 폭압을 이기지 못하고 힘겹게 생을 영위한다. 그러한 상황에서 화자는 폭압에 저항하지 못하고 순응하는 현실을 타파하고 싶은 소망을 드러낸다.

3연은 자본에 침윤당한 현대인의 모습을 더욱 구체적으로 제시한다. '광고지가 길바닥에 버려져' 있는 장면은 현대인의 물질적 욕망이 손상당하고 훼손된 이미지를 환기한다. 노동의 기회를 보장받지 못하는 '경비원'의 걱정 또한 구체적으로 표상되고 있다. 자본주의를 살고 있는 사람들의 충족되지 못한 우울한 욕망이 '폭설'의 무게로 세상을 점령하고 있는 풍경으로 적시되어 있다.

이러한 불편한 상황은 해소될 기미가 보이지 않고 오히려 더욱 공고해진다. '폭설'이 자유와 소통의 상징인 '바람'을 '발로 밟는' 지경에까지 이르게 되기 때문이다. 더군다나 '폭설'의 강압과 폭력에 '분노'조차 표출하지 못할 정도로 극악한 상황으로 나아간다. '물'의 본질은 자유롭게 흘러가는 것이다. 그런데 '강의 침묵'이 '물'로 변용되어 자유롭게 흐르는 상태는 단지 화자의 소망에 불과한 것이다. 이와 같은 극도의 엄혹한 상황 앞에 화자는 '눈물'을 흘리는 수동적인 자세를 노출한다.

심지어 '노동자'도 그 '폭설'에 대항하지 않는다. 오로지 수동적인 자세로 '눈'이 스스로 녹을 때까지 쉴 뿐이다. '폭설'이 자발적으로 그 폭압을 멈출 때까지 기다릴 뿐이다. 다만 노동자는 내일에 대한 희망까지 버리지는 않는다. 그는 아주 소극적인 자세로 막연히 '내일'을 기다린다. 이와 같은 소극성과 수동성은 현대인의 비극적인 생존 환경과 암담한 미래 의식을 보여준다. 시인은 극도의 절망감에 젖은 현대인의 패배주의를 서정적인 풍경을 통해 더욱 극적으로 표상하고 있다.

한편 이소애 시인은 생동감 있는 시어에 대한 열정이 남다르다. "에누리 없는 하루를 차잠차잠 아그똥하게"(「꽁지별을 찾다」), "물메기 먹는 날은 온 식구가 삐까뻔쩍 몸짱으로 보이는 식탁이다"(「물메기 먹는 날은」), "멀쩡하면 늠연했다, 왜죽왜죽 걸었다"(「목포 사나이」), '비찌락', 쫑쫑하다, 오그랑쪼그랑, '똥줄', '닭의장풀', '꽁다리'. 이와 같은 용례는 일부만을 눈에 띄는 대로 인용한 것이다.

시인은 자신의 추억을 담보하는 지역어, 일상어, 생활어를 즐겨 사용한다. 실제 활용빈도가 높지 않은 어휘들이지만 유년의 생활 추억과 지역성을 드러냄으로써 시의 공간을 구체화하는 효과를 충분히 거두고 있다. 특히 시인은 의태어와 의성어를 비롯한 부사어 사용에 남다른 특장을 지니고 있다. 이소애 시인은 이와 같은 참신한 시어의 활용을 통해 시적 대상을 실감나게 묘사한다. 그리하여 자기만의 독자성과 고유성의 미덕을 성취한다.

5. 추억의 낭만적 서정화와 소소한 일상의 미학적 형상화

지나온 삶의 풍경은 유미적 시선으로 포착되는 경향이 농후하다. 비록 과거의 기억이 세계와 불화를 겪었더라도 시간이 흐르면 아름다운 체험으로 변용되는 성향이 있다. 특히 유년의 삶은 동화적 색채를 띠기 쉽다. 유년 시절은 현실이 거세되고 오로지 놀이로서 존재하기 때문이다. 과거의 삶과 체험을 긍정적으로 조망하는 성향은 현실의 고통과 좌절을 보상하려는 심리가 배면에 자리 잡고 있다. 대체로 현실 세계는 극복하거나 초월해야할 억압 기제로 작용하기 때문이다.

이소애 시인은 지나온 삶의 기억들을 소환하여 서정적으로 형상화하길 즐긴다. 특히 고통스럽고 절망적인 과거의 기억들도 유미적으로 처리하는 경향이 있다. 이는 시인의 품성이 긍정적이고 낙관적일 뿐만 아니라 작시법에 있어 서정적 낭만주의자의 특성을 지니고 있기 때문이기도 하다. 그가 다루는 과거의 기억들은 직접 체험한 것들이다. 그 구체적 체험들은 시인의 상상력을 통하여 시적 변용을 이룬다. 그런데 시적 변용은 대체로 낙낙한 여유와 흐뭇한 미소를 자아내는 상황으로 전개된다. 이로 인해 그의 시는 구체성이 제공하는 진솔한 감동의 파문을 일으킨다.

> 군산 장재동 골목에는 키 큰 가로등이 있다 옛 경성고무공장 굴뚝이 숨 쉴 때마다 품어낸 연기로 외눈박이는 시력이 희미하다
> 메리야쓰 공장에서 단추달이미싱에 손가락 다친 봉순이도, 실밥 따는 순자 아지매도 야간 일하고 집에 갈 땐 손전등으로 길을 밝혔다
>
> 분노하면 두 눈 딱 감고 골목을 삼켜버리는 가로등이다 공장 담벼락을 무너뜨릴 것처럼, 휘파람 소리가 무섭게 휘도는 공포의 밤을 연출한다
>
> 그 골목길에 들어서면 습관처럼 손을 훔쳐 잡던 그이와의 사랑! 몰래, 뜨겁고

긴 키스를 훔쳐보던 가로등은 외눈박이가 되었다 한다.

「가로등」 전문

이 시는 암울했던 시대의 풍경을 배경으로 사랑의 추억을 노래한 작품이다. 공장 근로자로 생활하며 살았던 과거의 삶은 더 이상 우울한 풍경이 아니다. 시인의 상상력을 통해 암울했던 시대 상황은 서정적으로 변용된다. 이 시의 공간은 '골목길'이다. '골목길'은 당대 삶의 일상적 배경으로 작용한다. 그 골목에 '가로등'이 서 있다. 이는 '골목' 어둠의 이미지를 거느린 반면 '가로등'은 불을 밝히는 빛의 이미지를 환기한다. 그리하여 1연은 대립적 이미지가 공존하는 삶의 속성을 제시한다.

2연은 공장 근로자로 삶을 영위하는 '봉순이'와 '순자 아지매'의 신난한 삶의 상황을 묘사한다. 특히 야간작업을 마치고 어두침침한 길을 걸어 귀가할 때 밝히는 '손전등'의 불빛은 그들의 허약한 삶의 분위기를 표상한다. 3연은 고장 난 '가로등'을 통해 당대의 시대적 상황과 분위기를 암시한다. '분노'와 '공포'라는 관념어를 직접적으로 제시하여 야간 근무 후의 귀갓길 상황을 구체적으로 표상한다.

그러나 5연에 이르러 어둠으로 인한 분노와 공포의 분위기는 역전된다. 암울한 시대의 곡절을 환기하던 '골목길'이 사랑을 확인하는 현장으로 변화하는 것이다. 4연까지 지속되던 우울하고 침침하던 분위기는 5연에 이르러 밝고 경쾌한 분위기로 반전을 이룬다. 나아가 가로등이 외눈박이가 된 원인을 설화화함으로써 흐뭇한 웃음을 자아낸다. 이는 세계와 자아를 동일화함으로써 화평한 분위기를 조성하는 효과를 거둔다.

외갓집 요강꽃은 달밤에 핀다

놋쇠요강 뚜껑을 머리에 이고 핀다
외할머니와 이모꽃은 새소리를 내고
외삼촌은 총소리 같은 소리꽃을 피운다

눈 딱 감고 머리맡 향기에 젖어들면
달빛은 앞마당 감나무를 지나
사립문 밖 채송화 꽃무더기에서
탱자나무 울타리 쪽으로 물러난다

「요강꽃」 부분

이 작품도 유년 체험을 통해 평화로운 추억을 형상화하고 있다. '외갓집'은 자애로운 모성의 원천을 제공하는 공간이다. '외갓집'이 환기하는 푸근하고 낙낙한 분위기가 해학적 묘사를 통해 선명하고 구체적으로 묘사되어 있다. 특히 식물 '요강꽃'으로부터 시상을 얻어 유년의 외갓집 추억을 교직한 활달한 상상력이 돋보인다.

1연은 '요강꽃'이 달밤에 핀다는 묘사를 통해 시공간 상황을 묘사한다. '달밤'이라는 시공간은 비록 밤으로 설정되어 있어도 '달'의 출현으로 화평한 분위기를 드러낸다. '요강꽃'이 피는 상황이 '뚜껑을 머리에 이고' 이루어짐으로써 시상이 '요강꽃'으로부터 생활용기인 '요강'으로 전이된다. 이어서 요강에 소변을 보는 장면을 소리감각을 통해 구체적으로 묘사한다. 이 소리감각을 통한 다양한 묘사는 해학적 분위기를 유도한다. 소변을 보는 행위를 '새소리'와 '총소리'로 감각화하는 것이다. 특히 이 모든 소리는 '소리꽃'으로의 시각화 과정을 거쳐 흐뭇한 분위기를 감각적으로 드러낸다.

2연에서 화자는 취각을 통해 '향기'를 추억한다. 이어서 '달빛'의 이동에 대한 섬세한 감각이 묘사된다. 여기까지 보면 시각(달빛)으로부터 청각(소리)으로 다시 취각(향기)으로부터 시각(달빛)으로 감각의 전이가 활발하게 이루어지고 있다. 그 달빛은 '감나무', '채송화', '탱자나무'로 이동한다. 달빛이 식물과의 교감을 거쳐 세상을 적시는 상상력이 그윽하다. 특히 향기와 달빛의 혼융으로 인한 몽환적 분위기가 세계를 평화로 물들인다. 이로 인해 화자와 세계가 일체화되는 조화로운 서정적 분위기가 고양된다.

한편 이소애 시인은 일상생활에서 일어나는 소소한 사건이나 상황에 대단히 민감하다. 일상생활의 자잘한 상황들을 삶의 소소한 정서로 치환하여 형상화하길 즐긴다. 그 시편들은 주로 삶의 희열이나 기쁨 등으로 표출된다. 이러한 점에서 이소애 시인은 현실적 삶에 만족하는 자족적 태도를 드러낸다.

소양천이 내다보이는 골목에
휘어진 가지가 서로
붙들고 사는 느티나무가 있다

입으로 한글을 쓰는 휘파람새와
무릎에서 소리 나는 두루미와
지팡이로 상처를 동여맨 새는
보청기를 끼고 온다
느티나무는 슬퍼도 울지 않는 새를 품고 산다
기억을 되새김질하며

청춘을 더듬거리다 연둣빛 크레파스로
초록빛이 짙어질 때까지
기억을 떠올려보는 부엉이와
이름을 부리로 까먹는 참새와
'비행기' 하면 '비양기'라고 소리 내는 까치가
목청껏 봄을 불러야 느티나무는 실눈 뜬다

세월의 무게에 눈물이 마른 새는
아픔이 연필을 쥐고 동행한다
텃밭 고랑을 재활병원처럼 드나들더니
할매 지팡이가 느닷없이 소리친다
"콩은요 내 발걸음 소리 듣고 크는디요!"

「느티나무 학당」 전문

이 시는 뒤늦게 한글을 배우는 노인학교의 정경을 형상화하고 있다. 그동안 한글을 해득하지 못하여 불투명한 세계를 살았던 노인들이 늘그막에 개념의 세계로 진입하는 즐거움이 표상되어 있다. 이를 위해 시인은 동화적 서사와 묘사를 활용하고 있다. 이러한 작시법으로 인해 이 작품은 맑고 환한 시적 분위기를 조성한다.

1연은 '느티나무'의 묘사를 통해 '학당'의 분위기를 환기한다. 그 '느티나무'는 '학당'의 은유이며, '골목'에 존재한다. '골목'은 다양한 사연이 잠재되어 있는 장소임을 함축한다. 이는 '학당'에 다니는 사람들의 곡절 많은 사연을 얼비치게 하는 효과를 거둔다. 뿐만 아니라 '휘어진 가지가 서로/ 붙들고 사는' 형태 묘사는 그들의 삶의 양상과 속성을 함의한다. 예컨대 어려운 환경임에도 서로 의지하며 조화를 이루어 사는 노년의 삶을 드러낸다.

2, 3연은 '학당'에서 이루어지는 수업의 상황을 우화의 수법으로 형상화하고 있다. 노인 학생들은 모두 '새'로 은유되고 있다. 다양한 새들로 우화된 학생들은 모두 노년이어서 얼마간의 건강 이상 징후들을 보이고 있다. 그럼에도 노인 학생들은 자신의 처지를 슬퍼하지 않고 성실한 삶의 자세를 유지한다. 그리하여 '느티나무 학당'은 '울지 않는 새'들이 공부하는 즐겁고 유쾌한 공간이 된다. 다시 3연에서 노인 학생들은 다양한 '새'로 은유되고 있다. 이 노인 학생들 즉 '부엉이, 참새, 까치'는 고갈된 기억을 환기하며 성실하게 학업에 열중하고 있다. 이들은 지나와버린 '봄'을 호명하는 공부를 하는 것이다.

마지막 연은 노인 학생들의 절망과 희망이 교직되어 있으나, 결국에는 천진한 세계관의 표출로 마감된다. 노인 학당에 다니는 학생들은 지나온 삶의 아픔을 동반한 채 희망을 잃지 않고 미래의 희망을 위해 등교한다. 그들은 현재도 '텃밭'을 가꾸며 생을 성실하게 살아간다. 특히나 불만족스런 현실을 부끄러워하거나 불평하지 않는다. 오히려 낙낙하고 긍정적인 세계관으로 현실에 만족하여 생의 의지를 강화한다. 이 작품은 긍정적인 시선으로 세상을 평화롭게 응시하는 자족적 가치관이 두드러진 작품이다.

대추나무 열매는
손자가 보고 싶어 애간장을 태울 때
주렁주렁 웃음 매달고 익어간다

「대추나무와 백목련 사이에」 부분

이 작품 역시 식물적 상상력으로 '대추나무'와 조부모를 동일시한 은유가 유쾌한 분위기를 환기하고 있다. 손자를 그리워하는 조부모의 심리가 '애간장을 태운다'는 관용적 표현을 통해 직접적으로 제시되고 있다. 예컨대 손자를 그리워하는 즐거움으로 노년을 보내는 심정이 밝고 투명하게 형상화되고 있는 것이다. 이처럼 이소애 시인은 일상에서 생성되는 자잘한 생 체험을 긍정적인 유쾌함으로 제시함으로써 서정적인 낭만주의자의 세계관을 구축하고 있다.

6. 역동적 상상력으로 통찰하는 서정적 낭만주의

이소애 시인은 젊다. 그는 호기심이 많기 때문이다. 육체의 나이가 들면서 반복되는 삶을 오래 살다보면 세상은 단순하게 요약되어 추상화되기 마련이다. 삶 역시 매너리즘에 젖어 일정한 패턴으로 굳어지기 십상이다. 그런데 이소애 시인은 삶과 세상을 항상 신기하게 바라본다. 뿐만 아니라 그 시선 역시 천편일률적으로 고정되는 것이 아니라 다양한 시적 대상으로 향한다. 그는 마치 바지랑대 끄트머리에 내려앉은 잠자리와 같다. 바지랑대에 고요히 수평을 잡고 앉아 겹눈으로 세상을 두리번거리는 고추잠자리의 이미지를 지니고 있다. 그리하여 삶과 세계에 대한 궁금증으로 고요하되 치열한 성찰을 하고 있는 것 같다. 그가 지닌 다양한 시적 관심사는 다채롭고 풍부한 시세계를 확립하도록 도와준다.

이소애 시인은 자신이 몸소 겪은 구체적 체험을 형상화하는 특성이 있다. 그는 삶의 갈피에서 만나는 일상의 소소한 체험을 허투루 지나치지 않는다. 아무리 사소하고 자질구레한 사물이라도 곰곰이 뇌작거리며 의미 부여하기를 멈추지 않는다. 그러한 삶의 자세는 세계에 대한 밀도 있는 관심과 애정 때문일 것이다. 시인은 치밀한 현장 체험을 바탕으로 상상력을 발동하여 새로운 의미를 생성해낸다. 그것은 사물이나 세계의 본질을 파악하는 직관력과 통찰력을 동반하고 있다. 따라서 사소하고 볼품없는 시적 대상도 시인의 상상력을 통과하면 의미심장한 의미의 '꽃'으로 피어난다. 한편 이소애 시는 구체적 체험을 상상의 질료로 삼음으로써 진정성과 현장성의 효과를 성취한다. 말하자면 그의 시는 시적 대상을 공허하거나 허무맹랑하지 않도록 형상화기 때문에 진솔성과 현실성을 확보함으로써 공감의 진폭을 확장한다.

이소애 시인은 언어에 대해 매우 민감한 촉수를 지니고 있다. 그가 활용하는 시어는 대체로 일상어, 현장어, 구체어 등이다. 그러나 이들은 전라도 지역어라는 공통성을 지니고 있다. 즉 자신이 살아오면서 사용하거나 사용했었던 생활과 밀착된 언어라는 점이다. 특히 시인은 의성어와 의태어의 효과적인 사용에 특장을 지니고 있다. 이로 인해 그의 시는 일상 서정을 선명하게 드러내는 훌륭한 묘사력을 장착하게 된다. 또한 이 시인은 은유를 대단히 빈번하게 활용한다. 은유는 추상적 관념을 구체화시키는 기본적인 기능 외에도 시인의 세계관과 가치관을 분명하게 드러내주는 역할까지 수행한다. 이소애 시인의 시는 다양하고 다채로운 은유의 적극적인 활용으로 인하여 활발하고 역동적인 상상력의 감동을 성취한다. 나아가 다양한 작시법 장치를 능동적으로 사용함으로써 독자적인 미학을 확보한다. 이로 인해 그의 시는 품격 있는 시성, 즉 문학성을 성취한다.

결론적으로 이소애 시인은 서정적 낭만주의자이다. 그는 자아와 세계의 동일화를 통해 화평하고 조화로운 세상을 꿈꾼다. 비록 부조리한 현실을 응시하더라도 언제나 맑고 투명한 서정으로 긍정적인 세계관을 노출한다. 불편하고 옹색한 시대의 모습을 직시하고 있지만 혁신과 타파의 행동 양식을 드러내지는 않는다. 시인은 평화, 조화, 화해를 추구하는 낭만주의자이기 때문이다. 인생과 세계를 긍정적으로 응시하는 시인이 표방하는 가치관은 물아일체의 화평한 정신이다. 그는 언제나 파토스가 아니라 에로스로 물든 인생과 세계를 꿈꾸는 천생 낭만주의자이다. 강팍한 물질주의 시대에 그의 시가 낭만주의의 르네상스를 이끌어내길 희구한다. 이소애 시인이 꿈꾸는 삶과 세계가 더욱 맑고 환하게 열리길 소망한다.

04

언어의 詩[집]에서 언어를 해방하려는 존재론적 현상학

– 이동희 시집 『차가운 그림 문자』

1. 언어로 본질을 통찰하기 위한 해찰의 미학

이동희 시인은 세상사에 관심이 많다. 그 관심은 일상사에 대한 섬세한 관찰과 응시를 통해 이루어진다. 그리하여 잡다한 일상과 소소한 사건에 대해 다각의 시선을 보낸다. 그는 현실과 일상의 편린을 통해 삶의 지혜나 본질에 가 닿기를 소망한다. 예컨대 세상에서 일어나는 현상을 통해 본질이나 궁극에 도달하려는 욕망을 지니고 있다. 그러나 그 본질에 대한 집착은 관념론자들처럼 추상적이거나 거대담론을 지향하는 것은 아니다. 그는 오로지 일상의 소소한 현상들을 통해 구체적이고 사실적인 삶의 가르침 혹은 깨달음을 조곤조곤 이야기하려는 의도를 지니고 있을 뿐이다. 따라서 그의 시는 무겁거나 딱딱하지 않다. 그의 시는 경쾌하고 가볍고 말랑말랑하다.

이 시집 『차가운 그림 문자』는 1부 몸詩, 2부 말詩, 3부 책詩, 4부 돈詩의 범주로 구분되어 총 4부로 이루어져 있다. 몸詩는 일상의 소소한 사건들로부터 발상하여 자아의 삶을 성찰하는 시들이 편재되어 있다. 말詩는 언어로부터 모티브를 포착하여 연상이나 상상력을 통하여 삶의 자세를 노래한 시편들이 묶여 있다. 책詩는 책을 읽다가 만난 생경하거나 신선한 언어를 통해 삶의 본질에 직핍하기를 의도한 시편들이 모여 있다. 돈詩는 세상살이를 하며 겪은 돈에 관한 에피소드를 통해 자본주의 삶을 치루는 애환을 형상화하고 있다.

그런데 총 4부로 구성되어 있는 이 시집은 언어에 대한 민감하고 섬세한 관심과 집중이라는 공통항이 관통하고 있다. 시인은 언어의 지시적 기능을 초월하여 언어를 사물로 취급하는 순수 언어주의자의 면모를 드러낸다. 그렇다고 해서 김춘수의 무의미시나 이승훈의 비대상시의 경지로까지 극단적으로 나아가지는 않는다. 그는 다만 언어의 축자적 의미를 벗어나 언어를 가지고 즐겁게 놀려고 의도한다. 언어에 구속되거나 압도당하지 않고 언어를 경쾌하게 다루려고 시도한다. 언어를 즐겁게 가지고 놀며 세상과 인생의 일단을 맑고 투명하게 드러내려 한다. 언어를 무겁거나 엄숙하게 대하려 하지 않는다. 그는 언어의 엄숙성과 진지성으로부터 언어를 해방하려 한다.

하이데거가 말했다. 언어가 말한다. 언어가 존재를 말한다. 언어가 세계와 사물로서의 존재를 말한다. 압축하면 언어는 '존재의 집'이라고 말했다. 하이데거의 강령에 충실한 시인 중의 하나로 이동희 시인을 들 수 있다. 왜냐하면 이동희 시인은 언어를 존중하고, 언어를 통해 사유하며, 언어를 가지고 놀 줄 알기 때문이다. 즉 그는 언어를 수단으로 활용할 뿐만 아니라 언어를 목적으로 하고 있기 때문이다. 이런 점에서 그는 언어를 통한 존재론적 현상학자로 명명될 만한 시인이다.

특히 이번 시집에서는 언어를 사물로 취급하는 작시법이 두드러진다.

그 작시법은 언어로부터 연상되는 자유로운 상상력에 크게 의존하고 있다. 예컨대 시어들은 주제를 형상화하기 위한 질료로 기능하는 것이 아니라 상상력을 확장 변용하기 위한 촉매로 작용한다. 시인은 그 상상력의 변용과 확장을 위해 언어유희(pun)와 역설(paradox)을 즐겨 활용한다. 이를 위해 시인은 일상어, 속어, 상투어, 관용어, 속담, 민요, 노랫말에 대한 천착은 물론이고 일상의 다양한 사건과 과거의 일들을 미주알고주알 뒤적거린다. 어찌 보면 고전적 글쓰기의 중요한 방법론인 용사用事와 전고典故를 현대적으로 변용한 느낌이 들 정도이다.

이와 같은 작시법으로 인하여 이동희 시인의 시는 즐겁다. 유쾌하다. 능청스럽다. 의미심장하다. 그 이유는 언어유희를 즐기기 때문이다. 삶과 세계를 바라보는 시선이 낙낙하기 때문이다. 상상력이 활달하기 때문이다. 역설을 통하여 구체적 현상으로부터 본질로 천천히 직핍하기 때문이다. 시에 이야기나 사건이 있기 때문이다. 시어가 일상어에 의존하고 있기 때문이다. 언어를 순수한 목적으로 존중하기 때문이다. 언어를 통한 연상력이 종횡무진하기 때문이다. 화법이 독백이 아니라 대화를 의도하고 있기 때문이다.

2. 몸詩, 일상의 관찰을 통한 삶의 본질 깨닫기

시인은 일상에서 겪은 소소한 사건이나 상황으로부터 생각할 거리를 포착한다. 그리고 그 사건이나 상황을 이야기로 서술한다. 어찌 보면 삶의 갈피마다에서 맞닥뜨린 다양한 상황이 시의 소재로 차용되고, 그 과정에서 사유 혹은 사색하게 된 것을 이야기하듯 읊조리는 작시법을 즐겨 사용한다. 특히 이야기로 서술하는 문체론적 특징은 독자가 그의 시에 접근하기 용이하도록 유도한다. 뿐만 아니라 그의 시를 이해하기 쉽도록 말랑말랑하게 연성화하는 효과도 거두고 있다. 시인은 일상에서 시적 모티브를 포착한 다음 성찰과 자성의 사유 작용을 통과하여 삶의 본질에 이르려는 시도를 한다.

1번 국도를 따라
[목포에서 신의주까지 뻗었다는 길을 의심하지 않았다
비록 한 번도 완주한 적이 없으면서…]
국립전주박물관 앞길 왕복 사차선 도로 길바닥에는
웬 하얀 사람 하나 누워 있다
[이 말은 적확하지 않다
누워있다기보다는 이제 막 스프린터처럼 출발하려는 자세가 맞다]
그 위를 지나가는 사람차
그 옆을 스쳐가는 사람운전
또 그 옆을 돌아서가는 사람바퀴
그러고 보면 이 문자에는
그런 사람 차 운전 바퀴 말고도
적어도 세 사람이 함께 있음을 의심하지 않았다
눕힌 사람
눕혀진 사람, 그리고
눕고 눕힌 순간을 문자화한 사람
우리는 그림문자의 물감일 뿐인가
[우리가 정확하지 않을지도
모른다, 너와 내가 언제 그렇게 한우리에 갇힌 적이 있었던가]

때마침 비가 추적추적
내렸고, 때마침 가을을 밀어내는 초겨울 냄새가
보였고, 때마침 갈 길 바쁜 행렬이 꼬리에 꼬리를
물었고, 때마침 하얀 문자는 마침내 지워지게 될
것이고…
언젠가… 이 길도 지워질 것인가
모든 길들은 항상 1번 국도에 닿아 있음으로
[길은 길에 닿아 있어 길이다]
태양계 세 번째 행성에는 없는
위와 아래, 왼쪽과 오른쪽, 동서남북을 향해
적어도 세 사람은 항상 함께 가고 있다는 신앙
[단 한 번도 의심하지 않았다
비록 믿음으로 완주한 적이 없는 인생일망정]

「차가운 그림문자」 전문

이 시는 일상에서 겪은 교통사고 현장이 시상을 촉발하고 있다. 시인은 교통사고 현장에 그려진 스프레이 자국/'그림 문자'에서 착상하여 기호의 기표와 기의의 관계를 형상화하고 있다. 나아가 '길'이 표상하는 인생의 의미에 대해서도 사유하고 있다. 말하자면 이 시에는 기호와 인생의 의미라는 두 개의 코드가 중첩되어 있다.

먼저 화자는 도로 위에 그려진 '차가운 그림 문자'를 목격한다. 그런데 화자는 이 그림문자를 기호가 아니라 실체/사람으로 인지한다. 여기서 시인은 기호에서 기표보다 기의를 존중하는 태도를 노출한다. 기표는 추상화된 약속의 표지일 따름이고, 기실은 기표가 지시하고 가리키는 존재의 의미가 중요하다는 것이다. 말하자면 화자는 차가운 그림 문자라는 기표보다 그 기의에 주목한다. 이는 시인의 휴머니즘적 태도에 다름 아니다. 그리하여 화자는 그 그림문자라는 기호에 대응하는 대상들에 주목한다. 그것은 '사람차, 사람운전, 사람바퀴'로 표명되고 있다. 여기서 '사람'은 +유정성을, '차, 운전, 바퀴'는 +무정성을 드러낸다. 그런데 +유정성과 +무정성은 한 몸 지워져 하나의 단어/복합어로 나타난다. 화자는 이 추상적인 '그림문자'/기호로부터 구체적인 사람을 읽어내는 것이다.

화자는 기호의 기표로부터 읽어낸 기의를 통해 결국 세 사람을 떠올린다. 즉 '눕힌 사람, 눕혀진 사람, 눕고 눕힌 순간을 문자화한 사람'이다. 이들은 실제 사건에 개입한 실질적 인물이다. 그런데 세상은 그 기의의 존재인 '사람'을 망각하고 오로지 '그림문자'/기표만을 현상으로 수용한다. 말하자면 인간들은 현상에만 주목하지 그 현상이 함의하는 존재성에는 무관심하다. 그리하여 화자는 "우리는 그림문자의 물감일 뿐인가" 즉 본질이 되지 못하고 현상에 불과한 것이라는 자탄을 토로한다.

이처럼 본질을 비켜간 현상인 '그림문자'는 초겨울을 재촉하는 가을비와 익명으로 스쳐 지나가는 다른 차량들로 인해 마침내 지워지게 될 것이다. 여기서 화자는 본질에 직핍하지 못하고 기호의 기표로만 존재하다 사라지고 말 인간의 운명을 예감하고 있다. 심지어 '그림문자'로만 존재하도록 바탕이 되었던 '길'조차 소멸되리라는 지극히 부정적이고 비극적인 세계 인식을 드러낸다. 그럼에도 화자는 "세 사람은 항상 함께 가고 있다는 신앙"을 통해 현상 너머에 실체로 존재하는 본질에 대한 신념을 유지한다. 이 시는 결국 현상/기표를 초월하여 존재하는 본질/기의를 통해 삶과 세계를 인식해야 한다는 존재론적 현상학을 형상화하고 있다.

이동희 시인은 이번 시집에서 [ ]라는 문장 부호를 빈번하게 활용하고 있다. 그는 [ ] 안에 시어에 대한 자신의 독자적인 개념 풀이, 혹은 본문 속의 언어 표현에 대한 다른 방식의 사유, 시상의 본줄기에서 어긋나는 경구, 시적 화자의 내면에 대한 토로 등을 자문자답식의 형식을 통해 드러내고 있다. 이 자문자답의 형식 차용은 일찍이 김수영과 오규원이 즐겨 사용했던 작시 방식이기도 하다. 물론 [ ]의 사용은 이동희 시인의 독자성이 인정된다. 시인은 이 [ ] 안에 시상의 본줄기와는 구별되는 단상들을 묶어 넣음으로써 목소리의 이중적 변주와 서술의 입체성을 획득하고 있다. 예컨대 한 목소리로 하나의 주제를 향하여 전개되는 단일한 구조의 서술체계를 복합적으로 중층화하고 있다. 이는 시상을 따라 순차적으로 전개해가는 서술에 대한 딴지걸기 혹은 해찰로 보인다. 시인은 이 [ ]를 빈번하게 활용함으로써 시상 전개의 직진성을 파괴하고 입체성을 획득하는 해찰의 미학을 성취한다. 나아가 이 [ ]의 사용은 이중적 목소리를 통한 화자 시학의 확장으로 보인다.

설악산 흔들바위를 지탱하는 힘은
단 한 마디
물컹한 돌멩이다

참, 별 사람[다 보겠네]은
참, 별 미친놈[도 다 있네]과 길이가 다른 젓가락이다

두 개 천 원짜리 호박더미에서 작은 것 두 개 골라가는 온 눈이
별사람이라면

죽겠다는 생명에게 어서 죽으라고 관제 피켓 든 종자가
별 미친놈이다

별 사람은 죽어 하늘나라 별로 뜨겠지만
별 미친놈 죽어 저승나라 똥별로 지겠네

개똥밭에 굴러도 이승에 살라는 더운 손길은
단 한 줄기

물컹한 별빛이다

「별사람」 전문

이 시는 설악산 흔들바위를 통해 포용력 있는 유연한 삶의 자세와 태도를 형상화하고 있다. 1연에서 화자는 흔들바위의 '흔들리는' 존재론적 근거를 '물컹함'으로 파악한다. '물컹함'은 말랑말랑한 유연성을 함축하고 있다. 예컨대 화자는 세계에 대응하는 인간의 삶의 자세를 '흔들림'과 '물컹함'으로 인지하고 있는 것이다. 이는 달리 말하면 규격성과 부자유성에 대응하는 자유성과 유연성의 삶의 자세로 보인다.

화자는 세계를 인식하는 삶의 자세의 표본을 '별 사람'과 '별 미친놈'이라는 두 개의 범주로 구별한다. 이 두 표본 사이의 변별성은 '길이가 다른 젓가락'으로 은유된다. 이는 이 두 표본이 서로 조화를 이룰 수 없는 부조화의 대립적 관계임을 내포한다. 역시 이 자품에도 [ ]가 활용되고 있다. [다 보겠네]와 [도 다 있네]는 화자의 이중적 목소리를 통해 해찰의 미학을 성취함으로써 서술의 입체성을 강화하고 있다. 여하튼 이 둘의 의미론적 동일성은 희귀성 혹은 희소성으로 드러난다. 말하자면 '별 사람'이나 '별 미친놈' 모두 일상에서는 쉽게 만날 수 없는 사람들이다.

3연에서 이 두 희소성을 지닌 사람은 구체적인 사례를 통하여 그 정체성이 드러난다. 우선 이 두 존재는 '사람'과 '놈'이라는 평상어와 비속어의 차이로 인해 화자의 가치 평가가 전제되어 있다. 그럼에도 시인은 '별 사람'을 '별사람'으로 띄어쓰기를 무시함으로써, 유별난 사람이라는 뜻을 '별과 같은 사람'이라는 긍정적인 의미로 전이시킨다. 마찬가지로 '별 미친놈'도 '별미친놈'으로 띄어쓰기를 무시함으로써, 부정적인 의미를 뚜렷하게 부각시키고 있다. 그리고 '별사람'은 타자를 배려하는 넉넉한 '호박 고르기'라는 구체적 행위를 통하여 바람직한 포용과 헌신의 자세를 드러낸다. '별미친놈' 또한 타자에 대한 악담을 토로하는 행위를 통해 부정적인 인물로 표상되고 있다.

그리하여 화자는 '별사람'이 '하늘의 별'로 존재 가치를 재현하는 반면에, '별미친놈'은 '저승나라 똥별'로 재현되는 것으로 인지한다. 이 두 존재에 대한 묘사는 긍정과 부정의 의미소를 거느린 대립적인 시어 선택으로 인해 화자의 태도를 명확하게 반영하고 있다. 예컨대 '사람'/'놈', '하늘나라'/'저승나라', '별'/'똥별', '뜨다'/'지다'의 대립이 그것이다.

화자는 "개똥밭에 굴러도 이승에 살라"는 일상 속담을 통해 생명 존중의 태도를 드러내면서 바람직한 삶의 태도를 표명한다. 세상을 살아가는 삶의 자세의 핵심은 '물컹한 별빛'으로 은유된다. 여기서 '물컹함'이라는 감각은 세계에 대응하는 태도가 유연성과 탄력성을 지녀야 한다는 것이다. 또한 사람은 '별빛'이 함축하는 이상적 태도를 지니고 삶을 지속해야 한다는 것도 강조되고 있다.

3. 말詩, 말의 활달한 연상을 통한 삶의 자세 확립하기

시인은 언어에 민감하다. 섬세하다. 예민하다. 언어를 의미를 전달하는 수단으로만 만족하지 않는다. 그는 언어를 가지고 놀며, 언어로 사유하고, 언어를 통해 세계와 인생과 만난다. 특히 언어에서 다양한 인접 관념으로 확산되는 상상력의 품이 활달하다. 그 상상력의 방향은 자유분방하고 거침이 없다. 하나의 사물로부터 확산되어가는 사유의 그물망이 촘촘하면서도 여유가 있다. 시인은 언어를 통한 활달한 상상력으로 삶의 자세, 시인의 태도에 대해 성찰하고 고민한다. 언어유희를 통해 인생의 편린을 걷어 올려 삶의 궁극적 가치를 곧추 세운다. 그리고 보면 그의 시 쓰기는 일종의 수신修身 과정에 해당한다. 시인은 '말'을 위하여, '말'로 말미암아, '말'과 함께 인생의 궁극을 향하여 나아간다.

[이제는] ~ 대로 살아도 되지 않을까요?

事然 작업본능에 빠진 날 염려하는,
自然 작가로부터
단풍잎 물든 사연을 가을바람에 받았다

~ 대로 앞에 무엇을 넣을까 궁리만 하다
지금까지 답장을 못하고 있는데
아마도 쓰다 지우다 지우다 쓰다
평생 빈 칸 채우기 하다, 마지 싶다

[졸리는] 대로 숲이 되는 바람처럼

[노는] 대로 물이 되는 장자처럼
[사랑하는] 대로 길이 되는 야생처럼
그러다
[떠나는] 대로, 그렇게 흔적 없는
아픔이었으면 그리 되었으면 싶은데…

그래도 빈 칸마다
기름져 불타기 좋은 집보다
쓸쓸해도 불타지 않는 시집 한 채를
채우고 싶긴 하다, 그렇긴 하다

「빈 칸 넣기」 전문

이 시는 인생 혹은 삶의 자세에 대해 형상화하고 있다. 인생은 '빈 칸'으로 은유되고, 그 '빈 칸'을 메우는 일이 곧 삶을 사는 일이라는 상념이 중심축을 이루고 있다. 그 '빈 칸'은 실제로 시구 "~ 대로 살아도 되지 않을까요?"로 표출되고 있다. 즉 화자는 '~ 대로'의 앞에 놓이는 행동 양식이 '자유자재'한 것이기를 소망한다. 물론 아무 것에도 구애받거나 구속되지 않은 자유로운 삶의 행동 양식은 '[이제는]'이라는 한정 조건에서이다. 지금까지 화자는 다양한 삶의 제약 조건에 지배받는 삶을 이루어 왔다. 그러나 어느 정도 삶을 치루고 노년에 이른 화자는 자유자재한 삶을 꿈꾼다. 예컨대 이러한 꿈꾸기는 화자의 소망이나 희구인 것이지 현실적으로 실현 가능한 것은 아니다.

2연에서 화자는 자아와 타자를 이항 대립적으로 인지한다. 자아는 '事然' 작업을 하는 존재이고, 타자는 '自然' 작업을 하는 존재이다. 즉 자아는 현실에 얽매여 세상의 일을 하는 타율적 존재인 반면에, 타자는 창조적인 일을 자유롭게 하는 자율적 존재인 것이다. 화자는 자유자재한 존재인 자연으로부터 가을바람을 통해 '사연'을 전달 받는다. 그러나 화자는 여전히 '~ 대로' 앞에 자유자재한 행동 양식을 채울 궁리를 한다. 그리고 결국 평생 그 궁리만을 하며 '빈 칸'을 채우지 못하리라는 비극적 전망을 한다.

3연에서 화자는 소망하는 자유자재의 행동 양식을 구체적으로 제시한다. 예컨대 '[졸리는] 대로', '[노는] 대로', '[사랑하는] 대로', '[떠나는] 대로'의 자유로운 행동 양식이 직접적으로 서술되는 것이다. 그리하여 화자는 역시 각 행동 양식에 따른 자유로운 존재의 목적어들을 열거한다. 그것은 '바람, 장자, 야생, 흔적 없는 아픔'이다. 화자는 이와 같은 자유로운 존재들처럼 '이제는' 현실에 구애 받지 않고 유유자적 삶을 이루고 싶은 소망을 표출하고 있다.

그리고 자유로운 삶을 이루고 난 다음에 '좋은 집'이라는 물질적 욕망 대신 영원히 지속될 '시집'을 완성하고 싶은 욕망을 드러낸다. 이 시는 인생을 '빈 칸 넣기'로 은유하고, 그 빈 칸에 들어갈 언어를 통해 인생의 자세를 서술하고 있다. 예컨대 언어를 통해 인생을 사유하고 상상하고, 삶의 자세를 언어로 완성하는 상상력의 전개를 보여주고 있다.

> 낯익은 집에서 낯선 길로 나가는 날 잡자는데
> 그날,
> 받았다는 전갈이 왔다, 우렁우렁한 목소리가 건너왔다
>
> 누구에게서 받은 것일까

나에게 날을 준 이는
진즉 푸른 산빛으로 해마다 돌아오시거나 고산 남봉산 넘나드는 구름으로 나투시거나* 이따금 날아오는 파랑새 깃털이시거나 오월 함박눈으로 이팝나무 꽃을 떨어뜨리시느라 날 돌보실 겨를이 없으신데
누구에게서 날 받은 것일까

날 받아주실 이는 진즉부터 마련이 있으실 터이지만
새삼 날 받았다는 먼 곳의 목소리에
모처럼 내 나이사전 날 항목에 남은 날을 셈해본다

날마다 받은 날처럼 [날 받는 날 잊는 날까지만] 날 받아 줄
언제든지 날 받아주는 목소리처럼,
연인처럼 날 받을 수 있을까
새삼,
날 받았다
~는 우렁우렁한 목소리에 날 맡겨도 좋을 날들만

* 나투다: 깨달음이나 믿음을 주기 위해 사람들에게 나타나다.

「날 받다」 전문

이 시는 '날 받다'는 일상표현으로부터 인생의 시간에 대해 뇌작거려 본 작품이다. 원래 '날 받다'는 운수의 좋고 나쁨을 따져 혼인이나 이사 따위의 중요한 날을 가리어 정한다는 뜻이 있다. 또한 비속의 의미로 '죽을 날을 받다'는 뜻도 있다. 한편 '날'은 '날짜(日)'의 뜻과 함께 '나를'의 음운축약 형태이기도 하다. 이 시는 '날'의 이러한 이중적인 의미를 활용하여 애매모

호성을 강화함으로써 의미론적 영역을 확장하고 있다.

시인은 이러한 일상표현의 언어용법으로부터 상상력을 발동하여 인생에 대해 다양한 사색을 한다. 즉 '날 받다'는 언표를 다양하게 변주하여 인생의 의미를 구축하고 있다. 먼저 1연에서 화자는 '날 잡자'는 의도 혹은 목적을 "낯익은 집에서 낯선 길로 나가는" 것으로 드러낸다. 이는 반복적이고 권태로운 일상을 벗어나 신선하고 참신한 만남을 목적으로 하는 것이다. 즉 휴식과 안락을 제공하는 '집'으로부터 역동적인 활동과 만남을 부여하는 '길'로의 공간 이동이다. 그리하여 마침내 그 만남의 날을 확정했다는 전갈을 받는다.

그런데 만남의 날을 약속받은 화자는 생각에 잠긴다. 과연 '그 날'을 누구로부터 받은 것일까. 누가 그 만남의 날을 확정해준 것일까. 말하자면 그 만남의 날을 결정한 주체는 누구일까. 화자는 '날'을 결정하는 주체의 성격에 대해 헤아려 본다. 그리고 화자는 '나에게 날을 준 이'를 초월적 존재로 인지한다. 그 존재는 마치 만해의 「알 수 없어요」에 나오는 존재와 같은 초월적 성격을 지니고 있다. 특히 그 존재는 다양한 자연 상징을 통해 존재성을 발현하고 있다. 예컨대 그 초월적 존재는 "푸른 산빛, 구름, 파랑새 깃털, 오월 함박눈"으로 표상되고 있다. 화자는 여전히 이 '날'을 관장하는 초월적 존재가 여러 다른 바쁜 일 때문에 '날'을 결정하기 어려울 텐데 어떻게 '날'을 받았는지 궁금하고 또 회의적이다.

나아가 화자는 자신의 여생/'나이사전 날 항목에 남은 날'에 대해 사색한다. 즉 화자는 자신의 생이 얼마 남아 있지 않다는 사실에 주목한다. 그리하여 얼마 남아 있지 않은 '날'에 대한 소중함을 새삼스레 인지한다. 그 소중함은 '연인'과 '목소리'의 비유를 통해 성취되고 있다. 특히 이 5연에서의 '날'은 세월의 의미와 함께 '나르'의 의미가 등가적으로 발현되고 있다. 말하자면 '날 받다'는 시간의 지속성과 아울러 '나를' 받아 줄 행위의 의미가 중첩되어 있는 것이다. '날 받다'는 언표에서 출발한 화자의 상상력은 시간의 지속성과 여생에 대한 안도의 상념으로 귀착되고 있다.

4. 책詩, 돈詩, 정신적 양식과 경제 활동을 통한 풍요로운 삶 가꾸기

시인은 다양한 독서를 통해 인생과 세계를 인식하고 삶의 이정표를 세운다. 책을 읽으면서 느낀 단상들을 시의 질료로 삼아 현대 문명과 삶의 가치에 대해 형상화한다. 물론 읽은 책의 내용이 시의 주제가 되는 것은 아니다. 책은 상상력을 발동시키는 촉매로 작용한다. 책은 시상의 텃밭으로 기능할 뿐이다. 그는 책을 읽으면서 포착한 시상을 통해 세계의 본성과 삶의 가치 그리고 소박한 상념들을 서술한다. 한편 시인은 현대 자본주의적 삶을 집약하는 '돈'과 관련된 에피소드를 통해 물질적 삶의 양상을 형상화한다. 예컨대 '돈'은 인생의 목적이 아니고 삶을 윤택하고 원활하게 해주는 매체일 뿐이라는 것이다. 그리하여 시인은 돈에 대한 경계와 돈으로 인한 휴머니즘적 상황을 이야기하듯 서술한다. 또는 돈으로 인한 삶의 우여곡절을 가볍고 경쾌하게 묘사하기도 한다.

농촌 아낙네들이 삼삼오오 모여 앉아
겨울철 농한기를 보내며 하는 말씀들이, 그런 다네요
늘 시안만 있었으면…

그 시안이 時安이어서 일없어 편안한 때이기도 하지만
그 시안이 時寒이어서 한 해를 보내고 맞기도 하지만

그 시안이 歲寒이어서 추사가 그린 그림추위기도 하지만
그 시안이 겨울, 전라도의 다감한 말밭에서 풍기는
을씨년스럽되 아조 춥지는 않은
딱 농한기의 안방 기온이 아니겠는가
여쭙니다, 겨울이 아닌가 여쭙니다.

저도 그랬어요
시안이 뼛속 깊이 파고드는지
음반을 들어도 꼭 고레츠키의 슬픔의 교향곡만 추켜들며
뜨거웠던 젊은 날의 사진들을 들여다보되
눈길은 벌써 어느 간이역 바람자락으로 서성이거나
전혜린의 에세이 행간이나 장영희의 문학의 숲에 거니는
나를 발견하곤 한다는 게지요.
그러고 보면, 짧은 계절을 시안으로 사셨던 분들이라는

그러면서 그랬어요
뼈의 근처가 시안이어도 그리 나쁘지는 않겠구나
농번기엔 들녘이 고단한 철이지만
시안이어도
쉬지 않고 놓지 않는 농촌 아낙네의 손길처럼
추위가 녹아나는 또 다른 뜨거운 계절을 피운다는 것을
전라도 말밭에서 맞는 찬바람이 말해주곤 하지요.

「세모에 안부를 묻다 – 책詩 3」 전문

이 시는 겨울을 뜻하는 '시안'이라는 전라도 토착어에서 시상을 얻어 삶의 안락을 서술하고 있다. 이 시 역시 '시안'이라는 말에서 연상되는 다양한 상황을 열거하며 시상을 전개하고 있다. 말하자면 이야기시의 형식을 취하고 있다. 먼저 시인은 '시안'이라는 말이 소통되는 장면을 서술한다. 예컨대 지난여름의 노동으로부터 해방되어 겨울철 농한기를 보내는 농촌 사람들이 그 안락과 평화에 자족하며 뱉는 말 "늘 시안만 있었으면…"을 제시한다.

2연에서 화자는 '시안'이라는 말의 어원에 대해 다양한 가정을 상상하고 있다. 먼저 시안을 힘든 노동이 존재하지 않아 편안한 '時安'의 의미로 이해한다. 그리고 시안을 한해를 마감하는 추운 겨울의 의미인 '時寒'으로 이해하기도 한다. 또한 시안을 추사의 그림 세한도에서 유추한 '歲寒'의 의미로 가정하기도 한다. 그러나 결국 전라도 말 '시안'의 어감과 뉘앙스에 주목하여 "을씨년스럽되 아조 춥지는 않은/ 딱 농한기의 안방 기온"과 같은 분위기를 강조한다. 시인은 농한기를 맞은 전라도 농촌의 안락하고 평화로운 겨울 풍경과 분위기를 적절하게 드러내는 '시안'이라는 말의 감각성에 함몰되고 있다.

3연에서 화자는 평화롭고 안락하지만 겨울 추위가 '뼛속 깊이 파고드는' 시안을 맞아 농촌 사람들의 삶처럼 여유롭고 평화로운 태도로 문화를 향유한다. 화자는 시안을 맞아 폴란드의 작곡가 헨릭 고레츠키의 교향곡 '슬픔의 노래'를 듣거나, 열정과 고뇌의 나날이었던 청춘 시절의 사진들을 들여다보며 추억에 잠긴다. 그리고 추억은 청춘의 방황, 좌절, 고뇌, 번민을 상징하는 '간이역 바람자락'으로 전이된다. 나아가 전혜린이나 장영희 문학이 보여주는 삶의 열정과 치열성에 감동받고 삶을 가꾸었던 젊은 시절의 자아를 회상한다. 말하자면 화자는 전혜린과 장영희처럼 한 세월을 치열하게 살다간 문인들과 동일화되고 있다. 그리고 그들 역시 치열한 삶의 시절을 살다간 생애를 '시안'으로 압축하여 인지한다.

화자는 시안의 계절적 특성이 추위와 가혹한 시련을 의미하기도 하지만, "뼈의 근처가 시안이어도 그리 나쁘지는 않겠구나"고 생각한다. 그 청춘 시절의 시련과 고난이 인간을 완성하는 자극과 촉매가 될 수 있다고 생각하기 때문이다. 즉 여름의 농번기가 육체적 노동으로 인해 '고단한 철'이지만 시안의 농한기도 정신적 고뇌와 번민을 통해 인간을 성숙시키는 계절이기 때문인 것이다. 이는 앞에 내세운 전혜린이나 장영희의 삶을 통해 깨달은 바일 것이다. 또한 전라도 농촌의 아낙네들이 농한기인 시안에도 부지런히 또 다른 일을 하며 삶을 이루어나가는 상황을 통해서도 깨달은 것이다. 그리하여 화자는 시안의 일차적인 의미가 한요로운 농한기이지만, 이면에는 "추위가 녹아나는 또 다른 뜨거운 계절"로서의 농번기라는 사실을 인지한다.

까까머리로 자취하던 시절엔
사대문 안을 두더지로 드나들었다
후미진 골목동네 셋방일망정
처음으로 십팔 평 오두막에 육신을 뉘었다
동문거리를 빠져나가 한참 발품이 걸리는
번지였다
[그러다가]서문교회를 지나 서원고개 넘어
소나무숲길 근처에 단독 슬라브집이라는 것을
슬라브 민족도 아닌 것이
납작하게 엎드린 집에 납작한 살림이란 걸

차렸다 사대문이 고개에 가려 아예 보이지 않은
번지였다
이곳에서 아들이란 웃음을 얻어
목말을 태우고 거울을 보이곤 했을 것이다
이곳도 끝내 유목민의 게라였나 보다
사대문에서 한참이나 벗어난
용산 다리 건너
돼지족발 굽는 냄새를 북풍한설에 공짜로 맡는 곳
그래도 남풍이 불어오는 여름날엔
덕진 연못의 연꽃향기가
미당의 시처럼 간간히 풍겨오곤 했던
번지였다
이제는 몸이 불어난 만큼 책꽂이도 불어나고
주체할 수 없는 비만의 탐욕도 체중이 늘어
말밭[馬田]근처로 옮긴 것은
순전히 책들의 무게 때문이었지만
사대문은 아예 그 후광마저 비칠 수 없는
번지였다
이제 내가 돌아갈 번지가 훤히 보이긴
보인다 잠시-오래
비 오는 거리[雨田] 지나 효자 아닌 효자동 1321-3
길갓집에 둥지를 틀고 있겠지만
그 길 끝에 있을 번지만은 이미 선명하다

몇 마리 말이 끌어도 꿈쩍하지 않을

책에 쓰인 번지를 찾아가는

「주소-돈詩 6」 전문

이 시는 주거 공간인 집의 이주 스토리 서술을 통해 자본주의를 살아가는 소시민의 삶을 형상화하고 있다. 집은 한 인간이 삶을 영위하는데 있어 필수적인 공간이다. 집을 마련하고 또 상황에 따라 이주하는 것은 인간의 삶의 역사이다. 예컨대 집은 한 인간의 희로애락을 담보하는 최소한의 상징적 공간이다. 이 시에서 그 이주의 역사는 크게 자취 시절의 골목동네 셋방, 단독 슬라브집, 연꽃향기 풍겨오던 번지, 효자동 1321-3번지 집, 내가 돌아갈 번지/길 끝에 있을 번지 등으로 요약된다. 이 시는 이주에 따른 각 집에서의 다채로운 생활상을 추억하는 형식으로 전개되고 있다.

먼저 골목동네 셋방은 학생 시절에 자취하던 방이다. 그 셋방은 사대문 밖 동문거리로부터 멀리 떨어진 후미진 골목동네에 위치한다. 또한 십팔평에 이르는 오두막이기도 하다. 그리하여 화자는 사대문 안을 '두더지'처럼 드나드는 신세이다. 이 셋방에서의 삶은 아직 경제활동을 하지 않는 학생의 신분이기 때문에 자족하는 태도를 보인다.

결혼을 한 화자는 단독 슬라브집에 살림을 차린다. 역시 사대문이 보이지 않는 도시의 변두리에 거주한다. 그 시절의 삶은 '납작하게 엎드린 집에 납작한 살림'으로 표상된다. 화자는 경제활동의 초창기이기 때문에 왕성하고 활발하고 풍요로운 삶을 이루지 못하는 것이다. 그럼에도 화자는 아들을 얻어 행복한 삶을 영위한다. 그러나 이 슬라브집도 '유목민의 게라'처럼 이동식 주거공간이었을 뿐이다.

곧 이어 화자는 겨울이면 '돼지족발 냄새'가 풍기고, 여름이면 '덕진 연못의 연꽃향기'가 풍기는 번지로 이사한다. 이곳 역시 사대문 밖의 도시 변두리이다. 그럼에도 이곳에서의 삶 역시 안락하고 평화로운 상황으로 인지된다. 그리고 이어 그는 효자동으로 이주한다. 이곳 역시 도시의 변두리로 사대문은 보이지 않는다. 이곳으로의 이사는 오랜 살림으로 인하여 불어난 책과 욕망 때문으로 드러난다. 그러나 이 집은 길갓집임에도 불구하고 '둥지'로 인지된다. 또한 '돌아갈 집'이기도하고, '훤히 보이기도' 하는 집이다. 이와 같은 인지 태도로 보아 이 집은 이승에서의 만족스런 거주공간으로 확인된다. 그러나 이승에서의 집은 결국 '사대문' 안이라는 중심부에 입성하지 못하고 끝끝내 변두리인 주변부를 떠도는 상황에 처한다.

마지막으로 화자는 '길 끝에 있을 번지', '책에 쓰인 번지'의 집을 상상한다. 그 집은 '몇 마리의 말이 끌어도 꿈쩍하지 않을' 집이다. 이 때문에 이 집은 영원한 평화와 안식을 보장하는 확고한 집이다. 따라서 이 집은 이승의 집이 아니고 아마도 저승의 집으로 이해된다. 화자는 집의 이주 역사를 통해 자본주의 경제체제에서의 일상인의 삶을 담담하게 서술하고 있다. 그것은 화자의 삶의 궤적과 동일하며, 성장 과정과 맞물려 순차적으로 이야기되고 있다.

5. 언어에 대한 섬세한 감각과 삶과 세계에 대한 치밀한 응시

이동희 시인은「차가운 그림 문자」시집을 통해 언어에 대한 민감한 감수성을 드러냄으로써 사물로서의 언어관을 확립하고 있다. 그는 일상생활에서 만나는 다양한 언어들의 의미 변이성, 소리 감각, 상황에 따른 의미 맥락 등에 주목하고 있다. 그리하여 언어를 의미를 실어 나르는 전달 기능으로만 만족하지 않고 시적 사유와 사색을 자극하고 창발하는 촉매제로 활용하고 있다. 그는 일상생활을 하며 언어 현장에서 맞닥뜨린 속어, 상투어, 관용어, 속담, 노랫말, 사투리 등에 민감하게 반응한다. 그는 이 현장감 있는 일상어를 언어유희와 역설을 통해 삶의 본질을 규명하는 통로로 사용한다. 이와 같은 일상의 현장 언어 중심의 작시법은 그의 시를 구체적이고 사실적으로 느낄 수 있도록 작용한다.

시인은 자질구레한 일상에서 일어나는 조찰한 사건과 단편적인 현상에 대해 주목한다. 시인은 그 일상의 사건과 현상들의 피상만을 응시하는 것이 아니다. 그는 그 현상과 사건을 통해 존재론적 본질을 탐구한다. 사건과 현상이 존재론적 본질을 함의하고 있음을 간파하는 것이다. 그리하여 시인은 자유로운 상상력과 연상력을 발휘하여 사건과 현상으로부터 삶과 세계의 본질을 파악한다. 나아가 그 본질에의 직핍으로부터 삶의 자세와 태도를 확립한다. 어찌 보면 그의 시 쓰기는 일종의 수신을 통한 자아 확립으로 보인다. 그 자아는 긍정적인 생활인의 자세, 혹은 이상적인 시인의 태도로 집약된다.

시인은 이번 시집에서 언어에 대한 자유로운 연상을 통하여 사물로서의 언어관 확립, 활발하고 참신한 언어유희를 통하여 삶과 세계에 대한 독자적이고 흥미로운 인식, [ ]의 빈번한 활용을 통하여 자문자답의 대화체 확립으로 인한 해찰의 미학, 일상어와 현장언어를 통하여 구체적이고 생동감 넘치는 묘사, 이야기의 빈번한 도입을 통하여 애매모호성과 난해성 극복, 긍정적이고 바람직한 삶의 자세와 태도 확립 등을 통하여 인생의 본질을 파악한 시학의 성과를 거두고 있다.

05
숫자로 타령하는 인생과 세계의 해석학

– 이원철, 『원주율』 작품론

1. 무리수를 향한 자본주의의 거대한 욕망

사과 한 알에 300원짜리 3개를 구입하고 치러야 하는 돈은 얼마인가? 그야 물론 900원이다. 그런데 1,000원으로 계산하는 셈법이 있다. 요즘도 이루어지고 있는 아프리카 어느 종족의 계산법이다.

요즘 상가에는 999원짜리, 혹은 9,990원짜리 완성되지 않은 가격이 대세이다. 물론 대다수 소비자들은 1원짜리 혹은 10원짜리 거스름돈을 요구하지 않는다. 상인도 전혀 줄 생각을 하지 않는다.

이 두 가지 경제활동 상황에는 돈 혹은 거래에 대한 유의미한 상징이 잠재해 있다. 전자의 경우는 능동적인 '합리적 바보'들의 경제학이다. 후자는 눈감고 아웅하는 '합리적 바보'들의 소비학이다. 전자에는 인간 중심의 따스하고 넉넉한 거래가 성립하는 휴머니즘 경제학의 원리가 숨어 있다. 후자에는 눈에 보이는 얄팍한 마케팅의 상술이 자리 잡고 있다. 모두 숫자가 주는 이미지 혹은 상징과 관련된 내포가 있다.

이원철 시인의 「원주율」은 자본주의 시장경제의 규칙 아래 사는, 살 수밖에 없는 인간의 욕망과 꿈 그리고 희망과 절망에 대해 타령하듯 읊조리고 있는 작품이다. 이 시의 제목 원주율圓周率은 수학에서 사용하는 개념이다. 시인은 이를 활용하여 인생과 세계를 나름대로 이해하고 해석하려고 한다. 원주율은 원의 지름에 대한 둘레의 비율을 나타내는 개념이다. 원주율은 그리스 문자 π로 표기하고, 파이라고 읽는다. 대략 3.1415926535897인데, 끝이 떨어지지 않고 영원히 지속되는 숫자이다. 따라서 원주율은 무리수인 동시에 초월수이다. 어찌 보면 끝이 보이지 않는 인간의 무한 욕망과 닮아 있다.

자본주의 체제에서 끊이지 않고 지속하는 원주율이라는 숫자/기호의 상징은 인간의 무한욕망에 다름 아니다. 달리 말해 자본주의 경제 체제에서 인간의 행복은 무한한 숫자의 집적과 획득을 의미한다. 자본주의는 자본 중심의 경제 시스템이기 때문이다. 자본은 돈 혹은 화폐로 구체화되는데, 그 돈의 계량은 물론 숫자를 통해 이루어진다. 직접적으로 숫자는 화폐의 단위로 나타나기도 하고, 간접적으로 공간 획득 지수 예컨대 아파트 평수 등으로 드러나기도 한다.

시인은 숫자를 통해 이러한 지본주의적 삶의 양상에 대해 성찰하고 고민하고 타령한다. 처음으로 시에 나오는 에피소드인 자본 10억으로 교환하는 현물 캐러멜의 규모에 대한 이야기는 자본의 허망함에 대한 토로이다. 이에 대해 시인은 "아무 내용도 의미도 재미도 없는 것"이라고 단언한다. 이어서 그는 이러한 허망함을 '구름'으로 이미지화한다. 구름은 일정한 형태도 없으며, 일어났다 스러지는 사물이다. 자본의 가치는 '구름'과 같이 덧없으며, 결국 허망한 실체라는 것이다.

다음 연에서 자본에 대한 욕망은 다양한 개념 혹은 이미지로 연쇄 반복된다. 예컨대 '다람쥐꼬리, 개미 행렬, 출렁이는 파도' 등으로 중첩 강화되고 있다. 이는 자본에 대한 시인의 인지 태도를 형상화한 것이다. 우선 이는 원주율의 멈추지 않는 숫자의 지속을 '꼬리, 행렬, 파동'으로 감각화한 것이다. 다음으로 시인은 이러한 영속적인 숫자의 진행을 인간의 자본 획득을 향한 욕망으로 내포한다. 다음 연에서 시인은 이러한 인간의 자본 추구를 '허장성세'라고 힐난함과 동시에 '무례하고 시건방진 현상'이라고 질타한다.

주지하다시피, 자본주의 체제에서 시장은 상품 교환을 위한 공간이며, 소비자와 공급자는 오로지 익명으로써 존재한다. 그 시장에는 사람의 인격과 감정이 존재하지 않으며, 도덕과는 무관한 물신만이 자리 잡고 있다. 소비사회의 욕망 매커니즘은 효용 가치를 새롭게 창출하고, 주체의 욕망을 확장하고, 욕망의 서열화를 통해 소비권력을 만들어내면서 현대 자본주의를 이끌어 왔다.

이러한 자본주의 경제 활동을 하면서 인간은 자본의 획득과 소비에 대해 원주율이 상징하는바 끝없는 숫자의 욕망을 드러낸다. 그 숫자로 대변되는 자본주의 욕망의 실체는 물론 비정함이다. 그 비정함과 부조리에 대해 시인은 반복하여 타령조로 이야기한다. 시인은 자본주의의 숫자놀음 혹은 끝없는 욕망 추구는 기실 "이것도 아니고 저것도 아닌 실체", "봄날 울렁거리는 앙가슴 아지랑이다", "불확실한 경계 어디에/ 은근슬쩍 존재하는 애물단지다" 등으로 다양하게 변주되고 있다.

한편 시인은 이러한 자본주의 경제 체제에서의 삶을 힐난하고 타기시하면서, 동시에 그 대안적 입장과 자세를 제시하기도 한다. 예를 들어 원주율을 발견하기 이전의 삶에 대한 추억을 통해서이다. 즉 시인은 3이라는 숫자가 지배하는 세계 인식 시절을 그리워한다. 당시 인간의 숫자 인식 범주는 3을 넘어서지 않았다. 그는 이 3을 "천 지 인" 혹은 "해 달 별"의 인지 요소로 파악한다. 세계가 미분화되지 않고 큰 덩어리로 인식되던 시절을 환기한다. 나아가 "오순도순 3으로도 얼마든지 괜찮았는데....." 라며 안타까움을 표출하기도 한다.

한편 시인은 "맨탕 숫자들의 이야기/ 밑도 끝도 없는 무한대 숫자놀음" 이라며 현대 자본주의 사람들의 욕망을 무한수 혹은 숫자놀음으로 정의한다. 또한 시인은 이러한 인간의 무한 욕망을 기독교 창세신화를 빌어 이야기한다. 예컨대 아담과 이브의 설화이다. "그 날 여자와 남자가 먹은 것은/ 한 입 나무 열매가 아니라/ 금단의 천기누설/ 파이의 단초였다고/ 무리수도 모르는 무리수의 무리한/ 이팔청춘 삐딱한 군것질은/ 파이의 도미노 물결이라고//" 인간의 과도한 무한 욕망은 금욕이라는 타부를 깬 이후 시작되었다는 것이다.

별들의 수효를 두고
1천억의 1천억 어쩌고
이렇게 말하면 촌스럽다
별들은 많다
이거면 된다

우주의 크기를 두고
10억 광년 100억 광년 저쩌고
이렇게 말하면 애숭이다
우주는 크다
이러면 맞다

여기서 시인은 무한 욕망을 거세하기 위한 숫자 대안을 제시한다. 그것은 위에서 말한 바 '많다, 크다'라는 거시적 인식을 통해서이다. 숫자에 대한 미시적 인식을 버리고 양적, 공간적 인식을 통해 초월적 태도를 취하라는 것이다. 어찌 보면 욕망에 대한 금욕적 태도로 삶을 이루자는 것에 다름 아니다. 말하자면 자기 절제와 통제를 통해 물질적 욕망을 조절하자는 것이다.

2. 삶의 불가해한 운명에 대한 체험적 인식론

이 작품 「원주율」은 숫자를 통하여 인생에 대한 담론을 개진하고 있다. 그 담론은 인식론적 성향을 지니고 있다. 예컨대 세계와 인생을 어떻게 인식할 것인가에 대한 질문과 답변을 형상화하고 있다. 이와 같은 질의응답은 시인의 체험적 에피소드를 통해 이루어진다. 숫자가 주는 단호하고 견고한 세계 혹은 인생에 대한 인식은 명약관화하지만 꼭 그렇게 인지되는 것은 아니라는 회의적 태도로 나타난다. 시인의 인생과 세계에 대한 인식은 마치 도덕경의 인식론에 깊이 침윤되어 있는 것처럼 보인다. 道可道非常道 名可名非常名 無名天地之始 有名萬物之母. '도'라고 말할 수 있는 '도'는 '도'가 아니다. 이름 지을 수 있는 이름은 영원한 이름이 아니다. 이름 붙일 수 없는 것이 천지의 원천이며, 이름 붙일 수 있는 것이 만물의 모태다.

3.14159와 3.14160 사이
좁히고 좁혀도 맞닿지 않는 틈새 사이

하늘과 대지가 맞붙은 지평선
그러나 어디에도 맞붙지 않은
망망한 하늘과 광야 사이
꼭꼭 숨어라 머리카락 보인다
미로의 놀이터에서 길 잃은 술래
그 어린 술래는 알고 있을까?
보일 듯 보일 듯 보이지 않는
파이는 오리무중이 생명이다

시인은 인생과 세계의 진실 혹은 실체는 파이와 같아서 '오리무중'으로 파악되는 것으로 인식한다. 그래서 인간은 '미로의 놀이터에서 길 잃은 술래'가 된다. 마침내 인간은 불가해한 삶과 세계에 대해 허무와 절망에 다다르게 된다. 특히 인간이 숫자를 통해 인생과 세계를 미시적으로 추구하면 할수록 실체적 본질을 놓치게 된다. 말하자면 영원히 완성되지 않는 원주율처럼 인생과 세계 또한 확실하게 정의될 수 없다는 것이다. 인생과 세계는 인식론적 차원에서 불가해하며, 불확정성을 띠고 있기 때문이다. 인생과 세계의 궁극은 숫자와 같은 엄격하고 추상적인 개념으로 파악할 수 있는 것이 아니다. 이는 마치 도덕경의 '도'에 대한 회의론과 닮아 있다.

"그러므로 엉뚱한 시늉 시늉/ 동짓달 기나긴 밤은 밤새도록/ 황진이를 안고 자고/ 춘풍 햇살이 좋은 날은/ 하와이 와이키키 해변에서/ 벌거벗은 마리린 먼로를 만나도 된다//". 이는 인간이 인생과 세계를 인식함에 있어 숫자를 통한 관념론으로서가 아니라 미학적 체험론에 입각해야 한다는 것이다. 과학적 인식이 아니라 체험적 인식이 중요한 것이다. 인생과 세계에 대한 교과서 또는 철학서는 오로지 추상적이고 관념적인 해답을 제시할 뿐이다. 인생과 세계는 개인의 생 체험을 통해서 이루어질 때 구체적이고 실체적이다.

> 실체를 모르는 실체
> 근사치로 부활하는 실체
> 근사치는 근사한 실상이다
> 근사치는 근사한 원형이다

우리가 파악하고 인지하는 실체는 '도'가 아니다. 이름 붙일 수 있는 것은 이미 '도'가 아니기 때문이다. 그런데 시인은 우리가 인식하는 실체에 대해 '실체를 모르는 실체'라는 역설을 제시한다. 이는 '근사치'일뿐 궁극적인 실체 곧 진리는 아니라는 것이다. '실상'과 '원형'은 오로지 '근사치'로 존재할 뿐 '실체'로서 존재하지 않는 것이다. 따라서 우리가 인식하는 대상은 모두 '편견'일 따름이다. "역사란 역사 모든 역사가 편견이요/ 책이란 책 모든 책이 편견이며/ 말이란 말 모든 말이 편견이라는 말/ 말과 말 그 말 또한 편견일 터//". 그런데 그 편견은 모두 언어를 통해 소통되고 계승된다. 그리하여 지상의 모든 기록은 편견이며 '근사치'일뿐 정확하고 확정적인 진리/'도'는 될 수 없다. 시인은 언어와 진리에 대해 회의론적 인식 태도를 보인다.

> 섣달 끝 날 나는 무창포에 가서
> 샛노랗게 새빨갛게
> 수평선 아래 스멀스멀 지는 해를 보았다

지구는 미동도 하지 않는데
오르락내리락 꿈틀거리는 해를
나는 분명히 보았다

시인은 일상에서의 인지와 감각을 중요시한다. 앞에서 시인은 이미 숫자라는 엄격한 추상적 관념기호를 통해 인식하는 것을 편견과 근사치로 정의한바 있다. 시인은 과학적 엄정주의에 대해 회의적인 입장을 지니고 있다. 나아가 인식론적 차원에서 관념적 절대주의에 대해서도 부정적인 태도를 노출한다. 그리하여 시인은 주관적 상대주의에 대해 우호적 자세를 보인다. 정서와 인지를 중시하는 이러한 인식론적 태도는 자아 절대주의 입장에 다름 아니다. 하여 시인은 직접 체험한 것을 신뢰하는 인생관을 지니게 된다. 이러한 체험적 주관주의는 당연히 체험에 동반되는 인지 주체의 감각과 정서를 중요시한다.

시인은 "믿음은 바라는 것들의 실상"이라고 주장하며, "나는 나대로 실상을 보았다/ 나는 나대로 원형을 보았다/ 나는 나대로 꺼리를 보았다"고 노래한다. 이 인용 구절에서 의미 있는 키워드는 '나대로'라는 자아 주관주의를 강조하는 어휘이다. 어차피 우리가 인식하는 세계와 삶은 원주율처럼 확정할 수 없는 것이다. 따라서 '나'/자아가 체험하는 주관적 인식이 곧 실체이며, '도'인 것이다. 그리하여 시인은 "호박같이 둥근 세상/ 둥글둥글 살으라 한다"며 불확정성을 지닌 불가해한 세계에서의 삶의 자세로 체험적 주관주의를 강조한다. 시인은 이러한 태도를 구체적으로 다음과 같이 읊조린다.

나는 여기에서

다르면 다른대로 다르게 서서

본대로 믿고, 믿는대로 노래하련다

3. 어화둥둥, 알 수 없는 세상이여 인생이여

시인은 「원주율」에서 숫자를 통하여 인생과 세계에 대해 인식론적 해석을 하고 있다. 물론 시적 발상은 원주율 즉 영원히 완성되지 않고 불확정성을 유지하는 파이로부터 시작한다. 이 원주율은 다양한 상징적 내포 의미를 지니고 있다. 예컨대 자본주의의 거대한 욕망, 인식론적 차원에서 알 수 없는 불가해한 삶과 세계, 도가에서 말하는 주관적 체험주의의 세계관 등이다.

시인은 이와 같은 시적 대상을 형상화하기 위하여 숫자 혹은 수학에 대한 박물학적 지식을 원용한다. 수학에 대한 풍부한 지식과 사례 인용은 동서양의 '숫자'에 대한 역사를 망라하여 제시된다. '원주율'에 대한 개념 소개는 물론이려니와 숫자를 통한 세계 인식의 역사까지도 정리하고 있다. 이러한 박물학적 작업은 단순히 수학의 개념만을 전달하려는 의도가 있는 것은 아니다. 시인은 수학적 지식을 소개한 다음 이를 자신의 시적 의도에 맞추어 새롭게 해석하는 작업을 수행하고 있다.

숫자를 통한 공간 인식의 범주와 그 사례에 대한 제시는 수학이 주는 추상적 개념성을 극복하여 구체적인 이미지를 환기하는 효과를 불러일으킨다. 예를 들자면 원주율의 미완성의 의미를 '지평선'과 대비하여 '오리무중'으로 의미 부여하는 것이다. 또한 '구글'이라는 자본주의의 거대기업을 숫자를 통해 비유하기도 한다. 팔만대장경의 활자 5200만이라는 숫자가 마음 '心'에 있다는 유심론적 가치와 무한수의 거대 욕망과의 비교도 제시된다. 이어서 동서양에 걸친 원주율 연구의 역사 제시, 우주의 공간에 대한 숫자적 인식을 별의 숫자로 구체화, 우주 시간의 문제를 광년의 개념으로 숫자화, 속도의 문제를 자전과 공전의 개념으로 숫자화 등 현란하다. 이처럼 시인의 숫자에 대한 편집증적 소개와 활용은 다채롭고 변화무쌍하기 그지없다.

이와 같은 숫자에 대한 다양한 소개와 활용, 그리고 자신의 주체적인 의미 부여를 통한 삶과 세계 인식은 숫자에 대한 파노라마와 별반 다를 것이 없다. 이와 같은 장황하고 다채로운 숫자에 대한 박물학적 지식의 원용은 이 작품의 의도와 주제를 육화하는 역할을 한다. 다시 말해 추상적이고 관념적인 이 시의 의도를 구체적이고 현실감 있게 형상화하는 기능을 하는 것이다. 또한 사건 혹은 에피소드 나열로 인해 이 장시에 서사적 줄거리를 제공하기도 한다. 이는 독자에게 숫자에 대한 지식을 알아가는 재미와 더불어 숫자가 내포하는 상징적 의미에 대한 즐거움을 제공하는 역할을 수행한다.

한편 이 작품은 그 주조적 어법으로 타령조를 채택하고 있다. 타령이란 홍얼거리는 민요조의 되풀이되는 노래'를 통틀어 이르는 말이다. 본래 순우리말이나 오랜 한자 문화의 관습에서 한자를 빌려 '打令'으로 적기도 하였다. 이 말은 판소리나 불교 음악, 궁중 음악 등에 편입되어 다양한 형식으로 발달하였다. 입말에서는 자꾸 되풀이되는 말이나 일정한 율조를 가지는 말을 폭넓게 나타내었다. 이후 그러한 타령을 반복하면서 살아가는 일상적인 생활을 비유적으로 나타내는 의미로까지 확장되어 사용되고 있다.

시인은 서두에서 '장시'와 '이야기'라는 시어를 제시하면서, 이 시의 어법이 서사성을 지닌 이야기임을 고백하고 있다. 2연에 제시된 에피소드도 마치 청자에게 직접 말을 건네는 듯한 어법으로 구술되고 있다. 이러한 타령조는 또한 이 시에 구술문화적 특성을 다양하게 직조하는 단초가 되기도 한다. 우선 구술문화의 특징 중 가장 두드러진 것은 첩어 또는 동일하거나 유사한 통사구조의 반복이다. 지면에 문자로 고정되지 않고 발화하면서 사라져버리는 구술언어의 시간 제약성 때문에 구술자는 청자에게 각인시키기 위하여 첩어나 반복을 즐겨 사용한다. 이 「원주율」에는 이러한 반복과 첩어를 통한 구술성이 특히 강화되어 있다.

또한 구술문화의 특징 중 하나는 장황하거나 다변적이라는 점이다. 그 언술은 조리정연하지 않고 통일성이 결여되어 있다. 이 작품 역시 이러한 장황하고 다변적인 특성을 짙게 드러내고 있다. 이는 주제를 강조하고 화제로부터 청자를 집중하게 만드는 효과를 부여한다. 또한 의미를 강화하기 위하여 유사한 단어를 집합적으로 축적하여 사용하는 특성이 있다. 이 작품에는 이러한 구술문화의 전통을 드러내는 정형구나 관용구가 빈번하게 사용되고 있다. 예컨대 "미인은 흔적이 없다는 말", "호박같이 둥근 세상/ 둥글둥글 살으라 한다", "믿음은 바라는 것들의 실상이요/ 보지 못하는 것들의 실상이라 했던가" 등이 그것이다.

이 시에는 구술문화의 또 다른 특성인 경험 중심의 사고와 표현이 다양하게 드러나 있다. 이는 시인이 언어를 생활 경험과 관련시켜 개념화기 때문이다. 시인은 직접 체험한 다양한 사건과 에피소드를 인간의 생활세계와 밀착시켜 제시하고 있다. 또한 시인은 사건이나 에피소드와 객관적 거리 유지를 하기보다 감정이입적 태도를 드러낸다. 이는 논쟁적인 어조로 드러나기도 한다. 언쟁의 효과를 위하여 속담이나 격언을 빈번하게 사용하기도 한다. 예를 들어 "예외 없는 원칙 없고/ 컴퓨터 있는 곳에 에러 있다"가 그것이다. 또한 언표가 추상적이기보다 상황의존적인 특성을 지니고 있기도 하다.

한편 이 작품에는 언어유희 즉 펀과 패러디가 빈번하게 사용되고 있다. 가령 "엎어치나 둘러치나", "파이의 신명은 꽈배기 장타령 시구시구/ 두리뭉술 그렁그렁 파동이다", "무리는 무리를 낳고/ 원죄는 원죄를 낳고" 등이다. 이와 같은 펀이나 패러디는 이 작품의 장황하고 다변적인 언술의 산만함과 지루함을 완화해주는 기능을 한다. 말하자면 이따금 나타나는 펀과 패러디를 통해 소소한 즐거움을 제공함으로써 의도와 주제로부터 벗어나려는 독자를 잡아끄는 역할을 하는 것이다. 또한 추상적이고 관념적인 숫자의 해석을 통한 삶과 세상 읽기에다 조촐한 즐거움을 첨가하여 구체적이고 일상적인 형상화를 도모하는 효과도 획득한다.

이 작품에는 서양과 동양 그리고 한국의 인유가 다수 나열 제시되고 있다. 이러한 인유는 서사를 근간으로 타령하는 이 작품의 구술성을 강화시켜주고 있다. 인유는 기지의 사실이나 사건 등을 시의 질료로 사용함으로써 독자에게 친밀감을 강화하려는 의도를 지닌 작시법이다. 나아가 서사시의 사건 위주의 서술에 구성 성분으로 작용하여 거대담론을 향한 흥미를 배가시킨다. 예컨대 '아르키메데스', '조충지 조항지 부자', '황진이 시조', '최인호' 작가, '주기도문', '기독교 아담과 이브 설화', '홍남부두', '동요', 김소월의 '초혼' 등은 이 작품의 추상적 주제를 구상화시키는 한편 재미를 제공하는 기능을 담당하고 있다.

이 작품은 타령조 혹은 구술성에 힘입어 매우 유려한 리듬감을 조성하고 있다. 물론 여기서 발생하는 리듬감은 2음보와 3음보격의 시행 배열에 힘입은 바 크다. 시인은 동일하거나 유사한 어휘/통사 구조의 반복을 통해 기본적인 율격을 생성한다. 시인은 이러한 반복을 기본으로 하여 단순한 2, 3음보격의 시행 배열을 함으로써 서사시가 지니고 있는 지루함과 장황함과 산만함을 효과적으로 완충시키고 있다. 이러한 시행 배열을 통한 리듬감은 사실 이 작품이 기본적으로 '타령'이라는 전통적인 구술양식을 주요 작시법으로 설정하고 있기 때문이다.

이원철 시인의 「원주율」은 '원주율'이라는 무리수/초월수에서 시적 발상을 하여, 다양한 '숫자놀음'을 경쾌하고 발랄하게 치르면서, 인생과 세계에 대한 주관적인 경험주의적 해석을 시도하고 있다. 그는 호흡이 긴 장시를 끌고 가기 위하여 정형화된 전통 가락인 타령조를 작시법의 골간으로 설정하였다. 이로 인해 이 작품은 자동적으로 구술문화적 어법으로 서사를 진행시키고 있다. 그리하여 이 시는 타령조가 확보하는 유려한 리듬감과 아울러 전통적인 구술성이 제공하는 정서/감각의 친밀성까지 획득하고 있다. 추상적이고 과학적인 시적 대상 '원주율'을 주관적 경험주의로 치환하여 훌륭한 시적 성과를 거두고 있는 것이다. 그리하여 이 작품은 한국 현대 서사시의 한 영역을 새롭게 개척했다는 점에서 일정한 의의를 담보하고 있는 것으로 보인다.

06

도시와 농촌을 배회하는 방랑자의 비망록

– 김대곤 시집 『암반의 뒤척임』

1. 가혹한 현대 도시문명의 공허함에 대한 성찰과 반성

김대곤 시인은 정직하다. 그는 자신이 직접 체험한 것만을 시로 쓰기 때문이다. 그리하여 그의 시집은 자신이 몸소 체험한 것을 기록한 비망록의 성격을 띠고 있다. 말하자면 그의 시는 지독한 현실체험주의의 면모를 지니고 있다. 그는 자신이 몸담고 있는 환경과 세계와의 관계에 민감하다. 그는 자신이 살아내는 그리고 살아내야 할 환경과 세계와의 소통을 시로 형상화한다.

시인은 자신을 에워싸고 있는 세계의 다양한 현상에 대해 주목한다. 그것들은 현대 문명의 다양한 표정, 그 문명과 더불어 살아가는 사람들의 생활과 삶의 의미, 자아 존재의 삶의 가치, 소소한 일상의 의의와 가치 등으로 요약할 수 있다. 그는 자신이 직접 체험한 것으로부터 상상력을 발동시킨다. 그리하여 그의 시는 항용 사유로만 이루어진 시가 보이는 공허함을 극복한다. 그러나 시인은 자신의 소소한 일상 체험으로부터 시작하여 세계의 거대한 구조가 지니고 있는 메커니즘으로까지 나아간다. 그의 상상력은 직접 체험한 현실로부터 동심원을 그려 세계의 비의로까지 확장되어 나가는 파동을 일으키는 것이다.

한편 현실과 일상의 직접 체험에 깊이 뿌리를 내린 그의 시는 휴머니즘적 상상력으로 서정성을 강화한다. 그 휴머니즘의 바탕에는 지나온 과거의 유년 체험이 자리 잡고 있다. 말하자면 그의 시는 현재 지금의 공간을 현대 문명의 세례를 받으며 살아가는 비정하고 냉혹한 세계로 인식한다. 반면에 과거 유년의 공간을 자연과 조화를 이루거나 자연에 순응하며 자족하는 평화롭고 행복한 세계로 추억한다.

그런데 현재의 공간은 문명이 집약되어 있는 도시로, 과거의 공간은 자연으로 대표되는 농촌으로 표상되어 있다. 따라서 시인의 세계 인식은 공간적 측면에서 도시와 농촌의 이항대립성, 시간적 측면에서 과거와 현재의 이항대립성을 보인다. 범박하게 말하자면 김대곤 시는 황량한 현대 도시 문명 하에 위태롭게 삶을 치루어내는 불행한 현대인들의 초상을 형상화하고 있다. 그리고 이에 대한 대안으로 과거 유년의 농촌에서의 평화로운 삶을 그리워하고 있다.

김대곤 시는 아련하고 조찰하고 연약하고 희미하고 가녀린 정서를 은은하게 풍기는 매력이 있다. 이는 그의 시의 정서적 특질이다. 그런데 그의 시의 이러한 특질은 시적 대상에 대한 시인/화자의 태도로 인해 유발된다. 왜냐하면 시인은 시적 대상과 그리움과 외로움의 관계 맺음을 하고 있기 때문이다. 나아가 시인은 자신이 지탱하고 의지해온 대상들이 현대문명으로 인해 소멸되어가는 상황을 노래하고 있기 때문이기도 하다.

또한 시인은 세계로부터의 소외로 인한 쓸쓸함과 허무의 자세를 보이고 있다. 그 소외의 정서는 문명의 발달로 인하여 시인이 세계의 전체상을 파악하고 있지 못하기 때문이다. 뿐만 아니라 시인은 문명의 발전으로 인하여 세계와 동일화되지 못하고 격리되어 있기 때문이기도 하다. 하여 시인은 현대 문명 생활에서 오는 격리감과 소외감을 페이소스로 표출한다. 말하자면 그의 시는 슬픔의 정조로 물들어 있다. 그런데 그 슬픔은 과도하거나 넘치는 것이 아니라 아련하고 희미하게 배어나오는 성향을 보인다. 따라서 그의 시의 정조는 애이불비哀而不悲의 특징을 보인다.

현대 문명으로 인해 왜곡되고 불구적인 삶을 이루는 현대인들의 목소리를 드러내는 시편을 보자.

지난 9월에 완공된 102번 송전탑
아파트 30층 높이 765KV
'내 땅에 절대 송전탑을 세우지 말라'
유언 남긴 이치우 씨
2012년 1월 16일 분신 이후
그는 이제 마을 사람이 아니다

2013년 12월 2일 음독한 유한숙 씨도
이젠 주민도 면민도 아니다
모두 대한민국 국적을 잃었다
그리고 69기의 송전탑이 조립완료 되었다

질기고 질긴 '밀양 송전탑 촛불집회'
마을 사랑방을 돌고
밀양 영남루 앞 계단
매주 토요일 저녁마다 촛불을 든다

철골조로 우뚝 선 4층 탑
번개나 천둥이 강물소리로 흐르는
철가시로 용접된 탑을 돌아
밤이면 훌렁훌렁 혼불이 걷는다

민심은 천심이라 했거늘
언어가 다른 들판에
역모의 철탑을 절름거리며 도는
흰 이빨 드러내고 혼불이 웃는다 운다

나도 따라 웃는다 운다
이 야밤의 창가에 서성이며
내 가슴에 세워진 웅웅거리는 송전탑을 돈다.

「산외면 보라마을 송전탑」 전문

이 시는 2012-2013년 경남 밀양군 산외면 보라마을에서 일어난 송전탑 건설 반대 운동을 사실적으로 묘사하고 있다. 그 사실성은 시의 소재가 현실에서 취재된 실재인 탓도 있지만, 특히 기사문의 문체로 기술되고 있다는 점이 사실성을 강화하고 있다. 시의 전반부에선 2012-2013년도 경남 밀양에서 일어난 비극적 상황이 시적 화자의 정서적 개입 없이 무미건조하고 담담한 문체로 제시되고 있다. 말하자면 시인의 감정이나 주관적 응시를 배제한 채 당시의 상황을 객관적인 시각으로 묘사하고 있다. 이러한 화자의 객관적인 태도는 현실의 비극성을 객관화함으로써 관점을 두드러지게 하는 효과를 성취한다.

1-2연에서는 송전탑 건설을 반대하며 분신과 음독으로 운명을 달리한 마을 주민들에 대한 구체적인 사실이 제시되고 있다. 그러나 이들의 죽음과 무관하게 송전탑은 건설되고 말았다는 사실이 대비되고 있다. 말하자면 송전탑 건설과 마을 주민의 죽음이 대립되고 있다. 이는 송전탑 건설이 결국 마을 주민의 죽음을 야기하고 말았다는 언표로 드러난 것이다.

3-4연은 밀양에 남은 주민들이 밤낮을 가리지 않고 송전탑 건설을 반대하는 촛불 시위를 하고 있는 광경을 제시하고 있다. 특히 송전탑의 재질이 철골과 철가시로 되어 있다는 사실을 강조함으로써 그 위해성을 강조하고 있다. 또한 마을 주민들의 야간 시위 풍경을 '혼불이 걷는' 것으로 묘사함으로써 죽은 자들에 대한 추모의 분위기를 부각시킴과 동시에 송전탑 건설에 반대하는 간절함과 곡진함을 아울러 환기하고 있다.

마지막 5-6연은 송전탑 건설을 반대하는 주민들의 심정과 시적 화자의 정서적 반응이 형상화되어 있다. 우선 주민들의 반대 명분은 '민심은 천심'이라는 경구를 통해 당위성을 확보한다. 나아가 송전탑 건설 행위를 '역모'로 단정함으로써 순리에 어긋난 건설 행위임을 주관적으로 드러낸다. 그리고 송전탑 건설에 반응하는 주민들의 행위를 '혼불이 웃고 우는' 광태로 드러낸다. 이는 부조리하고 불합리한 송전탑 건설에 대해 주민들이 어처구니없어서 웃는 것이며, 한편으로 비극적 현실에 대해 슬픔을 표출하는 것이기도 하다.

이러한 상황에 직면하여 화자는 마침내 6연에서 그들의 심정과 동일화된다. 1-5연까지 냉정하게 객관적 태도를 취해오던 화자는 6연에 이르러 주민들과 감정적 유대감을 갖게 되는 것이다. 이 시는 결국 송전탑 건설이라는 문명 행위의 이율배반적 위해성에 대해 고발하는 형식을 취하고 있다.

그런데 이처럼 현대 문명의 비인간성, 냉혹성, 위해성에 대한 시인의 시선은 다양하게 형상화되고 있다. 예컨대, 아래 인용시는 '반핵 군축'에 대한 내용을 기사의 형식으로 형상화하고 있다. 특히 시적 화자의 반핵 군축 운동에 대한 반응이 주목된다. 그는 도시/문명에서의 삶은 '치욕'이라는 명제에 도달한다. 말하자면 화자는 세계 각국의 치열한 핵 무장 경향이 도시적 삶과 깊이 관련되어 있다는 인식을 보인다. 이러한 인식은 비약적이지만 도시가 문명의 집적지임을 감안하면 핵이야말로 문명으로 인해 생성된 것이라는 관점인 것이다. 나아가 화자는 도시 문명에서의 삶을 '우유부단하고 기회적인 행동'이라고 토로한다. 이는 그동안 도시 문명에서의 삶이 방황의 속성을 지니고 있었다는 자아 성찰과 반성으로까지 나아가는 것이다.

테네시주 녹스빌 연방지원은 오늘(2014.02.18) 84세의 노파에게 징역 35개월을 선고했다.
'남은 삶을 감옥에서 보내는 건 더없는 영광'이라고
그 수녀님은 반핵 군축 직접행동에 대해 최후 진술했다.
나도 혼탁한 세상의 법정에서
그 동안의 우유부단하고 기회적인 직접행동에 대한
마무리 진술을 준비해야겠다
'남은 삶을 이 도심에서 보내는 건 더없는 치욕'이라고

「최후진술」 부분

도시 문명에서의 방랑적인 삶에 대한 표상은 이번 시집의 도처에서 산발적으로 발견된다. 예컨대, 집비둘기의 슬픈 축출을 고발하는 「집비둘

기의 축출」, 야생성과 원시성이 소멸되어 버린 현대의 삭막한 도시 풍경을 서정적으로 형상화한 「도심 속의 파미르」 등에서 도시에서의 문명의 삶에 대한 부정적 성찰이 이루어지고 있다.

한편 시인은 다양한 문명으로 인한 환경 훼손과 파괴를 안타까운 시선으로 포착하고 있다. 이러한 범주에 소속되는 시편들에서는 왜곡되고 파탄이 난 환경 생태의 상황을 지적함과 동시에 유기적인 자연 질서의 회복을 희구하고 있다.

바람을 타고 하늘로 하늘로
가오리연이 되어 활강하는 큰새

바람이 낸 길을 따라
그 공간의 틈새를 스치다
날갯짓 유장하게
밀물 겹겹이 지워지는 유년

맘 한 곳 기억 한편에
알 듯 모를 듯 그리움으로
저녁하늘에 놀빛에 비키어 떠오르는 새

우렁이 전설을 뒤로
이젠 아무르 강가에서
가끔은 회상으로 정적의 책장을 넘기면
부리에 큰 노을이 걸려 찢기운다

갸우뚱
다가오는 어둠을 의심한다
사랑마저도 의심한다
돌아갈 수 없는 먼 한반도 포성소리 들으며

「황새」 전문

이 시는 유년의 기억 속에 존재하는 황새를 추억하며, 현재 한반도에 찾아오지 않는 상황을 제시하고 있다. 화자는 황새가 한반도에 날아오지 않는 이유가 '포성소리' 때문이라고 인지한다. 물론 일차적으로는 분단 상황이라는 정치적 이유가 드러나지만 이차적으로는 분단으로 인한 환경 생태의 파괴로 독해할 수 있다.

유년 공간에 존재하는 황새는 '바람'과 순응 조화를 이루는 화평한 속성을 지니고 있다. 말하자면 황새는 평화로운 삶을 지속하는 긍정적인 자연의 상황을 표상하는 존재이다. 그 황새는 '바람'이 환기하는 자유롭고 역동적인 운행 질서를 따라 삶을 영위하는 존재이다. 그러나 황새는 현재의 공간에 존재하지 않는다. 화자는 오로지 유년의 기억 공간에만 존재하는 황새를 그리워한다. 화자의 기억 공간은 매우 평화롭고 화평한 세계로 형상화된다. 이러한 화자의 인지 태도는 황새와 유년에 대한 서정적 분위기를 유발한다.

황새는 현재 몽골의 아무르 강가에서만 서식한다. 그리하여 화자는 회상을 통해서만 황새와 조우한다. 부재하는 황새에 대한 추억은 '우렁이 전설'처럼 지극히 신비롭고 아름다운 장면으로 부각된다. 그러나 한편 그 아름다운 추억은 "부리에 큰 노을이 걸려 찢기우는" 비극적인 상황으로 전도된다.

나아가 황새는 아무르 강가에 붙박여 한반도로 이동할 수 없는 현실 때문에 세계를 의심할 수밖에 없는 부정적 상황에 놓인다. 황새는 '다가오는 어둠'/불안한 세계 인식뿐만 아니라 심지어 '사랑'까지도 확신하지 못하는 절대적인 부정적 세계 인식에 함몰된다. 이 시는 자연, 환경, 생태의 불완전한 질서로 인한 비극적 세계 인식을 서정적으로 묘파하고 있다.

이처럼 김대곤 시인은 자연 환경의 완전성이 파괴되어 유기체적 생태가 원활하지 못한 세계에 대한 경고와 우려를 다양한 시선으로 형상화하고 있다. 이를테면, 환경 생태의 훼손을 쓸쓸한 서정으로 노래하고 있는 「순천만 흑두루미」, 두루미의 멸종 위기에 대한 안타까움을 직접적으로 표출하고 있는 「안변 프로젝트」 등에서 자연 생태의 위기를 반복하여 경고하고 있다.

2. 순수한 유년의 추억과 자연 친화적인 삶의 희구

김대곤 시인은 그동안 발표한 시집을 통해 자신이 직접 체득한 유년 공간의 농촌 경험을 유별나게 아름다운 서정성으로 형상화한 바 있다. 어찌 보면 이러한 전통 서정시가 시인의 일관된 시정신을 대표하는 경향이 있다. 그는 화평하고 긍정적인 세계를 순수 서정으로 노래할 때 감동을 주는데 익숙하기 때문이다. 시인이 제시하는 유년의 농촌 체험은 거의 낭만주의 시각을 통해 긍정적인 세계로 표상되고 있다. 이는 김대곤 시인의 시작 활동을 관통하는 원형질로 이해된다.

이처럼 지나온 과거 세계는 시인에게 긍정적이고 화평한 세계로 인지된다. 반면에 현재 자신이 몸담고 있는 현재 세계는 부정적이고 비극적인 세계로 인지된다. 앞에서 살펴보았듯이 그는 현재 세계는 문명의 과도한 발달로 인하여 여러 모순된 상황을 드러내고 있다고 본다. 그 문명의 탐욕스런 발전으로 인하여 세계는 유기체성을 손상 당하고 환경 파괴의 실상을 드러낸다. 현대인들은 이러한 파탄의 불합리한 세계에서 파편적이고 반복적인 삶을 이룸으로써 권태와 소외의 지경에 함몰된다.

시인은 현대사회의 문명이 초래하는 불모성, 비합리성, 익명성, 파탄성에 대해 시 작업을 통해 경고하거나 주의를 환기한다. 그리고 아울러 현대사회의 문명을 살아가는 현대인들의 외롭고 쓸쓸한 초상을 서정성 짙은 페이소스로 형상화하기도 한다. 예컨대 문명으로 인해 자연으로부터 소외당한 현대인들의 허전한 내면세계를 우수어린 분위기로 드러낸다. 달리 말해 시인은 문명의 세례를 받은 고독한 현대인들의 우울하고 쓸쓸한 정서를 즐겨 포착하는 경향이 있다.

그런데 시인은 이러한 현대인들의 외롭고 쓸쓸한 내면을 위로하고 치유할 수 있는 대안 기제로 농촌의 유기적 자연관을 제시한다. 즉 그는 순수한 유년의 추억을 통해 자연 친화적인 삶을 희구하는 서정을 노래한다. 시인에게 자연은 삶의 이상적인 모델로 작동한다. 자연은 인간에게 화평하고 긍정적인 이법을 제시한다. 자연은 변화하지 않고 일관된 생의 질서를 다양한 자연 현상으로 재현한다. 자연의 순리에 맞추어 이루는 삶은 문명의 발달로 인해 소외받은 현대인들에게 안락의 질서를 제공한다. 시인은 부조리하고 불합리한 문명세계로부터 받은 상처와 굴욕을 자연 친화적인 삶을 통해 치유 받을 수 있다고 믿는다.

> 세상의 빈 공간은
> 기다림의 쓸쓸한 등을 갖고 있다

하늘은 새와 구름과 붉은 놀에게
땅은 풀과 나무와 햇살에게
강물은 수초와 물고기에게
바다는 파도와 섬과 수평선에게
쓰다듬기에는 물결 같은 바람의 곡면이었다

기억의 오랜 집에 우수수 날던
어둠의 그림자 새떼처럼 내쫓고
넉넉한 황금빛 햇살을 잡아당겨
칭칭 하늘을 감는다

토란잎 위
아침의 잠자리 푸른 눈알이 구르는 소리
오두막 텃밭에 들꽃도 심어
나비도 염소도 부드러운 풀밭에 눕는 소리

해질녘이면 지평선에 뜬 노을
어스름 흔들며 기다림이 홀로 선 곳

지상의 여백을 조금
우리의 몫으로 채우며 산다
우리의 생애까지만
하늘과 땅과 강물과 바다는 언제나 비지 않았던
원근법 가득한 투명한 공간이었다.

「지상의 빈 공간」 전문

이 시는 자연의 무한한 포용력과 평화로운 조화의 정신을 아름다운 서정으로 형상화하고 있다. 여기서 자연은 '빈 공간', '여백'으로 표상되고 있다. 즉 자연은 '빔' 혹은 '비어 있음'으로 존재하는 속성을 지니고 있다. 그 '빔', '여백'은 타자를 포용하기 위한 공간이며, 순환론적 관점에서 다시 비우기 위한 여백이기도 하다. 말하자면 이 시는 채우고 비우는 과정을 무한 반복하는 자연의 순환론적 특징과 타자를 포용하는 대자연의 융합 정신을 드러내고 있다.

1연은 세상의 '빔'이 채워지기를 기대하는 자세를 표상한다. 그 자세는 기다림의 '등'으로 은유화 된다. 나아가 그 자세는 쓸쓸함이라는 서정으로 윤색되고 있다. 말하자면 자연의 여백은 채워지기 위한 기다림의 태도를 드러낸다. 자연의 포용력은 타자를 위해 외로움을 견디는 고행의 자세를 보인다.

2연은 자연의 큰 범주에 속하는 '하늘, 땅, 강물, 바다'와 각각의 하위 범주에 속하는 구성소들의 관계가 적시되어 있다. '하늘'은 그 구성소인 '새, 구름, 놀'과 "물결 같은 바람의 곡면"이라는 은유로 관계 맺음을 하고 있다. 이를 풀어서 보면, 하늘과 새, 구름, 놀은 서로 상호 조응하는 관계인 것이다. 마찬가지로 땅, 강물, 바다도 각각의 하위 구성소들과 상호 조응하는 화평한 관계로 설정되어 있다. 거시적 시각으로 보면, 자연의 위계에 따른 구성소들이 서로서로 존재의 역할을 수행하며 평화로운 유기적 세계를 구축하고 있다.

3연에서는 화자의 정서가 직접 노출되어 있다. 화자는 자신의 '기억'에 존재하는 '어둠의 그림자'/부정적인 세계상을 제거하고, 긍정적이고 화평한 세계를 연출하고 싶은 욕망을 지니고 있다. 이 3연은 '어둠의 그림자'라는 부정적인 의미소와 '넉넉한 황금빛 햇살'이라는 긍정적인 의미소의 대립을 통해 이원론적 세계관이 표상되고 있다. 다시 4연에서 화자는 긍정적이고 화평한 세계의 모습을 '소리' 감각을 통해 형상화하고 있다. 여기에 제시된 세계의 풍경은 지극히 평화스러운 조화의 구조로 드러난다.

5, 6연 역시 자연의 순수한 조화와 융합의 세계가 표상되어 있다. 저녁 무렵 노을이 자연 구성소들이 안식을 위하여 돌아오기를 기다리는 고즈넉한 분위기가 제시된다. 우리 인간은 살아 있는 동안 그 자연의 이법에 순응하며 자연의 여백을 빌려 쓰는 존재인 것이다. 자연은 인간의 생성 소멸에 영향 받지 않고 항구적으로 비우고 채우는 이법을 수행하고 있다. 예컨대 자연은 채웠으되 채워지지 않고, 비웠으되 비워지지 않은 '투명한 공간'인 것이다. 역설적으로 자연은 공즉시색 색즉시공空卽是色 色卽是空의 경지인 것이다.

바람 부는 날 실꾸리 풀며
연을 날린다
긴꼬리 가오리연
삼촌들 물레 풀며 네모난 방패연 날린다
삼삼히 보이지 않는 실을 따라
눈발 날리고 바람도 날리고
아버지 꾸중도 날리고 어머니 나무람도 날린다
들판과 하늘이 너무 넓어 어지러운 날
우리는 마음대로 까불고 마음대로 춤추고
달리고 넘어지고 웃다가 까무라친다

「연」 부분

이 시는 유년의 추억인 연 날리기의 광경을 맑고 투명하게 그리고 있다. 특히 순수한 동심이 연 날리기 놀이와 교직되어 역동성을 강화하고 있다. 연 날리는 행위의 역동성은 이 시의 발랄한 리듬과 맞물려 효과가 배가되고 있다. 이 시의 경쾌하고 발랄한 음악성은 연결형 어미 '--고'와 '날린다'는 어휘의 반복을 통해 형성되고 있다. 즉 어린이들의 연 날리는 경쾌한 놀이의 의미와 리드미컬한 형식이 조화를 이루어 미학성을 성취하고 있다.

연을 날리는 행위는 단순한 의미를 벗어나 어린이들의 불확정적인 미래를 향한 설렘이 함축된 것이다. 어린이들의 미래 불확정성은 무방향성을 지닌 '바람이 분다'는 사실과 '삼삼히 보이지 않는'의 직접적인 언표를 통해 환기된다. 어린이들의 연 날리는 행위는 '까불고' 춤추는' 놀이로서의 행위, '꾸중'과 '나무람'의 해소 행위, 확정되지 않은 미래를 향한 설렘의 행위를 내포하고 있다. 유년의 공간은 '들판과 하늘이 너무 넓어' 어지러울 정도로 무한한 가능성을 지니고 있다. 이 시는 그러한 광대무변의 공간에서 이루어지는 유년의 삶을 역동적이고 순수한 연 날리는 행위를 통해 사실적으로 그려내고 있다.

목감기 걸려 아버지 따라
국물 목젖 헹궈야 한다고
누런 황소 꼬리 쇠파리 쫓던 쇠장터 국밥 집
간이 판자 뚝배기 앞에 앉아
약발에 대한 간절함이었다

추운 날 벙거지 모자 쓰고 배추 몇 접 팔고나면
어머니 따라 천막 친 국밥집
시린 손 녹인 따뜻한 뚝배기
허기에 대한 기도였다

최루탄 자욱한 골목 지나 연행되어
자술서 썼던 흉흉한 밤 지난 새벽
이모부 불러 주신 해장국 한 그릇
미래에 대한 불안한 전조였다

컵 두잔 물 따라놓고 식당 의자 앉아
내장과 정구지 가득한 순대국밥
식구들 떠난 뒤 고단한 삶도 다 살았다고
정중하게 숟갈로 뜬 묘비명이었다

매큼하고 구수한 그 맛은
예전이나 지금이나 다르지 않는데
국밥 굽어보는 세월 귀밑머리 다를 뿐
언제나 땀 흘리는 질그릇의 숨소리가 들렸다

「국밥의 진화」 전문

이 시는 '국밥'에 얽힌 에피소드를 순차적으로 구성한 다음, 시간의 흐름에 따른 국밥의 함축 의미의 변이를 토로하고 있다. 이 작품을 관통하는 상상력은 역시 국밥에 대한 추억이다. 화자의 성장 과정에 따른 국밥의 장면 제시를 통해 인생의 변화 과정이 형상화되고 있다. 농촌의 삶을 배경으로 한 국밥에 대한 추억은 질박하고 흐뭇한 서정을 선명하고 구체적으로 표상하고 있다.

1연에서 '국밥'은 목감기에 걸린 화자의 병을 치유하기 위한 건강보조제로 기능하고 있다. '아버지'에 의해 주도된 쇠장터 국밥은 은근한 부성애를 환기한다. 또한 소박한 시골 장터의 꾀죄죄한 풍경은 소탈한 서민 정서를 사실적으로 부각시킨다. 2연에서 '국밥'은 허기를 해소하기 위한 양식으로 기능하고 있다. 어머니와 함께 시장에 가서 배추를 팔고 난 뒤 허기를 해소하기 위해 먹는 국밥은 어머니의 모성애를 환기하는 흐뭇한 정서이다. 특히 가난 속에서 피어나는 가족애의 훈훈한 시적 정서가 장터의 분위기와 맞물려 배가된다.

3연에서의 '국밥'은 대학 시절 시국에 대한 데모를 하다 경찰서에 연행되어 먹게 된다. 이 국밥은 경찰서에 연행된 화자가 갖는 공포와 불안을 해소시켜주는 기능을 한다. 역시 이모부가 제공하는 '국밥'은 농촌의 친족애를 환기한다. 4연의 국밥은 시식 주체가 밝혀 있지 않다. 그러나 문맥을 고려하면 시적 화자로 읽을 수 있다. 화자는 부인과 더불어 고단한 가족 부양의 일을 완수하고, 즉 자식들을 모두 길러 떠나보낸 뒤 홀가분한 마음으로 국밥을 먹는다. 그리하여 국밥은 인생을 마감하는 '묘비명'으로 환치된다. 자식 부양의 임무를 완수하고 국밥을 마주한 부부의 따뜻한 부부애가 정겨운 풍경으로 부각되고 있다.

5연은 화자가 '국밥'이 환기하는 함축적 이미지를 성찰하고 있다. 예컨대 '국밥'의 맛의 속성은 시간의 흐름에 관계없이 '매큼하고 구수한' 것으로 일관된다. 그런데 화자는 시간의 흐름에 따라 육신이 노쇠하게 변화하였다. 그럼에도 지나온 세월을 반추하는 화자에게 '국밥'은 '언제나 땀 흘리는 질그릇의 숨소리'가 투사되는 매체로 확인된다.

이 시는 '국밥'을 지나온 세월을 환기하는 주요 매체로 설정하여 의미를 부여하고 있다. 그 의미 부여는 1연-간절함, 2연-기도, 3연-전조, 4연-묘비명, 5연-땀으로 제시된다. 그리고 이 시를 관통하는 주된 정서는 가족애이다. 즉 시인은 국밥을 통해 자신의 지나온 세월을 추억함과 동시에 훈훈한 가족적 휴머니즘을 구축하고 있다. 이 시는 농촌의 삶을 질박하게 묘사함으로써 사실적 이미지 환기 효과를 훌륭하게 성취해내고 있는 가편이다.

3. 존재론적인 고민과 소시민의 소소한 일상의 편린들

시인은 부박한 도시 문명에서의 허약한 삶에 대한 성찰을 통해 바람직한 삶의 이정표를 추구하고 있다. 나아가 방향 없는 현재의 불안한 삶의 극복을 위해 자연친화적인 삶을 희구한다. 도시와 문명적 삶이 가져오는 소외와 외로움의 정서를 극복하기 위해 심리적으로는 과거 유년의 농촌을 그리워하고 추억하는 행위를 반복한다.

한편 시인은 삶과 죽음과 같은 인간의 근원적인 질문에 대한 고뇌도 형상화하고 있다. 즉 인간의 본질적인 존재론적 고민을 통해 바람직한 인간 존재의 위의를 표상하고 있다. 이러한 테마를 다룬 작품들은 그 배면에 인간의 숙명적인 외로움과 쓸쓸함의 정서를 매설하고 있다. 김대곤 시인의 작품에 특징적인 것은 이러한 인간의 근원적인 슬픔이 아리잠작하게 배어 있다는 점이다. 앞에서 말했듯이 시인의 서정은 연약하고 희미하고 가녀린 슬픔의 정조를 은은하게 환기한다는 점이다.

이웃들의 낮은 음성과
비틀린 눈빛 비키면서
우리는 정신없이 녹음 쇠잔해지는 것을 보았어
이 가을은 정녕 오고 있는 중인데
아마 우리 오해의 그림자는
도심과 그 야경의 욕망에서 비롯되었지

먼발치 불빛 두어 개
어둠 속에 지칠 때
사랑도 조용히 아픈 눈을 감고

얼룩진 안경알
빈 밤 정원을 굽어보기 위해
침묵에 날선 서적을 덮고 서성이면
이 밤의 미세한 풀벌레소리
유리창에 갇히고

뒤돌아보지 말고 가라던
착잡한 슬픔
찬 알몸 같은 입맞춤 가지고 가려니
밤새 입석 되어 적막의 통한 속에
죽더라도 원망하지 않을 거지

일상의 어둡고 비굴한 눈썹 비 씻기는 날

청명한 가을날에 네 차가운 달빛 같은 목을 감고

붉은 단풍으로 지리니

「시월 블루」 전문

이 작품은 도시의 가을 서정을 존재론적 소멸과 교직하여 형상화하고 있다. 작품의 이면에는 근원을 알 수 없는 인간의 존재론적 슬픔이 은은하게 배어 있다. 삭막한 도시의 소외된 삶은 슬픔을 유발하는 기제이다. 그러나 화자는 그 존재론적 슬픔을 비껴가지 않는다. 그는 근원적 슬픔을 향유하고 즐기며, 나아가 슬픔 속으로 침잠한다. 그는 존재론적 슬픔에 기꺼이 감염되며 고즈넉이 수용한다. 그러한 시인의 자세는 죽음에 이르기까지 긍정적인 속성을 유지한다.

1연에서 도시에서 사는 사람들의 소통 부재는 심각하다. 그들은 서로 '눈빛'을 교환하지 않고 '비키면서' 생활한다. 그들은 '정신없이' 생활하며, 오로지 세월이 흘러가는 것을 막연히 감당할 뿐이다. 죽음의 계절인 겨울이 다가오기 전인 가을날, 그들은 이해의 소통을 하지 못한 채 무연히 '오해의 그림자'에 함몰되어 있다. 그들이 서로 소통하지 못하고 불신과 오해의 관계에 처해 있는 이유는 도시적 삶 때문이다. 도시의 탐욕은 야경으로 은유된다. 자연의 야경이 어둠인데 반하여 도시의 야경은 인위적인 불빛으로 찬란하기 때문이다. 말하자면 시인은 도시적 삶의 불모성과 황폐성을 드러내고 싶은 것이다.

2연에서 도시의 탐욕을 내포하는 야경 속에서 순수한 '불빛'은 '먼발치'에 존재한다. 그것도 '두어 개'로서 매우 희박한 상태이다. 그런데 더욱 비극적인 것은 그 '두어 개 불빛'이 '어둠'속에 서서히 사위어가는 상황에 처해 있는 것이다. 그리하여 '사랑'조차도 더불어 사라져가는 형국이다.

도시의 가을은 야경의 탐욕에 자리를 내준 채 불화의 관계로 대치된다.

3연에서 화자는 도시의 삶에 '얼룩진' 자아의 인식 능력에 대해 주목한다. 그럼에도 화자는 '밤 정원'을 바라보며 순수한 자연을 그리워한다. 이는 도시의 삶으로부터 벗어나 순수한 자아와 대면하고 싶은 욕망 때문이다. 화자는 진정한 내면의 자아와 만나기 위하여 '날선 서적'을 덮고서 여전히 서성거린다. 그러나 '유리창'은 화자와 순수한 자연 공간을 단절시킨다. 말하자면 화자는 도시의 삶에 갇혀 순수한 자연과 조우하지 못하고 유폐되어 있는 것이다.

4연은 인생은 시간을 거역할 수 없는 것이므로 과거를 회상하지 말고 자연스럽게 나아갈 수밖에 없다는 숙명성에 대해 말하고 있다. 그 시간의 불가역성은 당연히 슬픔을 동반한다. 그리하여 화자는 어찌할 수 없는 운명에 따라 순수한 자연과 함께 하는 삶에 '찬 입맞춤'을 하고 살아간다. 화자는 그러한 운명에 순응하며 '적막'한 삶의 분위기에 동화된다. 나아가 시간에 종속되어 살아가는 인생을 긍정적으로 수용하는 태도를 취한다.

마지막 연에서 화자는 지루하고 권태로운 일상이 맑게 순화되는 가을날, 자신의 삶이 '단풍'처럼 아름답게 쇠락해가는 것을 응시한다. 이는 삶과 죽음의 섭리를 능동적으로 수용하는 태도이다. 시인은 만물이 조락하는 가을의 풍경을 바라보며 죽음을 인생의 본질적인 속성으로 파악하고 있다. 즉 자연의 표상을 통해 인생의 본질인 삶과 죽음에 대한 명상을 순연하게 치르고 있는 것이다.

선조로부터 유지 받은
이 겨울날의 비애는

어떤 답신이 없는 메시지로 남아
차가운 햇살에 부서지고

누군가에게 유물로 물려주지 말아야 할 때
겨울바람 빈 손가락으로 퉁기기만 해도
쩡쩡 어는 호숫가
들짐승의 기척도 사라진 뒤

허기 가득한 엄동 산하에
광채만 남은 비애를 눈 감고
속살 달빛 한 줄기
허공의 나뭇가지에 걸어 둔다

바라바리 싸서 준비한대로
홀연히 떠나는 탁발승의 발걸음 뒤로
얼음 조각 초승달이 떨어질 때.

「겨울단상」 전문

이 시는 적막한 겨울 풍경을 통해 인생의 고독에 대해 형상화하고 있다. 겨울 풍경은 적막하고 또한 비애로 가득 차 있다. 그런데 이 겨울 풍경은 단지 슬픔의 서정적 분위기를 환기하는 것만이 아니다. 고요하고 적막한 겨울 산하에 대한 서경 묘사는 인간의 내면 풍경을 암시 함축하는 서정으로 변환되고 있다.

1연에서 겨울날의 비애는 임시적이거나 임의적인 정서가 아니라 '선조'로부터 이어온 것이다. 이는 인간의 고독과 슬픔이 원형질적인 것이어서 본질적이고 숙명적인 것임을 암시한다. 나아가 '답신이 없는 메시지'라는 표현은 이 인간의 고독과 비애가 해소될 수 없는 근원적인 것임을 내포한다.

2-3연은 겨울 풍경을 섬세하게 사실적으로 묘사한다. 차가운 겨울바람으로 인하여 호수도 적막으로 결빙되어 불모의 공간이 된다. 하여 호수는 모든 살아있는 생물들에게 물을 제공하지 못하는 엄혹한 죽음의 공간으로 변화한다. 고요와 적막에 꽁꽁 얼어붙은 산천은 '허기'로 충만한 공간이다. 그러나 허기와 적막과 비애로 충만한 비극적 공간은 '달빛 한 줄기'에 의해 흐뭇한 긍정의 공간으로 전이된다. 여기에 제시된 선명한 겨울밤의 달빛 이미지는 찬란한 비극미를 황홀하게 부각한다.

특히 마지막 연에서 '탁발승'과 '바리바리'의 대립은 '얼음조각 초승달'로 융합되어 의미의 진폭을 확장하고 있다. '탁발승'은 속세의 욕망에 구애받지 않고 정신적 충만을 위해 사는 사람이다. 그런데 그러한 존재 속성을 지닌 스님이 속세의 욕망을 '바리바리' 싸서 떠나는 운수행각을 하고 있다. 이는 인간의 심성에 자리 잡은 존재 모순이다. 시적 화자 역시 겨울 풍경을 응시하며 인간은 절대 고독자이며, 존재론적 비애가 숙명임을 자각하고 있다. 그리하여 허공에 달빛이 쏟아지는 정밀한 겨울 풍경은 '초승달'이 얼음조각으로 변이되어 지상으로 떨어지는 부정적인 공간으로 치환된다. 이러한 점에서 이 시는 존재론적 모순 속에서 살아가야 하는 인간의 비극적 운명을 선명한 겨울밤 이미지를 통해 훌륭하게 구축하고 있다.

한창 젊은 직장동료인 그녀는

어느 날 올린 머리가 어떠냐고 물었다
말끝에 그녀는 가끔 일과가 끝나면 동료들과 하루 마감 이야기 하면서
직장상사가 몰아붙이고 혼낸 일 때문에 울기도 한다고 했다
개인적 감정이 아니고 미워서도 아니고
일을 잘 배우라는 조언이나 지휘감독일 거라고 설명했다

(중략)

그 직장 상사는 사실 나였다
울음도 힐링인 것을 이제 알았다
그녀에게 무척 미안했다.

「울음 치유」 부분

이 작품은 직장 생활을 하면서 겪는 일상의 애환을 형상화하고 있다. 화자와 직장 동료인 '그녀'는 일과 중 꾸지람을 '울음'으로 해소한다. 그런데 가장인 화자는 그동안 자신이 '울음'을 잃어버리고 무감동적으로 세상을 살아왔음을 깨닫는다. 어찌 보면 남성 화자인 '그'는 일상의 반복으로 인해 감수성과 정서가 무디어졌을 것이다. 화자는 무디어진 자신의 감성을 성찰함과 동시에 반성하는 행동을 취한다. 일상의 단순 반복으로 인한 감성의 상실은 권태를 야기하고, 비인간성을 초래한다. 시인은 일상에서 겪는 소소한 체험을 통해 현대인들의 특성을 적절하게 형상화한다.

일상 경험의 시적 형상화는, 「생업」에서는 주치위반과 식사비의 모순 대립에 대한 자본주의적 성찰, 「족저근막염」에서는 소시민의 성실한 일

상생활에서 오는 애환, 「해바라기 식구」에서는 가족 사이의 애끈한 가족애, 「식사시간」에서는 험난한 세상살이를 함께 겪으면서 생기는 부부애, 「화재위험」에서는 일상의 평범한 생활에서 반복되는 위험에 대한 강박관념, 「눈빛」에서는 부모와 자식 사이의 소통 부재에 대한 안타까움 등으로 드러나고 있다.

1월 삭풍 부는 산기슭
바람에 삽날을 씻고
한 삽 가슴에 언 흙을 뿌립니다
흙에서 흙으로 돌아가시는 날
아버지도 가시고
저희도 아버지 따라 가는 날
가슴에 붉은 흙덩이를 떨굽니다
난리통 완전군장 '엄니' 부르며
군화발로 덜걱덜걱 달려오셨던 천거리 골목 먼발치 돌아
어린 자식 떠내려갔던 요천강 굽이굽이 돌아
멧새 날던 미루나무 그늘, 멱 감던 허허로운 들판 여울 돌아
적막과 햇빛 황망히 청솔가지에 걸고
조상님 아래 부상 입은 척추몸 부리셨습니다
멍멍히 메아리치는 한 마디 말씀도 없이
웅어리진 통한과 슬픔 눈감고 흙으로 가시는 날
아버님 혼백은 세상의 먼지를 모두 털고
어둠의 휘장을 걷고 자유로운 푸른 하늘로 날아
허무의 저녁하늘을 소지로 불태우는

노을이 되었습니다
그 노을마저 질 때 아버님 쓸쓸하지 않도록 저희도 곁에 있게
허락해 주시겠지요
만국기 날리던 주촌초등학교 운동회 같은
이 세상 잘 마치고 가겠습니다
흙으로 돌아가겠습니다.

「취토取土」 전문

이 시는 돌아가신 아버지에 대한 추모의 정념을 격앙되지 않고 차분한 어조로 독백하는 작품이다. 자식인 화자는 아버지의 지나온 이승의 삶을 담담하게 회상하면서 무덤에 취토를 한다. 아버지의 죽음을 자연의 질서로 고즈넉이 수용하며, 자식들도 미래에 저승에 가서 다시 만나 가족의 정을 나누리라는 따뜻한 세계관을 형상화하고 있다. 따라서 이 작품에는 죽음을 긍정적으로 인지하는 낙낙한 인생관, 그리고 순환론적 생사관이 표상되어 있다.

특히 이 작품은 아버지의 삶을 한국의 근대사와 교직하여 순차적으로 묘사하고 있다. 그 시상의 전개는 아버지의 장례 광경, 아버지의 삶의 궤적, 돌아가신 아버지에 대한 추모의 정념 등으로 구조화 되어 있다. 아버지의 장례 시기는 1월로 한겨울이어서 비극성이 고조되고 있다. 화자는 아버지의 죽음을 '흙에서 나와 흙으로 돌아간다'는 전통적 인생관으로 인식한다. 여기서 주목할 것은 '간다'는 동사의 이중적 활용이다. 우리의 삶을 길 도식으로 이해하고 있는 언어 용법인 것이다. 즉 아버지의 죽음도 '가는' 것이고, 살아남은 자들의 삶도 '가는' 것으로 언표되어 있다. 이는 삶과 죽음 모두 '간다'는 동사를 통해 동일한 행위로 수렴된다. 즉 삶과 죽음

이 일원화되는 것이다.

아버지의 삶은 한국의 근대사와 맞물려 서술된다. 먼저 한국전쟁 당시의 위태로운 아버지의 행적이 제시된다. 아마도 군인으로서 한국전쟁에 참여하여 생명의 위기를 겪으며 살아온 아버지의 이력일 것이다. 또한 아버지는 자식이 홍수를 만나 '요천강'에서 죽음을 맞은 비극적인 가족사를 겪어냈을 것으로 보인다. 그리고 전쟁에서 당한 척추 부상으로 일생을 적막한 고통 속에서 살았을 것으로 짐작된다. 화자의 입장에서 보면, 그러한 아버지의 일생은 통한, 슬픔, 허무, 적막의 세계로 요약된다.

화자는 아버지의 죽음을 '흙'으로의 환원으로, 이승을 떠나 저승인 '하늘'로의 상승으로 인지한다. 죽음을 '흙'으로의 귀환으로 인식하는 것은 생사를 물질적 변화의 과정으로 이해하는 것이다. 예컨대 인간의 생사는 변화의 과정인 것이지 단절이 아닌 것이다. 죽음을 '하늘'로의 승천으로 인식하는 것은 이승의 속俗을 떠나 저승의 성聖으로의 긍정적인 변화로 이해하는 것이다.

그런데 화자의 아버지에 대한 추모의 정서는 돌아가신 아버지를 '노을'로 인지하고 있다. '노을'은 하루를 마감하는 상징으로서 낮과 밤을 공유하고 있다. 화자는 돌아가신 아버지에 대한 안타까운 추모의 정으로 인해 아버지가 여전히 가족과 교감하고 있는 것으로 인지하는 것이다.

화자는 마지막으로 '노을'마저 지게 되면 가족들도 '흙'으로 돌아가게 될 운명을 알고 있다. 그리하여 미래에 저승에서 해후하리라는 믿음을 통해 가족애를 확인한다. 이 시는 아버지의 죽음을 맞이하여 선명한 이미지 묘사와 구체적인 아버지의 일생을 통해 인생의 생사관을 긍정적으로 제시하는 가편이다.

김대곤 시인은 이번 시집을 통해 삭막하고 우울한 도시와 문명 속에서 삶을 치루는 현대인들의 고독과 우수를 서정적으로 묘파하고 있다. 자연과의 융합을 통해 평화로운 삶을 소망하는 현대인들에게 도시와 문명은 삶을 위협하는 근원으로 작동한다. 그리하여 시인은 문명과 도시가 야기하는 불온한 미래상을 사실적으로 경고하고 있다. 아울러 시인은 인간의 미래 운명인 죽음을 향하여 삶을 수행할 수밖에 없는 존재론적 숙명성을 근원적인 슬픔을 통해 서정적으로 형상화하고 있다.

시인은 현재 도시와 문명 공간의 불합리하고 부조리한 상황을 극복하기 위해 유년과 농촌 공간으로 회귀한다. 고향에서의 유년의 삶은 현재의 삶과 대비되어 평화롭고 긍정적인 세계상으로 다가오기 때문이다. 시인에게 농촌에서의 유년의 추억은 자연과 조화 융합을 이루는 순수한 풍경으로 각인되어 있다. 과거 유년의 순수하고 평화로운 삶에 대한 기억은 삭막하고 혼란스런 현재를 극복하는 촉매로 작용한다. 특히 농촌에서의 유년의 추억을 회상하는 시편들은 순수하고 맑은 서정성으로 인해 독자의 카타르시스를 자극하는 가편으로 기능한다.

김대곤 시의 대표적 특징 중의 하나는 시를 관통하고 있는 슬픔의 정조이다. 그 슬픔은 과잉되거나 인위적인 것이 아니라 은은하고 희미하며 자연스러운 속성을 지니고 있다. 그의 시의 매력은 슬픔을 가늘고 연약한 페이소스로 다룬다는 점이다. 시인은 현대인들의 삶에 배어 있는 근원적인 우수와 비애의 정조를 가녀리게 환기함으로써 부지불식간에 맑고 투명한 슬픔의 정서에 감염되도록 만든다.

또 다른 김대곤 시의 특징은 철저하게 몸소 겪은 체험을 질료로 작시한다는 점이다. 따라서 현실 체험에 깊이 뿌리를 내린 그의 시는 공허하거나 작위적이지 않다. 이러한 점 때문에 그의 시는 구체적인 이미지와 실감나는 묘사를 획득한다. 일상의 소소한 체험으로부터 빚어내는 시는 진솔성과 성실성을 환기한다. 따라서 그의 시집은 현실과 실재를 꼼꼼하게 기록한 비망록으로 비유할 수 있다. 현재와 과거를 끊임없이 배회하는 방랑자인 시인이 편안하고 안락한 거처를 영원히 찾지 않기를 바란다. 그리하여 희망한다. 앞으로도 더더욱 방황하고, 외롭고, 높고, 쓸쓸하기를.

07
바람 타는 삶의 숲에 대한 명상 혹은 몽상

– 유인실 시집 『바람은 바람으로 온다』

1. '바람'으로 바람 부는 불가해한 삶의 표정

유인실은 바람이다. 나는 지금 사람에 대해 이야기하고 있다. 그는 항상 불어오고 불어간다. 이곳저곳에 산소를 공급하느라 분주하다. 어디에서 숨 고르느라 멈춰 있는 것을 본 적이 없다. 설령 흔적이 없다 해도 어디선가 불어갈 궁리를 하고 있을 것이다. 그는 가정에서 산들바람이다. 그는 강의실에서 돌개바람이다. 그는 친구들 사이에서 시원한 바람이다. 그는 문단에서 흐뭇한 바람이다. 인간 유인실은 무척 바쁘다. 언제나 종종걸음으로 방황한다. 하나의 인간형으로 고정되기를 거부한다. 휘청휘청 바람 일으키며 자신에게 주어진 책무를 열정적으로 성실하게 수행하려 애쓴다.

유인실 시인은 바람이다. 나는 시방 시인에 대해 이야기하고 있다. 그는 항상 어디서 불어오는지 어디로 불어가는지 종잡을 수 없다. 삶의 이곳저곳을 기웃거리며 본질을 찾아 유랑한다. 머리카락 보일라 꼭꼭 숨은 삶의 정체를 찾아 이리저리 떠돈다. 그 길에서 만난 감성과 서정을 넋두리하듯 읊조린다. 나아가 불투명한 그리움, 외로움, 기다림, 절망, 소외 등에 대해 감상적으로 혹은 야유하듯 조롱하듯 노래한다. 또한 시대의 길목에서 만난 어둠, 부조리, 불합리에 대한 울분을 냉소적으로 토로하기도 한다. 그의 시의 향방은 바람처럼 고정되지 않고 변화무쌍하다. 하여튼 유인실은 시나 삶에 있어 정형화되지 않은 바람이다.

시는 무엇을 추구하는가. 시를 쓰면서, 시를 읽으면서, 시인이나 독자나 필수적으로 당면하는 질문이다. 이러한 화두는 다음과 같이 바꿔 말할 수 있다. 예컨대 삶은 무엇인가. 물론 이러한 질문은 시나 문학만의 고유한 질문이 아니다. 이 질문은 역사, 철학, 정치, 경제, 과학 등 모든 지적 분야에서 다소간의 경중을 두고 이루어진다. 아니 모든 인간은 살아가는 내내 하고 있으며, 해야만 할 질문이다. 자신의 주체적이고 능동적인 삶을 위하여 절대적으로 필요한 상시 질문인 것이다. 그래야만 살아가는 존재가 된다. 그렇지 않으면 살아지는 피동적 존재가 된다.

시가 필수적으로 추구하는 질문은 삶에 관한 것이다. 이는 인간 존재가 삶을 영위하며 끊임없이 탐구하는 삶의 본질로부터 삶의 자세와 태도에 이르기까지 스펙트럼이 넓다. 그런데 삶의 본질 혹은 정체를 확인하는 일은 만만치 않다. 삶은 그 본질을 현상을 통해서 어렴풋이 드러내기 때문이다. 심지어 인류 역사 이래 모든 존재가 무수히 탐구해온 삶에 대하여 불가사의 혹은 불가지론이라고 결론을 내린 것 역시 그 지난함을 예증한다. 나아가 삶의 본질 혹은 정체는 인식 주체자마다 주관적으로 파악되기 때문이기도 하다.

시인은 삶의 본질이나 삶의 양식 등에 대하여 고민한다. 바람직한 삶의 태도를 지향하며, 세계의 부조리와 불합리한 상황에 대해 천착한다. 삶의 근원, 삶과 죽음, 삶의 궁극적 가치, 삶의 속성과 제약 등에 대해 번민하고 번뇌한다. 동시에 삶을 이루는 세계에 대해서도 성찰한다. 삶을 왜곡하거나 부조리하게 만드는 저해 요인을 응시하며, 궁극적으로 이상적인 세계를 꿈꾼다. 시인은 삶과 세계의 조화를 추구한다.

유인실 시인 역시 삶의 본질이나 속성에 대해 깊은 천착을 보인다. 특히 시집의 표제시인 「바람은 바람으로 온다」에서 삶의 특질인 유랑의 속성을 형상화하고 있다.

> 바람을 만나러 나가는 일은
> 들판과 하늘과 사람을 만나는 일이다
> 가느다란 촉수를 열어
> 그들의 노래에 주파수를 맞추고
> 바람의 노래에 귀를 기울인다
> 바람 속에서 바람을 안고 바람을 타면서
> 오랫동안 그 길을 걸어왔으니
> 바람은 이제 한 여자의 삶의 형식이 되었다
> 언젠가 그녀에게 바람을 물었을 때
> 바람은 언제나 가 닿을 수 없는 저 너머에서 손을 흔들며 미소 짓는 푯대 같은 것이라고
> 그래서 바람 같은 건 사실상 잡을 수 없는 부재의 존재 같은 것이라고
> 절망 속에서 운 적이 있었다
> 그녀가 철이 들면서
> 나무가 새의 자유를 부러워하는 건
> 새가 나무의 정착을 부러워하는 건
> 꽃과 바람 관계 같은 것이라고

그들은 오래전부터 한 종족이었다고
삶은 서로의 바람으로 와서 바람으로 가는
바람 같은 것이라는
바람의 신화가 추가되면서
바람을 향한 그녀의 헌화는
절망보다 더운 상처들을 모아
뮤즈가 되었다
움직일 수 없는 것들을 움직이게 하는

바람은 바람으로 온다

「바람은 바람으로 온다」 전문

이 시는 존재의 본질을 탐구하는 작품이다. 그리하여 존재의 본질을 '바람'의 속성을 통해 형상화하고 있다. 이는 인생의 유랑 속성을 말한다. 존재의 본질인 유랑 속성을 지닌 '바람'은 '삶의 형식', '미소 짓는 폿대', '존재의 부재' 등으로 개념화되고 있다. '바람'은 이 세상의 기본 요소인 천지인天地人/'하늘, 들판, 사람'과 지속적으로 교감하여 왔다. 예컨대 '바람'은 세계의 존재 속성인 것이다. 이로 인해 '바람'은 이 세상 도처에 편재해 있는 속성을 지닌다. '여자'로 표상된 존재에게 '바람'은 자신의 인생을 관통하고 지배하는 '삶의 형식'으로 자리 잡는다.

그 '여자'는 '바람'의 정체에 대한 질문에 '언제나 가 닿을 수 없는 폿대'라고 답변한다. 즉 '바람'은 여자가 추구하는 대상이기는 하지만 실존하지 않는 이상적 상태로 존재한다. 한편 '바람'은 '존재의 부재'로 인식된다. '바람'은 삶을 관통하는 실재적인 존재이지만 인간의 감각이나 인식에 포착되지 않는 속성으로 인해 부재로 파악되는 것이다. 어찌 보면 '바람'은 삶 혹은 인생의 실존재로 이해되지만 끝내 도달하지 못할 이데아로서의 속성을 지니고 있는 것이다. 말하자면 인생은 바람이라는 인식인 것이다.

그럼에도 인생은 '자유'와 '정착'이라는 이율배반적인 삶의 형식을 추구한다. 이는 달리 말하면 '꽃과 바람'의 관계로 집약된다. 즉 '꽃'은 자유를 추구하고, '바람'은 정착을 추구한다. 삶은 상반되는 가치인 자유와 구속을 동시에 함의한 존재 속성을 지니고 있다. 인생은 바람처럼 유랑하는 특성을 지니고 있기 때문에 유동적이면서 동시에 고정적인 것이다. 따라서 인생의 '바람'은 '신화'가 환기하는 초월적, 역사적, 원형적 속성을 지니고 있다. 이와 같은 '바람'의 속성은 인간에게 숙명으로 기능한다. 이율배반적인 모순된 삶의 본질로 인하여 인간은 절망한다. 그럼에도 '바람'은 '움직일 수 없는 것들을 움직이게 하는' 삶의 동력으로 작동한다.

꽃 나간 자리에 돋았던 무수한 나뭇잎
천지를 뒤덮는 저 들불 좀 보아
골짜기마다 비린 가을비 몽상몽상 내리고
빗속의 눈부신 꽃 지문 속에서
지난 시간을 캐고 있는

그대의 외로움은 안녕하신가

가슴 서늘하도록 처절한 아름다움에
가슴은 타들어가고

모든 그리웠던 것들은
속수무책으로 쏟아져 나와
늑골까지 파고드는

산다는 일은 그렇게 외로운 일인가

아름다워서 슬프고, 슬퍼서 아름다운

떠나보내지 못해 슬프고, 슬퍼서 떠나보내지 못하는……
이 뒤엉킨 시간의 언덕을 어떻게 번역해 낼지
올가을 빛은 무슨 별인 양

그렇게 아득해지곤 했습니다

「가을빛」 전문

이 시는 가을의 서경을 통해 인생의 서정을 노래하고 있다. 이 시에서 인생은 계절의 변화를 통해 포착되는 '외로움'의 정서로 드러난다. 말하자면 인생은 생로병사의 과정을 거쳐 결국 소멸한다는 비극적 세계관으로 인지된다. 시인은 삶의 본질을 '외로움'으로 파악한다. 그 외로움은 가을의 단풍으로 드러난 자연의 이법을 통해 간취된다. 즉 시인은 가을 풍경이라는 자연현상에 내재해 있는 외로움의 본질을 읽어낸다. 이는 아름다운 단풍 현상으로 인해 상대적으로 그 비극성이 더욱 강화된다.

화자는 가을의 단풍 속에서 지나온 삶의 과정을 추억해낸다. 삶의 운행 질서는 봄, 여름, 가을, 겨울의 순차적 진행으로 은유된다. 그런데 현재

가을에 존재하고 있는 화자는 머지않아 닥칠 겨울을 예감하기 때문에 아름다움 속에서 '처절함'을 느낀다. 그리하여 가을 풍경 속에서 느끼는 화자의 세계 인식은 아름다움과 슬픔이 공존하는 상태이다. 화자는 단풍으로 화려하게 물든 가을 풍경을 보며 삶의 아름다움과 아울러 머지않아 도래할 겨울의 소멸로 인해 슬픔을 느낀다. 이 시는 인생의 본질은 화려함 이면에 잠복해 있는 외로움임을 형상화하고 있다.

무엇 때문에 바다 속에 몸 부려놓고
슬픈 문장으로 숨어있는 걸까

스르릉 스르릉 썰물이 야성의 등짝을 드러내면
살며시 얼굴을 내밀고
주름진 가슴을 열어 보이다가

겹겹이 밀물이 포위해 오면
뇌수가 흔들리도록
거센 파도 제 몸에 휘감으며
근육질의 저 깊은 바다 속으로
단호하게 억류되는
그 연유가 궁금하다

태양과 바람과 바다가 머무는
그 깊은 곳에 한평생 둥지를 틀고
넘실대는 푸른 물결 사이 사이로

세월을 깁고 있는

불가해한 삶

*여 : 썰물 때에는 바닷물 위에 드러나고 밀물 때에는 잠기는 바위. 숨은 여.

「여」 전문

이 시는 삶의 정체성을 형상화하고 있다. '삶'은 바다의 '여'를 통해 '불가해'성을 드러낸다. 그러나 화자는 바다에 잠긴 바위, 즉 여를 '슬픈 문장'으로 읽어낸다. 인생이 불가해하기는 하지만, 화자는 '슬픔'의 속성을 지닌 것으로 이해한다. 그러나 그 '슬픔'은 언제나 지속되는 것이 아니라 가변적인 것이다. 세상의 세파에 따라 드러나기도 하고 거세되기도 한다. 화자는 인생이 비록 슬픔의 속성을 지닌 것이지만 그 슬픔을 묵묵히 감내하며 살아야 한다는 것을 안다.

이상에서 살펴본 것처럼 시인은 인생 혹은 삶의 본질이 무엇인가에 대한 질문을 형상화한다. 그리하여 인생이란 본질적으로 외로움과 슬픔이 동반되는 것이라는 서정적 인식을 하고 있다. 또한 인생은 자유와 구속이라는 이율배반적 굴레를 안고 살아갈 수밖에 없는 모순된 존재라는 점도 밝히고 있다. 이런 점에서 시인의 삶에 대한 인식은 니힐리즘에 경도되어 있는 것으로 보인다.

2. '바람' 타는 시대와 현실에 대한 사색 혹은 유감

유인실 시인은 세상, 세계에 대한 관심이 많다. 특히 그는 자신이 몸담고 있는 시대와 현실에 대해 치열하게 응시하고 있다. 특히 그의 시선이 포착하는 것은 정치, 사회, 문화 등이다. 그는 한국의 현실적 부조리와 시대의 불합리에 민감하다. 그는 이러한 시대적 징후에 대해 신랄하게 야유하고 조롱하고 일갈한다. 그리고 부정직한 시대 현실을 패러디를 사용하여 비판적 시각으로 조망한다.

그는 시대의 여러 징후와 환부를 냉철하게 그러나 조금은 감정적으로 바라본다. 그리고 현실의 병폐와 부조리에 대해 격정적으로 고발하고 질타한다. 그는 언론의 자유, 양심, 정의, 자본, 권력, 갑질, 세계 평화, 부패한 문명, 역사 등에 대해 주목한다. 이러한 사회 기능이 부조리와 불합리를 노출할 때 그는 직접적이고 노골적으로 비판한다. 그 비판의 어조는 야유와 조롱과 역설의 형태를 지니는 경우가 많다. 시인은 자신이 몸담고 있는 이 시대 현실의 온전한 회복을 위하여 다양한 관심과 애정을 표출한다.

해마다 사월은
더운 숨결로 생명을 부른다

태양은 움츠렸던 빗장뼈를 열어
언 꽃들의 어깨를 두드린다
불쑥불쑥 꽃 기지개 소리가
고흐의 잘린 귓속을 들락거리고
비리디비린 꽃 비린내들은
나비 떼로 흔들린다
천지 사방이 꽃등불로 환하다

사월의 뜨거운 피의 함성은
어디에서 흔들리나
얼굴 화끈거려
꽃 마주보지 못하고
아스라한 전설이 되어버린
그날의 함성 잘라와
목구멍 속으로 던져 넣는다
구부러진 푸른 역사의 통증이
프레임 밖으로 밀려난다, 해마다

「사월 서사敍事」 전문

이 시는 한국 현대사에서 사월이 함축하는 역사적 의미를 노래하고 있다. 즉 현대사의 굴곡마다 매듭을 풀었던 사월 혁명의 가치와 의의를 형상화하고 있다. 그러나 화자는 해마다 이러한 사월의 혁명이 필요한 상황이 반복되는 현실에 대해 안타까움을 표출한다.

먼저 2연에서는 사월의 봄을 맞아 약동하는 신생의 분위기가 표상된다. 세계는 화평하고 긍정적인 모습을 보인다. 예컨대 겨울의 추위와 어둠을 통과한 식물들은 태양의 도움으로 활짝 꽃 피운다. 새로운 삶의 희망으로 개화하는 소리가 불구의 현실을 자극한다. 심지어 새롭게 재생하는 봄의 분위기는 '나비 떼'로 화창하게 피어오른다. 마침내 세상은 '꽃등불'로 화엄세계를 이룬다. 사월의 봄을 맞은 자연의 화평한 세계가 긍정적 시각으로 포착되고 있다.

그러나 3연은 2연의 자연의 봄에 대비되는 인간의 봄에 대해 말하고 있다. 자연의 봄이 화평한 긍정 세계인데 반해 인간의 봄은 '피의 함성', 즉 불화의 세계로 드러난다. 그리하여 화자는 긍정적이고 화평한 자연의 봄에 대해 불편하고 미안한 마음을 갖는다. 불화 관계에 놓여 있는 인간 현실의 봄은 여전히 지속되고 있다. 이에 화자는 과거의 사월의 혁명을 부르짖었던 '함성'을 기억함과 동시에 현재에도 분출하고 싶은 욕망을 드러낸다. 그 함성은 '구부러진 푸른 역사'를 환기하면서 현재 공간에 재생된다. 그러나 화자는 '함성'이 필요한 인간 현실 상황이 매번 반복되는 시대에 대해 안타까움을 표출한다.

『바람은 바람으로 온다』 시집에서 시인은 「갑질대첩」에서 재벌 항공사의 딸이 비행기 승무원에게 저지른 폭력적 언사와 행위를 야유와 조롱을 통해 신랄하게 비판하고 있다. 또한 「별난 가벼움」에서는 근거 없는 이유를 내세워 이라크를 침공한 미국의 패권주의 행태를 야유 조롱하고 있다. 「문명유감」에서는 우면산 산사태를 배경으로 자연 존중 사상의 결핍을 고발하고 있다. 「오월의 꽃」에서는 1980년 오월 광주에서의 시민 혁명을 추억하며 '무수한 익명의 임'들에 대한 추모의 정념을 형상화하고 있다. 「현대판 음서제도」에서는 권력과 부의 세습을 통한 한국사회의 불공정한 사회구조를 비판적으로 야유하고 있다. 「화해」에서는 권력과 시민 사이의 원활한 소통 부재의 정치 현실에 대해 허무한 정서를 표상하고 있다. 「유월」에서는 1987년 한국의 유월 혁명을 추억하며 '푸른 역사'의 의의를 긍정적으로 표출하고 있다. 「어떤 눈물」에서는 2012년 대통령 선거에서 한 후보자의 사퇴 기자 회견이라는 에피소드를 통해 진정한 애국심에 대해 형상화하고 있다.

주변 어디에서도 너를 찾을 수가 없어
네 몸은 이미 폐가가 되었던 거지

이젠 아무도 너를 두드리지 않아

세상은 변하고
시간은 속절없이 흘렀지
하고 싶은 말이 아니라
할 수 있는 말만 해야 하는 시대가 된 거야

이젠 네 속의 음흉한 가면을 드러내야 해
무엇보다 튀는 게 중요해
막말, 거친 말 거침없이 쏟아내 봐
그러면 사람들은 속이 다 후련하다고
박수를 치지

양심?
정의?

어린 자식과 예쁜 아내를 두고
대학 교수가 병든 사회를 향해 목숨을 던져도
눈 하나 까딱하지 않는 세상이야

이 땅의 지식인들마저도 그러한 분노는
아픈 손가락일 뿐이야
세상을 향한 절규가
씹어도 씹어도 씹히는

미제껌이었던 때가 언제였던가 싶어
사회적 공분公憤 같은 건 오래된 전설이 되고 말았어

불의를 보면 둥둥둥 북을 치던 가슴북은
서서히 자명고의 기능을 잃어가고
세상은 자본과 권력의 시녀로 전락한 자에게
왕관을 씌워 주지
양심적인 전문가들은 밀어내고
삼류 싸구려 논객들은
진종일 방송가를 도배하며
그들만의 잔치를 벌이지
뻔뻔하고 당당하게

어드메쯤에서
우리는 너를 놓아버린 걸까

오늘도 어딘가에서는
병든 사회를 향해 둥둥둥
가슴북은 울고 있을 텐데

「가슴북」 전문

이 시는 '가슴북'을 통해 현실의 다양한 부조리 상황을 자문자답의 형식으로 형상화하고 있다. 그런데 화자는 진정한 비판 정신을 상징하는 '북'이 부재하고, 오로지 내면의 '가슴북'만이 존재하는 현실에 대해 아쉬워하고 있다. 즉 사회현실의 불합리하고 부적절한 상황을 날카롭게 지적하는 비판 정신이 부재하는 것에 대한 안타까움을 표출하고 있다. 마음/내면으로만 현실의 부조리에 대응하는 삶의 자세를 버리고 적극적이고 능동적으로 시대와 현실에 응전해야 한다는 것이다. 화자는 사회 변혁에의 능동적 태도를 요구하는 것이다.

이 시에서 비판되는 다양한 현실은 불구적인 교육현실, 언론자유의 억압, 자본과 권력의 타락 등이다. 화자는 세상이 변하여 '할 수 있는 말'만 해야 하는 억압적 현실에 대해 지적한다. 세계와 삶에 대하여 자유롭게 생각하고 표현할 수 있는 의사 표현과 사상의 자유가 훼손되고 있다는 현실 진단인 것이다. 그리하여 심지어 '막말' 수준의 자유로운 의사 표현을 할 수 있어야 한다고 강조함과 동시에 억압적 상황이라 해도 당위적으로 그렇게 해야 됨을 역설한다. 예컨대 억압에 굴종하지 않고 '양심'과 '정의'에 따라 용감한 실천 행위를 해야 한다는 것이다.

대학 총장 직선제를 위하여 부산대 교수가 절명한 사태에 직면하여서도 우리 사회는 무감각한 반응을 보인다. 화자는 이러한 상황을 "사회적 공분公憤 같은 건 오래된 전설이" 되어 버린 것이라고 자조 한탄한다. 불의에 정면으로 도전하고 비판하지 못하는 죽은 사회임을 지적하는 것이다. 오히려 사회는 자본과 권력에 압도 당하여 '시녀'로서 기능하고 있다고 야유한다. 사회의 공기인 언론에서는 사이비 논객들이 대중들을 우롱하거나 오도하는 참담한 사회 현실이라는 것이다.

시인은 이러한 병폐와 부조리에 함몰된 사회에서 진정한 비판과 경종을 울릴 '북'이 부재함을 지적한다. 그러나 화자는 희망을 버리지 않는다. 화자는 기대한다. 아마도 어딘가에서 건전한 사회를 향한 비판과 고발의 '가슴북'이 '둥둥둥' 울리고 있을 거라는 희망과 기대를 포기하지 않고 있다. 그는 우리의 '가슴북'이 진정한 정의와 양심을 위하여 저변에 살아 있음을 기대하고 또 희구한다.

3. 사랑과 고향에 대한 그리움으로 '바람' 부는 순수 서정

『바람은 바람으로 온다』 시집은 인간의 본질적인 순수 서정도 형상화하고 있다. 예컨대 이 시집은 '사랑'을 주요 테마로 삼고 있다. 이 시집에는 사랑의 가치, 소중함 등에 대한 시편이 두루 포함되어 있다. 시인은 사랑이라는 가치로 인해 파생되는 그리움, 기다림, 외로움, 좌절과 절망, 희열 등의 정서를 즐겨 표상하고 있다. 그 사랑의 동인은 아마도 사회, 현실, 시대와의 불화관계에서 오지 않는가 싶다. 즉 시인은 불합리하고 부조리한 시대 현실과의 불화를 치유하거나 위로받기 위하여 '사랑'의 정신을 구가하는 것이다. 이 사랑은 불화관계에 있는 사물들을 화평하게 융화시켜 주기 때문이다.

한편 시인은 고향에 대한 그리움의 정서를 자주 드러낸다. 물론 그 고향 속에는 가족에 대한 애정과 유년의 순수한 동심이 저장되어 있다. 시인은 지나온 과거의 기억 속에서 긍정적이고 낙관적인 세계의 모습을 추억한다. 유년 고향의 기억 속에는 어머니의 자애, 그리고 순수한 서정 등이 잠복해 있다. 시인은 이러한 추억을 서정적으로 표출한다. 그 서정의 특질은 가녀린 그리움으로 드러난다. 아련한 추억을 통해 환기되는 순연하고 맑은 서정은 부정적이고 비극적인 세계의 모습을 치유하는 기능을 담당한다. 시인은 아리잠직한 순수 서정을 통해 불가해한 존재의 불투명성을 극복하고, 지난한 현실에서 고투하는 삶을 위로받는다.

파르라니 가을바람에 젖어 있다

꽃잎 사이로 얼비친
허공을 응시하는 저 빛

수세기 저편의 아득한 기억인가
지난봄에 못다 한 사랑의 몸짓인가

사랑은 언제나

철 늦은
가을 철쭉 같은

혼돈이 빛이 나는
아름다운 착각

「가을 철쭉」 전문

이 시는 아름답게 피어난 '가을 철쭉'을 통해 사랑의 환각 속성을 드러내고 있다. 즉 시인은 '가을 철쭉'의 관찰을 통해 사랑의 원형을 형상화하고 있다. '철쭉'은 '바람'을 타는 존재이다. 이는 사랑이 질서 있게 진행되지 않는다는 불안감을 예비하고 있다. 2연의 '허공의 응시'는 사랑의 간절함에 대한 자세를 표명함과 동시에 사랑의 공허함에 대한 표출로 보인다. 화려한 철쭉의 개화는 사랑의 간절함으로 은유되고 있다. 그런데 그 개화는 '아득한 기억'으로서 세계의 영원한 존재 속성으로 지속되고 있는 것이다. 즉 인류의 원형적 존재 속성이라는 것이다. 한편 그 개화는 못다 이룬 '사랑의 몸짓'으로 은유된다. 예컨대 사랑의 완성을 향한 안타까운 몸부림으로 이해하는 것이다.

화자는 원래 봄철에 꽃을 피워야 하는 철쭉이 시절을 모르고 가을에 개화하는 사실을 '착각'이라고 정의한다. 물론 이러한 착각 현상은 철쭉의 '혼돈'으로 인해 야기된 것이다. 그런데 철쭉의 철모르는 혼돈은 '빛'을 생성한다. 이는 화자의 인지적 태도가 개입된 것이다. 그 혼돈으로 인하여 '사랑'이라는 꽃을 피웠기 때문에 '빛'이 발생하는 것이다. 한편 철쭉의 '철 늦은' 개화/사랑은 '아름다운 착각'으로 은유된다. 그 착각을 아름다운 것으로 인지하는 이유는 혼돈으로 인하여 결국 '사랑'의 실천행위가 이루어졌기 때문이다. 이 시는 사랑의 맹목성, 허무함, 긍정성 등을 적절하게 교직하고 있다.

> 그해 가을은 온통 무채색의 우울이었다
> 당신을 만나러 병원으로 향하는 길 위엔
> 까마귀 떼들이 구름처럼 모여 있었다
> 번번이 불길한 예감에
> 늘 발목까지 시큰거리고
> 쏟아질 것 같은 울음에 고개를 들면
> 내 설움에 겨워 뼛속까지 아려왔다
>
> 슬픔이 흐린 재로 흩날리는
> 초겨울 문턱에서
> 나의 아름다운 성채는 파산되고

낭하 끝으로 떨어지는
어둠 속 긴 터널은
그리움의 분진으로 난분분하였다

시간이 묵연히 흐르고
점점 더 멀어져 가는
사무치게 그리운 당신

기억에 맺혔다 풀렸다를 반복하며
내 붉은 눈언저리에
슬픔의 자국을 그려내는

아, 그리움에도 뼈가 있다는 것을
이별 후에 알았다

「그리움의 뼈」 전문

이 시는 사랑하는 사람과의 이별에 대한 추회를 형상화하고 있다. 사랑하는 사람은 병원에 입원하여 죽음을 목전에 두고 있는 상태이다. 화자는 그 사람과의 작별에 대한 과정을 시상의 전개 축으로 삼고 있다. 이 시는 그 사람과의 이별의 과정을 화자의 심리적 추이에 따라 묘사하고 있다. 사랑하는 사람과 사별을 한 후 화자의 내면에는 '그리움의 뼈'가 자라게 된다. 말하자면 이별 후 영원히 소거되지 않을 단단한 그리움이 자리 잡은 내면 풍경을 표상하고 있다.

1연은 사랑하는 사람을 문병하는 화자의 내면 심리가 선명한 이미지를 통해 표상되고 있다. 예컨대 '무채색 우울'은 화자의 환자에 대해 걱정하는 마음을 색채감각을 활용하여 표현하고 있다. 또한 화자의 내면 풍경은 까마귀 떼의 음산한 들녘 풍경으로 이미지화 되어 있다. 뿐만 아니라 '발목의 시큰거림', '뼈 속의 아림' 등과 같은 신체 감각적 표현을 통해 화자의 정서 상황을 드러내기도 한다. 이처럼 1연은 감각적 비유와 이미지를 통해 사랑하는 사람에 대한 애정의 심리를 감각적으로 선명하게 묘사하고 있다.

2연은 사랑하는 사람과의 사별을 격정적 풍경으로 묘사하고 있다. 그 사별은 '성채의 파산'으로 제시되는데, 이는 사랑하는 사람과의 관계의 단절에 대한 절망적 인식으로 보인다. 그 이후 화자의 삶은 '어둠 속 긴 터널'로 제시된다. 이는 극도의 절망과 암울한 분위기를 드러내는 심리 풍경이다. 그 어둡고 암울한 절망 속에서 화자는 여전히 사랑하는 사람에 대한 그리움의 정서를 확장시켜 나간다. 특히 이 부분에서는 장례의 화장 풍경을 통하여 화자의 내면 풍경을 드러내는 감각적 이미지가 효과적으로 활용되고 있다.

그리고 3-5연은 사랑하는 사람과 이별을 한 이후 화자 자신의 감정과 정서를 표출하고 있다. 이별 이후 시간이 경과함에 따라 그리움의 정서는 더욱 강화되고 있다. 이는 시간의 흐름에 따라 사랑하는 사람에 대한 기억이 점점 소멸되어 그와의 거리가 멀어질 것을 염려하는 화자의 강박이 표출된 것이다. 사랑하는 사람에 대한 기억은 수시로 부침하며 화자의 슬픔을 자극한다. 그런데 그 슬픔 역시 그리움의 또 다른 형식이다. 화자는 이별 이후 소멸하지 않는 강건한 그리움을 '뼈'를 통하여 표상하고 있다. 이 시는 이별 이후의 사랑의 정서를 감각적 체험적 이미지를 활용하여 투명하고 선명하게 형상화하고 있다.

그대 곁에서

낮과 밤을 숱하게 서성이면서도

신경의 촉수가 온통

그대를 향해 뻗쳐 있어도

내 조바심으로

내 이기심으로

소통의 문 닫아 걸고

마음만 애써 다독이는

지금 사랑하지 않는 자

유죄!

「지금 사랑하지 않는 자 유죄」 전문

이 시는 사랑의 적극적 행동과 소통을 형상화하고 있다. 사랑하는 마음이 상대를 배려하고 존중하는 태도 때문에 상대에게 사랑이 적극적으로 표출하지 않는 것을 경고하고 있다. 사랑의 속성인 부끄럼과 상대를 배려하는 마음으로 인해 성취되지 못하는 사랑의 자세를 부정적 시각으로 바라보고 있다. 그러나 이 시의 중요한 메시지는 사랑은 일용할 양식 같은 것이므로 항상 현재 진행의 상태로 존재해야 한다는 것이다. 예컨대 이 시는 사랑의 일상성과 중요성을 동시에 강조하고 있다.

생의 가장자리를 맴돌아도

시간의 공터 속에선

언제나 환한 불꽃

후미진 변두리에
납작 엎드려 있다가도
때 되면 암팡지게
꽃향기 뿜어 올리는
기다림의 서사시

화려한 도시 아니어도
숨겨진 한숨 다독이고
기억되지 않은 이름으로 사라져 가도
깊어진 뿌리의 기억을 찾아
제 혼자 품어 안는

幻, 저, 허기!
저, 기다림

「고향 그리고 들꽃」 전문

이 시는 고향에 대한 향수를 서정적으로 형상화하고 있다. 화자는 고향의 들판에 핀 들꽃을 바라보며 현실의 삶을 위로받고 있다. 또한 화자는 도시에서의 삶을 이루며 고향 들녘을 회상하며 자아를 '들꽃'과 동일화시킨다. 그리하여 고단한 현실 생활에서도 '불꽃'으로 피어나는 '들꽃'으로 자아를 은유한다. 물론 그러한 자아 동일성은 '시간의 공터'라는 추억 혹은 환상을 통해서 이루어진다. 그런데 여기서 '불꽃'은 자아아이면서 동시에 향수로 읽을 수 있다. 의미의 입체적 효과가 빚어진다. 예컨대 '환한 불꽃'은 자아 혹은 향수의 이중적 내포 의미로 읽어낼 수 있다.

향수를 환기하는 '들꽃'은 삶의 변방에서 어렵게 삶을 치르다가도 일정한 시기에 이르러 '꽃향기'를 방사하는 존재이다. 이러한 개화를 위해 '들꽃'은 지난한 기다림의 시간을 축적해왔다. 이 기다림의 내용 혹은 과정은 파란만장한 '서사시'로 함축되고 있다. 또한 시골의 들판에서 고단한 삶의 '한숨'을 안으로 삭이며 살아가는 '들꽃'의 이미지를 부각된다. 고향 혹은 자아 존재의 원형을 그리워하며 현실의 삶을 이루어나가는 화자의 자세는 마침내 환상, 갈구, 기다림의 내포로 드러난다. 이 시는 고향, 들꽃의 의 향수를 통해 외로운 현대인의 정서를 위로하고 있다.

유인실 시집 『바람은 바람으로 온다』는 자아 존재의 본질이나 삶의 양식 등에 대한 고민과 성찰을 다루고 있다. 또한 시대와 현실에 대한 치열한 번민과 고투의 상상력도 지니고 있다. 시인은 한국 사회의 여러 현실적 부조리와 비합리를 야유와 조롱의 어법으로 신랄하게 비판하고 있다. 물론 이러한 비판 정신의 궁극적 목표는 긍정적 현실의 변화에 대한 희구라 할 수 있다. 또한 시인은 인간 존재가 삶을 치루면서 소중히 간직해야 할 가치로 사랑을 추켜세우고 있다. 이러한 시인의 주요 관심사는 특히 서정적 분위기를 통해 시적 아름다움으로 승화된다.

사랑이 세계에 충만하기를 소망하는 시인의 '바람은 바람으로 올' 것이다. 그리하여 이 허전하고 무상한 세계를 건너가면서 "술을 마신다는 것은/ 자기 안의 공허한 자리에/ 꽃 한 송이 집어넣는 일이다." 그러나 시인이여. 오늘은 그 꽃 한 송이를 우리들의 분노와 용서의 촛불광장에 집어넣기 위하여 한 잔 합시다. 머지않아 도래할 화평한 민주의 그 날을 위하여. 그동안 남 몰래 아껴놓은 '도리뱅뱅'과 함께.

08
사랑, 그리고 연민을 노래하는 맑고 투명한 엘레지
– 김월숙 시집 『그 발자국 따라』

1. 낯선 세계에서 조화를 꿈꾸는 낙천적 긍정주의

시어는 일상어에 가한 조직적 폭력이다. 일찍이 러시아 형식주의자들이 주장했다. 물론 이 말은 시적 긴장감을 유발하는 요소로서의 시어에 대한 언급이다. 시인들은 의미 전달 기능을 우선시하는 일상어를 비틀고 왜곡하여, 즉 조직적 폭력을 가하여 독자성과 고유성을 확보한다. 이른바 언어의 일탈적 기능을 적극적으로 활용하여 유의미한 미학성을 성취하는 것이다.

그러나 김월숙 시인은 언어의 일탈적 용법을 거의 사용하지 않는다. 시인은 언어의 보편적이고 일상적인 기능을 중시한다. 말하자면 그는 언어의 지시적 기능을 충실하게 수용한다. 그는 언어를 왜곡하거나 언어에 조직적 폭력을 가하지 않는 언어 규범 준수자이다. 나아가 자신이 경험하고 인지한 대상을 있는 그대로 정확하게 묘사한다. 그는 언어 운용의 차원에서 순결주의자이다.

그리하여 김 시인의 시는 자신이 주목하는 시적 대상을 가급적 주관을 억제하고 객관적 입장을 견지하여 묘사하려는 경향을 지닌다. 물론 그렇다 해도 시인의 주관적 개입이 절대적으로 이루어지지 않는 것은 아니다. 하지만 시인은 삶과 세계를 대상 그대로 보기 방식으로 담백하게 드러내려 한다. 어찌 보면 순수한 사물 묘사를 통해 사물 자체의 고유한 속성, 즉 물성을 존중하는 태도를 지향한다. 따라서 김월숙 시인의 시는 순수한 사물시로 범주화할 수 있다.

이러한 언어, 사물, 세계에 대한 객관적이고 순수한 태도로 인하여 그의 시에는 현란하고 다채로운 은유나 상징이 별로 동원되지 않고 있다. 그는 자신의 감각이나 인식에 포착된 시적 대상에 주관적 개입을 적극적으로 하려 하지 않는다. 이는 달리 말하면 주관의 프리즘을 통과하는 사물을 굴절시키려 하지 않는 것이다. 예컨대 그는 시적 대상에 자신의 주관적이고 고유한 의미를 부여하는 것을 억제한다. 시적 대상에 새로운 의미를 생성하려 하지 않는다. 이러한 태도는 그의 시에 담백하고 고졸한 아취를 부여한다. 그리하여 그의 시는 마치 맑고 투명한 담채화로 비유될 수 있을 정도이다. 김월숙 시인의 시는 담백한 순수의 미학을 지향하는 것이다.

시인의 작시 특징 중 하나는 기행시가 많다는 점이다. 반복되는 일상은 권태와 환멸을 제공한다. 시인은 동일한 패턴으로 반복되는 일상을 벗어나 경험하게 되는 상황으로부터 시적 발상을 일으킨다. 누구에게나 그러하듯이 낯선 공간은 감성을 자극한다. 새로운 시공에서 맞닥뜨린 사물들은 시인에게 신선한 이야기를 건넨다. 즉 시인은 낯선 현장에서 만난 사물들과 비일상적인 대화를 나눈다. 대화를 나누는 방식은 두 가지이다. 즉 시인은 현장에서 만난 사물들을 보이는 자체 그대로 묘사하거나, 아니면 사물들에 자아를 투사하여 인생의 의미를 드러내는 방식을 사용한다.

시인이 낯선 시공에서 조우하는 시적 대상을 응시하는 시선은 긍정적이고 낙관적인 특성을 지닌다. 시인이 바라보는 삶과 세계는 평화롭고 화평하다. 이런 점에서 시인은 긍정적 평화주의자이다. 설령 불편하고 부조리한 사물이나 상황을 목도하더라도 개신이나 변혁의 욕망을 드러내지 않는다. 따라서 그의 시에는 불평이나 불만을 포괄하는 비판적 태도가 노출되지 않는다. 그는 다만 연민의 시선으로 잔잔하고 따스한 위로의 말을 조곤조곤 건넨다. 연민의 정서는 김 시인의 대표적 정서로 작용한다.

금산사 미륵전 앞 아가위꽃 지고 있어요
하얀 꽃등이 꺼지고 있어요

대적광전 비로자나 부처님 앞에서
웃음 잃은 아이들의 얼굴을 떠올립니다
한 줄로 세워 좁은 길로 이끄는 세상

오늘 아침에도
피지 못한 꽃망울 떨어져 내렸다는

염주를 돌리며 당신의 이름을 부릅니다
당신은 빙그레 웃고만 계십니다

눈물로 절을 올립니다
가슴으로 이름을 부릅니다

당신의 무릎에서 아이들이 노래하고
노랑나비 춤을 추는 바람을 기원합니다
대적광전 꽃살문에 희미한 빛 비칩니다

금산사 앞마당에 보리자나무
꽃망울 부풀기 시작합니다

「금산사에서 2」 전문

이 시는 화자가 '금산사'를 방문하여 활짝 핀 꽃을 바라보며 가슴 아픈 세상사를 환기하고 있다. 특히 교육 현장에서 경쟁에 내몰린 학생들을 꽃에 투사하여 연민의 정서를 부각하고 있다. 화자에게 아이들은 아름다운 '꽃'으로 인지된다. 부조리한 세상, 슬픈 현실은 마지막 행 "꽃망울 부풀기 시작합니다"의 긍정적 시각으로 인해 화평한 공간으로 변모한다. 이는 시인의 낙관적 세계관에 기인된 것이다.

특히 이 시는 삼라만상이 화평하기를 지향하는 불교의 이상과 무한 경쟁을 강요당하는 청소년들의 부정적 현실이 대비를 이루고 있다. 그런데 부정적 현실은 "한 줄로 세워 좁은 길로 이끄는 세상"이라는 무한경쟁의 각박한 교육 현실로 묘사되고 있다. 이러한 현실에 직면하여 화자는 '당신'으로 표상된 부처님께 기원하는 행위를 통해 극복하고자 한다.

그리하여 화자의 부정적 현실에 대한 개신의 기원 행위는 긍정적 미래 전망으로 변전된다. 예컨대 "빛이 비추고", "꽃망울 부푸는" 미래 세계를 읽어내는 것이다. 현실에 패배한 아이들의 죽음은 '꽃의 짐'으로, 화자의 낙관적인 미래 전망은 '꽃의 핌'으로 대위되고 있다. 부정적이고 비극적인 현실은 거대 담론인 '꽃의 피고 짐'이라는 자연 현상으로 인해 낙낙한 위안을 성취한다. 이처럼 시인의 세계 인식은 연민의 정서를 동반함으로써 맑고 투명한 미래 전망으로 드러난다.

쨍쨍한 햇빛이
동학군의 발자국을 더듬는 무장읍성

자벌레 한 마리 온몸으로
뜨거운 길 건너고 있다

무엇을 위해 목숨 걸어 본 적 없는
내 무릎이 자꾸만 꺾인다

다리를 버리고
날개를 얻기 위한 몸짓인가

시작도 마침도 모르는 사발통문 위를
오체투지五體投地로 건너는 자벌레처럼

나도 나를 던지고 던진다
내 꺾인 그림자를 읽는다

「그림자를 읽다」 전문

이 시는 고창의 '무장읍성'을 방문하여 역사 속의 자아 성찰을 통해 삶의 가치를 정립하려는 존재론적 작품이다. 화자는 자아를 '자벌레'와 등가로 인지한다. 나아가 '자벌레'는 '동학군'의 이미지에 삼투된다. 그리하여 자아 '나'는 '동학군'과 중첩된다. 예컨대 화자는 '동학군'의 정체성을 '자벌레'로 인지하고, 뒤이어 '자벌레'를 '자아'로 인지한다. 그런데 이 시에서 역사에 정면으로 응전하는 '동학군'의 삶은 세계 변혁에의 욕망을 내포하는 것이 아니다. 화자는 오로지 '자벌레'의 삶에 대한 태도를 동경한다. 즉 "온몸으로 뜨거운 길 건너는" 삶의 자세가 부각된다. 이는 현실에서의 개인적 삶의 자세에 대한 반성을 배경으로 이루어지고 있다.

이 시에서 인간의 삶의 행위는 '자벌레'의 행위로 은유되고 있다. 다시 '자벌레'의 삶은 '날개를 얻기 위한 몸짓'으로 구체화되고 있다. 그 '날개'를 향한 '자벌레'의 '몸짓'은 또다시 '오체투지'의 행위로 부연되고 있다. 이러한 '자벌레의 몸짓'은 치열성과 진지성으로 수렴된다. 이에 반해 화자의 삶은 "무엇을 위해 목숨 걸어 본 적 없는" 자아 중심의 평범하고 무미건조한 것이었다. 화자는 '자벌레'의 타자를 위한 '날개'의 삶을 통해 자아 중심의 개인적인 삶을 반성한다. 그리하여 화자는 자기중심적인 '나'를 탈피하기 위하여 '던지고 읽는' 성찰과 실천의 행위를 다짐한다.

시인은 일상을 벗어나 새로운 공간에서 만나는 사물들로부터 자신의 삶을 반성하고 성찰하는 계기를 갖는다. 이러한 작시 동기 혹은 작시 패턴은 김월숙 시에 빈번하게 드러난다. 특히 세계를 응시하는 시선은 긍정과 화해의 낙낙한 특성을 지닌다. 이는 시인의 세계관과 가치관이 조화와 화평을 지향하기 때문일 것이다. 말하자면 시인은 세계와 불화 관계 맺는 것을 기피한다. 그는 순수한 평화주의자이기 때문이다.

2. 영원한 사랑을 희구하며 부르는 순결한 연가

이번 시집에는 사랑을 테마로 한 작품들이 다수 실려 있다. 예컨대 맑고 투명한 사랑을 노래하는 연가풍의 작품이 편재해 있다. 사랑은 동서고금을 막론하고 문학의 주된 테마가 되어 왔다. 뿐만 아니라 지상의 모든 종교 역시 사랑을 핵심 강령으로 내세워 왔다. 또한 모든 제도와 교육에서도 '사랑'은 주요한 키워드로 자리잡고 있다. 그만큼 사랑은 인간의 에로스 감성을 충만하게 하는 긍정적 가치이다.

시인은 사랑을 노래함에 있어 전통적 화소인 '꽃', '나비', '별', '달'을 즐겨 차용한다. 일찍이 '꽃'과 '나비'는 사랑의 기본개념 구조를 형성하는 주요한 짝패로 기능하고 있다. 이러한 기본개념에서 '꽃'은 여성으로 '나비'는 남성으로 상징되고 있음은 주지의 사실이다. 특히 이번 시집에서 빈번하게 사용되는 '꽃'과 '나비'는 다양한 함축 의미를 담지하고 있다. 예컨대 '꽃'은 사랑의 환희, 행복의 가치, 이상적 상황 등으로 다양하게 변주되고 있다. '나비'는 사랑을 추구하는 화자의 대리물, 사랑의 메신저, 사랑의 환희 등을 내포하고 있다. 이로 보아 시인은 '꽃'과 '나비'에 대한 편집증적인 애정을 보이고 있다. 이로 인해 그의 시는 순수하게 사랑을 구가하는 연가로 자리매김 될 수 있다.

하얀 꽃 위로
하얀 나비 한 마리 맴돕니다
나는 당신 곁에 앉아
나비 부르는 백당꽃을
넋 놓고 바라봅니다

꽃잎이 나비인지 나비가 꽃잎인지
당신이 나인지 내가 당신인지
애써 구분하지 않겠습니다
그저 시들지 않는 향기로
당신 곁에 있고 싶습니다

「백당꽃 아래서」 전문

이 시는 장자의 호접지몽胡蝶之夢을 발상 동기로 채택하고 있다. 이 이야기는 『장자莊子』의 「제물론齊物論」에 나온다. 장자가 꿈에 나비가 되어 즐겁게 놀다가 깬 뒤, 자기가 나비의 꿈을 꾸었는지 나비가 자기의 꿈을 꾸고 있는 것인지 혼란스럽다고 하였다. 호접지몽은 이 고사에서 유래한다. 결국 '호접지몽'은 주체와 객체의 구별을 잊는 것, 즉 물아일체의 경지를 뜻한다. 이 시는 '꽃'과 '나비'의 혼연일체의 경지를 동경한다.

이 시에서 화자는 당신과의 관계를 '꽃'과 '나비'의 관계로 치환하여 응시한다. 그리하여 '꽃'과 '나비'의 혼연일체 상황을 '나'와 '당신'의 물아일체의 경지와 병치시킨다. 나아가 화자는 당신과의 사랑을 위하여 '곁에 있고 싶다'는 소박한 소망을 토로한다. 결국 이 시는 사랑의 특성을 주체와 객체가 동일시되는 완전합일의 경지로 형상화하고 있다. 이처럼 다른 사물이나 상황을 빗대어 의미를 표상하는 방식은 김월숙 시의 주된 작시법 중의 하나이다.

밤새도록 걸었습니다

당신이 궁금해서가 아닙니다

어찌어찌 책 장 너머로
당신의 깊던 눈빛을
뜨거운 이마에 놓였던 서늘한 손길을
읽었기 때문입니다

재채기를 할 때마다
당신의 이름이 튀어나와
입 꽉 다물고 버티기도 했습니다

기침할 때마다 갈비뼈가 쑤십니다
뼈와 뼈 사이 고무줄놀이 하던 기억
당신이 끊어버렸지요
빨갛게 부어오른 자국이
당신에게로 이어진 끈이라 생각했던
그 시간도 잊었지요

끊어진 줄 혼자 돌리며
우르르 피어난 꽃들
시나브로 지는 길을
밤새도록 걸었습니다

「봄 감기」 전문

이 시는 사랑하는 외로운 마음, 그리고 그로 인한 상처, 그럼에도 사랑을 갈구하는 사랑의 자세가 진솔하고 경건하게 형상화되어 있다. 화자는 사랑에 대한 마음앓이를 '봄 감기'라는 육체적 질병을 통해 고백하고 있다. 서두와 말미에서 반복되는 "밤새도록 걸었습니다"의 보행행위는 사랑을 향한 여정으로 읽힌다. 2연은 밤을 새워 걷는 보행의 원인에 대한 진술이다. 이에 따르면 화자가 사랑을 간절히 염원하는 이유는 "당신의 눈빛과 손길"을 감지했기 때문이다.

그러나 화자와 당신은 서로 소통하지 못하고 있다. '나'의 일방적인 지향이기 때문이다. 이는 일종의 짝사랑이라 할 수 있다. 그리하여 화자는 들킬세라 "입 꽉 다물고 버티기"를 한다. 자신의 내밀한 사랑의 감정을 들키지 않으려는 화자의 자세는 사랑의 순결성과 태도의 진솔성을 환기한다.

그럼에도 4연에서 화자는 혼자만의 고독한 사랑의 감정으로 인한 고통의 상황을 토로한다. 그 고통은 육체적 측면에서 "갈비뼈가 쑤시는" 상황으로 드러난다. 한편 정신적 측면에서는 "시간도 잊을" 정도로 혼몽의 지경에 다다른다. 이러한 육체적 정신적 고통은 나의 일방적인 사랑에 대한 '당신'의 매몰찬 거부 때문이다. 그럼에도 화자는 여전히 사랑의 소중한 감정을 포기하지 않고 자족적 태도로 쓸쓸한 사랑의 감정을 유지한다. 이 시는 '당신'을 향한 화자 '나'의 사랑에 대한 순결하고 경건한 자세가 미학성을 성취하고 있다.

> 상현이 부풀어 오른다
> 그대를 향한 붉은 구멍마다 뜨겁다
>
> 매화나무의 우듬지도 둥글다
> 숨길이 닿을 때마다 터지는 봄
> 보드레한 향기 궁글게 말리는

간지러워 간지러워 숨넘어가는 밤

달빛이
하얗게 쌓이는 매화 그림자를
얼마나 뜨겁게 긁고 있는가

잠 못 이루는 그대는

「봄밤」 전문

이 시는 '그대'를 향한 그리움의 정서를 흐뭇한 봄밤의 풍광을 통해 감각적으로 묘사하고 있는 순수 서정시이다. 이 작품의 묘미는 '봄밤'의 분위기를 섬세하고 치밀한 감각의 구축을 통해 이루어내고 있는 점이다. 그 감각의 뉘앙스는 몽환적이고 신비주의적인 시적 분위기를 고양시키고 있다.

1연의 "상현이 부풀어 오른다" 시행의 이미지는 '달'의 충만을 향한 변화를 통해 화자 혹은 '그대'의 달뜬 심리를 선명하게 환기한다. 나아가 '상현달' 표면에 있는 분화구의 흔적은 '그대'를 향한 '나'의 열망을 표상한다. 이는 시인의 섬세한 시선과 활달한 상상력에 포착된 것이다. 특히 '상현달'에 대한 시각적 '부풀어 오름'과 촉각적 '뜨거움'의 감각적 조화는 화자의 사랑을 향한 분위기를 효과적으로 환기한다.

2연 역시 봄밤의 정념을 환기하는 감각적 묘사가 두드러진다. 매화나무 우듬지의 형태를 '둥글다'고 인지한 것은 상현달이 지향하고 있는 결과에 대한 예지이다. 예컨대 현재 상황은 '상현'이지만 궁극적으로 만월이 되리라는 긍정적 세계 인식이 배면에 깔려 있는 것이다. 그리하여 '봄'

은 환희와 충만으로 '터지는' 시간이다. 나아가 '봄'은 '밤'의 시간대에서조차 "보드레한 향기 궁글게 말리는/ 간지러워 간지러워 숨넘어가는" 긍정의 시공으로 변모된다. 이 시구에서 드러나는 '향기의 궁글게 말림', '간지러움'과 같은 감각적 묘사는 봄밤의 분위기를 평화롭고 따스한 상황으로 인도한다.

3연의 경우도 역시 감각적 표현이 지속된다. '달빛'과 '매화 그림자'의 절묘한 혼융에 대한 인지는 '봄밤'의 분위기를 몽환적이고 신비로운 경지로 고양시킨다. 나아가 '달빛'과 '매화' 사이의 관계가 상호 조화를 이루어 화평하고 긍정적인 세계를 환기한다. 이는 다시 화자 '나'와 사랑의 대상인 '그대' 사이의 상호 조응하는 관계를 암시 환기하고 있다. 그리하여 사랑의 완성과 긍정적인 미래를 향한 '나'의 열정은 '그대'의 불면과 동일화된다. 말하자면 '나'와 '그대'의 서로를 향한 불면의 '봄밤'이 되는 것이다.

3. 서경과 서사를 통해 정서를 표상하는 전통적 서정시

서경 묘사를 통해 정서를 구축하는 작시방식은 동서고금을 막론하고 서정시의 본질적인 특징 중의 하나이다. 이러한 서경을 통한 서정의 표상은 우리 고대시가에서부터 한시 그리고 근대시에 이르기까지 빈번하게 채택되어온 바 있다. 현대시에서 서경의 묘사는 정서의 표상을 넘어 시적 분위기를 구축하는 데까지 나아간다. 즉 의미의 표출을 넘어서 분위기만을 목표로 하는 경우도 빈번하다. 이러한 작시 방식은 무의미시, 비대상시, 사물시, 초현실주의시 등에서 흔히 사용되는 방식이다.

김월숙 시인 역시 전통 서정시의 특징인 서경을 통한 서정의 구축을 빈번하게 사용한다. 물론 이는 의미의 표출, 혹은 분위기의 조성 등 다양한 목적을 향해 이루어진다. 특히 시인은 맑고 투명한 정서와 분위기 표상을 위해 서경 묘사를 즐겨 사용한다. 이는 시인의 시적 본령이 순수시에 기초하고 있기 때문이다. 앞에서 말했듯, 시인은 순수 서정을 통해 평화롭고 화평한 세계를 긍정적이고 낙관적인 시선으로 응시하고 있다. 그는 세계 혹은 존재와 불화를 일으키지 않는다. 시인은 안빈낙도를 주제로 하는 전통 서정시의 계보를 계승하고 있는 것처럼 보인다. 그리하여 그의 시는 세계와 조화를 이루어 평화로운 삶을 자족적으로 영위하는 순수 서정시의 전범을 보인다.

아무도 살지 않는 춥고 어두운 그늘
대문도 없고 방문도 열려
마당 건너 안방까지 부끄럼 없이
다 보여주는 집
사람들은 빈집이라고 하지
대문 떨어져 나간 자리마다
촘촘한 세살문 지어
반짝반짝 주렴 거는 거미
삭아 내린 지붕에 올라
서슬 퍼렇게 홰를 치는 달개비
구멍 송송한 지붕으로 별빛이 드나들고
문살 휘어진 들창으로 괭이도 숨어들어
어머니의 푸념처럼 마룻장 삐걱이는데
이게 왜 빈집이냐고
괭이밥 마당 가득 노랗게 번진다

「빈집」 전문

이 시는 시골에 방치되어 있는 폐가의 묘사를 통해 쓸쓸하고 우울한 서정적 분위기를 환기하고 있다. 시의 처음부터 끝까지 제목으로 명명된 '빈집'의 서경을 치밀하고 섬세하게 묘사하고 있다. 그 '빈집'은 집으로서의 기능이 종료된 상황이다. '집'은 거주하는 사람이 존재할 때 그 기능이 완성된다. 그런데 이 '빈집'은 "아무도 살지 않는" 상태이다. 심지어 개폐의 기능, 즉 '참'과 '빔'의 교체적 기능을 통해 존재론적 위상을 유지해야 할 '대문'과 '방문'이 제 기능을 하지 못하고 있다. 예컨대 가림과 차폐의 역할로 거주하는 사람의 사생활을 보호해야 할 기능이 거세된 상황인 것이다. 이러한 상황 묘사는 제 기능을 하지 못하는 존재의 허전함과 공허함의 분위기를 환기한다.

그 '빈집'에는 거주해야 할 사람 대신 거미가 거미줄을 치며 살고 있다. 또한 닭은 지붕에 올라 홰를 치고 있다. '집'이라는 거주 공간에는 보편적으로 사람이 주체이고 거미나 닭이 보조적 존재이다. 그런데 이 '빈집'의 거주 상황은 주체와 객체가 전도되어 있다. 나아가 그 '집'은 주체인 사람이 거주하지 않기 때문에 자연스럽게 개방되어 객체들이 주체의 기능을 하며 존재한다. 어찌 보면 사람이 집의 공간을 객체들에게 이양함으로써 집의 기능이 변화한 것이다. 말하자면 이 집은 사람이 거주하지 않는 '빈집'이지만, 역설적으로 객체들이 주체가 되어 거주하는 '집'으로 변모한 것이다. 그리하여 화자는 "이게 왜 빈집이냐고" 역설하며, '괭이밥'의 무성한 거주 상황을 응시한다.

이 시는 '빈집'의 공간 묘사를 통해 쓸쓸함과 처연함의 분위기를 구축한다. 즉 서경 묘사로 서정을 환기한다. 또한 시인은 '사람'의 시점을 떠나

자연이라는 거시적 관점에서, '빈집'의 궁극적 의미는 비어 있음으로 충만한 것이라는 역설적 진실을 말한다. 달리 말하면 장자의 무용지용無用之用의 관념과 비슷한 상념을 형상화하고 있다.

한 방향으로만 달리던 그가
빙벽氷壁 앞에서
동굴을 파고 문을 닫았다
마늘과 쑥 대신 책을 뜯어 먹으며
제 길을 찾겠다고

겨울은 참으로 길고
얼음 동굴은 점점 단단해졌다
까마귀들은 자꾸만 문을 두드리고
점점 얇아져 가던 책이
아가리를 벌려 그를 삼키려던 순간

자잘한 속삭임이 들렸다
아가들이 머금고 있던 소리가 번졌다
그가 책을 집어던지자
동굴의 벽이 갈라지기 시작했고

어디선가 길을 여는 주문呪文이 터져 올랐다
산수유의 노란 웃음이 봄하늘에 가득했다

「꽃 피는 날」 전문

이 시는 한 인물의 삶을 순차적 구성에 따라 서사적 묘사를 통해 드러내고 있다. 시인은 이 시의 '그'에 대한 삶의 여정을 단군신화의 웅녀 모티브를 차용하여 확장하고 있다. 즉 동굴 속의 유폐, 테스트의 조건 수용, 역경의 극복, 행복한 결말 등의 서사 구조를 원용하고 있다. '그'의 사적인 삶의 행적이 단군신화에 나오는 곰의 행적으로 은유됨으로써 시적 시공은 신화적 분위기를 환기한다.

1연은 '그'가 동굴 속에 유폐되어 시련의 테스트를 겪고 있는 과정이 진술되어 있다. '그'는 삶의 목표에 대한 방향성이 단일한 존재이다. 그런데 갑자기 장애/'빙벽'을 만나게 된다. 그리하여 '그'는 스스로 유폐되어 시련과 역경을 자초하는 삶을 유지한다. 그 시련과 역경은 단군신화에서는 '마늘과 쑥'이지만, 이 시에서는 '책'으로 변모되어 있다. 즉 '그'는 '책'을 읽으며 '제 길'을 찾아 나서는 것으로 시련의 테스트를 겪는다.

2연은 동굴 속에 유폐된 '그'가 가혹한 시련과 역경을 통해 더욱 곤경에 처한 상황을 묘사하고 있다. 그러나 3연에서 유폐되어 겪는 시련과 역경을 해소하려는 '아가들의 소리'가 들린다. '그'는 '책'을 포기하고 스스로 유폐되어 있던 동굴에서 해방된다. 여기서 '책'은 실질적 삶과 유리되어 있는 관념을 상징한다. 즉 '그'는 그 동안 현실과 격리된 채 관념 속의 삶에 안주해온 것이다. 예컨대 '그'가 관념의 세계로부터 현실의 세계로 진입하자, 세상은 '웃음'으로 만개하기 시작한다.

이 시는 결국 3인칭 관찰자 시점을 활용한 '그'의 삶을 통해 진정한 삶의 자세를 형상화하고 있다. 예컨대 바람직한 삶이란 관념의 세계가 아니라 현실의 세계임을 강조하는 것이다. 특히 단군신화의 원용을 통한 서사 구조의 활용을 통해 이야기시의 패턴을 드러낸다. 이는 서사를 통해 서정을 표상하는 전통적인 서정시 작시 방식의 하나라 할 수 있다.

김월숙 시인은 이번 시집에서 언어의 담백한 사용을 통해 순수주의의 면모를 보이고 있다. 시어를 비틀거나 왜곡하지 않고, 언어 자체가 지니고 있는 그대로의 의미와 소리 감각을 구현하려 한다. 이로 인해 그의 시는 불필요한 시적 긴장감을 유발하지 않고 순수한 사물시의 위상을 확보한다. 특히 사물과 세계에 대한 주관적 감정을 억제하고 객관적 태도를 견지한다. 이러한 작시 태도는 그의 시를 담백한 순수 서정시로 읽도록 한다.

한편 김월숙 시인은 일상을 벗어나 기행을 하며 접촉하는 사물과 공간을 통해 삶의 진실을 노래한다. 이는 체험의 진솔성을 드러내며, 키츠가 말한 소박한 정서의 형상화이다. 그는 사물과 세계를 응시하는 시선이 맑고 투명하다. 즉 시인의 시선은 언제나 긍정적이며 낙관적이다. 그는 주로 삶의 자족적 안분과 세계의 평화로운 풍경을 형상화한다. 그리하여 김월숙 시인은 평화주의자이며, 순수주의자이다. 앞으로도 그의 시와 삶이 평화롭고 순수한 긍정의 세계에서 노닐기를 바란다. 원시 순수의 우주에서 맑고 투명한 시심 글썽이는 '별'과 '달'을 우러르며, '꽃'과 '나비'의 아름다운 밀월이 영원히 지속되기를 소망한다.

09
권태와 환멸의 일상을 모반하는 발칙한 상상력

– 김미옥 시집 『북쪽강에서의 이별』 해설

1. '나'를 찾아 유랑하는 보헤미안의 경쾌한 서정

존재 혹은 자아에 대한 탐구는 영원한 숙제이다. 탐구의 차원에서 존재 혹은 자아의 문제는 인생의 시기별로 그 스펙트럼을 달리 한다. 예컨대 유아기에 '나'에 대한 질문은 탄생과 관련이 있다. 즉 나는 어디로부터 왔는가? 라는 풀이에 골몰한다. 청소년기에는 자아 정체성에 대해 질문한다. 즉 나는 어떤 사람인가? 라는 문제 풀이 때문에 밤잠을 설친다. 성년기에 이르면 삶과 인생의 방법론에 대해 고뇌한다. 즉 나는 어떻게 살아야 하는가? 라는 화두를 놓고 갈팡질팡 번뇌를 거듭한다. 그러나 이와 같은 자아 혹은 존재에 대한 문제 풀이는 끝끝내 정답에 도달하지 못한다. 오로지 미완의 해답만을 제시할 뿐이다. 그러나 그렇다고 해서 이러한 근원적이고 본질적인 질문을 생략할 수는 없다. 자아의 내면 성찰은 인간에게 주어진 전공필수 과목이기 때문이다.

특히 문학은 자아와 존재에 대한 성찰을 하는데 있어 교과서이자 참고

서로 기능한다. 철학 역시 자아와 존재에 대해 성찰하고 해명하고 연구한다. 그러나 이러한 문제에 대해 철학이 도덕과 윤리 차원의 근엄한 교조적 포오즈를 취하는 반면 문학은 개연성에 기반을 둔 실제적이고 현실적인 참고 사례들을 구체적으로 직접 제시한다. 문학은 자아와 존재의 문제를 규정하려 하지 않는다. 다만 이 문제에 대해 좌충우돌 갑론을박 시시비비로 고군분투한 흔적만을 제시할 뿐이다. 그리하여 문학은 자아와 존재에 대해 성찰하는 방법론을 적어놓은 교과서이자 참고서인 것이다.

시는 존재와 자아의 정체 찾기에 골몰한다. 시인들에게 자아 혹은 존재 찾기는 통과의례적 절차이다. 시 장르가 사변적이고 고백적이고 일인칭의 특징을 지니고 있기 때문에 더욱 그렇다. 서사 장르는 자아 혹은 존재의 문제보다 상대적으로 세계의 문제에 더욱 관심을 집중한다. 시는 존재에 대한 해명을 통해 세계로 나아간다. 존재에 대한 해명이 바로 세계를 불 밝히는 쏘시개이다. 시인은 '나'를 통해 아니 '나'를 통과하여 세계에 진입한다. 그러나 '나'는 불가해한 화두이어서 영원히 해결되지 않는 숙제이다. 시인은 영원히 풀리지 않는 화두를 잡고 용맹정진하는 수도자인 셈이다. 시인은 '나'를 찾아 오체투지로 고행을 떠나는 순례자인 것이다.

어찌 됐든 김미옥 시인은 자아 혹은 존재에 대해 시종일관 집요하게 성찰한다. '나' 없이는 존재할 수 없는 지독한 에고이스트이다. 시인은 '나'를 그림자처럼 매달고 다니는 숙명을 즐기는 존재이다. 그는 자아의 내면을 매일 아침 거울 보듯 대면한다. 그 대면의 자세는 엄숙하거나 진지한 것이 아니다. 그는 거울 속의 자아와 더불어 웃고 울며 결국 재미나게 놀고 만다. 그는 자아 혹은 존재에 대해 고민한다. 그러나 고민하지 않는 척한다. 내면에서는 고민하지만 겉으로는 고민하지 않는 척하는 데 김미옥 시의 묘미가 있다. 그는 경쾌하게 말한다. 일상의 화법을 구사한다. 엄숙하거나 진지한 제스처를 짓지 않는다. 자신이 일상에서 사용하는 언어를 날것으로 부린다. 그는 발랄하다. 상상력이 고삐 풀려 있다. 상투와 도식을 거부한다. 사유와 사색의 도정에서 금기 푯말을 발견할 수 없다. 하여 김미옥의 시편들은 경쾌하고도 발랄하다.

> 길에서 길로 책상에서 책상으로 떠돌아다니는 나는 집시여자가 낳은 집시가 아닐까 그러니깐 나는 내 엄마의 딸이 아니라 이 나라에선 집시로 살 수 없어서 숨어서 나를 낳은 도둑년의 딸이 아닐까 내 할아버지는 일찍이 만주로 떠나 돌아오지 않았고 내 아버지는 얼굴이 창백한 룸펜, 마지막 은전 한 닢까지 집시여자에게 털리고 창백하게 웃는, 막차 타고 집으로 돌아갈 때마다 창밖의 어둠은 짜다 오늘은 내 몸 어딘가에 있을지 모를 집시 타투를 찾아보자 누군가의 마음을 훔치고 싶어 코끝은 찡하게 아프고 보라레 깐따레 오오오, 어디든 날아가고 싶어 배다리에서 혜화동으로 온종일 홍얼거려 보아도 탄천으로 한번 떠나간 기차는 되돌아오지 않는데 내가 짜다만 붉은 카펫은 어디에서 올이 풀렸을까 그리움이 두드러기처럼 돋았다 사라지는 은전 한 닢의 집시, 길고양이처럼 떠돌아다니다 아무렇게나 아무 데나 부러져도 충분할 것 같은 밤
>
> 「보라레」 전문

이 시는 자아 정체성에 대해 경쾌하고 발랄하게 읊조리고 있다. 여기서 읊조리고 있다는 느낌은 화자의 발화 방식 때문이다. 화자는 자신의 상념을 고백투로 말하지만 미지의 누군가에게 말 건넴의 심리를 내장하고 있기도 하다. 한편 화자는 자신의 가계도를 추적하는 상상을 통해 자아 정체성을 확립한다. 그 상상력은 금기가 없다. 제어되지 않는 상상의 발

걸음은 발칙하다. 화자 '나'는 떠돌아다니는 속성을 지닌 여자이다. 그 유랑의 속성 때문에 '집시'로 동일화된다. 그러나 이윽고 자기 부정을 거쳐 '도둑년'으로까지 나아간다. 이는 모계를 추적한 상상력이다. 한편 부계를 추적한 상상력은 '만주로 떠나간 할아버지'를 거쳐 '룸펜'인 '아버지'로까지 전이된다.

화자는 자신의 불행하거나 불편한 가계도를 우울하거나 참담한 심정으로 고백하지 않는다. 이는 가족의 이력이 실제 상황이 아니기 때문이다. 화자는 실제 가계와 달리 상상 속에서 불행한 가계의 상황을 즐기고 있다. 상상 속에서 불행을 꿈꾸는 심리는 역설적으로 현실에서의 삶이 안정되어 있기 때문이다. 현실의 안정되고 반복되는 삶은 권태와 침체를 야기한다. 화자는 이러한 현실의 삶을 벗어나기 위하여 상상 속에서 유랑과 퇴폐의 꿈을 꾸는 것이다. 그러나 화자는 자신의 현실로 귀환한다. 그것은 "막차 타고 집으로 돌아갈 때마다 창밖의 어둠은 짜다"로 표상된다. 화자에게는 언제나처럼 반복적이고 암담한 현실이 도래한다.

이어서 화자는 자신의 현실을 직시한다. 아니 자아의 정체성에 대해 탐구하기 시작한다. 아아니 자아가 희구하는 소망들을 상상하며 현실을 벗어나고 싶은 욕망을 드러낸다. 그는 우선 자아의 내면에 잠복해 있지도 모를 '집시'의 속성을 욕망한다. 그러나 이 욕망은 현실을 벗어나고픈 유랑의 희구에 다름 아니다. 나아가 그는 '누군가'와의 연애를 꿈꾼다. 그러나 이 역시 소망에 불과할 뿐이다. 그는 절대로 행동주의자가 아니다. 그는 마음으로만 연애하는 관념주의자인 것이다. 특히 "보라레 깐따레 오오오" 노랫말을 흥얼거리며 유희적 태도를 노출한다. 화자는 자신의 욕망을 심각하고 진지하게 드러내려 하지 않는다. 그러한 태도는 '집시'가 함축하는 유랑성을 손상하기 때문이다.

화자는 과거를 묵살하고 현재적 삶의 자유를 추구한다. 그는 "어디든 날아가고 싶어"의 욕망을 발랄하게 홍얼거릴 뿐이다. 그러나 화자는 자신의 삶을 반추함과 동시에 이루지 못한 과거의 자유를 후회하기도 한다. 그것은 '되돌아오지 않는 기차'와 '올이 풀린 짜다만 붉은 카펫'으로 표상된다. 그럼에도 지나간 과거에 대한 '그리움'은 발생하고, 화자는 애써 '집시'의 삶을 표방한다. '길고양이'처럼 정처 없이 유랑하는 자유 방랑의 삶을 희구한다. 과거와 현실에 얽매이지 않는 '집시'의 삶을 통해 정형화되거나 도식화되는 자아를 경계한다.

> 내 드라마는 어느 가지에서 나온 장르일까? 판타지 아니고 스릴러는 더더욱 아닌 백설탕처럼 반짝이는 멜로드라마? 이럴 줄 알았으면 스무 살에 눈 맞았던 밴드 드러머와 일찍 도망이나 갈 걸 앤디 워홀을 끝까지 읽는 밤이 지나간다 새벽 거리에 나가 고양이 중독자로 커밍아웃이라도 할까 아껴둔 사탕무를 당나귀에게 주고 크레바스를 힘껏 뛰어 너에게로 날아갈까 너는 단단하고 고요한 비파나무 훔치고 싶은 주홍 비파열매 간신히 가벼워지려는 발굽으로 톡톡 날 밤을 깐다 오체투지 하던 얼음 문장이 송곳처럼 온몸에 박힌다 잇몸은 솜사탕처럼 부풀어 오르고 질투는 프리즘처럼 빛나라 매일 밤 끝나지 않는 단막극을 쓰고 있는 나는 어느 겨드랑이에서 뻗어 나온 가지인가 꽃보다 씨앗을 먼저 삼키고 어쩔 줄 모르는
>
> 「스핀오프*」 전문

* 스핀오프- 부산물, 원작에서 파생되어 같은 세계관을 기초로 하지만 내용은 전혀 다른 작품을 의미.

이 시는 '나'에 대한 탐구를 전혀 심각하지 않은 어조와 태도로 경쾌 발랄하게 자문자답하고 있다. 역시 이 작품에는 다양한 독서 체험을 바탕으로 한 혼종된 이미지가 상상력의 공간을 확장하고 있다. 예컨대 이 시에는 시어와 소재의 혼융을 통한 상호텍스트성이 주된 작시법으로 작용하고 있다. 김미옥 시인은 이미지 혼종, 혼성 모방, 현실과 환상의 혼융 등과 같은 상호텍스트성을 통해 그로테스크한 분위기를 확립하는 시적 특성을 보인다. 나아가 초현실적 현실의 환상적 분위기를 조성함으로써 몽롱한 뉘앙스를 섬세하게 구축한다.

화자의 '드라마' 즉 삶은 '멜로드라마'이길 소망한다. 그러나 화자는 지금까지 미처 알아차리지 못하고 부유하는 삶을 치루어 냈다. 미루어 짐작컨대 그는 윤리적이고 도덕적인 정통 사극처럼 교훈적이고 현실적인 삶을 지탱해 왔을 것이다. 마침내 그는 인생이란 '멜로드라마'처럼 통속적이고 시시껄렁한 '장르'이었음을 뒤늦게 알아차린 다. 하여 일찍이 순결과 순수의 계절 '스무 살'에 '멜로드라마'처럼 경쾌하고 발랄하게 삶을 이루지 못했음을 후회한다. 그러나 화자는 팝아트 창시자 '앤디 워홀'이 함축 환기하는 경쾌하고 발랄한 대중적 삶을 추구한다. 그러나 물론 이 역시 직접 행동으로까지 나아가지는 못한다. 시인은 앞서 말한 바와 같이 철저한 관념론자이기 때문이다.

시인이 꿈꾸는 것은 '--할까'라는 판단 유보적 어미를 통해 드러나듯이 관념 속에서만 이루어진다. 그가 상상 속에서 지향하는 것은 '고양이 중독자 커밍아웃'이거나 현실을 내팽개치고 '너'에게 가는 것이다. 여하튼 그는 이유를 알 수 없는 제약 조건의 지배를 받는 삶을 이루고 있다. 상상 속에서 그가 지향하는 '너'는 '단단하고 고요한 비파나무'로 형상화되고 있다. 어찌 보면 '너'는 화자가 범접할 수 없는 이상적인 존재로 신비화되고 있다. 그는 심상 속에서 자의적으로 '너'를 우상화하고 있는지도 모른다. 그는 심상 속에서 '주홍 비파열매'를 훔치고 싶을 뿐이다. 그는 '주홍'이라는 낙인에 대해 용감하게 대처하지 못한다. '간신히 가벼워지려는' 의욕도 '송곳처럼 온몸에 박히'는 절망으로 추락하고 만다.

그리하여 화자는 기껏해야 고뇌하거나 질투를 발현하는 수동적인 태도를 드러낸다. 행동으로 실현하는 능동적이고 적극적인 자세는 유보한 채, '매일 밤 단막극'이나 쓰는 지독한 관념론자로서 그저 자위하는 태도를 보일 뿐이다. 뿐만 아니라 그는 이러한 자아에 대해 명징한 인식을 하고 있기는 하다. 화자가 인식하고 있는 자아는 둥치가 아닌 '가지'일 뿐이다. 또한 행동이 거세된 자아는 '꽃보다 씨앗'을 먼저 추구하는 전도된 삶의 자세를 인식하고 있다. 이와 같은 자기 절망적 태도에 대한 아쉬움과 후회는 미완성 문장의 결구를 통해 확연히 증명되고 있다. 결론적으로 이 작품에 형상화된 자아는 '스핀오프'처럼 부산물에 불과한 것이다.

2. 권태와 환멸의 일상에 대한 싱싱하고 나른한 몽상

김미옥 시인은 자아가 몸담고 있는 세계에 대해 응시한다. 그 세계는 불온하거나, 그로테스크하거나, 초현실적이거나, 무미건조한 것으로 드러난다. 이러한 세계는 시인에게 권태와 환멸의 일상으로 다가온다. 그런데 시인은 무미건조하고 권태로운 일상을 있는 그대로 수용하거나 인정하지 않는다. 그는 이러한 일상을 긍정적으로 받아들이거나 심지어 가지고 놀 줄 안다. 권태와 환멸의 일상을 나른한 몽상을 통하여 즐길 뿐만 아니라 새롭고 변태적인 세계로 변용시킨다. 이 변용의 과정에는 물론 시인 특유의 발칙한 상상력이 작동한다. 특히 김 시인은 활달하고 발랄한 젊은이의 상상력을 지니고 있다. 이러한 특성을 지닌 상상력의 근저에는 대단히 섬세하고 예민한 감각이 자리 잡고 있다. 말하자면 김 시인은 대단히 민감하고 섬세한 감각으로 무장된 몽상가이다.

그는 무미건조하게 반복되는 일상의 권태와 환멸을 다양한 감각을 활용하여 새롭게 갱신한다. 시인의 섬세하고 민감한 감각의 촉수는 시편에서 다양한 감각적 묘사로 드러난다. 이와 같은 다채로운 감각적 묘사는 경쾌하고 발랄한 상상력과 관련이 있다. 특히 시인은 언어 사용에 있어 금기나 경계가 없다. 일상의 생활언어와 대중언어는 물론이려니와 자신의 폭넓은 독서 체험에 바탕을 둔 외래어도 무차별 사용한다. 그의 시편에 보이는 다양한 외래어의 범람은 그의 시가 고상한 혹은 우아한 정형 미학의 틀에 갇히길 거부하는 증표이기도 하다. 그는 특히 대중문화적, 통속문화적 감각을 즐겨 사용한다. 이는 물론 그의 다양한 문화 양식과의 접촉 때문일 것이다. 그는 외국 문학뿐만 아니라 외국의 음악, 영화, 발레, 식생, 자연, 사물 등과 전방위로 스킨십한다. 어찌 보면 시인의 이러한 문화생활 태도는 우리가 직면하고 있는 구체적 문화 현실이기도 하다. 하여 그의 시는 현실을 구체적으로 충실하게 재현하는 리얼리티를 담보한다.

어디에도 없던 여름밤이 급하게 머물렀다
택배로 온 검은 표지의 시집을 한 장도 읽지 않았다
도시마다 애인 하나씩 있을까
편지함에는 냉이꽃 가득 채워놓고
그는 습관성 눈물을 흘릴지 모르겠다

나는 오늘, 이라고 일기를 쓴다
일주일치 밀린 이야기를 한꺼번에 써버린다
잡기에 빠진 사내처럼 노곤하지만 죄책감은 없다
누에고치처럼 몸을 말고 견디기 놀이를 한다
이번 여름은 밑지지만은 않았다

나는 늘 나를 오해하는 사람
읽은 거 또 읽고, 본 거 또 보고
뒤돌아서 내 그림자에 놀라는
재밌는 사람
만년 감기 같은 시간만 잘 견디면

밤은 짧고
입술은 말랐다
얼마나 다행이야
이렇게 건조하니

「하지」 전문

이 시는 여름날 '하지'의 나른한 일상을 권태와 환멸의 정서로 형상화하고 있다. 화자는 여름날 하지를 맞아 나른한 몽상에 잠긴다. 그의 일상은 시인들이 부쳐온 시집을 '한 장도' 읽지 않을 정도로 권태롭고 무기력하다. 그는 다만 몽상 속에서 그 누군가를 기억하고 있다. 그가 환기하는 누구/'그'는 '도시마다 애인을 둔' 바람둥이로 인지된다. 아니면 화자의 의구심일 수도 있다. 그러나 '그'는 편지함을 냉이꽃으로 치장하고 '습관성 눈물'을 흘리는 서정주의자일 수도 있다. 그러나 화자의 그에 대한 상념은 기실 자신의 욕망과 희구가 투영된 것이다. '그'에 대한 기억은 약간 불투명한 표현으로 인해 그 성격이 선명하게 부각되지는 않는다. 그러나 시인의 이러한 불확정적인 언표는 환상성과 더불어 애매모호한 분위기를 고양시키는 촉매가 된다.

2연에서 화자는 과거를 일거에 삭제하고 '오늘'에 몰두한다. 그러나 그 '오늘'은 '일주일'이 압축된 것이다. 이는 일주일 내내 '오늘'과 동일한 삶이 진행되었음을 함축한다. 화자는 여름날 무미건조하게 반복되는 일상의 권태로운 삶을 '한꺼번에' 살고 있는 것이다. 특히 서술어 '써버린다'는 일차적인 의미가 글씨를 쓴다는 것이지만 동시에 허비하다, 또는 탕진하다의 이차적인 의미를 환기하기도 한다. 화자는 일주일을 '오늘'처럼 무감동하게 허비, 탕진하는 권태와 환멸의 삶을 치루어내고 있다. 뿐만 아니라 이러한 무미건조한 일상에 대응하는 화자의 태도 역시 무기력하기만 하다. 왜냐하면 화자가 권태와 환멸의 일상에서 하는 삶의 양식은 기껏해야 '견디기 놀이'이기 때문이다. 물론 이는 무감동하고 무기력하고 무미건조한 일상을 견디는 것이다. 그런데 화자의 일상의 삶은 '놀이'로 전이되기 때문에 '죄책감'도 존재하지 않는다. 화자는 죄책감조차 들지 않는 완전무결한 권태와 환멸에 함몰되어 있는 것이다.

3연에서 화자는 습관적인 '자아'의 정체성 해명하기 놀이에 탐닉한다. 그는 언제나 습관적으로 자아를 오해한다. 이는 역으로 말하자면 진정한 자아를 이해하지 못한다는 의미이다. 그러나 인간이 진정한 자아와 대면하는 것은 실로 지난한 일이다. 그의 삶은 사실 동어반복적인 것이다. 왜냐하면 삶과 세상을 이해하기 위하여 그가 읽거나 보는 것은 언제나 이미 읽은 것이거나 본 것이기 때문이다. 이제 더 이상 삶과 세상은 참신하거나 자극적인 것이 아니다. 세상은 권태와 환멸의 공간에 불과하다. 물론 이러한 인식은 화자의 내면에서 유발되는 것이다. 이러한 화자의 인식 태도는 자아 정체성이 엄격하게 확립되어 있지 않기 때문이다. 따라서 화자는 자신의 '그림자'에도 놀라는 사람이다. 이는 진정한 자아가 형성되어 있지 않아서 시시각각 변모하는 자신을 조우했을 때 보이는 반응인 것이다.

그러나 화자는 권태와 환멸의 지상에서 정형화되지 않은 자아를 긍정적으로 평가한다. 그는 아직 어떤 도식이나 틀에 규격화되지 않은 자아를 향해 '재밌다'고 느끼기 때문이다. 이는 어찌 보면 세상과 삶은 정형화되거나 도식화되어 권태롭지만, 자아는 틀 지워지지 않은 무정형의 존재이기 때문에 살아갈 명분과 가치를 지니는 것인지도 모르기 때문이다. 그는 '감기'와 같은 적당한 장애만 잘 극복하면 고뇌의 '밤' 시간은 견디기 어렵지 않다는 것을 안다. 심지어 자신의 '입술'은 마른 상태이고, 세상은 '건조한' 상황이다. 이처럼 자아와 세계가 동시에 불편하고 무미건조함에도 불구하고 화자는 '다행'이라 생각한다. 그는 권태와 환멸을 제공하는 세상에서 진정한 보헤미안이기 때문이다.

그해 여름 태풍의 눈은 비켜갔지만
느릅나무 가지가 흔들리기엔 충분했다
아이들은 광장에서 어설프게 힙합을 췄고
서른을 갓 넘긴 나는 최승자나 고정희를 읽었다
매독같이 치명적인 가을이 오길 바랐지만
보헤미안이 되려면 돈이 있어야 했고
쓸 만한 바퀴는 쉽게 구하지 못했다

미친다는 것은 백지에 자꾸 손이 베이거나
정말 미치지 않는다는 것이었다
나는 아무 곳에 속해 있지 않았으므로
머리를 짧게 잘랐다
뒤집혀진 우산이 날아다니고
쓰러진 가로등이 며칠째 그대로 있었다
폭우가 지나간 곳마다 시궁창물이 쏟아져
아스팔트는 금방이라도 검게 물들 것 같았다
바람에선 짭짜름한 해조류 냄새가 났고
하늘은 요오드색 구름으로 짙어지고 있었다
내 콧잔등의 땀구멍도 간간하게 절여졌다
나는 자른 머리를 매일 후회했다
'나'로 시작하는 시를 쓰기 시작했지만
달라진 건 아무것도 없어서 나를 의심했다

「서른」 전문

이 시는 지나온 서른 살 무렵의 자아를 추억하는 회고시이다. 예컨대 이 작품은 어떤 집단이나 조직에도 소속되어 있지 않았던 자유인 시절의 권태와 불안을 형상화하고 있다. 김미옥 시인의 작시법 특징 중 하나는 서사와 심리를 절묘하게 배치하여 분위기와 뉘앙스의 미학을 구축하는 것이다. 이 작품의 경우 과거 서른 살 무렵의 풍경이 단편적인 에피소드의 연결로 서사를 이루고 있다. 파편으로 토막 난 사건들이 일정한 계열을 이루어 배열됨으로써 화자의 서른 살 무렵의 상황과 심리를 직조하고 있다. 그 단편적인 에피소드들은 시인에 의해 독자적으로 선택 압축되어 빈틈과 공소를 거느린 포용력을 매설하고 있다. 시인은 서사 장르에서처럼 친절하게 사건을 인과관계에 따라 계기적으로 연결하고 있지 않다. 그는 사건을 암시 함축하는 에피소드들을 모자이크로 처리하고 있다. 이로 인해 그의 시는 독자에게 의미론적 재구를 위한 상상력을 발동하도록 요구한다. 시인이 시적 의미를 단단하게 규정하지 않고 몰랑몰랑하게 풀어놓기 때문에 탄력과 긴장의 뉘앙스를 획득한다.

먼저 이 시는 당시의 상황을 태풍의 묘사로 시작한다. 그 태풍은 '느릅나무'를 흔들 정도는 되지만 재앙을 초래할 수준은 아니다. 이는 풍경 묘사를 통해 당시 화자의 심리를 드러낸다. 예컨대 화자는 권태와 환멸의 일상 속에서 무언가 태풍과 같은 변화가 일어나기를 희구하고 있다. 이어서 시인은 당시 자신의 상황에 대한 에피소드들을 제시한다. 그는 여류시인들의 시를 읽으면서, 최승자의 시에서와 같은 '치명적인 가을'을 소망한다. 이는 권태로운 일상을 벗어나고픈 심리가 투영된 것이다. 그런데 '보헤미안이 되어' 치명적이고 변혁적인 인생의 사건을 일으키기 위해서는 '돈'과 '탈 것'이 필요하다. 하지만 화자의 자본주의적 삶은 물질이 충족되지 못한 불완전한 상태이다. 그리하여 화자는 자본의 결핍으로 인하여 정신이 거의 '미칠' 지경에 이른다. 아니 '미치는 것은 미치지 않는다'는 역설이 표상하는 것처럼 지독한 상태이다.

그는 집단과 조직에 속해 있지 않은 비자발적 자유인으로서 권태와 환멸로부터 탈출하기 위하여 기껏 '머리'를 자른다. 그런데 태풍이 스쳐 지나간 곳에는 자신의 무료하고 권태로운 상황과는 상반되는 풍경이 펼쳐지고 있다. 그 풍광은 반복적이고 안정적인 상태가 아니다. 세계는 비일상적이고 전도된 모습을 제시한다. 즉 권태와 환멸의 일상 풍경이 태풍으로 인해 전복되어 비일상적이고 낯선 모습으로 변모한다. 이처럼 그로테스크한 풍경을 드러내는 세계는 이제 더 이상 권태롭고 무미건조한 공간이 아니다. 예컨대 권태와 환멸을 야기하는 원인 혹은 촉매는 세계가 아닌 것이다. 그것은 바로 화자의 인식과 내면 심리 때문인 것이다. 뒤늦게 이를 알아차린 화자는 머리를 자른 자신의 행위를 후회한다. 그리하여 그는 '나'를 대상으로 '시'를 쓴다. 세계가 아닌 자아에 대해 탐닉한다. 그럼에도 '달라진 것은 아무것도' 없는 무미건조한 일상으로 또 다시 회귀하고 만다. 그리하여 화자는 자아에 대한 확신을 하지 못하고 스스로를 의구하는 지경에 당도한다. 그는 결코 권태와 환멸을 벗어날 수 없는 환경 순응론자 혹은 운명론자이다. 아니 인간은 권태와 환멸의 삶을 살 수밖에 없는 숙명을 지닌 존재인 것이다.

3. 소외와 권태를 극복하는 그리움, 여자, 그리고 연애

김미옥 시인은 사회나 역사 정치 등과 같은 시대와 현실에 대해 직접적인 관심이 없는 것처럼 보인다. 그는 거대담론보다는 일상 체험을 중시하는 미시담론에 관심이 많다. 그의 시의 원천은 자질구레한 일상체험이다. 그는 자신이 직접 체험한 구체적인 일상에 대한 인생론적인 성찰을 통해 삶의 지혜 혹은 미학적 현실을 자아낸다. 여기서 미학적 현실은 시인의 상상력을 통과하여 재구축된 현실이다. 따라서 그는 리얼리스트라기보다는 모더니스트이다. 그는 일상 체험을 상상력의 변용을 통하여 환상적이고 그로테스크한 분위기로 전이시킨다. 그의 시에 재구된 현실은 초현실적 현실의 분위기를 환기한다. 김미옥 시인의 시학은 의미 전달에 중점을 두기보다는 분위기와 뉘앙스를 추구하는 환상 시학에 방점이 놓인다. 이와 같은 초현실적 현실의 분위기와 뉘앙스를 조성하기 위하여 시인은 기억/환상과 직시/현실을 교직하는 작시법을 즐겨 활용한다. 그의 시는 철저하게 심리, 정서, 느낌, 분위기를 구축하는데 몰두한다.

한편 김미옥 시인의 시적 어법은 독특한 고유성을 지니고 있다. 대체로 그의 시는 화법 차원에서 구어체, 대화체, 고백체 등을 활용한다. 심지어 묘사가 중심이 되는 시편에서조차 그는 말 건넴의 화법을 즐겨 사용한다. 이는 물론 독자와의 소통을 의도하는 것이다. 또한 이와 같은 시적 어법은 시인/화자의 구체적 체험을 강조/강화하는 효과를 성취한다. 나아가 화자의 심리 혹은 내면을 더욱 직접적이고 구체적으로 표상하는 효과도 획득한다. 이러한 개성적인 시적 어법은 또한 시인의 일상과 체험을 내밀하게 표출함으로써 시적 분위기의 리얼리티를 재현하는 기능을 담당한다.

시인은 권태와 환멸의 일상으로부터 벗어나기 위하여 다양한 전략을 구사한다. 우선 그는 새로운 언어 찾기에 골몰한다. 그 언어는 참신한 것이 아니라 일상에서 사용하는 날것이다. 그는 우아하고 고상한 언어라기보다 대중적이고 문화적인 언어를 선호한다. 다만 이 언어들은 그 삶의 자리 즉 장르적 상황을 벗어나 사용됨으로써 신선함과 활기를 드러낸다. 가령 음악, 영화, 노래 등에 관한 언어들이 각자의 장르를 떠나 시인의 시편 맥락에서 재배열됨으로써 싱싱한 언어로 탈바꿈하는 것이다. 또 하나의 전략은 미시적 관찰이라 할 수 있다. 그는 사물과 세계를 아주 미시적으로 응시한다. 즉 일상적 시선이 포착하지 못하는 미시적 부분들을 현미경적 시선으로 바라봄으로써 사물과 세계를 낯설게 만든다. 또한 그는 전도된 의식의 흐름 기법을 자주 활용한다. 이는 관념과 사유에 있어 상식적이고 상투적인 것을 거부하는 태도로 드러난다. 그는 역발상으로 존재와 세계를 바라본다.

김미옥 시인은 그리워할 줄 아는 여자이다. 그의 시에는 여성 화자가 여성성을 두드러지게 드러내며 존재한다. 이는 물론 시인 자신이 여성이기 때문이기도 하지만, 특히 섬세하고 내밀한 여성 심리가 시의 핵심적 역할을 하고 있기 때문이기도 하다. 그의 시에서 아리잠직한 여성의 내밀한 심리는 어렴풋하고 애매모호한 이미지를 조성한다. 이렇게 구축된 환상적이고 그로테스크한 이미지들은 시편들을 분위기와 뉘앙스의 시학으로 이끄는 역할을 담당한다. 한편 그 여성 화자는 권태와 환멸의 일상을 벗어나기 위해 지나간 과거의 사람, 사물, 사건 등에 대해 애틋한 기억을 떠올리곤 한다. 특히 자신을 스쳐 지나간 사람에 대해 안타까운 연민의 정서는 그리움으로 변환된다. 어떤 점에서 김미옥 시인의 시편들은 그리움으로 무장된 연애시의 특성을 지니고 있기도 하다. 사랑하는 마음을 그리움으로 표출하는 김미옥의 시들은 연애를 통해 지루하고 권태로운 인생을 모반하고픈 욕망을 드러내는 것이다.

중력에 반反하여 위로만 뻗쳐가던 시절
민 가슴을 외친 적도 있었지만 곧 브라자로 회귀했다
흔들리는 것은 꼭 감싸줘야 한다는 걸 알았기 때문이다
지그시 눌러 주는 잔 다르크의 갑옷 같은 그것
갓 구운 모카 빵처럼 부드러울 때도 있지만
대체로 굳은 심지가 있다
부드러운 레이스를 살갗에 비벼보거나
옥죄임과 해방의 묘미를 아는 한
가슴은 더욱 여미어지고 브라자는 해체되지 않을 것이다
그리하여 순응하듯

수세미 속 앙상한 골조같이 내 몸 성말라
바닥을 향해 낙하할 때
치열함과 바꿔 버린 그 묵직함에
가위눌릴 때, 우린 정말 슬퍼질지 몰라
달을 선망하듯 가슴을 좇는 눈동자와
은근히 높아가는 콧대처럼
차오르듯 받쳐주는 브라자여

「브라자를 노래함」 전문

이 시는 여성의 속옷 '브라자'를 통해 여성의 이율배반적인 삶을 역설적으로 형상화하고 있다. 말하자면 여성의 가슴은 브라자를 통해 소중하게 보호받고 있으면서 동시에 답답한 구속이라는 양가적 상황에 처해 있다. 이는 브라자의 '옥죄임과 해방'이라는 양가적 의미로 표상되고 있다. 이 작품은 여성이 브라자를 만나게 되는 과정과 그 느낌을 여성의 삶의 의미로까지 확대하는 상상력이 재미나다. 여성의 가슴은 초기에 중력을 거부하고 용솟음친다. 이는 사춘기 시절의 풋풋하고 기세등등한 삶의 자세를 표방한다. 그리하여 사춘기 소녀들은 자연스러운 삶의 자세를 위하여 '민가슴'을 주장하기도 한다. 그러나 곧 이어 관습의 편안함 때문에 결국 '브라자'로 회귀하는 순응적 태도를 노출한다. 아니 '흔들리는 것은 감싸줘야 한다'는 인생의 지침 때문이다.

시인은 브라자의 특성에 따른 의미를 활달한 감각으로 부여한다. 브라자는 '잔 다르크의 갑옷'으로 은유된다. 이는 다시 '가슴'의 의미로 전이된다. 말하자면 '가슴'은 잔 다르크의 용기와 활기의 의미를 함축한다. '갓 구운 모카 빵'은 매우 감각적인 묘사이다. 이는 가슴의 부드러움과 유연함의 속성을 내포한다. 그러나 그 유연함과 부드러움 속에는 '굳은 심지' 즉 의지가 존재한다. 말하자면 여성은 유연함의 내부에 빳빳한 의지를 동시에 지니고 있는 존재이다. 그리하여 여성은 브라자가 제공하는 '구속과 해방'의 이중적 역학관계 속에서 삶을 영위한다. '가슴'과 '브라자'의 관계는 여성과 관습 혹은 금기와 위반과의 관계와 상동적인 속성을 지닌다. 그러나 '브라자'와 여성은 동일시되면서 결코 '해체'되지 않을 것이라는 숙명을 제시한다. 이는 어찌 보면 금기와 위반이라는 양가적 가치 속에서 살아야만 인간의 운명을 내포하기도 한다.

그러나 여성의 삶은 '순응'에 길들여진다. 해방보다는 옥죄임이 주는 편안함과 안락에 순응하여 '브라자'는 여성과 동일화된다. 그 순응은 결국 '가슴'을 '앙상한 수세미'로 변모시킨다. 사춘기 시절 중력을 거부하며 치솟던 가슴은 이제 '바닥을 향하여 낙하'하는 운명에 놓인다. 말하자면 브라자라는 틀 속에서 편안함과 안락을 추구한 대가로 활기를 잃어버리고 쇠락하게 되는 것이다. 그리하여 청춘의 '치열함'을 안락과 바꿔버린 순응적 태도로 인해 여성은 '가위' 눌리는 불안한 심리와 슬픔의 정조에 함몰된다. 그리고 이제는 브라자가 '선망하는 달' 혹은 '콧대'를 받쳐주던 청춘 시절을 회고한다.

이 시는 사소한 사물에 대한 경쾌하고 발랄한 상상력을 통해 세월 따라 중력의 지배를 받는 '가슴'의 비극적 운명을 노래한다. 그럼에도 활달하고 거침없는 상상력으로 인해 전혀 우울하거나 칙칙한 정서나 분위기를 드러내지 않는다. 오히려 약간 에로틱한 사물 '브라자'를 감각적으로 형상화함으로써 페이소스를 감추고 신선한 모카 빵과 같은 에로틱한 즐거움을 선사한다.

등 돌려 눈 감으면 그립지는 않아요
그의 등장은 마린바 소리처럼 갑작스럽기도
아침을 기다리는 올빼미처럼 느긋하기도 해요
당신의 제시어는 수면유도제와 불면증
화면 속 커서가 깜빡 조는 사이
새로 나온 이모티콘이 나를 놀리기도 해요
우리는 큰 가시나무 아래 서있기도 하고
이발소 회전 간판이 돌아가는 오래된 골목에서 만나기도 해요
웃을 때마다 깊은 주름이 슬퍼 보여요
달콤한 불립문자를 보내 주세요, 나는
새들의 파티에 초대받은 까마귀에요
당신이 흘린 깃털을 슬쩍 귀에 꽂고
공작이 된 듯 거울을 봐요
쓰다만 단어들이 테이블에 즐비한 새벽이면
따끔거리는 목구멍에서 백치의 메시지
"제발 나를 보러 와 주세요."
당신의 창문은 어제부터 비공개
불 꺼진지 오래네요
쓸쓸한 우리들의 공명

「몽상적인 새벽」 전문

이 시는 '당신'을 향한 그리움의 정서를 컴퓨터 소통 과정을 통해 형상화하고 있다. '당신'을 그리워하는 행위는 불면의 밤을 지새운 '몽상'으로 표상되고 있다. 화자는 짐짓 '등 돌려 눈 감으면 그립지 않다'고 말하지만,

실제로는 그리워하는 마음을 억제하고 있다. 이는 눈을 뜨고 있을 때 즉 의식이 살아 있을 때는 '당신'이 그립다는 것을 반증하기 때문이다. 몽상 속에서 '당신'의 출현에 대한 화자의 심리 양상은 두 가지로 나타난다. 하나는 '갑작스러움'이고, 또 다른 하나는 '느긋함'이다. 이와 같은 이율배반적 양상은 '당신'에 대한 친밀감과 낯설음의 양가적 심리 때문일 것이다. 그러한 심리 상태는 '마린바 소리'와 '올빼미'로 은유되고 있다. '올빼미'는 야행성 조류로서 밤에 잠자지 않고 활동을 한다. 결국 화자는 '당신'을 그리워하며 불면의 밤을 지새우는 '올빼미'로 환치된다.

그리하여 '당신'이 화자에게 제공하는 것은 '수면유도제와 불면증'이다. 이는 화자가 '당신'을 그리워하는 지독한 마음을 함축적으로 드러낸다. 그러나 그리움이 잠간 휴지되는 동안 화자는 몽상 속으로 진입한다. 그는 꿈속에서나마 격리와 소외를 해소한다. 꿈속에서 화자와 '당신'은 '우리'가 되어 평화로운 만남을 유지한다. 예컨대 그들은 '큰 가시나무' 혹은 '골목'에서 행복한 만남의 기회를 갖는다. 그러나 비록 꿈속에서일지언정 화자는 '당신의 주름'을 보고 슬픔의 정서를 느낀다. 이는 화자의 '당신'에 대한 애정임과 동시에 배려의 심리가 투영된 것이다.

화자는 '당신'에게 애정을 갈구한다. 즉 '달콤한 불립문자'를 요구한다. 여기서 '불립문자'는 이심전심으로 전해지는 '당신'의 애정에 다름 아니다. 말하자면 화자는 불완전한 언어를 통해 표현하는 휘발성 사랑이 아니라 진실을 표방하는 불립문자와 같은 진정한 마음의 사랑을 소망한다. 그러면서 화자는 자신의 소외와 불안의 정서를 표출한다. 그는 '새들'과 다른 '까마귀'로 은유됨으로써 차별성과 이질성을 노출한다. 주류 집단으로부터의 소외와 불안의 정서는 "나는/ 새들의"의 행간걸침을 통해 더욱 강화된다. 즉 차별과 이질에서 부각되는 소외와 불안의 정서는 의미와 형식의 일치를 통해 강화되는 효과를 성취하는 것이다. 그러나 화자는 곧 이어 '당신의 깃털을 꽂고' 즉 당신과의 일체화 과정을 통해 '공작'으로 화려하게 변모한다. 뿐만 아니라 '거울'을 보는 행위를 통해 자아와 '당신'과의 합일에 도취된다.

화자는 불면의 밤을 지새우며 새벽까지 '당신'을 향한 그리움을 쓴다. 그리하여 마침내 '백치'처럼 고백하고 만다. "제발 나를 보러 와 주세요." 당신을 향한 그리움이 결정적인 순간에 이른 것이다. 아니 그의 절실한 그리움의 정서가 결국 임계점에 다다르고 만 것이다. 그럼에도 '당신의 창문'은 견고하게 폐쇄되어 있다. 화자와 당신 사이에는 엄연한 단절이 존재한다. 화자는 '당신'으로부터 고립 두절되어 있다. 이로 인해 그는 '당신'을 향한 불면의 밤을 거쳐 마침내 짙은 소외의 정서에 함몰되고 만다. 그 단절과 고립의 시간은 일시적인 것이 아니라 '오래' 된 것이다. 그 단절의 시간이 오래 된 것만큼 그리움으로 인한 불면의 시간 역시 오래 된 것이다. 그럼에도 당신과 '나' 사이의 그리움을 매개로 한 '공명'은 엄연히 존재한다. 그것은 서로 마주보는 것이 아니라 등 돌린 '당신'을 향한 화자의 일방적인 그리움으로 지속되는 공명이다. 그리하여 그 '공명'은 안타깝게도 어찌할 수 없는 '쓸쓸함'의 페이소스를 짙게 풍긴다.

김미옥 시인의 상상력은 발랄하고 경쾌하다. 언어 운용 역시 활달하고 속도가 있다. 그 상상력의 특징은 환상과 현실을 통섭하는데 있다. 이로 인해 그의 시는 초현실적 현실을 건져낸다. 기억과 현실을 융복합함으로써 그의 시에는 그로테스크한 이미지들이 범람한다. 여기에는 혼성모방과 상호텍스트성이 일정한 기능을 담당한다. 이로 인해 그의 시는 분위기와 뉘앙스의 시학을 성취한다.

또한 그의 시는 '나'에 대한 집요한 성찰이 주된 테마로 자리 잡고 있다. 그 '나'는 권태와 환멸의 일상을 고투하는 존재 양상을 지닌다. 이로 인해 그의 시는 소외와 고독의 정서를 노출한다. 이와 같은 정서는 '여자'의 섬세하고 예민한 심리로 표상되고 있다. 물론 다양한 감각적 묘사로 인한 효과이기도 하다.

또한 그의 시는 서사와 심리를 절묘하게 교직하는 특성을 보인다. 뿐만 아니라 화법/어법 측면에서 구어체, 대화체, 고백체를 즐겨 활용함으로써 진솔한 감각성을 확보한다. 여기에는 일상어, 대중어, 문화어, 통속어의 사용이 일정한 기여를 하고 있다. 결론적으로 김미옥의 시는 그리움을 내면화함으로써 천상 '여자' 내음이 물씬 풍기는 시풍을 보인다. 그의 '나'와 '세계'를 향한 그리움의 '연애'가 더욱 풍요롭기를 기대한다.

10
응시로 기록하는 가족사 시학

– 이승철 시집 『눈의 허기』 해설

1. 유년의 추억에 대한 유미적 응시

이승철 시인은 과거 유년의 체험을 시적 소재로 즐겨 사용한다. 그 유년의 공간은 풍요롭거나 행복한 추억을 제공하지 않는다. 유년의 시공은 가난, 외로움, 아버지 상실, 쓸쓸함, 식구들의 질환, 소외 등으로 점철되어 있다. 시인은 이러한 과거 추억의 질료들을 가급적 객관적으로 무감동한 척 묘사한다. 기꺼이 추억을 뒤적거리며 흐뭇하게 정서에 함몰된다. 유년의 체험 공간 속으로 슬며시 잠입하여 호들갑 떨지 않고 조용히 반추하는 즐거움을 만끽한다. 그리하여 시인의 시적 어법은 잔잔하고 간결하고 또 눌변에 가깝다.

시적 정서 또한 '가늘한 내음'처럼 차분하게 안정되어 있다. 비록 아버지의 죽음을 노래하거나 불편한 사건이나 상황을 응시하면서도 시인은 정서를 출렁거리지 않고 단단히 비끄러매어 차분하게 읊조린다. 심지어 가혹한 사실 혹은 상황을 묘사하거나 제시할 때에도 흥분되거나 고양되는 법이 없다. 언제나 시인은 차분하게 갈앉은 포즈와 어법으로 조곤조곤 속

삭이듯 이야기할 뿐이다. 어떤 상황에서도 시인의 정서는 비등하지 않고 수평선마냥 안정되어 있다. 시인의 이러한 태도는 순수 서정을 노래하는 시세계에 매우 효과적인 기능을 담당한다.

한편 시인은 시각적, 청각적 이미지의 빈번한 차용을 통해 시의 텍스처를 구축한다. 물론 그의 시적 특징은 매우 감각적이고 구체적이라는 점이다. 그런데 그 감각적 특질의 대부분은 시각에 힘입은 바 크다. 시각 다음으로 예민한 감각은 소리이다. 시인은 거의 모든 시편에서 시각과 청각의 감각을 활용하여 골격을 세우고 나아가 이미지를 통해 세부를 장식한다. 이 시집의 제목이 『눈의 허기』인 점은 이와 같은 시인의 감각적 특징 또는 시각의 중시 태도에 대한 단서가 될 수 있다. 시인은 마음을 차분히 갈무리한 다음 고요한 상태에서 '눈'에 보이는 대상과 풍경과 추억을 가급적 가공하지 않고 다가오는 그대로 제시하려 한다.

이러한 점에서 그는 정직한 시인이다. 시인은 과거의 추억을 질료로 하되 가공하지 않고 있는 그대로 묘사하려 한다. 오로지 보는 것, 보이는 것, 마음의 눈에 떠오르는 것을 차분하게 묘사하고 제시할 따름이다. 그리고 시인은 자신이 직접 체험한 것만을 고집스럽게 형상화하려는 성향을 지니고 있다. 가급적 상상력의 발동을 억제하고 직접 경험한 사실들만을 선택적으로 제시함으로써 독자의 접근을 편안하게 유도한다. 이런 점에서 그의 시는 독자에게 곧바로 다가가 즉시 용해되기를 희망한다. 이와 같은 시인의 편안하고 안정적인 시의 구축은 단일한 사건 혹은 시적 대상을 간결하고 압축적인 시상으로 조탁하는 작시법과 맞닿아 있다.

그런데 이승철 시인의 유년 체험은 가족 중심으로 이루어지는 특징을 지니고 있다. 그가 추억하는 과거의 사건이나 대상은 가족의 범주를 벗어나지 않는다. 유년 추억의 등장인물들은 할머니, 아버지, 어머니 등 친족의 범위로 한정된다. 심지어 현재의 시선도 시인과 가족의 범주에서 생활하고 있는 할머니, 어머니, 아내, 딸을 벗어나지 않는다. 비록 익명의 사람들에 대한 관찰자적 시선을 형상화한 작품이 있기는 하나 배면에 가족의 정서를 버무린 것이 태반이다. 이러한 점에서 시인은 가족사적 사건의 시적 형상화를 시도한 보기 드문 특징을 정립하고 있다.

골목을 돌아 끼악 끼악
그가 오는 소리

핸들이고 안장이며
자식도 주워와 바느질로
가족을 꿰맨 누더기 아버지

팔자걸음으로 굴러가는 자전거로
따르릉 따르릉
비켜나지 않는 세월의 골목길
온몸의 주름 길을 달려온
오르막 인생

삐걱 삐걱
바삭 마른 무릎이 타는 소리
골목을 돌아 밤이 밝아지는
그가 내게 오는 소리

「아버지 오는 소리」 전문

이 작품은 귀가하는 아버지를 기다리는 유년의 추억을 형상화하고 있다. 화자는 아버지의 귀가를 '소리'를 통해 인지하고 있다. 나아가 소리 상징을 통해 아버지 삶의 곡절을 이미지화하고 있다. 가난한 집안의 가장인 아버지는 자전거로 출퇴근하고 있다. 그런데 아버지의 귀가를 알리는 자전거의 존재 증명은 '끼악 끼악'이라는 불유쾌한 소리로 전달되고 있다. 이는 자전거 부품의 아귀가 맞지 않아 나는 소리이지만, 화자에게는 비명으로 들리는 것이다. 이는 순탄치 않은 아버지 삶의 불완전성을 대변하는 소리이기도 하다.

한편 아버지는 가족의 환한 미래를 꿈꾸며 앞에 놓인 장애물을 향해 '따르릉 따르릉' 벨을 울린다. 물론 이 소리는 화자의 상념 속에서 간접화된 소리이다. 그러나 역시 미래를 향한 아버지의 희구가 깃든 이 소리에도 "세월의 골목길은 비켜나지" 않고 '오르막 인생'일 뿐이다. 마지막으로 화자는 '삐걱 삐걱' 소리를 통해 신란한 아버지 삶의 역정을 감각화한다.

그런데 아버지의 삶을 상징화한 이 불쾌음들은 화자에게는 '밤이 밝아지는' 소리로 전환되어 들린다. 예컨대 화자는 아버지의 불쾌음을 유쾌음으로 전환하여 인지하고 있는 것이다. 이는 아버지의 삶의 의미와 가치를 긍정적으로 치환하여 인지한 결과이다. 화자인 자식이 따뜻하게 응시하는 시선을 통해 마침내 아버지의 삶은 '밝아지는' 것이기 때문이다.

> 투둑, 터진 솔기처럼 벌어진 마음
> 추스르지 못하고 돌아서는 저녁에
> 누룩 넣은 어둠이 부풀어올라 투두둑.
> 어머니, 비가 와요
> 양은솥에 널린 양말이

푸석하게 진을 빼고 누운 밤
마른기침에 더욱 꺾이어
굽은 등을 눕지 못하는 그림자.
아가, 비 온다, 내 새끼야
고개를 꺾는 나팔꽃처럼
담벼락을 도는 추진 발걸음
툭, 툭, 툭, 툭.
콩나물시루에 물 빠지는 소리
어머니 이제 그만 기르세요
그 가늘고 질긴 배고픔이 싫어
밖을 서성이는 것인데.
물려줄 것이라곤 그것밖에 없어
바가지에 핀 눈물로 시루 속에
투둑, 투두둑.

「집으로 가는 길」 전문

이 시는 가난 속에서도 강인한 삶의 자세를 유지하는 한국의 어머니들에 대한 초상이 형상화되어 있다. 물론 화자인 자식의 시선에 포착된 어머니의 모습이기 때문에 연민의 정서가 지배적인 작품이다. 그러나 그 연민의 정서는 절제되어 있으며, 입을 앙다물고 가급적 객관적이고 건조한 어조로 진술되고 있다. 앞에서 언급했듯 이승철 시인은 조용히 세계를 관찰하는 성향이 농후하다. 그런데 시인은 외부 세계만을 관찰하지 않는다. 시인은 세계에 대한 관찰 못지않게 내면에 대한 성찰도 동시에 병행한다. 특히 그는 '마음'에 대해 노심초사 응시하는 성향이 있다.

이 시에서는 화자 자신의 내면 성찰은 물론 어머니의 마음까지도 헤아리는 시선이 순수서정성을 강화시키고 있다. '투둑' 비가 오는 소리를 '솔기처럼 벌어진 마음'으로 은유하는 감각은 참신하기 이를 데 없다. 이어서 그 '투둑' 비가 오는 소리는 다시 '누룩 넣은 어둠이 부풀어 오르는' 소리로 중첩 은유된다. 그 빗소리는 연이어 '마른기침' 소리로 확장되고 나아가 '콩나물시루에 물 빠지는 소리'로 확산되어 나간다. 이 소리의 연쇄/번짐은 화자의 마음과 어머니의 마음이 중첩되고, 외부 세계가 화자와 어머니의 마음과 서로 동일화되는 효과를 견인하고 있다. 말하자면 '투둑' 비 내리는 소리의 확산과 중첩은 세계와 자아가 통전되는 순수 서정의 기본 특성을 여실히 보여준다.

시인은 소리에만 예민하고 감각적인 것이 아니다. 그는 시선이 응시하는 풍경 또는 대상도 치밀하고 감각적으로 묘사할 줄 안다. 그가 연민의 시선으로 바라보는 '어머니'의 모습 또한 다양하게 중첩되어 의미를 심화시키고 있다. 우선 '어머니'는 '양은솥에 널린 양말'로 시각적으로 은유화되고 있다. 하루 일을 마감하고 후줄근하게 돌아와 피곤에 지친 모습은 은유적으로 '양말'로 적격화되고 있다. 이어서 '어머니'는 '굽은 등을 눕지 못하는 그림자'로 치환되고 있다. 이는 어머니의 속성을 실상이 아닌 허상의 '그림자'로 대치하는 것인바, 어머니의 삶 혹은 존재의 허약성을 드러내는 은유의 창조이다. 계속 '어머니'는 '바가지에 핀 눈물'로 참신하게 은유적으로 전이된다.

이처럼 시인은 가족에 대한 유년의 직접적인 체험을 시각과 청각의 감각을 적극 활용하여 구체화시키고 있다. 그 시선이 가닿는 대상은 왜소하고 허약하고 불완전하여 연민의 정서를 불러일으킨다. 그러나 시인은 이러한 세계를 한탄하거나 극복하려는 몸짓을 보이지 않는다. 있는 그대로의 상황을 객관적으로 묘사하려고 할뿐이다. 아니 불완전하고 불편한 현실을 오히려 유미적 시선으로 무덤덤하게 응시할 뿐이다. 이러한 거리의 서정적 결핍의 자세는 감정을 억제하고 가급적 잔잔하고 절제된 목소리로 조곤조곤 이야기하는 화법을 통해 더욱 강화되고 있다.

2. 일상에 대한 관찰과 자아에 대한 성찰

시인은 과거 유년 체험에만 머물러 있지 않다. 그는 자신이 몸담고 있는 지금/여기에 대해서도 관찰을 멈추지 않으며, 자아 성찰도 게을리 하지 않는다. 시인은 관찰 대상인 세계에서 부조리한 성격을 들추어내어 비판하거나 개선을 요구하지 않는다. 적어도 세계의 모든 문제는 자신의 '마음'에 달려 있는 것이다. 따라서 그는 철저하게 유심론적인 시인이다. 그리하여 그는 세계를 객관적 시선으로 있는 그대로 보아낼 뿐이다. 오히려 세계의 부조리와 몰상식을 내면으로 끌어들여 자아를 반성하는 촉매로 삼는다.

시인이 관찰하는 일상은 사회구조적 문제와 같은 거대 담론이 아니다. 그는 오로지 조촐하고 사소하고 자질구레한 일상의 모습들에 착목할 뿐이다. 다만 그 일상은 외롭고, 소외받고, 쓸쓸한 풍경이라는 미시 담론으로 드러난다. 특히 그는 노인, 여자, 주정뱅이, 농부, 행상 등 사회의 변두리 인생에 대해 관찰한다. 이들에 대한 시인의 시선/마음은 지극히 따뜻하여 연민의 정서가 함빡 배어있다. 그렇더라도 시인은 절대로 감정의 동요를 일으키지 않는다. 시적 대상과 적당한 거리를 유지하여 무덤덤하게 관찰의 결과만을 진술하고 있다. 이는 그의 서정성이 담담하고 잔잔한 특성을 획득하게 되는 시적 어법 때문이기도 하다. 어찌 보면 시인은 이들까지도 친족의 범주로 인지하여 자신의 내면으로 끌어들이는 것이지도 모른다.

한편 시인은 외부 세계에 대한 관찰 못지않게 자아에 대한 성찰도 진지하게 수행하고 있다. 특히 그는 자아의 마음결에 대해 천착하길 즐긴다. 외부 세계를 정서의 출렁거림 없이 관찰한 다음, 세계에 반응하는 자아의 내면을 들여다본다. 나아가 그 마음에 대한 응시는 반성의 수신적 태도로 전이된다. 시인은 순수 서정의 눈으로 세계를 응시하는 한편 자아의 마음도 순수한 상태를 유지하기를 희구하고 있는 것이다. 이는 세계와의 불화에 대한 시인의 태도가 응전적이거나 극복을 위한 혁신적 자세가 아님을 드러낸다. 아니 그는 세계와의 불화를 애써 회피하려 한다. 그는 오로지 자아의 마음이 평정을 유지하기를, 맑고 투명한 상태이기를 소망한다. 이러한 점에서 이승철은 윤리적인 존재론적 시인의 특성을 내보인다.

여름은 한낮
앞 동에 사는 할아버지
재활용수거함을 일군다.
노인의 텃밭이 된 이곳에
종이와 플라스틱 씨앗을
나는 종종 뿌리고 간다.

아파트 창문엔 에어컨 아지랑이
박스와 병을 수확하는 허리가

쓰레기통 속으로 미끄러진다.
수레에 한 짐 올리고
오르막을 지팡이질하는
저 더운 목숨이여
생의 유통기한을 지키려는
더운 입술에게 한 끼니 넣어주는
숭고함이여

「할아버지의 분리수거함」 전문

이 시는 고물을 수거하여 생을 연명하는 노인의 삶을 관찰 대상으로 하고 있다. 화자는 곤궁한 삶에도 불구하고 치열하게 살아가는 노인을 보며 생의 의미와 가치를 인식한다. 그 깨달음은 '숭고함'이라는 가치로 인지된다.

이 시의 1연에서 할아버지의 수거함은 텃밭으로, 쓰레기는 씨앗으로 환치되고 있다. 시인은 긍정적이고 낙관적인 상상력을 통해 아무리 피폐한 삶일지라도 가치가 있음을 느낀다. 시인의 세계를 응시하고 관찰하는 태도는 매우 객관적이고 담담하며 절제력을 발휘하고 있다고 전술한 바 있다. 그런데 시인은 이러한 자세를 견지하는 한편 유미적 태도를 노출하고 있다. 말하자면 시인은 불편하고 부조리한 세계를 관찰하여 그것을 혁파하거나 개선하려는 의지를 드러내지 않는다. 대신에 그는 이와 같은 세계를 애써 미화하거나 혹은 심미적인 시선으로 바라보곤 한다. 시인은 현실을 몰각하고 오로지 아름다운 세계만을 꿈꾸는 순수 서정 시인이기 때문이다.

물론 희미하게나마 물질적 양극화에 대한 인식의 편린이 노출되기도 한다. 예컨대 더운 여름날 쓰레기를 수집하는 할아버지의 삶에 '아파트 창문의 에어컨 아지랑이'가 대비되는 것이다. 그러나 이러한 대조도 부조리한 세계에 대한 인식이나 관념으로까지 확고하게 정립되지는 않는다.

시인은 쓰레기를 수거하는 할아버지의 삶을 멀리서 조용히 응시하며 '더운 목숨'으로 유의미화한다. 비록 그 삶이 "수레에 한 짐 올리고/ 오르막을 지팡이질하는" 가혹한 현실일지라도 불만을 갖거나 불평을 하지 않는다. 그는 부조리한 사회와 현실에 대하여 투덜거리거나 분노를 표출하는데 익숙하지 않기 때문이다. 그리하여 시인은 할아버지의 혹독한 삶을 '숭고함'이라는 정신 가치로 고양시키고 있다. 시인의 응시와 관찰은 이처럼 따뜻하고 유미적이기를 포기하지 않는다.

출근길에 똥을 실어 나르는 차를 보더니
집 근처 과수원에서 거름 냄새가
퇴근길 정체된 차안으로 훅 들이친다
똥이불 덮은 보송보송한 솜털 잎들이
오늘밤 콩나물처럼 크겠구나
그 즉시 배설하는 내 마음과 말의 똥들은
오늘도 누군가의 코를 막지는 않았을까

마음은 깊이를 모르는 똥통이야
견딜 수 없이 냄새나는 것은
아래로 아래로 떨구자
거름이 될 때까지 놔둬야지
솜털에서 가지가 나오고

잎눈을 틔울 때까지
지금은 차렷 자세로
서서 입 다문 나무와
마음의 나이테가
한 겹 자라도록

「내 마음의 똥통」 전문

이 시는 일상의 조촐한 경험을 통해 자아를 성찰하고 있는 작품이다. 출근길에 마주친 똥차를 보고 화자는 자아 존재의 성찰을 진지하게 수행한다. 똥은 구리고 더러워서 오욕을 대표하는 핵심어이다. 시인은 그 똥을 '거름 냄새'로 전이하여 인지한다. 말하자면 똥의 정체가 오욕으로부터 거름이라는 긍정적 가치로 전성되는 것이다. 거름은 식물의 성장을 위해 필요한 자양분이기 때문이다.

똥을 거름으로 인지하는 순환론적 상상력은 친농경적 정서와 맞닿아 있다. 이와 같은 농경문화적 정서는 이승철 시인의 상상력의 특성 중 하나이다. 하여 시인은 '똥'이 식물들에게 '이불'과 같은 기능을 함을 간파하고, '똥이불'이라는 재미있는 조어를 만들어낸다. 더러운 똥은 시인의 상상력을 통해 타자를 향한 헌신의 의미로 전화된다. 이어서 똥이불을 덮은 식물들이 무럭무럭 자라리라는 긍정적 세계 인식으로 나아간다.

시인은 이러한 외부 세계에 대한 인식에만 머물러 있지 않는다. 그는 내면으로 시선을 이동하여 자아를 성찰한다. 역시 화자는 일상에서 행한 자신의 '마음과 말'이 타자들에게 똥으로 기능하지 않았을까 염려한다. 즉 자신의 말과 마음이 타자에게 상처를 입히지 않을까 걱정하는 것이다. 문제는 '즉시 배설하는'이라는 한정 조건이다. 이는 '마음과 말'이 타자를 헤아리는 배려의 소산으로 행해져야 한다는 윤리적 책무와 다르지 않다. 화자는 언어와 마음이 동일한 기능을 하고 있으며, 잘못 사용하면 똥으로서 악취를 풍기게 됨을 인지하고 있다.

2연에서 시인은 "마음은 깊이를 모르는 똥통"이라는 혐오스런(?) 메타포를 창발하고 있다. 물론 부정직한 마음의 경우를 경계하는 잠언적 은유이다. 그래서 화자는 똥통인 마음을 다스리는 자아수련의 각오를 다진다. 타자에게 '똥'이 되는 언어와 마음은 나중에 '거름'이 될 때까지 깊이깊이 꼭꼭 숨겨야 한다는 것이다. 언어와 마음은 발효라는 숙성과정을 거쳐 세계를 성장시키는 '거름'이 되어야 한다고 생각하기 때문이다.

시인의 자아 성찰 대상은 결국 마음과 언어인 셈이다. 실제로 현실의 시인은 과묵하고 진중하기 이를 데 없다. 자아의 존재 가치는 식물/세상의 가지와 잎눈을 틔우는 것이라는 사명의식 때문에 화자는 신중한 언어와 마음 쓰기에 대한 수련을 게을리 할 수 없다. 시인은 "마음의 나이테가/ 한 겹 자라도록" '차렷 자세'로 직립하여 마음을 연마한다. 이는 자아의 존재 증명임과 동시에 세계 속의 자아에 대한 존재론적 명분이기도 하다. 하여튼 시인은 철저하고 웅숭깊은 내면 성찰을 통해 세계 속의 유익한 존재로서의 삶을 꿈꾸고 있다.

3. 맑고 투명한 서정의 외로움 혹은 그리움

이승철 시인은 체험을 통과한 대상만을 시적 질료로 사용한다. 그 체험은 특히 가족사적 범주 안에서 이루어지는 경우가 태반이다. 체험의 기억들은 시인의 섬세한 관찰과 애정 어린 응시를 통해 구체적이고 감각적으로 형상화된다. 그가 즐겨 사용하는 감각은 시각과 청각의 절묘한 교합이다. 특히 소리 감각은 음운론적 상징의 효과를 탁월하게 성취해내고 있다. 또한 그는 사건이나 대상과의 적절한 거리를 유지함으로써 관찰자적 입장을 취한다. 이는 그의 시가 정서적 흥분과 격정을 토로하는 파토스가 아니라 부드럽고 온유한 서정을 노래하는 에로스에 치중하고 있음과 관련되어 있다. 하여 그의 시는 조찰한 일상을 감각적으로 조곤조곤 이야기하는 순수 서정시의 본령을 고수한다.

시인은 과거 유년 체험의 가족사를 통해 가족 구성원 사이에 교감되는 마음의 울림을 노래한다. 그리고 일상의 소소하고 자질구레한 사건이나 상황들을 연민의 시선으로 관찰 응시한다. 그런데 이 외부세계에 대한 관찰은 내면세계의 응시를 위한 쏘시개 역할을 한다. 그는 수시로 자신의 '마음'을 들여다보는 성찰과 반성의 수행을 지속한다. 시인은 자신의 '마음'을 고즈넉하게 관찰하며 세상살이의 겸손한 자세를 유지하려 한다. 나아가 자신의 언어와 마음이 타자에게 유익한 파동을 일으키길 소망한다. 마음을 순수하게 유지하는 것, 나아가 세속의 욕망을 다스려 자아를 닦아내는 성찰과 반성은 시인의 존재론적 사명이기도 하다.

한편 시인은 자아의 순수성을 유지하기 위한 방법론으로 자연과의 교감을 시도한다. 고요한 일상의 조출한 삶을 치러내며 수시로 변화하는 자연 풍경을 응시하는 것이다. 시인은 그러한 자연에서 생의 비의를 얻기도 하고, 또 신란한 현실의 삶에 대한 위로를 받기도 한다. 자연과의 소통을 통해 그가 획득하려는 욕망은 사실 인생이나 삶에 대한 궁극적인 본질 같은 것이 아니다. 그는 오로지 현실의 삶을 치러 내는 데 필요한 소박하고 단편적인 생활철학 같은 것을 추구할 뿐이다. 그는 절대로 거시 담론에 직핍하지 않는다. 조촐하고 자잘하고 부드럽고 소소한 정서에 감염되기를 즐긴다. 예컨대 시인은 자연과의 접촉을 통해 마음을 화평하게 하는 순수서정을 겨냥하는 것이다.

이러한 순수서정성은 농경문화적 정서에 힘입은 바 크다. 시인은 자연을 응시하며 서정의 감각을 고양함으로써 마음결을 순화시킨다. 마음의 서정화가 곧 시인이 추구하는 시정신인 것이다. 그는 자연에 순응하고, 자연과 조화를 이루며 유유자적하는 삶의 구경을 희구한다. 나아가 자연 사물들을 섬세하게 관찰하여 생의 처세술을 공부한다. 그 학습의 결과는 자족적인 원만구족뿐 아니라 타자를 향한 애정까지도 포함한 이타자리의 정신으로까지 확장되어 나간다. 그는 결국 자연의 이법을 존중하고 동경하는 친자연적이며 농경문화적인 성향이 농후하다. 따라서 자연에 대응하는 그의 상상력은 초식성이다.

이와 같은 자연 서정을 다룸에 있어 특히 그는 고향어를 즐겨 사용한다. 유년의 기억이 적실하게 용해되어 있는 지역어는 생 체험을 생생하고 구체적으로 환기해주는 역할을 한다. 그의 과거와 체험을 담보해주는 지역어는 물론 전라도 언어이다. 예컨대 그는 "몰캉, 망새, 정제, 드가는데요, 지들끼리, 연신, 옴큼, 가마무트름한, 가느스레, 한포국하다, 꺼끌한, 공벌레, 씨까정, 그냐, 근다, 기언시, 모다"와 같은 향토어를 구수하게 활용한다. 이와 같은 토속어는 시의 의미구조를 보편의 차원에서 특수의 차원으로 상승시켜 고유성과 독자성을 강화시킨다. 달리 말해 시인의 순수서정/마음과 지역어/기호의 혼융을 통해 창발적인 시세계를 구축하는 것이다.

> 윗동이 잘린 채
> 잎마저 떨군 겨울나무를
> 올려 보네.

살얼음 낀 하늘과
몸통으로 부빈다.

볏짚으로 두른 가랑이 속에
겨울도
바람도 안으로
손 부비며 불씨를 응집하는 것.
달집을 태울 때가지
나무의 겨울을 나목이다.

가로수 정리를 마친 거리에서
두 손을 호주머니에 끼우고
몸통을 뒤뚱이며 걷는 나도
마음이 겨울 나목이다.

「나무의 겨울」 전문

이 작품은 욕망이 거세된 겨울나무를 보며 자아의 허허로운 마음결을 동일화하는 서정시이다. 서정시의 기본 태도 중의 하나는 세계와 자아를 일치시키는 전이의 상상력이다. 존 듀이가 말한 바, 유기체와 세계가 각각 소멸되어 아주 충분히 통전되는 체험의 미학을 노리는 것이다. 시인은 "윗동이 잘린 채/ 잎마저 떨군 겨울나무"에다 외로운 단독자로서의 자아를 투영시킨다. 잎사귀와 가지를 박탈당한 겨울나무에서 쓸쓸한 자아를 확인하는 것이다. 세계를 통해 자아를 들여다보는 이러한 인지과정에는 물론 전제 조건이나 동기가 부여되어 있지 않다. 따라서 시인이 느끼는 외로움과 쓸쓸함은 인간에게 부과된 숙명적인 존재론적 특성인 것이다. 이 시는 인간이 존재론적으로 감당해야 할 고독의 쓸쓸함을 순수서정으로 형상화하고 있다.

1연에서 화자는 겨울나무를 바라본다. 그 시선은 겨울나무의 가혹한 존재론적 조건인 잎의 추락과 가지의 절단에만 머물러 있지 않다. 시인은 그 불구의 겨울나무가 "살얼음 낀 하늘과/ 몸통으로 부비고" 있는 장면을 보아낸다. 겨울나무와 하늘이 몸 부비는 상생의 의미를 생성해내는 것이다. 이는 화자의 현실태와 무관하지 않다. 왜냐하면 화자는 자아의 현실적 삶의 양상을 겨울나무에로 투사하고 있기 때문이다. 그리하여 가혹한 현실에도 존재의 지속을 위해 악전고투하는 겨울나무는 화자의 아바타에 다름 아닌 것이다.

2연에서 계속하여 시인은 겨울나무와 자연과의 눈물겨운 화해를 보아낸다. 겨울 추위에 맞서 겨울과 나무가 '불씨'를 응집하는 내밀한 작업을 눈치 채는 것이다. 겨울이 순환하는 계절이기 때문에 나무와 겨울이 봄을 맞이하기 위해 안으로 '불씨'를 예비한다는 의미를 부여하는 것이다. 그리하여 '달집을 태울 때까지' 나무는 하늘과 조화를 이루어 '나목'의 운명을 감내하는 것이다. 이는 3연에 이르러 화자의 자아에 대한 내면 성찰로 더욱 구체화되고 있다. 예컨대 화자는 겨울을 견디는 자신도 "마음이 겨울나목이다"고 토로하면서 가혹한 계절을 건너가는 겨울나무와 자아를 동일화하고 있는 것이다.

창백한 하늘에로 갈래갈래
치켜 선 나뭇가지마다
짓궂게 바람이 스쳐가고

한기를 느긴 나무는
낙엽에 발을 묻누나

하얀 밤 잠 잃은 새벽을
새곰새곰 비는 오시는가
아조 멀리
떠나보낸 님이라도 있으련만
개 울음같이, 휑하니, 서러우니,
달은 비를 적시우누나

「가을 비」 전문

이 시는 가을 비 오는 저녁에 느끼는 그리움에 대해 서정적으로 형상화하고 있다. 그 서정성은 님과의 별리를 그리워하는 전통적 정서와 맥을 같이 한다. 그러나 화자는 '있으련만'의 불확정성을 통해 애매함의 분위기를 구축한다. 이로 인해 화자의 그리움은 님에 대한 것이면서 동시에 인간의 막연한 대상에 대한 원초적이고 본질적인 그리움으로 확장된다.

시인은 무언가 알 수 없는 미지의 대상에 대한 애매하고 야릇하고 간질간질한 그리움의 정서를 그리고 있다. 시적 정서 혹은 시적 대상에 대해 확실성을 유보하고 애매성을 강조하는 이러한 태도는 이승철 시인의 특성이다. 키츠가 말한 바, 이 시인은 소극적 능력을 적절하게 활용할 줄 안다. 그는 절대로 무엇에 대해 분명한 태도를 노출하려 하지 않는다. 아리잠직한 시적 분위기의 구축을 선호한다. 이러한 시적 정조는 서정성의 밀도를 강화하는 기능을 한다.

"꿈꾸는 것이 나인가, 세계인가." 시인은 물아일체의 조화를 추구한다.

1연에서 화자는 거리의 서정적 결핍을 유지하며 '나무'를 관찰하고 있다. 바람을 맞으며 '한기를 느끼는' 나무는 외로움의 대명사이다. 나아가 이 고독한 존재로서의 나무는 은연중 화자와 일체화를 이룬다. 이는 특히 의인화라는 존재론적 도식을 통해 이루어진다. 화자와 세계는 주객일체의 에로스 정서로 동일화되는 것이다.

2연에서 화자는 적극적으로 자아를 드러낸다. 자아의 내면을 직접적으로 토로한다. 그리움의 정서를 구체적으로 표명하는 것이다. 하여 불면의 밤을 지새우는 화자는 새곰새곰 내리는 가을비와 정서적으로 교감한다. 그 정서는 "개 울음같이, 휑하니, 서러우니"처럼 반복을 통해 노골적으로 강조되어 표출된다. 그리움의 정서가 외로움과 서러움의 정조와 맞물려 순수서정을 극화하고 있는 것이다. 이러한 정서는 마침내 "달은 비를 적시우누나"라는 역설적 절구를 통해 부드러움과 조화의 감동을 물결친다. 하여 그리움과 외로움의 순수서정을 몽환적이고 신화적인 공간으로까지 확장하는 것이다.

지금까지 이승철 시인의 시세계를 순수서정시의 관점에서 살펴보았다. 서정시는 외부 사건의 연속보다 체험의식 곧 내적 경험의 순간적 통일성을 추구한다. 이러한 서정시의 강령에 걸맞게 이승철 시는 아슴아슴한 유년의 체험을 내면에서 발효시켜 '영원한 현재'로 압축적이고 밀도 있게 노래하고 있다. 그 유년의 체험은 가족사적 범주에서 이루어진다는 특징을 노정하고 있다. 이는 체험의 순도 측면에서 정직성과 진실성을 환기하기 때문에 미덕으로 작용한다. 반면에 시인의 시야가 가족에 한정되어 있다는 점에서 일정한 한계로 지적될 수도 있다.

특히 현실과 사회에 대한 몰각은 그 의도성 여부를 막론하고 논의의 여지를 남긴다. 물론 이 시인의 시가 순수서정을 주요 목표로 하고 있기 때문이라는 명분을 내세울 수는 있다. 하지만 세계를 유미적으로만 처리하는 작시법에 고착되어서는 안 된다. 세계와 현실을 응시하는 시선도 아울러 겸비하는 것이 시의 복합적인 의미 구축에 효용 가치가 있을 것이다. 하여 앞으로 단일한 안구가 아니라 곤충의 겹눈과 같은 멀티 시선을 장착하길 바란다.

존재가 삶을 숙제하는 것은 자아의 존재론적 성찰과 해명을 통해서만 이루어지지 않는다. 세계와의 부단한 교섭을 통해야 하는 것이다. 존재론적 사색 못지않게 자아가 몸담고 있는 세계에 대한 명상이 깊어지기를 아울러 기대한다. 과감하게 내면을 박차고 나와 파토스의 세계와 웃통 벗고 맞장 떠야 한다. 앞으로 이승철 시인은 그럴 것이다. 충분히 그러할 것이다.

그럼에도 이번 시집 『눈의 허기』에서 보여준 순수서정의 세계는 자신의 고유하고 독자적인 풍을 정립했다는 점에서 의의가 있다. 그가 구축한 스타일은 가족사적 시학이라는 점, 마음/내면 성찰적이라는 점, 거리의 서정적 결핍을 통한 소극적 능력의 시학이라는 점, 체험의 정직한 형상화라는 점 등이다. 마침내 이승철 시인은 본질적으로 휴머니스트이고, 에고이스트이고, 스타일리스트이고, 순수서정 시인이라는 각인을 앞으로 창창히 밀고 나갈 시 이정표에 새긴 것이다.

11

기억의 印畫 혹은 山,寺를 향한 그리움

– 시집 『시똥구리』 해설

시의 제작자는 시인이다. 그는 세계와 상호 교섭을 하며 삶을 살아내는 사람이다. 사람인 시인은 삶을 이루는 과정에서 세계/타자와 불화를 이루거나 화해를 추구한다. 또는 삶을 영위하는 과정에서 삶의 본질이나 궁극적 가치 등에 대해 사색하기도 한다. 이처럼 시인은 삶을 지속하면서 사유하거나 감지하는 다양한 상념을 형상화한다. 달리 말해 그는 체험과 몽상을 언어로 제작함으로써 시인이 된다. 시인인 제작자는 시의 재료를 체험 아니면 관념으로부터 채택한다. 선택된 시상은 시인의 숙련된 언어 작시법을 통해 시로 완성된다.

노용무 시인의 『시똥구리』는 철저하게 체험을 질료로 삼아 작시한다. 그 체험은 유년의 기억/추억으로부터 지금/이곳의 현장에 이르기까지 선형적 특성을 드러낸다. 이런 점에서 노 시인의 이번 시집은 기억의 보고서 혹은 체험의 연대기적 형상화의 성격을 지닌다. 예컨대 노용무 시인의 시적 질료는 먼/오래된 기억으로부터 가까운/새로운 기억에 이르는 기억뭉치라 할 수 있다.

그 기억들은 시인의 언어를 통해 印畫된다. 이 '인화'라는 어휘는 물론 사진술의 용어이다. 인화는 음화나 양화 필름에 담긴 화상을 렌즈를 통해 감광지 위에 비추고 나서 현상하여 사진으로 만드는 일이다. 여기서 노용무 시인의 기억을 재생 환기하는 시적 특성을 비유적으로 '인화'의 작시법이라 할만하다. 이 말은 피사체가 사진가의 선택에 좌우되듯이, 시인의 기억의 내용도 선택에 따른 것임을 의미한다. 또한 사진 인화의 경우에 사진가의 감정 이입이 절제되고 객관적 성격을 지니듯이, 노 시인의 기억 재생/기억의 형상화 역시 가급적 투명한 객관성을 유지하려는 성향을 지니고 있다. 즉 시인은 칠칠한 감성이나 풍윤한 정서의 비등 대신에 담담한 기억의 재생이나 체험의 사실적 보고에 주력한다.

시인의 오래된 기억은 주로 유년의 공간으로 드러난다. 유년 공간에서의 구체적이고 직접적인 체험은 가족 공동체를 중심으로 이루어진 것이다. 그 가족의 동심원 안에는 할아버지, 할머니, 아버지, 어머니, 형제, 친구들이 소속되어 있다. 시인은 그들과의 기억을 비교적 담담하게 구체적으로 드러낸다. 그 기억은 주로 경제적 궁핍, 부모의 근면한 노동, 시인의 천진하고 순수한 세계 인식, 끈끈한 가족애 등으로 요약된다. 물론 이 기억들은 과거의 것이다. 시인은 오랜 시간이 경과한 이후인 현재 시점에서 과거를 되돌아보고 있다. 이러한 경우 그 기억은 대체로 추억이라는 것으로 윤색되기 마련이다. 예컨대 유년의 고통과 절망일지라도 아름다웠던 순간으로 미화되는 경향이 농후하다.

그러나 노 시인의 경우에 유년의 기억은 비교적 담담하고 객관적인 성향을 보인다. 이러한 시적 특성은 작시법으로 인해 야기된 것이다. 그의 시는 묘사보다는 진술을 선호한다. 즉 시인은 자신의 기억을 재생하고 복원하려는 욕망이 우세하다. 즉 자신이 겪은 과거 유년의 체험을 진술하게 복구하려는 성향을 보인다. 이러한 기억의 재생/복구를 위하여 시인은 주로 묘사보다는 서술/진술을 활용한다. 다음으로 시인은 재생 복원된 기억을 독자에게 사실事實적으로 전달하려는 의욕을 보인다. 이 사실 전달의 욕망은 시인으로 하여금 서술 혹은 이야기 문체를 즐겨 채택하도록 추동한다. 또한 그의 시에 산문시가 다수인 점도 기억/사실을 표현하기에 적절한 서술/진술의 문체를 선호하는 동기가 된다.

> 삼복 이른 아침 어머니는 반쯤 닳아 기울어진 쓰레빠와 함께 학교 가는 우리들보다 먼저 집을 나섭니다. 왼쪽과 오른쪽이 불균형인 쓰레빠 때문인지 뚱뚱한 어머니의 발걸음이 오뚝이처럼 기우뚱 갸우뚱하지만 좀체 넘어질 것 같지 않습니다. 언제 넘어질 것인가를 늘 생각에 두며 학교에서 돌아오면 그 쓰레빠는 이른 아침에서 지금까지 더 닳아져 있고 그만큼 어머니의 오다리는 원을 향해 다가가고 있습니다. 이내 달려간 우리 집의 일터엔 세면 공구리며 벽돌 블록과 자질구레한 공사장 풍경이 아버지가 물 말아 살뜰히 비우신 코 빠진 사기그릇에 담겨 있습니다. 아버지가 벗어 놓은 장화는 비올 때 신는 것인지 일할 때 신는 것인지 모르겠습니다. 간식 때 간혹 벗어 놓는 아버지의 장화 속엔 언제나 홍건한 물과 냄새가 고여 있어 어머니의 쓰레빠와 함께 있으면 더욱 고약해집니다. 오늘도 이 동네 저 동네 누비고 다녔을 쓰레빠와 아버지의 시다 노릇을 나보다 더 훌륭히 해낸 장화가 내 운동화 양 편에 가지런히 놓여 있습니다.
>
> 「동화」 전문

이 시는 제목 '동화'가 드러내듯이 유년의 기억을 산문의 형태로 서술하고 있다. 동화는 미분화된 세계 인식을 통해 세계와 자아 사이의 조화를 다루는 양식적 특징이 있다. 따라서 이 작품의 유년기의 아이로 설정된 시적 화자의 시선에 포착되는 것은 화평한 세계로서의 事實이다. 시적 화자가 응시 관찰하는 사실은 어머니와 아버지의 노동이다. 즉 이 시는 어린 자식이 부모의 힘겨운 노동 현실을 객관적으로 담담하게 진술하는 내용을 담고 있다. 그 진술 태도에는 화자의 정서나 감성이 억제되어 객관적 사실성을 강화하고 있다.

이 작품에 등장하는 인물은 어머니, 아버지, 화자/나이다. 그리고 이들은 각자의 신발로 자신의 정체성을 표상하고 있다. 예컨대 어머니는 쓰레빠, 아버지는 장화, 화자인 '나'는 운동화로 성격화되고 있는 것이다. 먼저 어머니 삶의 대리물인 "쓰레빠"는 "기울어진", "불균형인", "닳아진"의 형용을 통해 불완전성과 위약성을 표출한다. 그럼에도 위태로운 어머니의 삶은 비록 "기우뚱 갸우뚱하지만" 전복되지는 않는다. 이러한 어머니의 건강한 불굴의 삶은 단적으로 "오뚝이"로 상징되고 있다. 그리고 원래 '슬리퍼'인 시어 "쓰레빠"는 반복되는 경음으로 인해 어머니의 강인한 삶을 소리 상징하는 효과를 성취하고 있다.

아버지의 삶을 대변하는 상징물인 "장화"는 원래 비 올 때 신는 신발이지만 공사장에서 일할 때 신는 기능으로 용도 변경이 되어 있다. 말하자면 아버지의 삶은 화자에게 비일상적인 특성을 지니고 있는 것으로 보인다. 또한 아버지의 삶은 "코 빠진 사기그릇", "흥건한 물과 냄새가 고여"라는 진술을 통해 불편하고 불완전한 상태로 인지되고 있다. 그러나 "장화"는 자질구레한 공사장에서 노동으로 가족의 생계를 꾸려가는 아버지의 강건한 삶의 자세를 함축한다.

한편 부모의 노동을 환기하는 대리물인 "쓰레빠", "장화"와 대비되는 화자/자식의 신발은 "운동화"이다. 이 운동화는 운동장에서 뛰어노는 이미지를 강력하게 환기한다. 즉 노동으로부터 자유로운 삶을 대리한다. 부모의 노동과 자식의 유희가 대비된다. 그러나 자식의 자유롭고 평화로운 유희는 부모의 노동으로 인한 보상이라 할 수 있다. 특히 "쓰레빠와 장화가 내 운동화 양 편에 가지런히 놓여" 있다는 결구는 화자의 이런 인식을 흐뭇한 풍경으로 덧칠하고 있다.

이 시는 신발이라는 객관적 상관물을 통해 인물들의 정체성을 표상하는 방식이 재미있다. 이는 물론 천진한 동화적 상상력에서 유발되는 것이다. 특히 마지막 구절에 신발들이 "가지런히" 놓여 있는 모습은 한 가족의 평화로운 가족애를 상징하고 있는 광경으로 부각된다. 이러한 발상은 마치 우리가 유년 시절 즐겨 불렀던 동요 "나란히 나란히 나란히/ 밥상위에 젓가락이 나란히 나란히 나란히/ 댓돌위에 신발들이 나란히 나란히 나란히/ 짐수레에 바퀴들이 나란히 나란히 나란히/ 학교길에 동무들이 나란히 나란히 나란히/ 나란히 나란히 나란히"를 떠올리도록 자극한다. 예컨대 이 작품은 표면적인 고통의 삶 이면에 자리 잡은 가족애로 인하여 흐뭇한 분위기를 확보한다.

파란 대문 회색 담장 너머 살았던 그 친구가 부러웠던 그 집
기왓장 용이 승천하는 비늘 같아 웅장했지만 무서웠던 그 집
그 집으로 들어가는 쏘세지 향내가 묻은 도시락을
자랑스레 흔들었던 그 녀석의 기와집
그 집이 우리 집이 되면 얼마나 좋을까 생각했던 시절도 있었다

그렇게도 살아봤으면 했던 그 기와집이 우리 집이 되었지만
기와 층층이 묻은 켜켜한 단층이 흔적처럼 중력에 저항하지만

오래된 그 집엔 아직도 사람이 산다
아버지의 눈은 중풍을 앓으시던
할아버지의 손을 닮아가고
어머니의 무릎은 시도 때도 없이 찾아 왔던
할머니의 노망을 쫓아가느라 지쳐갔다

그네들은 오직 손주들이 언제 올까
늙은 동공을 힘차게 동그리며
대문 밖 신작로 저만큼씩
살아왔던 이력과 가난했던 욕망만큼만
이미 시선이 가 있다

「선양동 일기」 부분

이 시 역시 오래된 기억, 즉 유년 공간 속에서의 '집'에 관한 기억을 형상화하고 있다. 즉 이 작품의 중심 화제는 '집'이다. 유년 시기에 '집'은 단순히 가족이 안주하는 거주 공간을 넘어 가족사를 담보하는 절대 공간이다. '집'은 가족들 사이의 위계와 기초적인 사회성을 함양하는 교육공간이자 가족 구성원들이 미래의 꿈과 희망을 향해 나아가는 최후의 진지 역할을 한다. 나아가 '집'은 가족애가 구체적이고 직접적으로 발현되는 사랑의 안식처로 기능한다.

1연에서 화자는 친구가 사는 기와집을 부러워한다. 동시에 무서움을 느끼기도 한다. 이처럼 소년 화자는 친구의 기와집에 대해 부러움과 무서움이라는 양가적인 감정을 느낀다. 그렇지만 화자는 부유한 기와집에 살고 싶은 소망을 지니고 있다. 사실은 그 기와집에서 가족들과 함께 행복한 삶을 영위하고 싶은 조촐한 욕망이라 할 수 있다.

2연에서 화자는 마침내 어느 정도 세월이 흘러 유년 시절 선망의 대상이었던 '기와집'에서 생활하게 된다. 그 기와집의 상태는 시간의 축적으로 인하여 "중력에 저항하는" 퇴락의 모습을 보인다. 이어서 그러한 '집'의 상황에 조응하는 가족들의 삶의 모습이 병렬되고 있다. 예컨대 화자는 그 퇴락한 기와집에 거주하는 아버지와 어머니의 모습에 할아버지와 할머니의 삶을 투영하여 응시한다. 부모님도 조부모님과 마찬가지로 "중풍"과 "노망"이라는 질병을 앓으며 집처럼 쇠락의 모습을 드러낸다. 이러한 시간의 선형적 흐름으로 인하여 가족의 연대감은 지속된다. 늙고 병든 부모님은 세월의 흐름 속에서 새로운 가족이 된 "손주"들을 기다리며 존재한다.

이 시는 화자인 소년이 장년이 되면서 겪게 되는 '기와집'에 대한 욕망의 변화가 주목된다. 또한 이와 맞물려 그 집에 거주하는 식구들의 시간에 따른 변화가 제시된다. 즉 집에 대한 변화와 그 집에 거주하는 가족의 삶의 변화가 병렬 대응하고 있다. 이러한 심상 전개의 대응 병렬 구조는 의미론적 안정감을 성취한다. 나아가 이 시는 시간의 변화에 따른 가족들 사이의 동일화, 즉 부모와 조부모의 동일한 삶의 과정 그리고 화자와 손주들에 이르기까지 동일한 삶의 변화과정을 겪게 되리라는 암시를 통해 가족적 정체성을 확보한다. 뿐만 아니라 가족 구성원들의 동일화는 '집'과의 동일화로까지 확장되어 나간다. 그리하여 이 시는 쓸쓸하지만 따뜻한 연민의 행복한 분위기를 환기한다.

삼복더위 속에 바람의 향기를 느끼게 하는 것은
벼의 살랑거림

벼들끼리 왁자지껄하게 씨알 영그는 소리를
산으로부터 내려온 바람이 전하며
노래하는 소리
쌀이 되어가는 소리
상 위에 뜨시근하게 올라올 밥 이는 소리
가족의 끄니를 걱정으로 찬 삼는 어머니의 주름처럼
하루가 유독 징허게 길었던 아버지의 하루처럼
작년에 살았던 벼의 삶이
쌀이 되고 밥이 되어
내 입 속에 아그작거리며 씹힌다

「벼」 전문

이 시는 '벼'의 존재 효용을 부모의 존재 가치에 투영한 잘 빚어진 가편이다. 예컨대 부모의 자식을 향한 허여의 삶은 마치 벼의 일생/삶과 흡사하다는 시적 발상이 이 시의 뼈대를 이룬다. 또한 벼로부터 쌀로, 다시 쌀에서 밥으로 변환되는 과정은 자식이 부모의 양육을 통해 아이에서 어른으로 성장하는 과정을 연상케 한다. 어찌 보면 부모의 허여의 삶이나 자식의 성장의 과정이 이중적으로 '벼'의 일생으로 은유되고 있는 것이다.

먼저 이 시의 "삼복더위"는 불편한 삶의 조건을 함축한다. 그런데 "벼의 살랑거림"이 열악한 삶의 환경에서 그나마 "바람의 향기"를 환기하도록 해주는 촉매가 된다. 말하자면 바람이 불어 벼의 성장을 돕는 것이 아니라, 벼의 성장을 향한 열망이 바람을 일으킨다는 역발상이다. 그리고 "벼"끼리 서로 화평하게 돕고 의지하며 "왁자지껄"하게 성장하는 "소리"가 들린다. "바람"은 벼들의 화평한 성장 광경을 소문내며 즐거이 노래한다.

이 벼의 생장 환경/과정은 삶의 본질 혹은 삶의 긍정적 모습 등을 떠올리도록 자극한다.

이렇게 생장한 벼는 이윽고 "쌀"로 변태를 한다. 그 변태 과정에 대한 화자의 인지는 "소리"를 통해서이다. 나아가 다시 쌀이 "밥"으로 변환되는 과정도 역시 "소리"를 매개로 이루어진다. 화자는 벼의 생장, 벼에서 쌀로의 변태, 쌀에서 밥으로의 변환을 모두 소리 감각으로 인지하는 특성을 보인다. "소리" 감각의 빈번한 활용은 이미지의 정밀성과 집중성을 강화한다. 또한 "소리" 감각 코드를 통하여 인지하는 시적 대상의 변모 양상은 일관성을 부여하여 작품의 구조적 통일성을 획득한다.

이와 같은 변환 과정을 통해 "벼"로부터 궁극적으로 타자를 위한 "밥"이 되는 "벼의 삶"은 마침내 부모의 삶으로 은유된다. 어머니의 삶은 가족/타자를 향한 걱정이 중심을 이룬다. 역시 아버지의 삶도 가족/타자를 위한 노동으로 요약된다. 그리하여 벼의 삶과 부모의 삶은 타자를 위한 허여/희생의 공통점으로 인하여 동일화된다. 이 시는 이러한 시적 발상의 구조적 안정감과 더불어 자연과 인간의 동일화라는 범우주론적 사유체계로 인하여 흐뭇하고 평화로운 정서를 환기한다.

한편 노용무 시인은 자신이 성장해왔던 공간에 대한 기억도 소홀히 하지 않는다. 그는 군산에서 주로 생활해왔다. 그리하여 자신의 삶이 온축되어 있는 지역 공간에 대한 애정/관심을 형상화하고 있다. 이 지역 공간으로서의 '군산'은 개인으로서의 기억이 아니라 집단의 기억이 작용하고 있다. 앞에서 시인은 유년 공간에 대한 관심을 가족사 차원에서 개인의 기억을 시적 대상으로 삼았다. 그러나 군산 공간의 기억은 시대, 현실, 역사를 바탕으로 객관적 시선으로 포착하는 경향이 있다. 시인은 '군산'이라는 공간을 역사, 시대, 현실의 요소들을 통해 형상화한다.

백제 곰나루 굽이굽이 끊어진 탁류가
동학년을 떠돌아 벚꽃 흐드러지는 4월을 안고
흐르며 금강하구둑을 넘어 온 서해바다

산유도, 개야도, 죽도, 비안도, 고군산열도
서해 5도로 끌고 당기는 이곳을 갖은 갯바람으로
버티는 해망동 피난민 언덕
무엇을 피해 이곳까지 왔을까

차곡차곡 쌓아올린
얄팍한 욕망만큼이나
정직한 기울기로 폐가가 되어 가는
이곳 월명산 자락
일제의 신사와 성황당이 공존하는
해망동 피난민촌

빈집에서 빠져나간 인내가 갯내와 마주하고
짠물에 몸을 적시며 그날의 풍요를 셈하고
길어진 오후 햇살
배 그림자 길게 드리운 해망동 달동네
아파트 즐비한 아랫동네를 향한 꿈이 맞닿은 듯 이어지지만
출렁이는 염원은 터덕거리는 바다 위
수많은 바다 생물을 현혹했던 부표에 머문다

이제 조금 사리가 들면
장항으로 떠나는 도선장을 넘어
삶의 미로가 뒤엉킨
길은 오직 하나인 해망동 산동네는
바다로 나갔다 돌아오지 않는
무수한 사내들의 그리움으로 출렁거린다

「군산, 근대문화유산답사시 3-해망동 연가」 전문

이 시는 제목을 통해 짐작하듯이, '군산'이라는 도시 공간을 근대문화유산으로 인식하고 있다. 달리 말하자면 군산에는 근대문화의 흔적이나 자취가 유산의 가치를 지니고 풍부하게 남아 있다는 생각이다. 시인은 그 중에서 '해망동'이라는 공간을 집중하여 살펴보고 있다. 물론 '연가'의 형식을 빌려 노래하므로 애정의 시선이 전제되고 있다.

1연은 군산의 바다에 도착하는 금강 물줄기의 수리적 행로를 역사적 관점에서 묘사하고 있다. 그 물줄기는 시간적으로 백제시대까지 거슬러 올라간 다음 동학(1984년)년을 거쳐 4월(1960)을 지나 현재까지 이어져 오고 있다. 예컨대 화자는 군산의 지정학적 조건을 금강의 연면한 흐름을 통해 인지하고 있다. 즉 서해바다의 항구도시인 군산은 역사적 전통을 담지한 곳이다. 물론 이 '백제', '동학', '4월'이 환기하는 것은 문화, 봉기, 저항의 역사 전통 이미지이다. 그리하여 군산은 백제문화와 동학과 4월 혁명이 전통과 속성을 계승한 역사 도시인 것이다.

2연에서 화자는 군산의 해양 조건을 드러낸다. 군산은 서해바다의 다양한 섬들이 잇닿아 있는 항구이다. 바다에서 바라보는 시각으로는 서해의 여러 섬들이 정박하고 싶은 안주 공간이다. 화자의 시선은 시간의 차원에서 먼 과거로부터 현재로 이동하고 있다. 공간의 차원에서는 먼 바다로부터 군산의 항구를 거쳐 해망동으로 초점화 되고 있다. 그리고 마침내 해망동 언덕에 살고 있는 피난민의 삶으로 종착되고 있다. 예컨대 화자는 현재 해망동 언덕에 자리잡은 피난민촌에 대해 주목하고 있다. 이는 군산의 해망동 피난민을 통해 군산의 공간 특성을 표상하려는 의도로 보인다.

3연은 해망동 피난민촌의 공간 특성을 더욱 섬세하게 들여다본다. 우선 화자는 해망동의 가옥 구조 특성을 욕망의 적립으로 은유한다. 군산 월명산의 비탈진 산자락에 허름하게 다닥다닥 지어진 피난민들의 가옥은 그들의 단순하고 담백한 삶의 욕망으로 인지된다. 그런데 이제 그들의 순수한 욕망을 표상하던 집들이 "폐가"로 전락하고 있다. 그 폐가들은 피난민들의 삶의 애환이 서린 근대문화유산이 되어가고 있는 것이다. 특히 그 해망동 피난민촌의 공간은 "일제의 신사"와 "성황당"이 함께 혼성되어 있다. 이는 그 공간의 시대적 가치 즉 문화유산으로서의 가치가 풍부함을 드러낸다.

4연은 화자가 해망동 피난민촌에 살던 사람들의 꿈과 희망 그리고 욕망의 좌절에 대해 묘사하고 있다. 피난민촌에서 살다 폐가를 버리고 나간 사람들은 풍요로운 삶의 상태이다. 그러나 여전히 남아 있는 사람들은 삶의 진전을 바라는 꿈을 꾼다. 그것은 아랫동네의 아파트로 이주하는 것이다. 그러나 그들의 바람은 이루어지지 않고 더욱 위약한 상황으로 "부표"가 되어 흔들린다.

5연은 화자가 해망동 산동네 사람들의 희망을 잃지 않고 사는 삶의 경건함에 대해 조망하고 있다. 그들의 삶은 비록 "미로"이지만, 산동네를 벗어나기 위해 출항했었던 사람들을 영원히 기다리는 "그리움"을 지니고 있다. 이 시는 군산의 해망동 산동네 풍경을 통해 군산의 지역성과 역사성을 표출하는 한편 삶의 지난한 과정을 서정적으로 표상하고 있다.

너른 들과 따사로운 햇살은 그때에도 그랬겠지
시공을 넘나들 듯 지금도 여전한 빛과 소금이려니
군산시 개정동 개정병원 터 야트막한 언덕에
허준이나 동의보감이 아닌
히포크라테스 선서를 위해 모인 그 곳

문반인양 무반인양 양반처럼 가옥을 호위하는
두 그루의 나이 든 은행나무가 무덤을 지키듯 결연한
그 곳 이영춘 가옥
유럽식 샹들리에와 벽난로,
일본식 정원과 다다미가 조선식으로 놓여 있는
한국근대의료사의 족적을 팻말로 추억하지만
그 어디에도 식민지 땅의 설움을 간직한
구마모토 리헤이의 별장이란 명칭이 잊혀지고 있다

눈먼 땅 따먹기 토지조사 사업과
먹고 살기 위해 땅을 팔아야 했던
식민지 조선 사람의 한이 서린 그 집엔
망국민의 비애, 못 배운자의 설움, 소작인의 고통,
없거나 갖지 못한 자의 그리움을 치료하듯
옛 일을 가슴에 품고 인고하고 있다

힘겹게 보릿고개를 넘은 자의 지평선, 천혜의 너른 들녘
그러나 전주에서 군산으로 끝없이 이어지는 수탈의 길,
전군가도를 굽어보는 길, 그 곳엔 결코 치료할 수 없는
혹은 치유에 저항하거나 방해하는
그 무엇을 온몸으로 증거하며 눈물바람을 날린다

「군산, 근대문화유산답사시 4－이영춘 가옥」 전문

이 시 역시 군산의 근대문화를 상징하는 "이영춘 가옥"을 통해 지역 공간의 역사와 시대성을 표상하고 있다. 군산시 개정동에 위치한 이영춘 가옥은 일제강점기인 1920년 무렵에 일본인 대지주였던 구마모토 리헤이가 건축한 별장이었다. 해방 후에는 개정병원 원장이던 이영춘 박사가 주택으로 거주하였다. 이 주택은 일제강점기 시절 일본의 토지 수탈 역사를 직접적으로 보여주는 사료적 가치를 지니고 있다.

1, 2연에서 화자는 이 가옥의 지리적 조건과 외양과 내부의 실내 인테리어 등에 대해 야유와 조롱의 어조로 진술하고 있다. 예컨대 이 가옥은 개정병원이라는 의료 시설과 밀접한 관련이 있어 표면적으로는 긍정적 가치를 지니고 있는 것처럼 보이지만, 사실은 그 이면을 들여다보면 일본인 지주의 별장으로 건축된 어두운 역사의 공간으로 볼 수 있다는 것을 강조한다. 말하자면 이 가옥은 일본의 조선 침략을 상징하는 의미를 지니고 있으며, 동시에 일본인 지주가 조선의 소작농들을 착취하여 건축한 상징성을 지니고 있다.

3, 4연에서 시인은 그 건축물에 서린 역사적 상황을 구체적인 이미지로 제시한다. 즉 그 건물은 일본의 토지 조사 사업으로 축적한 일본인 지주의 재력, 식민지 조선인들의 착취로 인한 부의 축적으로 건축된 것을 말

한다. 그리하여 그 건물에는 식민지 조선인들의 비애, 설움, 고통 등이 내장되어 있다. 시인은 그 가옥에 부착된 식민지 역사성을 객관적이고 사실적으로 표상하고 있다. 뿐만 아니라 그 가옥은 전군도로의 일제강점기 시절 수탈의 역사적 의미를 온전히 지켜보는 증언의 가치를 지니고 있다고 본다.

위에서 살펴보았듯, 노용무 시인은 유년의 시간과 고향 군산의 공간에 대한 사실주의적 기억의 재생을 마치 사진을 인화하듯 담백하게 형상화하고 있다. 기억의 복원/재생을 위한 작시법의 특징은 산문시의 형식을 즐겨 사용한다는 점, 묘사보다는 서술의 문체를 중심으로 형상화한다는 점, 시에 이야기/스토리 요소를 삽입한다는 점, 내용 전달 욕망이 강하기 때문에 정서나 서정이 부각되지 않는다는 점, 시상 전개에 있어 상상력보다는 체험의 재생이 중요한 기능을 담당한다는 점을 들 수 있다.

그런데 한편 시인은 존재 혹은 자아에 대한 성찰을 형상화하기도 한다. 시에 형상화된 존재는 세계와 현실에 대응하는 양상을 구현한다. 이들 시편은 대체로 기억의 복원을 향한 시편들과 달리 정서나 서정이 강조되고 있다. 따라서 체험보다도 상상력이 형상화의 주요한 요소로 기능한다. 특히 주관적 정조가 강조되어 서정시의 본령에 충실한 모습을 드러낸다. 이 시들에 나오는 화자는 주로 현실과 세계와 불화를 일으키고 있다. 현실/세계와 불화를 일으키는 화자는 그에 따른 정서적/감정적 서정을 드러낸다. 따라서 이 시들의 화법은 정직한 고백 혹은 감정적 토로의 특징을 지닌다. 어찌 보면 노 시인의 서정시는 '자아' 드러내기로 요약된다.

잊혀진 꿈들이 지나가듯

현실을 직시하라는 무언을 남긴 채
차들이 추월한다

자동차 전용도로엔
자동차만 전용일까 그럼
자동차 안의 나는 이방인

인간 아니 운전자를 감금한 그리고
안전벨트로 옭아맨 자동차는
그들만의 잔치를 벌이고
그저 쭈뼛쭈뼛거리는 그리움 속에
속도가 속도를 반성하지 않듯
느림이 정지를 힐난한다

「자동차 전용도로」 전문

이 시는 자동차로 대변되는 문명으로 인한 인간 존재의 소외를 형상화하고 있다. 화자는 "자동차 전용도로" 제목에서 자동차를 운전하는 인간이 부각되지 않고 생략되어 있는 언표를 축자적으로 받아들이고 있다. 말하자면 화자는 이 언표에서 인간/운전자 소외 현상을 읽어내고 자아 존재를 "이방인"으로까지 격하시켜 인지한다. 뿐만 아니라 자동차의 "추월" 상황을 통해 인식하는 무한 경쟁의 현실도 화자를 외롭고 쓸쓸하게 만드는 동인이 된다. 나아가 화자는 "자동차"/문명/속도에 "감금/옭아매진" 구속의 심리상태에 직면한다.

다시 부르기 속에 다시 부르기
잊혀진다는 것이 슬픈 것이지만
영원히 잊혀지지 않는다는 것 또한 슬픈 것

「김광석4－환하게 웃는 앨범 속의 그」 부분

나는 박사가 되었고 그처럼 박사 이후를 쓴다
봄, 여름, 가을, 겨울 사계절이 개강과 종강으로 바뀌고
일용잡급에서 무직으로
또다시 일용잡급으로 이어진 세월만큼
내가 쓴 논문의 글귀는 나와의 협잡을 도모하지만
그나마 소심해진 박사 이후
동공을 파고드는 가족사진을 애써 외면한 채
이 학교 저 학교
부표 같은 부메랑처럼 조금씩 지면에서 떠서 떠다니는
박사 이후

「박사 그리고 그 이후」 부분

그토록 지겨웠던 가을 앓이가
우의에 갇혀 능선의 굴곡을 타지 못하고
그대로 울어버린 것일까
어차피 인간은 혼자라는 슬픈 사실이
베갯모를 적셔 버리고

「지난 밤 그리고 아침」 부분

눈발이 굵어진다… 그리움의 무게인양……

「함박눈」 전문

눈발이 굵어진다… 어쩌면 잊을 수도 있다는 듯……

「그리움」 전문

언제부터인지 모를 시간
처얼썩 처얼썩 쿠르릉 쾅쾅……
벽장 속의 바다가 으르렁 대었다가
이내 호수로 돌변하고 다시 미쳐
일순 태풍으로 벽장문을 두드리지만
그 바다 시린 꿈이
한 뼘짜리 뭉개진 지전과 슬픈 벽돌
두어 장의 아린 벽으로 봉인되고
내 다시는 힐끔거리지 않으리라
다짐하고 또 그러하지만

「벽장 속의 바다」 부분

인용 시들은 시적 화자의 감정과 정서가 비교적 구체적으로 표상되고 있다. 이 작품들에는 자아의 존재론적 고뇌, 세계와의 불화에서 오는 고독 혹은 소외감, 불편한 현실과의 대응에서 드러나는 복합적인 감정 등이 직조되고 있다. 그동안 대중들에게 잊혀지고 있던 가수인데, 불가사의한 죽음으로 인해 다시 부각되고 있는 '김광석'을 추모하는 시 「김광석4-환하게 웃는 앨범 속의 그」는 사실 화자의 감정이 투사된 작품이다. 화자는

'슬픔'이라는 정서를 매개로 가수 김광석과 동일화되고 싶은 욕망을 지니고 있다. 나아가 어떤 존재가 타자에게 잊혀지거나, 잊혀지지 않아도 슬픔을 유발한다는 이율배반적이고 양가적인 감정을 제시한다. 이러한 감정은 인간의 존재론적 본질을 암시하기도 한다.

「박사 그리고 그 이후」는 시인의 체험적 진실이 표출되고 있다. 이 시는 박사학위를 취득한 이후의 "부표"같은 삶의 과정을 직접적으로 토로하고 있다. 화자는 신분이 불안정한 대학의 강사로서 감내해야만 하는 권태로운 세월의 반복을 어찌할 수 없다. 그리하여 화자는 자신이 쓰는 이상적인 논문과 부정적인 현실의 괴리 사이에서 "협잡"의 유혹을 느끼기까지 한다. 또한 그는 출구 없는 현실 앞에서 희망과 기대의 시선을 보내는 가족들을 외면하며 소심해진 자아를 인정한다. 이러한 자신의 삶은 정처가 없는 불안정한 "부표"와 반복의 답답함을 환기하는 "부메랑"으로 은유된다. 심지어 그의 일상은 "지면에서 떠다니는" 상태이다. 이는 자아를 현실에 뿌리 내리지 못하는 불안정한 존재로 인지하고 있기 때문이다.

「지난 밤 그리고 아침」에서는 인간의 절대 고독을 표출하고 있다. "인간은 혼자"라는 존재의 궁극적 본질을 통해 화자는 슬픔의 정서를 노출한다. 「함박눈」과 「그리움」의 댓구시는 인간 본연의 순수한 감정인 '그리움'을 서정적인 이미지로 처리하고 있다. 이 시들은 짧은 1행을 통해 여백의 사유 공간을 의도적으로 조성하고 있다. 이러한 의도적 여백은 은은하고 아리잠직한 그리움의 의미와 조화를 이루어 효과를 발휘한다. 특히 말줄임표의 시각형태성은 눈발의 이미지를 구체화하고 있기도 하다.

「벽장 속의 바다」는 화자의 순수하고 원초적이고 열정적인 "바다"가 벽장 속에 유폐되어 있는 좌절과 절망의 심리가 표상되어 있다. 화자의 원초적 욕망을 환기하는 '바다'는 감금 유폐되어 있는 벽장으로부터 탈출하기 위하여 다양한 시도를 감행한다. 그럼에도 갇힌 바다의 "꿈"은 좌절되어 "시린" 감각으로 체화된다. 화자는 이러한 좌절의 원인으로 "지전"과 "벽돌"의 봉인을 지적한다. 이 감금과 유폐의 동인이 되는 "지전"과 "벽돌"은 물질적 욕망으로 읽힌다. 예컨대 화자는 물질적 욕망의 제한으로 인하여 "바다"로 표상되는 원초적이고 순수한 "꿈"이 감금 구속되어 있는 현실을 자조한다. 이에 대한 좌절과 절망의 심리는 "다시는 힐끔거리지 않겠다"는 자기다짐으로 인하여 더욱 깊은 심연을 보인다. 그러나 그러한 자기다짐에도 불구하고 화자는 여전히 아쉬운 미련의 여운을 지니고 있다. 좌절당한 욕망과 꿈에 대처하는 화자의 자세가 연민과 안타까움의 정서를 자극한다.

노용무 시인의 시집 『시똥구리』에는 유난히 산, 혹은 산사에 대한 여러 편의 기행시가 실려 있다. 시인에게 산과 산사는 현실의 대척점에 놓이는 공간적 의미를 지닌 것으로 보인다. 도시와 문명 속에서 주로 삶을 이루는 화자는 현실과 세계와 불화를 겪는다. 화자는 가혹한 세계와 현실의 삶으로부터 일정한 거리를 확보하려는 의지를 보인다. 그러한 태도는 현실을 떠나 자주 산, 산사를 탐방하는 기행의 형식으로 드러난다. 예컨대 산, 산사는 화자에게 휴양지 혹은 피난처로 기능한다. 그는 산, 산사를 탐방함으로써 삶의 본질이나 인생의 의미 등을 성찰하며 동시에 삶의 동력을 획득하는 것으로 보인다.

잦아든 바람 너머 희뿌연 연무 사이로
사람들은 무언가를 이고 지고
삼삼오오 두어서넛 홀로

끼리끼리 제각기 오르고자 하는 대로
오른다 한 걸음 두 걸음 종종종
누가 시키지 않아도
오르막과 내리막이 달라도
각진 삶의 응어리를 덕지덕지 달거나
좋은 사람들과 어울렁 더울렁 오르는
숱한 길로 이어진 정상으로의 여정
고민거리가 있어도
긴요한 숙제를 해결해야 해도
행여 꼭 정상이 아니더라도
그냥 저냥 생각을 접고 천천히
터벅이며 가쁜 숨을 몰아쉬며 걷는
저 곳엔 모악산이 있다

「모악산 1」 전문

이 시의 화자는 모악산을 등산하는 사람들을 관찰하며 삶의 의미를 투사하고 있다. 즉 산을 오르는 사람들의 다양한 행태를 통해 삶의 다양성을 긍정적으로 이해한다. 나아가 그들의 정상을 향한 여정을 삶의 본질적 모습으로 치환하여 제시하고 있다. 그런데 궁극적으로 등산이라는 행위는 "고민거리"나 "숙제"를 망각하게 하거나 제거해주는 역할을 하므로 무념무상의 등산 그 자체를 향유하는 것이다. 시인은 특히 이러한 기행시에서 현재형 동작동사인 "간다"라는 어휘를 자주 반복하여 사용한다. 이는 화자의 산과 산사를 찾는 행위의 현재성, 동작성을 강화함으로써 의미론적 구체성과 역동성을 성취한다.

향을 피워 그리움 앞에 놓고
보고파 앞에선 애증을 불살라
선시처럼 늘어선
내소사 가는 길

흠잡을 수 없는 저마다의 기복이
산사를 짓고 탑을 쌓고
사람을 불러 모은다
그네들 머리 위 가지런히
세파의 고민들이 동행하고
인정스레 산기운이 설법하는
내소사 가는 길

잊으려하는 그 마음
보고파 보기 싫어하는 그 마음
그 마음 일으켜
내소사 가는 길

「내소사에 가보셨나요」 전문

이 시는 전북 부안에 있는 내소사 탐방의 서정을 형상화하고 있다. 1연에서 화자는 내소사 가는 길의 의미를 "그리움"으로 제시한다. 그러나 그 그리움은 "애증"을 불살라 제거해야만 하는 조건을 지니고 있다. 물론 여기서 그리움의 대상은 밝혀 있지 않다. 텍스트 이면의 맥락을 고려하더라도 짐작하기 어렵다. 그러나 시인의 다른 시편들을 고려하면, 시인이 추구하는 "그리움"은 인간 본연의 순수한 감성을 함축한다. 말하자면 시인은 현실, 세계, 이승의 차원을 벗어난 원초적이고 본질적인 순수 원형에 대한 그리움을 갈망한다.

2연은 내소사를 방문하는 사람들의 기원 행위로 인하여 산사와 탑이 건축되었음을 진술한다. 산사를 찾는 목적은 현실 세계의 복을 기원하는 것이다. 그들은 "세파의 고민들"과 유리되지 않고 현실을 고즈넉이 수용한다. 그리고 마침내 내소사를 찾은 사람들은 불교가 전하는 설법의 "인정"으로 인하여 조촐한 위안을 받을 것이다. 3연에서 화자는 원초적 "그리움"을 향하여 내소사를 찾는 의지를 보인다. 여기서도 그리움을 향한 화자의 태도는 이율배반적인 양가성을 보인다. 화자는 보고 싶은 마음과 잊고 싶은 마음의 갈등을 일으키는 그리움을 향하여 내소사를 가고 있는 중이다.

지금까지 노용무 시인의 시집 『시똥구리』를 주요한 테마를 중심으로 살펴보았다. 시인은 유년의 시간과 공간에 대한 기억의 재생/복원에 고투하고 있다. 시간의 경우는 유년의 체험들이 주를 이루는 한편 가족사적인 이야기가 핵심으로 보인다. 공간의 경우는 시인의 생활 터전인 군산이 주를 이룬다. 이러한 기억의 재생에는 기억의 내용을 사실주의 태도로 다루는 경향이 특징적이다. 시인은 가급적 기억의 원형질을 상상력으로 손상하지 않고 있는 그대로 복구하려는 성향을 보이고 있다. 이는 마치 사진에서 인화하는 과정과 흡사하다.

한편 시인은 자아의 존재론적 고민이나 생활체험에서 우러나오는 서정을 형상화하고 있기도 하다. 존재론적 성찰의 결과는 시대 역사 현실에 대한 거대담론이 아니다. 시인은 일상생활에서 간헐적으로 감각하는 조촐한 서정의 편린을 시화하고 있을 뿐이다. 물론 이러한 시들의 특징은 자기 고백적이며 토로의 어조를 띤다. 그리하여 이런 체험 서정시들은 정직한 자아 드러내기의 성격을 지닌다. 나아가 시인에게 이 시들은 자아 성찰의 계기를 제공하는 기회로 작용할 것이다.

시인은 현실, 세계와 불화를 일으키고 있다. 물론 시인은 불화의 근거가 된 사회, 시대, 역사에 대해 집요한 탐색이나 관찰의 상황으로까지 나아가지는 않는다. 그는 자신이 몸담고 있는 세계와 현실을 정면으로 대응하지 않고 우회한다. 이는 그가 현실에 대응하는 자세를 서정적으로 취하고 있기 때문이다. 그는 세계와 현실에 상처받고 우울한 정서와 침울한 분위기에 함몰되어 있다. 이와 같은 암울한 세계로부터 탈출하기 위한 방책으로 시인은 山,寺를 즐겨 찾는다. 시인에게 산과 절은 훼손되지 않은 순수 원형질로 인지되기 때문이다. 하므로 그는 그리워한다. 오늘도 잊기 위하여. 그리움 그 자체를. 내일도 잊지 않기 위하여.

II.

작품론

01 자연의 상징을 통해 상상하는 삶의 의미

초록이 지쳐 단풍든 산하가 온통 북새통 단풍 축제를 벌이고 있다. 그러나 이윽고 만추의 낙엽들이 패잔병처럼 우수수 이울고, 마침내 세상은 잠잠히 적막할 채비를 서두르고 있다. 머지않아 축복처럼 눈이 퍼붓고 또 칼바람이 스쳐 지나간 뒤, 들판에는 기꺼이 소생의 봄이 돌아오리라. 이처럼 올해도 어김없이 자연은 계절의 변화를 통해 순환의 질서라는 인생의 의미를 반복하여 제시한다.

자연은 일정한 패턴에 따라 순환하는 질서를 지니고 있다. 이러한 질서는 디테일에서 소소한 변화를 보이지만 총체적인 측면에서 일관된 논리를 지닌다. 자연은 이러한 순환의 질서를 반복함으로써 불가측적인 세상에 일정한 삶의 모델을 제시한다. 이를 일컬어 우리는 자연의 섭리 혹은 자연의 순리라 명명한다. 인간은 불가사의한 세계 혹은 불예측적인 미래를 살아내며, 이와 같은 자연의 모델에 따라 삶을 설계하고 인생을 진행시킨다.

인간은 자연을 통해 삶의 이정표를 구하고, 나아가 자연 속에서 인생의 의미를 구축해왔다. 자연의 다양한 현상, 즉 변화와 지속은 불가해한 인간 삶을 이해하고 해석하는 교과서로 기능한 것이다. 자연에 자아를 투영하여 의미를 부여하고 구축하는 작업은 존재론적이면서 인식론적인 정신 행위이다. 이러한 정신 행위를 통하여 인간은 자아와 세계의 동일화를 이루어 정신적 위안을 얻고 화평한 삶을 지속할 수 있는 것이다. 특히 시를 쓰면서 이루어지는 자연과의 교감은 서정성을 강화하는 효과를 획득한다.

자연은 관념을 통해서 삶의 의미를, 다양한 현상을 통하여 이미지 구축을 하도록 도와주는 상상력의 저장고라 할 수 있다. 이러한 인식 방식은 오랜 전통을 지닌 것이어서, 자연주의 문학관은 말할 것도 없고, 시의 서정을 형상화하는 수사학 전통의 본질이라 할 수 있다. 이번『시문학』12월호에 발표된 작품들 중에서 자연과의 교감을 노래하고 있거나, 자연에서 삶의 의의와 가치를 추출해내고 있거나, 자연 현상을 통해 의미심장한 이미지를 조탁하고 있는 과정을 집중적으로 살펴보기로 한다.

강가에 갈대들의
웅얼거리는 소리를 듣는다
갈대의 손짓을 따라
나도 강가에 선다
갈대 곁에 서서
갈대의 이야기를 듣고 있노라면
어느새 나도 곱사등을 펴고
갈대가 된다
때로는 먼 산을 바라보며

오욕의 분진을 내뿜기도 하고
때로는 온 몸을 흔들며
무염한 춤을 추기도 하고
때로는 전율하듯 흐느끼며
울음을 운다
그리고 헤어진다
갈대는 갈대대로 울고
나는 나대로 울기 위하여

최만산,「갈대와 나」전문

이 작품은 시제가 명시하고 있는 바와 같이, '갈대'라는 객체와 '나'라는 주체 사이의 동화와 분화의 인식을 형상화하고 있다. 예컨대 시적 화자인 '나'는 자연 사물인 '갈대'에 인식을 투영함과 동시에 분화의 인식을 통해 존재론적 성찰을 수행하고 있다. 자연 사물과의 교감을 통해 존재론적 비의를 형상화하고 있는 것이다. 세계를 통해 자아를 들여다보고 있는 것이다.

시적 전개 구조는 '나'와 '갈대' 사이의 동일화와 분화의 과정이라는 순차성을 보여준다. 화자는 강가에서 자연 사물인 '갈대'를 응시한다. 화자와 '갈대' 사이의 교감은 시각과 청각의 코드를 통해 이루어진다. 궁극적으로 '갈대'와 '나'는 동일화되어 존재성을 드러낸다. 그 존재성은 응시와 성찰, 오욕, 동요, 열정, 전율 등으로 변주되고 있다. 그러나 마침내 이들을 응축하는 대표적 존재성은 '울음'으로 귀결된다.

이 시가 구축한 의미는 존재론적 성찰을 통해 '울음'으로 표상된 존재론적 비극성이다. 그 비극성은 유한성을 암시하기도 하고, 인간 존재에 내재되어 있는 삶의 근원적 슬픔이기도 할 것이다. 나아가 시의 말미에 이르러 존재론적 성찰은 단독자로서의 외로움과 고독을 드러내기도 한다. 그리하여 인간 존재의 비극성은 근원적인 유한성 혹은 단독자로서의 고독임을 드러낸다. 그런데 이러한 존재론적 '울음'은 '위하여'라는 목적성으로 표출됨으로써 인간/화자는 존재론적 비극성을 수용하거나 능동적으로 대처하는 모습을 보인다.

한편 "자줏빛 정원에서 귀 기울이는 시계 소리 바람 소리입니다(김종란, 「자줏빛 정원」)"에서는 자연의 바람소리를 통해 시간의 운행을 인지하기도 한다. 또한 "역병이다/ 역병이 돈다/ 몸 안에 자리 잡은 짐승 한 마리/ 핏줄을 부풀리며 펄펄 날뛴다// (라경주, 「붉은 동백」)"에서는 자연 사물 '동백꽃'에 의미를 투사하여 역동적인 이미지를 구축하기도 한다. 여기서 시인은 '동백꽃'의 의미를 적극적인 상상력을 통해 주관화한다. 예컨대 '동백꽃'은 화자에게 '역병'과 '짐승'으로 전이되어 지각된다. 자연 사물 '동백꽃'에 불온한 역병의 이미지를 투사함으로써 금기와 불안감의 분위기를 조성하고 있다. 나아가 불완전한 '짐승'의 이미지를 중첩시킴으로써 정태적인 동백꽃의 개화를 역동적인 분위기로 형상화하고 있다.

눈이 쏟아진다
밤새도록 한 방향으로 휘몰아치며
예비하지 못한 것들 위에
쏟아 붓는다
모두가
대책 없이 뒤집어쓴다

그 때 그 하얀 거짓말

이상백,「대설특보」부분

이 작품 역시 '눈'이라는 자연물을 창발적인 상상력을 통하여 관념어 '거짓말'로 은유함으로써 주관적인 의미를 부여하고 있다. 눈이 내리는 풍경 역시 시인의 인지를 통해 새로운 의미를 구축하고 있다. 왜냐하면 눈이 '한 방향으로 휘몰아치며' 내리기 때문이다. 여기서 '한 방향'은 편향 혹은 편견의 의미소를 거느린다. 또한 '휘몰아치며' 내리는 강설의 양상은 '거짓말'의 폭력성을 효과적으로 제시한다. 그러한 '눈'은 미리 예비하지 않은 존재와 세계를 향하여 '쏟아 붓는다'. 하여 세계와 존재는 무방비로 '뒤집어쓰'는 형국에 처하고 만다. 한편 이 시는 1980년대 한국의 현실을 바탕에 잠복시키고 있다. 그렇다면 이 시에서 '눈'은 '거짓말'로 은유화 됨으로써 당대의 정치적 허위 혹은 폭력에 대한 알레고리 기능을 담당한다.

가위를 든
당신은 달을 오려
능수버드나무 가지 위에 걸어놓고 달빛으로 현을 켜요
두근거리는 내 발걸음 버드나무 아래로 가고 있어요
오월의 뻐꾸기 울음
한 땀 한 땀 정수리를 쪼고 이마를 쪼고
떨어져 가슴팍에 박혀요
그 울음소리는 물귀신 작전 가는 봄은 잡지 못하고
내 발걸음 잡고 놓아주지 않아요

이 산 저 산 높낮이를 휘돌아 나와
솔기로 일어서고 있어요
그 두려움의 조각들을 엮어
하얀 목에다 걸면 금강석처럼 빛날까요
나는 바다에다 조각들을 섬으로 띄워요
섬들을 성큼성큼 건너
바다 여행을 떠나가고 있어요
파도가 밀려오는 모래밭에 캔버스를 세워놓고
귀가 없는 고흐가 초상화를 그리고 있어요
갈매기도 캔버스에다
가위의 시간을 음표로 찍어놓고 날아가요
파도가 음표들을 쓸어 바다로 내보내요
바다가 교향곡을 불러요
음표들이 조각조각 날아가요
지휘를 하는 고흐의 손에 가위가 들려 있어요

고종목,「가위를 든 고흐」 전문

이 작품은 네덜란드 표현주의 화가 고흐를 대상으로 삼아 그의 삶과 예술세계를 감각적으로 교직하고 있다. 특히 그 예술을 향한 광폭한 열정으로 인하여 고흐 스스로 귀를 자른 일화가 시적 모티브로 작용하고 있다. 시인의 상상력은 매우 활달하여 고흐의 예술혼을 시각과 청각을 활용하여 선명하게 형상화하고 있다.

'달을 오려 능수버드나무 가지 위에 걸어놓고/ 달빛으로 현을 켜'는 고흐의 작품에 대한 형상화는 고흐와 자연과의 교감을 부각시키고 있다.

자연 사물인 달은 고흐에게 객체로 존재하는 것이 아니라 내면화되어 동일화되고 있는 것이다. 나아가 시적 화자는 직접 고흐의 작품 속으로 들어가 '뻐꾸기 울음'까지도 듣는다. 화가 고흐의 자연과의 동일화는 회화 작품으로 형상화되고, 이를 통해 시인은 다시 고흐의 회화 작품과 동일화를 이룬다. 심지어 그 '뻐꾸기 울음'은 '두려움'과 '금강석'으로 변주되어 고흐의 예술혼으로 빛난다.

시인은 다시 고흐의 작품을 벗어나 바다로 자유로운 상상의 여행을 떠난다. 그 상상의 바다에서 마침내 시인은 그림을 그리는 고흐와 대면한다. 고흐는 '가위의 시간'을 '음표'로 찍는 천의무봉의 작가이다. 다시 그 '음표'는 '바다'가 되고, '갈매기'로 확산되어 이미지화되고 있다. 결국 이 시는 고흐의 예술성을 자연과의 활달한 교감을 형상화하고 있다.

또한 "형수가 어둠 속에서 사내를 더듬어요/ 빗줄기가 쏟아지는데/ 치마 속에서 빨갛게 눈뜨는 비린내"(허순행, 「동백꽃」)에서는 '동백꽃'이라는 자연물에서 원초적 생명력의 이미지를 읽어내기도 한다. 여기서 동백꽃은 시인의 상상력을 통해 '형수'의 자연 순환을 향한 원초적 열정으로 변환되고 있는 것이다. "달 아니어도/ 내가 달이 되면 그뿐이다"(안수환, 「지상시편 6」) 역시 '달'과 화자의 동일화를 통한 자연과의 교감을 노래하고 있다. "올망졸망 푸른 알이 슬어/ 제 무게 이기지 못하고/ 비스듬히 누운 들녘에서/ 이슬만 받아 붉은 세상 꿈꾸는/ 너는 푸른 토마토"(김지숙, 「푸른 토마토」)에서 '토마토'는 존재론적 성찰의 대상이 되고 있다. 그 존재 토마토는 '붉음'/성숙을 지향하는 존재론적 명분을 위해 '이슬'/순수의 삶을 지속하고 있다. 여기서 토마토는 자연 사물로만 표상되는 것이 아니라 인격적 성숙을 위해 순수한 삶을 영위하는 대리물로 기능한다.

처음, 네 손가락인 줄 알았는데
그게 바로 내 몸이었다니
그곳 내 살던 땅에서
너의 모습으로 비치더니
이곳 내 전생의 땅 북극에 와
비로소, 전생의 내 모습임을 보네
얼마나 추웠던지
내 안타까운 성장의 비의를 듣네
위장을 찔러
더불어 따뜻한 한생의 밥도 못되는,
네가 쉴 그늘도 되어 주지 못하는,
아름드리 클 수 없던 침엽의 몸
바다 위 시린 땅
얼어서 살았던 내가
이승의 소낙비 천지사방 물 물
강물로 만나서
홍건히 시린 인연 다시 맺고
불 불 뜨거운 불이 그리워
산불로 온몸 태우고 까맣게 죽어서 사는
이승의 나였음을 이제사 아네

탁영완,「가문비나무 · 6」 전문

이 작품 역시 '가문비나무'를 통해 이루어지는 존재론적 성찰을 보이고 있다. 사적 자아와 가문비나무는 서로 동일화되거나 객체화되면서 시적 공간을 입체적으로 만들고 있다. 화자는 혼몽의 상태에서 가문비나무와 자아를 일체화시킴으로써 환상의 이미지를 구축한다. '네 손가락'과 '내 몸'은 시간의 간극을 초월하여 동일화되고 있다. 말하자면 시적 화자는 전생의 가문비나무였다는 상상력으로 일체화되고 있는 것이다. 다시 말해 전생과 이승의 관념을 통해 초월적, 신화적 상상력으로 주체와 객체가 혼융하고 있다.

시인은 가문비나무의 생태적 의미에 대해 이미지를 구축한다. '성장의 비의'가 드러내는 추위를 견디는 삶의 자세, '한생의 밥'이 환기하는 이타심, '쉴 그늘'이 조성하는 안락과 위안의 자세는 시인이 가문비나무와의 동화를 통해 구축한 상징 의미이다. 나아가 화자는 강물/물을 통해 전생과 이승의 '홍건히 시린 인연'을 연결하고 있다. 그런데 이어서 화자는 '불/산불'로 인해 죽음을 맞고 다시 부활하는 순환의 삶을 인지한다. 이는 삶과 죽음을 물과 불이라는 자연의 기본 원소를 통해 구축한 신화적 상상력 때문이다.

이 외에도 시인들은 자연을 통해 세계와 자아를 인지하는 상상력을 다양하게 보여주고 있다. "오랜 시간을 서성거린 시장길/ 추운 밥알들이 굳은살로 박힌/ 어머니의 발/ 두껍게 감싼 양말이/ 지독한 동상을 앓는 발을 보듬는 동안/ 발톱 깊이 초승달은 떠/ 아버지도 오빠도 일찍 달이 되었다//"(송인필, 「달」 중에서). 이 시는 '달'의 상상력을 빌려 가족사의 모습을 신화적 공간으로 형상화하고 있다. 특히 '달'에서 신산한 어머니의 삶을 읽어내는 상상력은 매우 감각적이다. 어머니가 시장에서 서성거리며 가족을 위해 삶을 꾸려가는 동안 당신의 굳은 살 박힌 발은 동상에 걸린다. 이러한 어머니의 삶은 '달'이 되어 온 가족의 밤과 어둠을 밝히는 역할을 한다. 그 어머니의 가족을 위한 헌신적 삶은 아버지와 아들의 삶에까지 투영되어 마침내 온 가족이 어둠을 밝히는 '달'이 된다. 가족 모두가 신화적 공간에서 평화로운 삶을 이루게 되는 것이다.

고대시로부터 현대시에 이르기까지 자연은 서정시의 상상력 원천이 되어 왔다. 인간은 불가해한 세상을 살아내며 자연의 운행 질서로부터 지혜를 빌어 삶의 지침을 만들었다. 자연은 언제나 순환 반복하는 원리를 지니고 있으며, 일정한 규칙에 따라 예측 가능한 이상 질서를 제공하였기 때문이다. 그리하여 자연은 인간의 삶을 안내하고 규정하는 경전의 역할을 하였다. 이러한 자연의 경전을 존중하고 정독하는 일은 시인들의 필수 덕목이 되었다. 더군다나 과학이 급속도로 발전하고 물질문명이 만화방창한 현대에 이르러 자연에 대한 경배와 해독은 더욱 필수불가결한 숙제가 되었다. 특히 심플하고 건조한 이성 중심의 현대사회에서 촉촉한 서정을 제공해야 하는 서정시에게 자연은 대단히 소중한 미학의 텃밭임과 동시에 상상력의 운동장이다.

02
시간, 관념과 실재 속에 유랑하는

새해가 출발하였다. 새해가 진행하고 있다. 새해가 나아가고 있다. 새해가 흘러가고 있다. 새해가 뒤로 물러나고 있다. 새해가 사라지고 있다. 새해라는 동일한 상황에 대한 생각을 각기 다른 표현으로 써보았다. 이는 '시간'에 대한 구체적 인지 태도가 각기 다르기 때문에 변이되는 것이다. 그러나 추상적이고 관념적 실체인 '시간'에 대한 원형적 시간 인지가 있다. 그것은 시간은 움직인다는 것이다. 시간은 고정되어 있지 않고 움직인다. 그 움직임에 대한 고정된 틀은 '－로부터 －로'이다. 이러한 틀로부터 파생된 시간관념의 공식은 '과거로부터－현재를 거쳐－미래로'이다. 즉 시간은 선형성을 지니고 있다. 그러나 또 다른 특성으로 순환성을 들 수 있다.

시간은 선형성을 특징으로 한다. 실제의 시간은 분절되지 않고 영원히 연속된다. 그러나 우리는 일상과 인식의 편의를 위하여 시간을 분절한다. '과거-현재-미래'라는 거시적 단위의 분절, '년월일'이라는 중간 단위의 분절, '시분초'라는 미시적 단위의 분절을 통해 시간 인지의 편리성을 도모한다. 이러한 시간의 분절적 인식에는 동등한 단위의 규칙적 반복성이 필수적이다. 이와 같은 분절적 반복 단위는 '계절' 혹은 '인생'이라는 시간단위의 순환성을 도출하였다. 시간의 선형성과 순환성은 세계에 대한 인식을 세분화해서 명확히 하도록 도움을 주는 인지구조이다.

인류의 시간에 대한 성찰과 고민은 시에서 다양한 상상력을 촉발하는 쏘시개가 되었다. 뿐만 아니라 시간은 죽음의식과 관련되며, 나아가 인생의 본질에 대한 속성으로까지 확장된다. 인간은 '시간' 때문에 인간으로서의 속성을 지닌다. 즉 시간의 제약성으로 인해 신과 격리 구분되며, 유한성이라는 인간의 존재적 특성을 함축하게 된다. 이러한 '시간'의 문제는 시에서 인간의 내면 정서를 통해 다양하게 형상화되고 있다. 특히 '시간'의 한계는 인간에 대한 인식론적 존재론적 표상에 서정성을 강화하는 기제로 작용한다. 그리하여 거역하거나 극복하거나 초월할 수 없는 절대적 존재로서의 '시간'은 인생 혹은 인간 존재의 숙명을 본질적으로 드러내는 필수요소가 된다.

여하튼 2015년 새해가 시작되었다. 우리는 언제나 그랬듯이 쉼 없이 흘러가는 시간을 버혀내어 양띠 해를 새롭게 출발시킨다. 지나온 시간들은 나아가야할 미래를 추동하는 에너지원이 될 것이다. 물론 다가올 신선한 미래의 불예측적인 사건들을 마중하면서, 기꺼이 시간을 소비하면서, 새로운 시간과의 해후를 기대한다. 하여 새해를 출발하면서 '시간'에 대한 상상력이 본문글『시문학』1월호에 어떻게 형상화되고 있는지 살펴보도록 한다.

> 검은 옷을 입은 빛이
> 무표정한 아파트 유리창에 매미처럼 붙어서

부르르 부르르 떨기 시작하는 시간

성난 개들이 어둠 속 4차선 도로를 횡단하며
번쩍이는 빛을 향해 컹컹 짖어대고

한여름 바닷가 뜨거운 모래밭에선
배구를 하고 있는 맨발의 30대 비키니
여자들의 번들거리는 붉은 살

흰옷을 입은 장발의 50대 남자가
푸른빛이 흐르는 무대 위에서
하늘을 향해 한껏 팔을 벌리고 있다

심상운, 「빛 또는」 전문

이 작품은 시상 전개 혹은 이미지 결합 층위에서 의도적으로 완결성을 방해하고 있는 작품이다. 이 시의 시적 대상은 구체성이 결여되어 있으며, 시간과 공간의 설정 역시 인과성이나 논리성을 자의적으로 배제하고 있다. 예컨대 임의적이고 의도적으로 의미의 불확정성을 강화하고 있으며, 시상 전개 과정에서도 의도적인 절연을 통해 공소를 배치하고 있다. 우선 시제에서부터 "빛 또는"이라는 불완전한 어구 제시를 통해 미완의 의도성, 여백의 판단정지를 강조하고 있다.

1연은 이 작품의 시간 배경에 대해 형상화하고 있다. 물론 구체적인 시간 표상을 목표하고 있지는 않다. 우선 1행의 '검은 옷을 입은 빛'이라는 역설이 의미심장하다. 이는 해석의 가능성을 확장하여준다. '빛'과 '검은'

은 서로 친밀성이 희박한, 아니 배타적인 속성이다. 그러나 '옷'이라는 매개물과 '입은'이라는 매개 속성의 개입으로 의미성을 획득한다. 예컨대 '빛'은 '검은 옷'을 '입어서' 발광을 하지 못하는 상황이다. '빛'이 '검은 옷'에 차단 유폐되어 자신의 진실 혹은 본질을 발현하지 못하는 왜곡된 상황인 것이다.

그런데 그 '빛'은 현재 시간 "무표정한 아파트 유리창에 매미처럼 붙어" 있다. 이 구절에서 부각되는 의미소는 '무표정한'이라는 감정의 노출 억제 상황이다. 또한 '매미'라는 사물의 속성이 환기하는 짧은 생애라는 시간성이다. '붙어' 있는 상황 역시 고정된 상태가 아니어서 위약한 접합성을 드러낸다. 결국 '빛'은 원인을 알 수 없는 상태로 '떨기' 시작한다. 따라서 시간 배경을 형상화하고 있는 이 1연은 그로테스크한 분위기를 암시적으로 재현한다.

2연은 '개들'의 행위가 집중적으로 중첩되어 표상되고 있다. 개들은 우선 원인을 알 수 없는 '성'이 난 상태이다. 하여튼 현실에 만족하지 못하고 불만을 표출하는 상태인 것이다. 여전히 개들은 '어둠'의 시간 속에 놓여 있다. 그 개들의 지향은 길을 따라 진행하는 것이 아니다. '4차선 도로'를 가로질러 나아가고 있다. 동시에 개들은 '번쩍이는 빛'을 향해 짖어대고 있다. 이는 어둠 속에서 빛을 거부하는 음산하고 기괴한 분위기를 조성한다. 즉 이 시의 1, 2연은 암울하고 그로테스크한 시간 공간 상황을 부각하고 있다.

그런데 3연에서는 장면이 급격하여 전환되어 환한 여름의 바닷가로 장소 이동을 한다. 시간은 '빛'의 절정기인 여름으로 설정되어 있으며, 공간은 해변으로서 완전하게 개방되어 자유로운 상황이다. 뿐만 아니라 이와 같은 시공 속에서 배구를 하고 있는 인지 대상인 '여자들' 역시 '맨발'과

'비키니' 차림으로 육체를 완전하게 노출하고 있다. 말하자면 폐쇄되고 차단된 시공 때문에 음산한 분위기를 연출하는 1, 2연과 달리, 3연은 개방되고 자유로운 시공의 특성으로 인하여 밝고 환한 분위기를 형성한다.

4연은 '흰옷을 입은 장발의 50대 남자'의 모습과 행위를 묘사하고 있다. 화자가 주목하고 있는 인물 '남자'를 묘사하고 있는 이 구절에서, '흰옷'은 '검은 옷'과 '장발'은 '맨발'과, '50대 남자'는 '30대 비키니'와 각각 대조되고 있다. 그러나 이 '남자'는 실내 즉 임시로 가설된 '무대'에서 외부의 '하늘'을 향하여 팔을 벌리고 있다. 예컨대 이 남자는 폐쇄 차단된 어둠의 공간에서 무한한 빛의 공간인 '하늘'을 수용하고자 하는 의지를 보인다.

주로 몽타주 기법을 사용하고 있는 이 작품의 시상 전개를 의미 부여를 통해 재구축하여 보았다. 이 시는 서로 대립되거나 이질적인 요소 혹은 사물 특성을 자유연상으로 처리함으로써 빛과 어둠의 혼성이 주는 추상적인 감각을 형상화하고 있다. 이 작품에 등장하는 시간과 공간은 현실에 실재하는 것이 아니라 시인의 내면 혹은 심리에 내재한 관념적인 것이다. 이 작품은 독자가 시인 혹은 화자의 내면에 형성되어 있는 분위기를 파악하고, 그 시적 정조에 동화되기를 요구한다.

> 공은 한국 팀으로 넘어오고, 원효의 공은 인도로 가다가
> 무덤가에서 공을 만나 되돌아왔다
> 원효는 돌아와 다시 새 공을 만들어 놀았다
> 다시 혜초가 젊어지고 천축국天竺國에 간 공도 공이었다
> 인도 팀에게 넘어간 혜초의 공은 둔황 석굴에 갇혔다
> 시합은 무승부였다
> 공은 공空이었다

하늘에 머문 태양도 공이었다

신규호, 「테니스 시합」 부분

이 작품은 운동 경기를 소재로 인생에 대해 말하고 있다. 특히 테니스 공과 관념 공空의 동음이의성을 시상 전개의 중심축으로 활용하고 있다. 시인이 말하는 인생은 '공空'이다. 즉 인생의 허무 혹은 인생무상이다. 이 작품에는 시간에 대한 코드가 여러 가지로 얽혀 있다. 우선 현재 시인이 관전하고 있는 테니스 경기와 과거 원효와 혜초가 벌인 테니스 경기가 대립적이다. 현재의 경기는 사실이고, 과거의 경기는 은유적이다. 이 작품에는 시인의 내면에서 과거와 현재가 상상력을 통해 혼성되고 있다. 즉 시간의 선형성과 순환성은 시인의 심리적 변이 과정을 거쳐 무시간성, 혹은 시간의 재구축으로 드러나고 있다. 이러한 시간의 변형은 이 시의 주제인 인생의 공空을 통시적인 가치로 자리매김하는 효과가 있다.

줄곧 젖어 있는 일에 이력난 가난은 죄가 아니다
꾸부정한 비애의 어깨 너머로 물드는 잿빛 도시
건너 동네에 어둠이 오고 그 뒤를 불빛이 따라간다
솔기 터진 일상의 피댓줄에 꼬여 사정없이 돌아가버린
허리 아픈 하루도 이렇게 속절없이 저물고 마는 것을
저마다 자기 몫의 삶을 꾸려들고 돌아가는 저녁 변두리
백일장 나가서 장원하고 온 아들이 기다리고 있을 것이다

김석규, 「저녁 귀가」 전문

이 작품은 일상의 시간 특히 저녁 무렵의 시간을 섬세한 묘사를 통해 서정적으로 형상화하고 있다. 일상 시간의 순차성에 따라 시상이 질서 있게 전개되고 있다. 서정시의 특징인 단일한 정서 혹은 순간적 서정을 압축하여 제시하는 전범을 보인다. 여기서 시간은 시인의 전경화된 인지 대상으로서가 아니라 배경화되어 있다. 예컨대 시간은 이 작품의 정서를 얼비쳐주는 배경의 기능을 담당하고 있다.

화자의 생은 가난하고 피곤하다. 그러나 가난은 도덕적 윤리적 측면에서 '죄'가 아님을 확인한다. 이는 가난한 삶에 대한 보호적이며 위안하는 심리이다. 화자가 생활하는 공간 역시 '잿빛 도시'로서 우울하고 권태로운 특성을 지니고 있다. 화자는 이러한 도시 공간에서 우울과 비애에 젖어 일상을 보내고 있다. 그리하여 생활은 "어둠이 오고 그 뒤를 불빛이 따라가"는 상황으로 표상된다. 말하자면 '어둠'이 앞장서고 그 뒤를 '불빛'이 따라가는 암울한 삶의 과정이 은유적으로 묘사되어 있다.

화자의 일상은 중첩되는 은유를 통해 더욱 강화되고 있다. 먼저 화자의 삶은 '솔기 터진 일상'이 되어 자아 의지와 무관하게 진행되는 삶의 관습성을 드러낸다. 또한 '허리 아픈 하루'는 생의 환희와 보람을 느낄 겨를도 없이 마감되는 무의미성을 노출한다. 그러나 화자의 이러한 피곤하고 남루한 삶은 '아들'에게로 전이되는 미래 시간의 희망을 통해 긍정적 모습으로 전환된다.

이 작품은 부정적이고 비극적인 이미지를 환기하는 형용어 "젖어 있는, 꾸부정한, 터진, 아픈, 꾸려들고" 등의 중첩 반복을 통해 화자가 처한 하루 혹은 일상의 풍경을 '잿빛 도시'로 묘사한다. 여기서 하루 시간 동안의 삶의 묘사는 일 년 나아가 일생의 시간을 압축하고 있다. 이는 서정시가 순간의 묘사를 통해 영원을 포착하려는 원리와 맞닿아 있다. 즉 이 시에 묘사된 하루는 '영원한 현재'의 속성을 지니고 있는 것이다.

지난날 내 젊음은 바람 잘 날 없는 성난 바닷가였다
아니 소금 꽃이 사시사철 피어나는 불면의 보리밭이었다
천둥 빛 먹구름 그 무딘 펜촉이 수시로 물안개를 그릴 즈음이면
보리밭에 동그마니 앉아 한 땀 한 땀 초록의 수를 놓는
여인이 있다 울 어매가 있다

바람이 풋살 벗는 소리 사각사각 들릴 때 쯤
황금빛 보리모가지 사이사이 켜켜한 지층에 쌓인
향긋한 어머니의 젖 내음은 기록할 수 없는 신화였네
그 해 아버지의 배는 귀향하지 않았고
헐거운 날개 밑 열 세끼들마저 뭍으로 뿔뿔이
흩어진 뒤였다

그 어떤 질량도 갖지 못한 깃털처럼 가벼운 울 어매는
한낮 마늘쪽 같은 초승달로 둥둥 떠서
하늘 가슴 그어가며 묵정밭만 일구시고 일구시고
더는 음계를 읽을 수 없는 늙은 고래의 음성으로
먼 바다로 바다로만 향하여 우 우 하시던

나는 당신의 뼛속 깊은 곳에서 울리는 이명의 바람소리
당신은 내 삶의 지분 위에 쌓인 영원한 미개인

김학산,「보리밭」 전문

이 시는 현재 시간의 화자가 과거 시간에 존재하는 '어매'의 삶을 재구축하고 있다. 화자가 기억하는 '울 어매'의 삶의 시간은 선형적이고 순차적으로 구조화되지 않는다. 화자의 기억망에 포착되거나 떠오르는 순서에 따라 임의적이고 선택적으로 재현되고 있다.

1연은 화자 '나'와 '울 어매'의 과거 삶의 모습이 대비되어 있다. 화자의 과거 젊었을 때의 삶은 "성난 바닷가, 불면의 보리밭, 물안개"가 함축하는 바와 같이 격정적이고 혼돈스런 것이었다. 이에 반해 어머니의 과거 삶은 "보리밭에 동그마니 앉아 한 땀 한 땀 초록의 수를 놓는" 평온하고 화평한 상태를 유지하고 있다. 동일한 과거 시간을 보내는 아들과 어머니의 삶의 대조가 '울 어매'의 삶을 전경화하고 있는 것이다.

2, 3연은 '울 어매'의 가족을 위한 헌신적 삶의 전형을 제시하고 있다. 우선 화자는 어머니의 삶을 '향긋한 젖 내음'으로 묘사함으로써 그리운 원초적 평온함으로 인지하고 있다. 나아가 이와 같은 평화스럽고 행복한 과거 시공의 기억은 '신화'의 긍정적 가치로 드러난다. 그러나 행복하고 평화롭던 가정은 아버지의 조난 사고와 자식들의 이산으로 위기를 맞는다. 말하자면 '울 어매'의 가혹한 삶이 시작되는 것이다. 그리하여 어머니는 '묵정밭을 일구며, 먼 바다로만 향하여' 그리움을 키우는 인고의 세월을 보낸다.

마지막 연은 화자인 '나'와 '울 어매'의 삶의 의미와 가치에 대한 상대적인 평가를 묘사한다. 어머니에게 자식인 '나'의 의미는 '이명의 바람소리'로서 영원한 사랑의 대상이다. 또한 나에게 '어머니'의 의미는 '영원한 미개인'으로서 영원히 해갈되지 않을 그리움의 미개척 대상으로 남은 존재이다. 이 작품은 과거-현재-미래의 시간 순서에 따른 시상 전개를 통해 '울 어매'의 희생적 삶에 대한 묘사와 자식의 어머니를 향한 그리움의 정서를 형상화하고 있다. 이와 같은 시간의 선형성으로 인해 이 작품은 서사적 특성의 강화와 안정적인 구조를 확보하게 된다.

평생 밥상에 한 번 오르지 못한
숟가락 하나
헛간 황토벽에 걸려 잠들어 있다
농부는 오래 전 그를 버렸으나
버림받은 줄 모르는지
주인이 가을산으로 떠나간 날부터
그의 잠은 시작되었다
그가 평생 파먹었던 밥은 오직 흙
자갈밭을 파헤치고 고운 흙을 찾던 숟가락
깨지고 찌그러지며 서슬 세우던
반달숟가락 끝에 농투성이 일생이 각인되어 있다
장맛비를 맞으며 논둑을 돋우고 물꼬를 트고
타들어가는 밭을 뒤집던 삽
날을 세우던 삽날이 녹슬어간다
다시 돌아올 수 없는 주인을 기다리는
닳아버린 삽 끝의 기억들
봄바람에 꿈틀꿈틀 환상통을 앓는다

권은중, 「잠자는 삽」

이 작품은 환유와 은유의 교직을 통해 시상을 전개하고 있다. 시적 대상 '삽'은 '농부'에 대한 환유로 기능하고 있다. 다시 그 '삽'은 '숟가락'으로 은유되고 있다. 이 시는 화자가 현재의 사건 혹은 상황을 묘사하고 있는 현재 시간을 배경으로 하고 있다. 그러나 화자는 현재의 시간 속에서 과거의 삶을 추억하고 있다. 따라서 현재 시간 속에 과거의 사건이 혼융되고 있다. 이러한 시간 설정은 서정시의 영원한 현재라는 개념에 부합한다. 예컨대 '삽'의 일생이라는 서사를 단일한 사건으로 압축함으로써 응집력과 통일성을 강화하는 효과를 불러일으킨다.

이 작품의 주요한 시적 대상 '삽'은 존재론적 은유를 통해 인격을 부여받는다. 그리하여 '삽'은 유정물로서 정서와 마음을 획득한다. 예컨대 '삽'은 "잠들고, 버림받고, 파먹고, 파헤치고, 찌그러지며, 맞으며, 돋우고, 트'는 역동적인 삶의 행위를 한다. '삽'은 농부와 친연성 있는 대리물의 과정을 거쳐 결국에는 인격적 존재로 농부와 동일화된다. 과거에 농부처럼 활발하게 농사를 짓던 '삽'은 현재 휴면기에 들어 녹슬어가는 중이다. 이는 농촌 현실 아니면 은퇴한 농민의 삶을 알레고리로 표상한 것으로 읽을 수 있다. 하여튼 과거 역동적인 삶이 현재에는 쇠락한 상태인 것이다. 이러한 과거와 현재의 대비를 통해 화자는 페이소스를 표출한다. 그 화려하고 왕성했던 과거의 '삽 끝의 기억들'이 현재는 내면에서 '환상통'이라는 관념으로 나타나는 것이다.

시간은 불투명하여 그 본질을 통찰할 수 없는 추상적인 관념이다. 그러나 우리는 이 관념 혹은 추상을 단호하고 엄격한 규율을 지닌 과학의 물리적 시간으로 개념화한다. 이 과학의 시간은 우리의 객관적인 세계 인식의 바탕을 이룬다. 한편 심리적인 측면에서 시간은 유연성과 자유성을 지닌다. 특히 문학에서 시간 인식은 다양한 미학적 효과를 배태한다. 시인들은 현실의 엄격한 물리적 시간을 벗어나 상상력으로 시간을 자유롭게 구축한다. 이를 통해 현실의 속박과 제약으로부터 벗어나 자유의 시공을 유영한다. 물리적이고 객관적으로 극복할 수 없는 시간을 자유로운 상상력으로 초월하는 시인들은 그리하여 마침내 신의 영매가 된다.

03
공간, 동굴 혹은 우주를 향한 상상의 지리학

공간에 대한 인간의 상상력은 신체화된 체험으로부터 창발한다. 예컨대 인간은 어머니의 자궁이라는 공간에 대한 원체험을 지니고 있다. 이 원체험은 물론 무의식으로 존재한다. 이 자궁에 대한 원형적 체험은 평화와 안식이라는 긍정적 반응으로 드러난다. 나아가 인간은 어머니의 자궁으로부터 세계로 나오면서 또 다른 공간 체험과 맞닥트린다. 이는 장소에 대한 새로운 체험으로써 공간에 대한 적응과 조화를 통해 새로운 공간 의식을 확보하게 된다. 말하자면 물리적인 공간 체험을 통해 정신적이고 심리적인 공간 의식을 소지하게 되는 것이다.

세계내존재로서의 인간은 성장함에 따라 공간을 확장하면서 삶을 영위한다. 예컨대 인간은 집/가정, 고향/타향, 국가/타국, 우주로까지 공간의 영역을 확대시킨다. 인간은 시간의 흐름에 따라 공간 확장의 원심력을 증대시킨다. 그리하여 사회에 대한 다양한 체험을 통해 인식의 지평을 확장한다. 그러나 일정한 시기 즉 장년기를 지나면서부터는 지금까지 살아왔던 공간으로 회귀하려는 구심력으로 선회한다. 흔히 유년의 고향을 회고하면서 추억하는 성향을 보인다. 이러한 태도는 현실과 세계의 고난과 역경을 추억을 통해 보상받으려는 심리 때문일 것이다.

일찍이 바슐라르는 인간 존재는 자궁을 떠나 세계로 진입하면서 거처인 집을 만난다. 그리고 사물의 공간인 서랍, 상자, 장롱이 존재하며, 척추동물의 집으로 새집, 무척추동물의 집으로 조개껍질이 존재한다고 보았다. 바슐라르는 인간의 공간에 관한 인지가 세계내 존재로서의 기본적인 특성이면서 모든 상상력의 자유로움을 담보하는 자질이 된다고 보았다.

문학 속에서 공간이란 현실세계와 자아가 유추적 관련을 맺는 것이기 때문에 작품 속에 구현된 구체적 사물과 대상을 통해 드러난다. 따라서 이때에 공간에 대한 의식은 어떤 대상에 대한 의식이며 대상을 통해 주관의 지향성이 드러나기 마련이다. 즉 문학 속에서 공간에 대한 인식은 자아와 세계 또는 존재와 세계라는 상호관련 속에서 시대적 가치관과 세계관을 확립하는 것으로 이해할 수 있다.

이번『시문학』2월호에 공간 인식이 주된 모티브로 작동하고 있는 작품을 주로 살펴보기로 한다.

> 마당 가득 샛노란 이엉뭉치가 쌓인 날, 동짓달 초하루 바람 자는 날 남늪아재 덕암양반이 사다리를 타고 지붕 위에 올라갔다 옹칠이 아재가 아래에서 두루마리 이엉뭉치를 올려주면 위에서 받아 추녀의 끝에서부터 두루루 펼쳐 차곡차곡 지붕을 이어가다가 맨 꼭대기엔 용마름을 펴서 지붕 전체를 꼭 안아주었다 빗자루로 스윽스윽 쓸어서 볏짚이 골고루 펴지면 새끼줄로 동여매어 꼭꼭 눌러주었다 정침과 사랑채를 사방 돌아가며 추녀 끝에 삐죽 내민 볏짚을

가지런히 면도해주면 짧은 동짓달 해가 어느덧 똥맷등 너머로 꼴깍 숨었다 머릿수건 벗어 땀을 닦고 횃불 아래 둘러앉은 저녁상에 막걸리 덕담이 구수하다

지금도 바람맞이 산고개 넘어가 뒤돌아보는 그
높은음자리표

이혜선, 「초가지붕, 화양연화」 전문

이 작품은 유년 시절의 고향에서 겨울을 준비하기 위하여 이루어졌던 초가지붕 잇기 행사를 소재로 과거를 회상하고 있다. 시제에서 이미 내비치고 있듯이, 유년 시절 고향에서 이루어진 이 행사는 화양연화였다. 말하자면 고향에서 유년의 삶은 가장 빛나고 즐겁던 한 때였던 것이다. 그리하여 이 유년의 고향 공간은 화평한 세계 인식을 촉발하는 체험원으로 보인다.

이 시의 화자는 철저하게 긍정적인 공간 인식을 노출하고 있다. 그것은 물론 자신이 거처하는 집이라는 평안과 휴식을 담보하는 장소이기 때문이다. 뿐만 아니라 그 누구에게나 유년의 공간은 추억의 미화과정을 통해 긍정적인 세계로 변모되는 경향이 있다.

이 시는 지붕을 잇는 과정이 작업 순서에 따라 섬세하고 감각적으로 묘사되고 있다. 특히 의태어 '두루루', 의성어 '스윽스윽', '추녀 끝에 삐죽 내민 볏짚을 가지런히 면도해주면'이라는 비유를 통해 감각성이 강화되고 있으며, 긍정적인 세계 인식을 드러내고 있다. 또한 1연의 결구 '횃불 아래 둘러앉은 저녁상에 막걸리 덕담이 구수하다'는 언표를 통해 노동을 마친 다음의 화평한 광경을 직접적으로 제시한다.

겉으로 보기에는
투박한 모습이지만
만지면 만져볼수록
어머니의 따스한 정을
느낄 수 있는 질그릇

너와 포근한 품에 담긴
먹거리마다 구수한 냄새가 진동하면
내 어린 시절 고향 마을이 떠오른다

그 질그릇을
두 손으로 받쳐들고
내 나이를 담을 때
아직도 모자라서
조금은 더 살고 싶다.

강준형, 「질그릇을 보면서」 전문

이 작품은 '질그릇'이 만들어내는 인위적 공간 그리고 질감을 통해 어머니와 어린 유년 시절의 고향 공간을 추억하고 있다. 1연은 '질그릇'이라는 사물의 질감으로부터 어머니의 정을 환기해낸다. 질그릇의 투박한 질감은 어머니의 품성과 동일화된다.

2연에서는 질그릇의 공간 속에 담긴 먹거리가 어린 시절 고향 마을을 환기하는 촉매 역할을 하고 있다. 화자는 질그릇에 담긴 음식들을 통해 유년의 고향을 추억한다. 그런데 그 추억은 수식어 '포근한'과 '구수한'의 감각을 통하여 긍정적이고 평화로운 풍경으로 드러난다.

3연에서는 현실로 이동하여, 그 질그릇의 남은 공간에 미래의 생애를 담고 싶다는 소망을 표출한다. 그 생애의 욕망은 '두 손으로 받쳐들고'라는 자세로 인해 간절하고 진지한 분위기를 연출한다. 즉 이 작품은 유년의 과거 공간으로부터 현재의 현실 공간으로 시상이 전개되면서 통시적인 공간 인식을 보이고 있다.

옛 건물이 허물린
학교 운동장 담벽 사이에
도시의 귀퉁이를 파고 든 기와집 한 채 서 있다
흙으로 돌아가지 못할 묵직한 목숨
집주인 할머니가
빗장 틀어진 대문 앞에 앉아 서리 맞고 있다

스무 살에 월북한 남편의 귀갓길
구멍 숭숭 뚫린 담벼락을 도시계획 세상 밖으로 내놓지 못했다
두 눈 부릅뜬 고집으로 지켜 온 집터에서
꼬깃꼬깃한 편지와 사진 속
차마 여물지 못한 햇살의 두 줄기를 붙잡고
배를 갈라 창자를 모두 꺼내놓고도
여든다섯의 깃털만 핥았다

이영선, 「박제」 부분

이 작품은 한 할머니의 인생을 퇴락한 '기와집'과 관련시켜 서사적으로

형상화하고 있다. 할머니는 85세가 될 때까지의 세월 동안 고집으로 '집터'라는 공간을 유지 확보하고 있다. 그 까닭은 월북한 지아비가 다시 찾아올 수 있도록 기다리는 것이다. 따라서 이 기와집이라는 공간은 단순한 사물로서의 의미가 아니라 월북한 지아비와의 관계를 존속시키는 상징물로 기능한다.

또한 이 집은 할머니의 생애가 고스란히 함축된 상징물이기도 하다. 집의 퇴락 과정이 할머니의 육체적 쇠락과 병치되어 있을 뿐 아니라 할아버지와의 기약할 수 없는 관계성도 배면에 깔려 있기 때문이다. 한편 이 작품에는 과거의 지아비의 월북 사건과 현재의 할머니의 지아비 기다림이라는 사건이 대조를 이루고 있다.

1연에는 할머니의 기다림의 자세와 기와집의 정경이 묘사되어 있다. "빗장 틀어진 대문 앞에 앉아 서리 맞고 있는" 집주인 할머니의 기다림의 자세는 집의 퇴락과 대비된다. "빗장이 틀어질" 정도로 가혹한 세월에도 할머니는 서리까지 참아내며 할아버지를 기다리는 인고와 극복의 자세를 보인다. 할머니가 유지하는 집의 공간은 '허물린', '빗장 틀어진' 부정적 이미지이지만 할머니의 자세는 기다림을 견지하는 불굴의 긍정적 이미지이다.

2연에는 집 나간 할아버지의 사연이 월북임을 공개한다. 그리고 이어서 할머니가 허물어져가는 집을 떠나지 못하는 사연이 할아버지의 귀가를 기다리는 것임도 제시된다. 지아비를 기다리며 한 생애를 보낸 할머니의 삶은 다양한 역정의 사연들로 점철되어 있다. 도시계획에 저항하면서까지 고집으로 버틴 것은 기다림의 공고한 태도 때문이다. 그러한 할머니의 삶은 "배를 갈라 창자를 모두 꺼내놓을" 정도로 치열하고 가혹한 것이었다.

가고 없는
그 자리
허물 벗은
공터에

스산한
마른 꿈들이
뒹굴고
쓸리어 가고

이제
나도
한 장
낙엽 되어
떠돌다

차가운
대지로
스며들 때,

여름날
무성한
매미 떼
울음소리

작열했던

뜨거운

숲은

앙상한 뼈로 남아

새들도

떠나고 없는

그대, 빈자리

휭 하니

눈 먼 바람,

떠돌고

있는,

배정미, 「그대, 빈자리」 전문

이 시는 시 제목 '그대, 빈자리'가 암시하듯이 현실의 실제 공간이라기보다 내면의 심리적 공간에 대해 형상화하고 있다. 화자는 그대가 떠나고 난 뒤의 상실감과 공허감의 심리 추이를 '빈자리'라는 공간 의식을 통해 표출하고 있는 것이다. 물론 그 내면의 공간 의식은 추상적이기 때문에 구체적인 사물과 공간감을 통해 묘사되고 있다. 말하자면 화자에게 그대가 떠나고 없는 상황은 '공터'로 인지되고 있다.

우선 1연은 그대가 떠났다는 사실을 제시한 다음, 떠나고 난 뒤의 심리적 상황을 '공터'로 은유하고 있다. 그런데 그대가 떠나고 난 뒤의 공터/내면공간에는 '허물' 즉 잔상 혹은 기억이 남아 있다. 2연은 그 내면공간의 심리적 추이인 쓸쓸함과 허무함을 '낙엽'의 부유를 통해 형상화하고 있다. 여기서 '낙엽'은 그대에 대한 화자의 기억 혹은 추억으로 보인다. 3연은 화자가 자신의 심리를 직접적으로 표출하고 있다. 예컨대 자신 역시 '낙엽'처럼 떠도는 상황을 직시하고 있다. 4연은 그대를 상실하고 낙엽처럼 방황하던 화자가 '차가운 대지'/침묵의 경지에 다다른 상황을 묘사하고 있다.

5연은 회고의 시점으로 여름날의 풍경을 제시한다. 그러나 '여름의 무성한 매미 떼 울음소리'로 형상화된 이 풍경은 단순한 서경에 머물지 않는다. 이 묘사는 그대와 '나' 사이의 열정적인 과거의 관계를 함축한다. 나아가 6연의 '작열했던 뜨거운 숲' 역시 헤어지기 이전의 둘 사이의 뜨거운 열정적 관계를 암시하는 공간으로 보인다. 그러나 6연의 마지막 결구는 7연과의 행간걸침을 통해 별리의 현재 상황을 드러낸다. 즉 과거의 '뜨거운 숲'은 현재 '앙상한 뼈'로 변화되고 만다. 심지어는 그대와의 별리는 철저한 공허감을 유발하는 공간으로 인지된다. 그 별리의 내면공간에는 '새'들도 떠나고 없으며, '눈 먼 바람'만이 횡행하고 있기 때문이다. 결국 이 시는 별리로 인한 공허한 내면공간을 구체적이고 감각적인 사물과 황량한 현실공간의 묘사를 통해 선명하게 형상화하고 있다.

마당은
어귀에다
나무를
세워 놓고

균형을

잡기 위해
새 한 마리
올려놓는다

그 사이
제 몸 낮추며
따라 도는
하얀
구름

석성환, 「마당과 오후」 전문

이 작품은 '마당'이라는 공간의 서경 묘사를 통해 정밀한 순간을 제시하고 있는 시조이다. 화자는 '마당' 공간을 초점화한 다음 주변 사물들의 움직임으로 시선을 돌리고 있다. 마당을 배경으로 나무, 새, 구름 사이의 조화가 정밀한 공간감을 조성하고 있다.

특히 이 시는 공간 지향성에서 유의미한 구조를 보이고 있다. 1연에서 '마당'은 존재론적 은유를 통해 행위주체가 된다. 그리하여 '마당'은 마당가에 '나무'를 수직으로 '세워 놓는다.' 예컨대 '나무'의 수직적 특성과 상부 지향성이 전경화되고 있다. 2연은 상부 지향성과 '균형을 잡기 위해' '새'를 앉힌다. 즉 하방 지향성을 지닌 새를 나뭇가지 위에 올려놓음으로써 균형감을 확보한다. 3연은 구름이 새와 나무 사이에서 하방을 지향하며 선회하고 있다. 여기서 '그 사이'는 공간감과 동시에 시간감을 중의적으로 드러낸다.

이 시는 공간 지향성에서 상방과 하방의 대립성을 통해 구조의 역동성을 확보한다. 또한 행위주체도 대립되어 구조적 역동성에 도움을 주고 있다. 예컨대 '마당'과 '구름'은 능동적 존재이고, '나무'와 '새'는 피동적 존재이다. 이러한 이중적 구조의 대립성은 3연에서 구름이 '도는' 회전을 통해 조화와 균형을 이루어 마침내 통합되고 있다. 이 시는 공간 지향성과 행위의 대립성을 의도적으로 설정함으로써 구조적 안정감과 균형감을 성취하고 있다.

전쟁으로 고향을 잃고
새로 고향을 얻은 곳
부초가 되어
24시 떠다니는 사람들,
알고 보면 우리는 본시
떠다니는 존재가 아니던가
캄보디아 톤레삽 호수
반짝이는 저녁노을 속으로
배들이 오고 간다
누가 이들을 더 이상
난민이라 하겠는가
바다같이 넓은 황톳물 호수에
붉은 해 지고 있다
우리 낯선 이들을 바라보는
집집마다 얼굴마다에
노을빛이 잔잔하다
흔들리는 물결 위에

여기, 흔들리는 물결 위에
보금자리 친 베트남
이방인들-

김광원, 「수상가옥」 전문

이 작품은 캄보디아 톤레삽 호수의 수상가옥 마을을 여행하면서 느낀 여수를 형상화한 기행시이다. 화자 입장에서 보면 공간 의식이 다층적이다. 우선 화자는 한국 사람이기 때문에 캄보디아라는 공간은 타국으로 인지된다. 나아가 더욱 초점화하면 화자는 지상이 아닌 호수 공간에 존재하고 있다. 더욱 초점화하면 그는 호수에서 수상가옥을 응시하고 있다. 따라서 화자가 접촉하고 응시하는 공간은 중층적이고 입체적이다.

화자는 톤레삽 호수의 수상가옥을 관람하며, 그들의 역사와 현재 상황을 생각한다. 그는 베트남 전쟁으로 인해 고향을 떠나 난민이 되었다가 수상마을에 정착했지만 여전히 부유할 수밖에 없는 사람들을 응시한다. 그리고 그들의 부유하는 삶을 인간의 본원적 유랑성으로 위로한다. 나아가 톤레삽 호수의 저녁 무렵 아름다운 풍경을 여행자의 관점에서 미학적으로 수용한다. 또한 그들의 시선으로 돌아가 우리 여행자들을 낙낙하게 바라보는 저들의 운명에 순응하는 태도를 감지한다.

'인생은 여행이다'는 은유를 바탕으로 한 이 작품은 마지막 부분에서 '흔들림'을 강조함으로써 인생의 속성을 드러낸다. 즉 인생은 고정되지 않고 유동적이며 방랑하는 것이라는 측면을 형상화하고 있다. 이 작품은 어떤 일정한 공간에 정주하지 않고 떠도는 베트남 난민들의 수상생활을 통해 인생의 부유성을 제시하고 있다.

사막에서 찬바람이 불어오는 어둔 밤
한 사람의 더운 숨이 조금씩 옅어진다
거대한 모래무덤 하나가 머리맡에 쌓인다

무거워진 낡은 몸은 껍데기일 뿐이야
눈동자 속 별무리가 먼 하늘로 건너간다
단숨에 저 높이까지 오르는 비행법을 아는지

여행자는 시간을 횡단하고 돌아간다
침상에 누운 채로 소혹성에 닿는 당신 잠잠한 우주 가운데
한 점 빛이 반짝, 뜬다

우은진, 「누가 별을 향해 걸어간다」 전문

이 작품은 인생의 삶과 죽음에 대해 형상화하고 있다. 삶과 죽음에 관여하는 지배적인 요소로 시간을 들 수 있다. 그런데 이 작품은 시간보다 오히려 공간 의식을 통해 죽음을 이해하고 있다. 현실세계의 삶의 공간은 '사막'으로, 사후세계의 죽음의 공간은 '우주'로 은유되고 있다. 물론 이 작품의 기저에는 '인생은 여행이다'는 기본개념은유가 자리잡고 있다. 즉 인생은 사막과 같은 생을 치루고 무한천공 우주를 향하여 여행을 떠나는 것이라는 개념인 것이다.

1연은 현생의 삶을 묘사하고 있다. 그 삶은 부정적이고 비극적인 모습으로 드러난다. 우선 그 공간이 불모의 황량한 '사막'으로 설정되고 있다. 또한 시간 역시 차단과 폐쇄 그리고 운동성이 저하되는 '어둔 밤'으로 제시되고 있다. 상황 또한 평화로운 조건이 아니라 생을 불편하게 하

는 '찬바람이 불어오는' 상태이다. 이러한 극도의 가혹한 현실 상황에서 존재는 조금씩 생기를 잃어가고 있다. 예컨대 삶은 죽음을 향하여 이동하고 있다.

2연은 영혼과 육체에 대한 이분법적 인식을 보인다. 우선 '낡은 몸은 껍데기' 언표를 통해 육체적 삶보다 정신적 삶의 가치를 중시하는 인식을 드러낸다. 그리하여 영혼 혹은 정신을 암시하는 '눈동자'의 '하늘'을 향한 비행에 주목한다. 즉 '사막'으로부터 '하늘'로의 여행을 삶의 과정으로 제시한다. 삶의 공간은 '사막'으로 '죽음'의 공간은 '하늘'로 대비 함축된다.

3연은 삶과 죽음을 순환론적 여행으로 인지하고 있다. 존재의 삶과 죽음은 '시간'을 통과하여 출발했던 공간으로 회귀하는 것임을 말하고 있는 것이다. 존재는 육체를 '침상'에 남겨두고 정신 혹은 영혼이 '별'이 되어 '우주'를 향하여 떠오르는 것이다. 이 시는 인생의 삶과 죽음을 공간 이동의 과정을 통해 감각적으로 선명하게 제시하고 있다.

지금까지 시인들의 작품을 통해 공간 의식의 형상화를 살펴보았다. 그 결과 시인들은 장소로서의 공간성을 작시 모티브로 삼고 있거나, 공간 지향성을 작품의 얼개로 삼아 구조적 역동성을 추구하거나, 공간의 함축적 의미를 시의 주제로 삼는 등의 다양한 시도를 하고 있음을 확인하였다. 인간의 공간에 대한 인식은 세계와 존재의 다양한 함축적 의미를 생산하는 중요한 요소인 것이다.

04
정서, 감동을 겨냥하는 마음의 총알

시는 아니 모든 예술은 독백이면서 독백이 아니다. 시의 창작 과정은 독백의 형식으로 진행된다. 그러나 외롭고 고통스러운 창작의 독백 과정을 통과하여 결국엔 독자와 소통하기를 바란다. 궁극적으로 소통은 교감을 바탕으로 공감을 겨냥한다. 단순하게 말하면 모든 예술은 독자를 감동시키려는 동일한 목적을 지향한다. 시인들은 자신의 시를 읽은 독자의 마음을 출렁거리고 싶은 욕망을 지니고 있다. 독자의 심금을 울리고 싶은 것이다. 마음 속 거문고를 둥기둥 울리고 싶은 것이다. 이를 위해 시인은 직관력과 통찰력과 상상력을 통해 존재와 세계의 비의를 드러내고자 한다.

독자 역시 감동을 받고 싶은 욕망 때문에 시를 읽는다. 시를 읽으며 불투명한 존재와 불가해한 세계의 비의를 알고 싶은 것이다. 이러한 앎의 과정을 통하여 조촐한 위안을 받고, 나아가 화평한 정서에 몰입하고 싶은 것이다. 독자는 시인이 구축한 시세계와 소통을 꿈꾼다. 시인과 교감을 통해 공감에 이르고자 한다. 시인이 매설해놓은 시세계에 기꺼이 감염되고자 한다. 독자는 시인이 상상력과 통찰력과 직관력을 통해 구축한 세계의 비의에 대해 일체화를 희망하는 것이다. 그리하여 시인과 독자는 흔쾌하게 서로 마음을 동일화시키고 싶은 것이다.

시인과 독자는 시를 매개로 서로의 마음을 소통하길 희구한다. 시를 고리로 하여 서로 교감하고 공감하길 소망한다. 이 공감과 감동을 유발하기 위해 최일선에서 복무하는 것은 정서이다. 정서는 마음결이다. 예컨대 정서는 사람의 마음에서 일어나는 여러 가지 감정을 말한다. 정서情緖(emotion)는 인간의 다양한 감정, 생각, 행동과 관련된 정신적이며 생리적 상태를 일컫는다. 정서는 주관적 경험으로 대개 기분, 기질, 성격 등과 관련이 있다. 특히 실존주의에서는 정서를 정신능력이라기보다 인간 존재를 구성하는 근본구조로 파악한다.

시인은 창작 과정에서 구체성을 강화하기 위하여 의미를 극화하려 함과 동시에 관념을 정서화하려고 한다. 서정시에서 정서는 자아와 세계를 결속시킬 뿐 아니라 삶의 세계를 활성화하기 때문이다. 시인의 의식은 정서적 행위이기 때문에 시의 세계는 동적이고 실존 그 자체로 간주된다. 시의 언어가 대상을 지시하는 의미론적 기능을 벗어나 삶의 리얼리티를 구현하는 이유는 시의 언어가 정서로 살아있는 언어일 때 가능하다. 시어는 의미의 기호가 아니라 의미의 육화 곧 구체화이다. 시가 가장 밀도 있고 풍부해지는 이유는 시어의 정서 때문이다.

시인의 추상적이고 관념적인 마음을 구체화하는 것은 결국 정서의 표출이다. 이 정서는 분위기 혹은 정조로 작품을 유기적으로 통일화시키는 기능을 담당한다. 나아가 극화된 정서는 독자와 시인을 동일화시키는 교감을 거쳐 감동의 궁극적 목표로 드러난다. 정서의 구체적 형상화는 감동의 원천이 되는 것이다. 이번 『시문학』 3월호에 발표된 작품들을 중심으로 정서의 형상화를 살펴보기로 한다.

아버지의 혈액형은 A형이다
끝이 뾰족한 창이다
창끝은 언제나
가난과 울분으로 어머니를 겨눈다

어머니의 혈액형은 B형이다
손잡이가 달린 방패다
방패는 당당히
아버지의 창끝을 막아선다

나의 혈액형은 AB형이다
방패에 창이 꽂힌 조형예술이다
더 밀고 들어가지도 못하고
더 막아낼 힘도 바닥난
영원이 응고된 사랑의 극치다

우리집은 늘 전쟁과 평화다

윤하섭, 「모순」 전문

이 작품은 우선 재미있다. 프랑스 시인 아르뛰르 랭보가 쓴 「모음」이라는 시에 "검은 A, 흰 E, 붉은 I, 푸른 U, 파란 O : 모음들이여" 구절처럼 영어 철자의 형태를 새롭게 의미 부여하는 것이 재미있다. 특히 혈액형의 영어 철자 형태를 빌어 아버지와 어머니 그리고 자식 사이의 관계를 구체화하고 있다. 부부의 역학관계와 가족 구성원들 사이의 특성을 '창과 방패'라는 '모순'의 성어를 활용하여 유쾌하게 형상화하고 있다. 가족 구성체의 '모순' 속성을 유머러스한 어조로 진술함으로써 밝고 환한 정서를 구현하고 있는 것이다.

아버지의 혈액형 A를 '끝이 뾰족한 창'으로 은유한 것은 가정 내에서의 아버지의 위상과 성격을 드러낸다. 그런데 그 아버지의 캐릭터는 어머니와의 관계를 통해 '가난과 울분'으로 전화된다. 어머니의 혈액형 B는 '손잡이가 달린 방패'로 은유된다. 그런데 그 방패의 역할은 아버지의 '창끝'을 막는 기능을 담당한다. 예컨대 아버지와 어머니의 대립적 역학관계를 영어 철자 A와 B의 형태를 유추하여 구체화하고 있다.

시적 화자 '나'는 부모의 혈액형을 공유한 AB형이다. 자식의 혈액형 AB형은 '방패에 창이 꽂힌 조형예술'로 은유된다. 나아가 중복은유 '영원이 응고된 사랑의 극치'로 중첩되고 있다. 창과 방패라는 부부의 모순된 역학관계가 자식에게 전이되어 '사랑의 극치'로 승화되고 있는 것이다. 이 작품은 영어 철자 형태로부터 부모의 캐릭터를 의미화하고, 그 캐릭터를 다시 창과 방패라는 '모순'의 관계로 대립 설정하는 발상이 참신하다. 나아가 이 '모순'의 관계는 '자식'을 통해 '사랑의 극치'로 극복된다. 뿐만 아니라 부부의 관계를 마지막 연에서 '사랑과 전쟁'으로 요약함으로써 인생의 '모순'으로까지 확장된다. 특히 시상 전개 과정도 논리적이고 구조적이어서 통일감과 안정감을 드러내고 있다.

종이컵도 한번 마시고 버리기엔 조금 아깝다
꼭 그만큼 아까운 것들이 이빨 사이에 끼어

입안을 뒤숭숭하게 하는 인연들이 있다

종이컵처럼 두 번 세 번 쓰면
허물어져서 물이 새는
그래서 일회용이라고 이름붙인
종이컵 같은 인연들이 있다

던지지 마라
보이지 않는 것이 더 질기느니
간단명료한 인연이란 없는 것
인연의 그늘을 햇살에 내놓으면
석달 열흘에도 잘 마르지 않는다

삼천 날을 삼천 번 더해도
개운하지 않게 입안을 맴도는 인연이 있다

신달자, 「종이컵」 전문

이 작품은 '종이컵'이라는 사물을 통해 '인연'의 중요성을 형상화하고 있다. 현대사회의 표피적이고 부박한 인간관계를 간접적으로 질타하고 경계하고 있다. 단호하고 명령적인 어투를 사용하여 인연의 소중함이라는 의미를 강조하고 있다. 특히 현대사회의 경박한 인간관계를 일회용 종이컵에 빌어 아쉬움과 허전함의 정서를 드러내고 있다. 그러나 그 정서는 명령조 어투 '마라'와 서술형 종지법 '--다'로 인해 객관성과 담담함을 유지하고 있다.

1연은 일회용 종이컵을 사용하고 용도 폐기하기엔 아쉬움이 있다는 정서를 통해 인간관계에서의 아쉬움이 남는 인연을 토로하고 있다. 물론 2연에서처럼 화자는 살다보면 일회용 종이컵 같은 인연들도 존재함을 인식하고 있다. 그러나 3연에서는 인연의 소중한 가치를 다양한 관점으로 제시한다. 우선 '보이지 않는' 인연이 더욱 소중하고 오래 지속된다는 속성을 드러낸다. 이어서 세상의 모든 인연이 간단명료하지 않다는 특성에 대해서도 언급한다. 마지막으로 인연이란 오랜 시간이 경과해도 결코 소멸되지 않는 것이므로 소중하게 다루어야 한다는 경계를 말한다. 4연에서는 인연의 가치란 시간을 초월하여 유지 존속하는 것임을 부연하여 강조한다.

이 시는 인간사회의 인연의 소중함을 '종이컵'을 대상으로 형상화하고 있다. 현대사회의 인연들이 일회용 종이컵처럼 가볍게 처리되고 있음을 아쉬움의 정서로 설파하고 있다. 동시에 이상적인 인간관계란 인연을 소중하게 여기는 자세로 드러나야 한다는 당위론적 교훈을 제시하고 있다. 결국 이 작품에는 시인이 주장하는 인연의 가치가 강조됨으로써 객관적이고 교훈적인 정서가 부각되고 있다.

이웃집 여자가 검불을 떼어주며 좀 조신하게 다니려무나 했을 때 어쩌면 저 여자가 내 엄마일지도 몰라 생각했다 더 어릴 적엔 이모 뒤만 따라다녔다 통치마 끝으로 살짝살짝 보이는 종아리가 유난히 희였고 말끝에 섞이는 웃음소리가 포도알처럼 탱글탱글했다 그림자처럼 따라다니면서 그녀 속의 나를 찾느라고 온몸이 축축하게 젖곤 했다 언젠가는 집에 놀러온 외숙모의 헌출한 키에 반해 혹시 이 여자가

엄마는 늘 혼만 냈다

피가 나도록 손톱을 짧게 깎아 주었고 머리도 고무줄로 단단하게 묶어야 했다 너무 아파서 짜증이라도 내면 가차 없이 어깨를 내리쳤다 해가 설핏해지도록 나가 놀면 나를 큰소리로 불렀다 저무는 석양이 빨갛게 골을 냈지만 엄마는 단호했다

그러나 장날이면 신바람이 났다

비단 치마 저고리에 깨끗하게 닦은 흰 고무신을 꺼내 신고 대문을 나서는 엄마의 귀밑머리에서 자르르 분 냄새가 흘렀기 때문, 엄마의 그림자에 묻어오는 사내들의 발자국 소리를 기다리느라고 온종일 달떠서 동구 밖을 내다보았다

좀 더 나이가 들자 나는 그 많은 엄마들을 꺼내 장롱 속에 가두었다

허순행, 「반역」 전문

이 작품은 여성 화자가 어머니와의 관계에 대한 유년 체험을 형상화한 이야기 시이다. 어머니를 관찰한 유년의 화자가 이상적인 어머니상과 현실적인 어머니상 사이에서 방황하는 심리를 주된 모티브로 하고 있다. 그런데 화자가 마치 「사랑방 손님과 어머니」에 나오는 '옥희'처럼 순진무구한 소녀로 설정되어 있다. 따라서 이 작품의 정서적 분위기는 맑고 따뜻하고 순수한 느낌을 불러일으킨다. 특히 작품 속의 화자만 모르는 기지의 사실을 독자는 이미 알고 있는 데서 오는 아이러니적 상황을 노출한다.

1연에서 화자는 이상적인 어머니상을 어머니가 아닌 다른 여성들을 통해 발견하고 추종한다. 예컨대 친절한 보살핌을 보여주는 '이웃집 여자'로부터 어머니의 정과 배려를 감득한다. 또한 아름답고 밝은 심성을 지닌 '이모'로부터 여성성을 지닌 어머니상을 부러워하기도 한다. 그리고

큰 키의 '외숙모'로부터 실제의 어머니가 결핍하고 있는 모습을 흠모하기도 한다. 이러한 화자의 심리는 실제 자신의 어머니가 결핍하고 있는 부분을 주변의 타자로부터 보상받으려는 것이다. 물론 현실의 어머니를 벗어나 이상적인 어머니를 추구하는 소녀의 심리를 반영한 것이기도 하다.

2연은 현실의 실제 어머니 모습을 그리고 있다. 현실의 어머니는 항상 어린 소녀에게 꾸중만을 일삼는 단호한 태도를 보인다. 그러나 언제나 냉정하고 생활에 파묻힌 어머니가 장날이면 '여자'로 변모한다. 이에 대해 어린 화자는 이상적인 어머니 모습을 발견하고 설레는 마음을 갖는다. 이 시는 마치 성장소설에서처럼 어린 소녀가 어머니를 모델로 '여자'로 성장해가는 과정의 추이를 순진하게 묘사하고 있다. 마지막 연에서 유년을 건너온 소녀는 어느덧 어머니가 되어 이제는 어린 시절 흠모했던 이상적인 어머니 상을 마음속에 고이 간직한다. 이 작품은 유년의 순수했던 심리를 시적 대상으로 하면서 순진하고 맑은 정서를 효과적으로 극화하고 있다.

한 끼 밥이 외줄에 매달려
70미터 상공을 오른다
올려보는 이와 내려보는 이의 시선이
허공에서 길을 잃고

바람에 흔들리는 건
밧줄만이 아니었다
굴뚝에 오른 그 날부터
흔들리지 않은 날이 있었을까

그림자 뭉개진 공장 벽에는
실핏줄 같은 불빛이 스며들어
남은 자들의
살아서 죽은 날들이
중력을 잃고 떠다닌다

스물여섯 번째의 꽃상여가 나가고
칼바람에 제 살점 저미며
삼보일배 오체투지
하늘이 내려앉다가 얼어붙는 밤,

땅과 하늘 사이에 매인
가족과 따스한 밥 한 끼가 굴뚝같은
여기, 사람 있어요
밥 짓는 연기가 피어오르던
유년의 별 하나가 · · ·

옥효정, 「굴뚝밥」 전문

이 시는 노동현장의 투쟁 장면을 실감나게 묘사하고 있다. 노동자들의 시위 및 집회의 내용은 구체적으로 드러나 있지 않지만 그들의 생존을 위한 투쟁이 연민과 공감의 정서로 구체화되고 있다. 특히 불온한 현실과 부조리한 시대를 시적 대상으로 삼고 있는 시에서 흔히 보이는 분노와 적개심은 드러나지 않는다. 오로지 이 작품은 노동자의 편에서 그들의 현실을 객관적으로 담담하게 전달하려는 태도를 유지한다. 물론 이면에는 그들의 생존을 향한 투쟁에 대해 동조하고 안타까워하는 심리가 내재되어 있다.

1, 2연은 공장 굴뚝에 올라가 시위하는 노동자들의 상황이 제시되고 있다. 그런데 그들의 투쟁 이유는 '한 끼 밥' 즉 생존권을 위한 것이다. 더군다나 이는 '외줄에 매달려' 있는 것이어서 위태롭고 위험한 상태이다. 이러한 상황을 응시하는 모든 이들은 해결책이 제시되지 않아서 '길을 잃고' 부유하고 있다. 즉 현실과 미래 모두 '흔들리는 날들'인 것이다. 노동자들의 현실은 바람 타는 가혹하고 위태로운 상황에 처해 있다.

3, 4연은 더욱 가혹한 노동 현실이 감각적으로 형상화되고 있다. 노동 현실은 '그림자'조차 뭉개질 정도로 엄혹한 상황이며, 그들이 처한 어둠은 환한 불빛이 아니라 가느다란 '실핏줄' 같은 불빛이 비추는 불투명한 상태인 것이다. 그리하여 노동자들의 삶은 살아 있지만 '죽은 날들'이 지향점을 잃고 방황하는 위태롭기 그지없을 뿐이다. 노동투쟁 현장에서 목숨을 잃은 노동자가 스물여섯 명이나 된다는 가혹한 현실은 '하늘도 내려앉다가 얼어붙는' 엄동의 계절로 드러난다. 노동 현실과 세계가 '칼바람에 제 살점' 베이는 부정적 장면으로 극화되고 있다.

5연은 화자의 노동 현실에 대한 외침과 호소가 맞물려 형상화되어 있다. 이 현실은 '땅과 하늘' 사이 즉 이상과 현실 사이에 '매인'/구속된 상황이다. 그리고 결국 노동자들은 '사람'이라는 것이다. 여기서 사람은 곧 하늘이라는 인내천人乃天 사상이 드러난다. 그들이 투쟁하는 것은 어떤 정치적 이데올로기 때문이 아니라 한 인간으로서의 가족을 위한 생존권 때문이라는 명분 때문인 것이다. 예컨대 유년 시절 순수한 소망/'별'과 같은 이상적 삶을 위한 것이다. 이 시는 가혹한 노동 현실을 분노와 공격성을 절제하고, 연민과 안타까움의 정서로 형상화함으로써 공감의 진폭을 확장하여 호소력을 강화하고 있다.

먹통 같은 터널을 지나온 기차가
간이역에 서서 꿈쩍도 하지 않았다

불시착한 비행기는 바퀴가 빠지고 심장이 멎었다

우주까지 날아가고 싶었던 연들이
낙엽처럼 추락한다

석양녘에서 떨며 몸부림치는 황혼의 이파리들
풍화된 늑골의 나목이 창백하다

새들은 해골처럼 서 있는 안나푸르나의 빙벽을 알까
수직의 유리벽으로 세워진
히말라야 설산에 매달린 목숨이 흔들린다

입 벌린 악어들의 크레바스
노려보던 아마존의 포식자가 심장을 물어뜯는다

핏빛으로 물드는 강물의 일상이 흐르는 초원
사자갈기에 매달렸어도
끝내 창을 놓지 못하는 마사이 전사가 눈을 부릅뜬다

냉혹한 사막의 밤
낙타들의 뼈를 묻는 모래바람을 뚫고

철이의 꿈을 실은 은하철도 999는 언제쯤 출발할까

검은 계단을 오르는 태풍의 발자국 소리에
날개들의 추락은 끝이 없다

김명경, 「중년의 판화」 전문

이 시는 시제 '중년의 판화'가 암시하는 것처럼 중년의 상황을 우울하고 암담한 정서로 형상화하고 있다. 이와 같은 비극적이고 허무한 정서는 작품 전체를 관통함으로써 유기성과 통일성을 획득하고 있다. 특히 이러한 정서는 각 연에서 반복 부연되는 부정적이고 비극적인 서술형 종지법에 크게 의존하고 있다. 예컨대 "앓았다, 멎었다, 추락한다, 창백하다, 흔들린다, 물어뜯는다, 부릅뜬다"라는 서술어는 이 시의 전반에 걸쳐 비극적인 허무의 정서를 강화한다. 시인은 인생의 중년을 '판화'를 매체로 하여 시각적으로 구상화하고 있는 것이다.

1, 2, 3연은 '기차, 비행기, 연'을 대상으로 중년의 절망감을 드러내고 있다. 먼저 중년에 이르기까지의 인생은 '먹통 같은 터널'을 통해 암울하고 절망적인 상태였음을 부조한다. 그런데 중년에 이르러서도 '기차'는 멈추어버린 상태로 더욱 절망적인 상황에 처한다. 심지어 '비행기'도 불시착한 상태이면서 고장이 나고만 상황에 처해 있다. 살아오면서 간직했었던 소망이나 꿈같은 것들도 추락한 상태이다. 시인은 중년에 이르는 과정을 반복 중첩하여 암울하고 절망적인 상황으로 판화에 부정적으

로 새기고 있다.

4, 5, 6연 역시 '히말라야, 아마존, 아프리카 초원'의 풍광을 통해 중년의 정서를 판화에 새기듯 그려내고 있다. 중년의 풍경은 히말라야 안나푸르나 빙벽에 매달려 흔들리는 목숨으로 조형되고 있다. 심지어 아마존의 포식자가 심장을 물어뜯는 상황으로 극화되기도 한다. 나아가 아프리카 초원에서 사자와 맞닥뜨린 마사이 전사로도 그려지고 있다. 여기서는 중년에 도달한 화자의 상황을 여러 대륙의 공간적 상황을 통해 드러낸다. 그런데 모든 상황 역시 위태롭고 위험한 부정적 상황으로 드러난다. 시인은 중년의 상황을 생명이 위태로운 긴박한 위기의 정서로 인지하고 있는 것이다.

7, 8, 9연은 중년의 현재 상황을 묘사하고 있다. 중년은 '냉혹한 사막의 밤'으로 은유되고 있다. 불모의 사막은 생명을 유지하기에 가혹한 공간이다. 특히 모래바람 부는 현실에서 유년에 꿈꾸었던 순수성이 지속될지에 대한 회의적인 태도를 노출하고 있다. 이제는 순수하고 천진난만했던 유년의 소망이나 희구도 소멸해버린 것이 아닐까하는 허무적인 자세를 보이는 것이다. 그러한 회의적이고 비극적인 태도는 마지막 연의 '날개들의 추락은 끝이 없다'로 드러난다. 이 작품은 인생의 암울하고 부정적인 중년을 비극적이고 허무적인 정서로 '판화'처럼 시각적으로 그려내고 있다.

> 철계단에 달라붙는
> 검은 체온
> 종이 두르고 누운 입이 하품을 한다
> 입구의 바람이
> 허기진 뱃속으로 들랑이고

서리진 입김
내 앞을 가로 지른다

지하철 R의 문에 잘린
시간의 토막
주워들은 말 속에 딸려온 스트레스까지
치닫는 졸음도
삶의 무게에 널브러져 굉음 속으로 투하되고
지하도 밑 겨울은
지하철과는 상관없는 새 떼들이 득실거린다
벽을 두르고 누운 자는
날아갈 곳을 차지 않아도 되는 새 떼들의 틈에서
죽은 듯 하루를 벗는다

손정아, 「지하도 밑 겨울」 부분

이 시는 지하도에서 노숙하는 사람들의 암울한 겨울나기 풍경을 객관적이고 담담한 태도로 묘사하고 있다. 시적 대상에 대한 시인의 정서는 직접적으로 노출되지 않고 보고자적 시각을 견지하려 한다. 다만 시적 대상인 노숙자들의 가혹한 삶을 치밀하게 묘사하는 데서 오는 의미론적 참담함이 드러내는 우울과 절망의 정서적 분위기를 조성하고 있다. 말하자면 미래 전망이 없는 노숙자들의 현재적 삶이 부각하는 출구 없는 좌절과 절망의식이 이 작품의 정서를 견인하고 있는 것이다.

1연에서 화자는 지하도 밑에서 겨울을 견디고 있는 노숙자의 육체적 고통을 부정적 상황으로 묘사하고 있다. 노숙자의 육체적 상황은 '체온,

입, 뱃속, 입김' 등과 같은 신체 어휘의 반복적인 채택을 통해 초점화되고 있다. 우선 노숙자의 '체온'은 차갑고 단호한 이미지를 환기하는 '철계단'에 접촉되어 '검은'색으로 시각화되고 있다. '체온'이 '철'과 '검은'색이 부각하는 냉혹하고 비정한 이미지로 은유되고 있는 것이다. 나아가 골판지를 이불 삼아 두른 노숙자가 무료하고 권태로운 '하품'을 하는 풍경이 제시된다. 또한 지하철 입구를 통해 쏟아져 들어오는 거센 바람이 '허기진 뱃속'으로 흡입된다. 이는 정작 허기가 요구하는 음식물 대신 차가운 '바람'이 흡입되는 역설적 상황을 드러낸다. 그리고 인간의 입김은 체온으로 인해 따뜻한 입김이어야 함에도 '서리'가 진 상황이다. 노숙자의 참혹하고 비극적인 육체적 상황이 극단적으로 표출되고 있는 것이다.

2연에서 노숙자의 삶은 더욱 비극적으로 형상화되고 있다. 그의 시간은 순차적으로 연결되어 진행하지 않고 '토막'난 상태이다. 이는 그의 삶이 불연속적으로 절연되어 있음을 암시한다. 그리고 '스트레스'에 침윤된 그의 삶은 행동력을 저하하는 무기력한 '졸음'으로 나아간다. 이 모든 부정적인 노숙자의 삶의 조건들은 결국엔 '삶의 무게'를 이기지 못하고 지하철 '굉음'에 묻혀 소멸되고 만다. 뿐만 아니라 창공을 향하여 날지 못하는 새 떼들이 서식하는 음습한 지하철 안에서 살아 있으나 '죽은 듯' 하루를 소진하는 상황에 처해 있다. 이는 사방이 '벽'으로 된 지하철 안에 유폐된 노숙자의 비극적 상황을 극단적으로 드러낸 것에 다름 아니다. 결국 이 시는 희망 없는 미래에 감금된 채 음습하고 암울한 지하철 안에서 하루를 소진하는 노숙자의 비극적 정서를 형상화하고 있다.

현대시에서 정서는 독자와의 교감을 통해 공감에 도달하는 매개체 역할을 담당하고 있다. 시인들은 시적 분위기 즉 정서의 구축을 위해 다양한 시적 어법을 구사하려고 노력한다. 시에서 정서는 시인의 마음을 드러내는 창문의 역할을 한다. 시인과 독자는 정서를 매개로 마음의 소통을 유지한다. 시인은 추상적이고 관념적인 정서를 구체적으로 환기하기 위하여 시어 운용에 고심한다. 그리하여 효과적으로 조성된 정서 즉 시적 분위기는 구조적 안정감과 통일성을 제공한다. 시인과 독자는 구체적이고 선명하게 구축된 정서를 통해 서로 마음을 교통하게 된다. 그 결과 현대시는 공감과 감동의 울림으로 그 위의를 확보하게 될 것이다.

05 W.W.W., SNS, TWITTER, 그리고 관계

당대에 회자되는 용어 혹은 어휘는 시대상을 반영한다. 1980년대 초반 군사정권 시절에 어느 개그맨은 '자연스럽게'라는 어휘를 유행시켰다. 이 어휘는 대중들에게 전폭적으로 각광받았다. 그야 물론 현명한 대중들이 당대의 '부자연스런' 시대 분위기를 의식적 무의식적으로 느끼고 있었기 때문이다. 그리고 보면 이 '자연스럽게'라는 어휘가 표방하는 노자의 무위자연이라는 철학적 개념을 유행시킨 것은 개그맨이 아니라 당대를 산 대중들이었다. 대중들은 당대의 원망과 기대를 적확한 유행어로 드러내곤 한다. 그런데 이 '자연스럽게'는 시대를 관통하여 요즘도 여전히 유효기간이 만료되지 않고 있는 것으로 보인다.

요즈음 회자되는 용어는 '소통' 혹은 '힐링'이라는 어휘이다. '힐링'이 부각되는 이유는 현대인들이 아프기 때문이다. 현대인들이 아픈 이유는 삶의 조건 때문이다. 우리가 살아가는 지구는 신자유주의가 지배하는 가혹한 상황에 처해 있다. 신자유주의는 국가 간, 지역 간의 경계를 허물고 무한 경쟁을 부추기는 이념이다. 정치, 경제, 문화, 사회 모든 부면에 걸쳐 경계를 제거하고 소통을 자유롭게 하자는 제국주의적 이념이다. 표면상 소통은 자유롭되, 이면상 경쟁은 치열하다. 하여 무한경쟁에 내몰린 현대인들은 심신이 과부하에 걸려 수시로 '힐링'을 부르짖는다. 예컨대 현대는 치유가 필수적인 시대가 되어버렸다.

한편 '소통'이 부각되는 시대적 이유는 분명하다. 요즘 한국사회가 불통하고 있기 때문이다. 그런데 현대는 정보화시대이다. 인터넷의 발달로 인하여 전 지구적 뉴스가 실시간으로 유통되고 있다. 말하자면 소통이 활발한 시대이다. 그런데 아이러니컬하게도 불통이 만연하고 있으며, 따라서 '소통'이 강조되는 형국인 것이다. 이는 소통의 환경은 유효적절하나, 그 소통을 주도하는 인간의 자세가 '소통'스럽지 못하기 때문이다. 소통은 교감을 통하여 공감에 이르는 과정이다. 그런데 소통은 활발하나 교감과 공감의 결론에 이르지는 못하고 있다. 이는 소통의 상대에 대한 존중심과 배려심의 결여 때문일 것이다.

어찌됐든, 요즘 World Wide Web을 지칭하는 W.W.W.는 정보화시대의 특징을 그대로 상징한다. 예컨대 현대는 정보의 소통이 넓게 펼쳐진 거미줄과 같다는 것이다. 세상에 거미줄처럼 서로 연결되어 있는 정보망으로 인해 인간은 소통이 활발한 시대를 살고 있다. 뿐만 아니라 Social Network Services를 뜻하는 SNS 역시 소통의 시대상을 반영하고 있다. 현대사회는 네트워크로 서로 긴밀하게 연결되어 있기 때문이다. 나아가 지저귐을 뜻하는 TWITTER 역시 소통의 상징으로 서로 의견을 지저귀는 상황을 암시하고 있기 때문이다. 이러한 신자유주의 정보화시대에 인간은 역설적으로 '소통'과 '힐링'을 부단히 요구하고 주문한다.

따라서 시대의 징후에 민감하고 섬세한 시인들이 이러한 시대 상황을 상상력을 통해 어떻게 형상화하고 있는지 살펴보는 것은 흥미로운 일이다.

> 평소 사람들이 '폭'자字를 즐겨 쓰니까,
> 하늘도 이에 화답하듯,
> '폭염'을 하사하시다
> 개만 혀가 한 발 빠진 게 아니라,
> 사람도 혓바닥이 축 늘어졌다

김시종,「자업자득」 전문

이 작품은 인간과 '하늘'의 네트워크 즉 관계를 형상화하고 있다. 인간은 '폭'이라는 글자를 즐겨 사용하는 존재로 간접화되어 표상된다. 그 '폭'이라는 글자는 물론 '暴'일 것이다. 이 '폭'이라는 글자는 세상의 모든 폭력적인 기제를 상징하는 문자이다. 인간은 서로 간에 화합하지 못하고 폭력을 행사하는 관계를 형성하고 있다. 인간의 폭력에 대한 경도와 만연은 화자의 '즐겨 쓰니까'라는 일종의 야유와 비판을 통해 강화되고 있다. 특히 '평소'라는 부사어는 시간 층위에서 폭력이 쉼 없이 일어나고 있음을 강조한다. 말하자면 '폭력'은 일상적인 것이지 특별한 것이 아니다.

이러한 인간의 폭력 선호 혹은 세상에 만연한 폭력적 상황에 소통/대응하는 '하늘'의 태도는 겉으로는 '화답'과 '하사'를 통해 긍정적인 것으로 드러난다. '화답'이 자극에 대한 긍정적인 반응을 의미하고, '하사'가 칭찬과 포상의 의미로 선물을 주는 행위이기 때문이다. 그러나 역설적이게도 '하늘'이 하사하는 선물은 '폭염'이다. 따라서 이면적으로 '하늘'의 태도는 징벌적인 것으로 드러난다. 여기서 화자의 '하늘'에 대한 자세는 '하시다'의 존칭어간 '--시'의 사용으로 인해 매우 공경하는 것으로 보인다. 그러나 하사하는 대상이 '폭염'이기 때문에 '하늘'의 입장과 화자의 태도는 불일치되고 있다. 이와 같은 모순어법은 화자의 인간 폭력성에 대한 비꼼 혹은 야유의 아이러니를 발생시킨다.

이 작품의 인간 폭력성에 대한 풍자는 유교의 인과응보, 혹은 기독교의 '뿌린 대로 거두리라'는 경구와 일맥상통한다. '하늘'의 폭염 하사로 인하여 세상은 염천지경이 되었다. 그리하여 '개'도 혀를 늘어뜨린 채 폭염의 형벌을 견디고 있다. 그러나 바로 다음 행에 인간의 형벌 자세도 앞 행의 '개'처럼 혓바닥을 축 늘어뜨린 것으로 묘사 병치되고 있다. 이러한 병치의 시적 효과는 '개'와 '인간'을 등가적으로 인지하도록 유도한다. 그러나 그 방향성은 '개'로부터 '인간'으로가 아니라, 그 반대 즉 '인간'으로부터 '개'로 드러난다. 말하자면 화자는 폭력성으로 인해 인간 세상이 개판이 되었다는 것을 표상하고 싶은 것이다.

우리 서로 이쯤에서
옆으로 좀 비켜서
먹먹하게 바라보기로 하자

때로 따로 돌다가도
너더댓 걸음 뒤처져
가끔씩 몰래 흘깃 훔쳐보기

때마다 더듬어 허덕일 속살
비틀림 미쳐서 뒤집히다가
여느 틈새 하나도 못 미칠

돌아와 홀로 그 그윽하게

김형오, 「덜 먹먹하게」 전문

이 시는 소통의 관계 양상/태도에 대해 형상화하고 있다. 그 관계 양상은 '먹먹하게'로 표상된다. 말하자면 서로 뜨겁거나 긴밀한 관계 맺음이 아니라 어느 정도 거리를 두고 소원한 관계를 유지하자는 것이다. 그 이유나 목적은 시 제목이 암시하는 것처럼 결국은 '덜 먹먹하게' 관계를 유지하기 위한 것이다. 예컨대 '덜 먹먹한' 관계를 유지하기 위하여 이율배반적으로 '먹먹하게' 바라보는 방법론을 채택하고 있는 것이다. 이는 인간들 사이의 관계 맺음이 너무 직접적이면 주관에 함몰되어 애정 과잉 현상이 야기되기 때문에 어느 정도 거리를 유지한 객관적인 자세로 서로를 존중하는 태도를 갖자는 것이다.

이 시에서 바라보는 자와 바라보이는 자, 즉 주체자와 객체자는 구체적으로 드러나지 않고 있다. 다만 바라보는 주체자는 시적 화자일 것이고, 바라보이는 객체자는 너/그대/당신 정도일 것이다. 그런데 그 주체자와 객체자는 한몸 지어져 '우리'로 표상되고 있다. 그리하여 숨어있는 화자는 '우리' '옆으로 좀 비켜서' '먹먹하게' 바라보는 관계를 유지하자고 요청한다. 여기서 전라도 표준어인 '먹먹하게'는 '막막하게' 혹은 '아슴하게' 혹은 약간 '무관하게' 등의 의미를 함의한다. 화자는 '우리'의 관계가 서로에게 구속이나 강박으로 작용하는 것이 아니라 어느 정도 자유로운 관계를 지닐 것을 소망한다.

서로 간의 거리를 어느 정도 유지함으로써 구속과 강박을 벗어나자는 화자의 바람은 2연에서 거리감을 드러내는 시어 '따로'와 '뒤처져'로 중복 강화되고 있다. 나아가 "가끔씩 몰래 흘깃 훔쳐보기" 행위를 통해 관계가 단절되는 것을 방지하고 관계의 결속성을 유지시킨다. 3연은 서로 간의 긴밀하고 밀접한 관계성을 '비틀림', '미침', '뒤집힘' 등과 같은 비정상적인 의미를 지닌 시어를 통해 부정적으로 묘사하고 있다. 예컨대 서로 간의 '속살을 더듬는' 밀접한 관계는 부정적 결말을 예비하는 것이다. 그리하여 그러한 관계는 궁극적으로 '틈새 하나도 못 미치'는 불완전하고 부정적인 결론을 도출한다는 것이다. 때문에 화자는 서로 어느 정도 '그윽하게' 응시하는 빈틈 있는 관계 설정을 통하여 서로를 존중하는 '먹먹한' 네트워크를 구축하려는 것이다.

부여로 가는 길
칸나의 눈썹

부여로 가는 길
풀벌레의 입술

작은 것은 슬프다

백마강 어디쯤
내 손매듭 어디쯤

나는 남향을 보고 간다

저쪽,
풀밭에 서 있는 내 사랑

유정옥, 「나는 남향을 보고 간다」 전문

이 작품은 '부여' 기행을 묘사한 서정시이다. 그런데 의도적으로 감각과 관련 상황을 지워버리고 공소(blank)를 많이 배치함으로써 독자들에게 상상의 공간을 마련하고 있다. 부여는 백제의 수도이다. 뿐만 아니라 부여는 멸망한 제국의 쓸쓸하고 애잔한 정서를 환기하는 도읍이기도 하다. 여하튼 화자는 '부여'를 향하여 기행을 떠난다. 그 도정에서 화자는 '칸나'와 '풀벌레'와 만난다. 만남은 소통이다. 그러나 이 소통은 교감이나 공감의 단계에까지 도달하지 못한다. 화자가 만나는 대상 칸나와 풀벌레는 오로지 화자에게만 의미가 있는 객관적 매체일 뿐이다. 칸나와 풀벌레는 단지 정물일 뿐인 것이다.

그러나 화자는 그 정물 대상 '칸나'와 '풀벌레'를 존재론적 은유를 통하여 인지한다. 예컨대 화자는 모두 '눈썹'과 '입술'이라는 인간의 기관을 통해 그들과 소통한다. 그 소통으로 인해 화자는 "작은 것은 슬프다"는 정서를 언표한다. 말하자면 화자에게는 '부여'가 상징하는 역사적 홍망성쇠보다도 '작은 것'인 칸나와 풀벌레만이 유의미하다. 화자에게는 역사적 상상력보다 친자연적 상상력이 우세하기 때문이다. 부여 기행 중에 만난 식물과 곤충에 대한 애정은 기실 자연 사물의 삶과 죽음에 대한 존재론적 사색에 화자가 경도되어 있음을 보여준다. 칸나와 풀벌레의 존재론적 운명 때문에 화자는 슬픔을 느낀다. 이는 달리 말하면 화자와 칸나, 풀벌레가 등가적으로 동일화되기 때문에 '슬픔'을 공유하게 되는 것이다.

'백마강'이 환기하는 역사의 굽이 어느 곳 혹은 '내 손매듭'이 환기하는 화자의 인생사 곡절 어느 곳에서든 '슬픔'이 소통된다. 이는 화자의 '사랑'이 '저쪽'에 존재하기 때문이다. 화자와 사랑은 서로 일체화되지 못하고 분리되어 있다. 예컨대 화자와 사랑은 소통을 통해 공감 영역을 확보하지 못하고 있는 것이다. 그럼에도 화자는 "풀밭에 서 있는 내 사랑"을 향하여 다가가는 행위를 멈추지 않는다. 소통의 결과로서의 완전한 공감을 꿈꾸는 것이다. 그리하여 이 시는 화자 혼자만의 사랑을 추구하는 내적 독백으로 읽혀진다.

> 그리워라
> 햇살이 돌담에 기대어 볕바라기 하는 골목
> 그리워라
> 왁자하던 아이들 뿔뿔이 흩어지는 타작마당
> 그리워라
> 북풍 시린 하늘에 늦도록 걸려 있는 까치밥
> 그리워라

김석규, 「그리운 겨울」 전문

이 시는 지나와버린 시간과의 소통을 형상화하고 있다. 화자는 유년의 공간을 수채화처럼 정갈하게 묘사하고 있다. 그 유년의 공간은 이제는 돌아갈 수 없는 과거의 시간이어서 풍경은 애잔한 슬픔의 정조로 침윤되어 있다. 이는 현재 화자가 현실과 불화를 겪고 있기 때문일지도 모른다. 왜냐하면 화자가 그리워하는 유년 공간은 화평한 풍경으로 제시되고 있기 때문이다. 화자는 현실과의 소통 불화를 과거 유년 공간에 대한 추억으로 보상받고 있다.

이 시는 특히 형식의 규제미가 돋보이는 작품이다. 1, 3, 5, 7행에서 반복되는 '그리워라'는 소리 측면에서 반복을 통해 리듬감을 고조시키는 역할을 하는 한편, 의미 측면에서 유년 공간에 대한 그리움의 강도를 증폭시키는 기능을 담당하고 있다. 예컨대 소리와 의미 양 차원에서 반복의 효과를 훌륭히 성취해내고 있다. 뿐만 아니라 2, 4, 6행의 유년 공간에 대한 묘사 역시 유사한 통사구조의 반복으로 리듬감과 형식적 안정감을 동시에 획득하고 있다. 짝수 행의 통사구조는 각 행 말미에 인지 대상인 '골목', '타작마당', '까치밥'을 배치하고, 그 앞에 인지 대상을 수식하는 형용구를 배치함으로써 앞이 가볍고 뒤가 무거운 안정감을 확보한다.

한편 화자가 그리워하는 유년 공간은 '골목'으로부터 출발한다. 그 골목은 '햇살'과 '돌담'이 서로 화응하는 공간이다. 말하자면 자연 사물 간의 소통을 통해 공감을 이루고 있는 상황이다. 다음으로 '타작마당'은 아이들이 왁자하게 뛰어노는 소통의 공간으로 묘사된다. 그러나 '흩어지는'이라는 산개의 의미를 지닌 형용사로 인해 이 화평한 유년의 놀이공간은 쓸쓸함의 분위기를 환기한다. 그리고 마지막으로 화자는 노을에 비껴있는 겨울 '까치밥'/홍시에 주목한다. 그 '까치밥'은 인간과 자연과의 소통 혹은 교감을 상징한다. 우리는 겨울을 나는 까치를 배려하여 홍시를 모두 따먹지 않고 그들의 식량으로 남겨놓곤 했다. '북풍 시린 하늘'에 까치를 기다리며 고요히 낡아가는 홍시의 풍경은 그래서 더욱 처연한 기쁨의 빛깔로 노을에 물들곤 했다. 홍시/자연을 통한 인간과 까치의 소통을 그리워하며.

서른네 살이 담겨서 우편으로 왔다
가야할 곳으로 전달해 주어야할 서류
나무계단 위에 놓고 바쁜 일상으로 사흘간을 보내주지 못했다
가족들에게 백일 된 딸이 있는 곳으로 보내야 하는데

어젯밤에 지나치면서 그 노란 봉투를 보았다
문득 그 아이가 생각났다
그저 바다를 타고 구름을 타고 바람을 타고
잘 갔다는 서류일 뿐인데
어젯밤 꿈에 꽃그림이 들어 있는 날렵한 운동화 한 켤레를 선물로 받았다
신어 보니 꼭 맞았다
천으로 되었고 발목까지 올라오는 요즘 유행하는 운동화를
꿈이었을 뿐이니
가져오지 못했다 한번 신어 보았을 뿐
네가 살았던 34년도 내 운동화와 같구나
다시 바다를 건너 바람을 건너 구름을 건너
꽃으로 잎으로 열매로 피고 지던 곳으로
보내주려 하네

김가은, 「나의 꽃신」 전문

이 시는 사랑하는 사람과의 별리를 형상화하고 있다. 그 별리의 상황을 서술을 통해 묘사하고 있다. 화자를 떠나간 '서른네 살'의 자식에 대한 애도의 정념이 감정과잉을 드러내지 않고 차분하게 전개되고 있다. 부모와 자식의 관계는 흔히 천륜이라고 한다. 말하자면 하늘이 맺어준 운명적인 관계인 것이다. 그 운명의 관계에서 떠나간 자식을 추모하는 화자의 상념은 '꽃신' 혹은 '운동화'를 매개로 관계를 이어가고 있다. 예컨대 이승의 화자와 저승의 자식으로 분리된 관계는 '운동화'를 매개로 새로운 네트워크를 구축하고 있다. 화자는 상상력을 통하여 현실 공간에서의 분리를 내면 공간에서 연결시킴으로써 새로운 관계 구축을 시도하고 있는 것이다.

먼저 화자는 '서른네 살'을 살고간 자식의 죽음을 증명하는 서류를 우편으로 받는다. 그 서류는 직계가족에게 전달되어야 하지만, 화자는 자식에 대한 안타까움과 미련 때문에 사흘이나 짐짓 잊은 채 보관하고 있다. 화자와 죽은 자식은 그 서류를 통해 여전히 관계를 맺고 있으며, 소통을 유지하고 있다. 한편 화자는 그 서류를 보고 죽은 자식에 대한 상념에 젖는다. 또한 그 서류에 대해 의미를 부여한다. 그것은 "그저 바다를 타고 구름을 타고 바람을 타고/ 잘 갔다"는 것으로 진술된다. 이는 화자와 자식의 공간 분리를 뜻함과 동시에 자식의 죽음이 초월적인 이탈 행위라는 점을 드러낸다. 뿐만 아니라 자식의 공간 이동이 원활하고 자연스럽게 이루어진 것이라는 화자의 자위적 태도와도 연결되어 있다.

화자의 자식에 대한 상념은 '어젯밤 꿈'으로 이어진다. 그 꿈속에서 화자는 자식으로부터 운동화 한 켤레를 선물 받는다. 그러나 그것은 꿈속의 일일뿐이다. 그 운동화는 한번 신어보는 것으로 끝나고 말뿐 현실로 가져오지 못한다. 예컨대 운동화를 매개로 이루어진 화자와 자식 사이의 소통 관계는 비현실적인 가상의 것으로 드러난다. 그리하여 화자는 현실을 수용 인정하는 방편으로 그 운동화를 저승의 자식에게 보내주려 의도한다. 이는 현실에서의 분리 관계에 대해 더 이상 연연해하지 않고 인정하고 수용함으로써 초극을 통해 새로운 관계를 구축하겠다는 다짐이다. 이 시는 현실세계에서의 분리 관계를 내면세계에서의 초극을 통해 새로운 관계를 설정할 수 있음을 보여주고 있다.

아내에겐
깊이 숨겨 둔 무인도無人島 하나 있었는데
밤이면 파도소리 바위로 기어오르고

바람을 매달고 사는 동백나무 아른거린다더니
장사도 바람의 언덕으로 길을 떠난다

동백이 지면
또 한 해를 기다려야 한다고 조바심하며
내 먹거리 며칠을 위해
밤새워 사골국을 끓인다

섬 하나 키우고 살지 못한 나보다 대견스러워
칠순七旬의 흰머리 염색하고 떠나는 용기가 안쓰러워
껄껄 웃다가
나도 모르게
동백나무, 후박나무 우거진 장사도
눈에 밟힌다

그렇다
관절 튼튼할 때 꽃구경 가고
물처럼 살자며 물구경 가고
동백꽃 아름답다며 남도의 섬을 찾아나서는
아내
분명, 외로운 섬이다

김용언, 「아내가 섬이다」 전문

이 시는 남편인 시적 화자가 아내를 '섬'으로 치환하여 인지한 서정을 형상화하고 있다. 그 '섬'의 함축적 의미는 아내의 삶의 근원이자 동력으로 작용한다. '섬'이 환기하는 정서는 물론 '외로움'과 쓸쓸함이다. 여기서 화자인 남편은 아내를 객관적으로 응시하는 관계로 설정되어 있다. 화자 자신에 대한 성찰은 드러나지 않고 오로지 아내만을 객관적으로 관찰한 내용이 묘사되고 있다. 화자의 관찰은 아내의 섬 여행과 그 의미에 관한 것이다. 물론 '섬'으로 표상된 아내를 바라보는 화자는 자신도 아내와의 관계에 있어 '섬'으로 기능하고 있음을 간접적으로 표출한다. 따라서 이 시는 남편과 아내의 관계, 현실과 이상의 관계라는 이중 코드가 설정되어 있다.

1연은 아내가 마음으로 그리워하는 대상으로 무인도인 '섬'을 서술하고 있다. 그 섬은 구체적으로 '장사도'이다. 그리고 그 장사도는 여느 섬과 다를 바 없이 파도가 치고 바람이 불고 동백나무가 존재하는 그런 곳이다. 일상을 사는 아내는 원초적인 자연 그 자체인 장사도를 매양 그리워하며 삶을 영위하고 있다. 아내는 무미건조한 일상의 현실에서 장사도를 그리워한다. 그리고 마침내 그 장사도를 향하여 여행을 떠난다. 이는 아내가 현실을 벗어나 순수 자연 공간으로 일탈함을 의미한다.

2연은 남편과 아내의 관계가 단절되는 전조적 상황을 묘사하고 있다. 아내는 동백이 지면 다시 동백을 보기 위하여 한해를 기다려야 하기 때문에 올해의 동백을 보러 가려 조바심을 친다. 장사도를 향한 여행의 예비작업으로 아내는 남편을 위해 '사골국'을 마련한다. 이는 아내의 남편을 향한 배려이다. 또한 남편과 아내의 관계가 단절되어 있는 것이 아니라 연결되어 조화를 이루고 있음을 드러낸다. 현재는 연결되어 있지만 아내는 남편과의 단절을 도모하는 것이다.

3연은 화자가 아내의 삶을 통하여 자신의 삶을 반추하고 있다. 즉 아내가 현실과 꿈의 조화를 통해 '섬'을 키우며 사는 데 반해 자신은 현실에 함몰되어 그리워할 이상적인 '섬'이 부재하는 사실을 인지하고 있다. 그러나 화자는 무미건조한 일상을 용감하게 벗어나 이상적 공간인 장사도로 떠나는 아내를 보며 동일화되고 있다. 예컨대 화자 자신도 부지불식간에 "동백나무, 후박나무 우거진 장사도"를 그리워하게 되는 것이다. 이로 인해 화자는 아내와 단절된 관계를 벗어나 연결되고 있다. 뿐만 아니라 현실과 이상의 조화를 통해 그리워할 대상인 '섬'을 아내와 공유하게 된다. 마지막 연에서 화자는 아내 그리고 '섬'과의 동일화 과정을 거쳐 마침내 긴밀한 관계를 설정한다.

그러나 여전히 아내는 '외로운 섬'일 수밖에 없을 깨닫는다. 이는 물론 자신의 처지를 반영하고 있다. 인간은 비록 관계 설정을 통하여 외로움을 극복하여 하더라도 본질적으로 외로운 존재일 수밖에 없다는 자각인 것이다.

> "사랑에 앉은 네 증조부 물 뚝뚝 듣는 물동이 이고 가는 연옥이년을 불러서 큰댁아씨가 더 이쁘냐 작은아씨가 더 이쁘냐 그러면 연옥이년 나를 핼끔 돌아보고 물론 우리 작은아씨입죠"
> 정해丁亥생 작달막한 우리 할머니 천수를 다하도록 이 말씀을 하고 하고 또 하셨다
>
> 할머니 내 궁둥이를 토닥이며 어느 날은 반다지에서 사탕을 꺼내시고 어느 날은 시렁에서 조청을 따르시고 이불 서리에 묻어 감춘 짓무른 딸기 입안에 넣어주며 노상
> "에구, 우리 강아지"

이순耳順을 넘기고도 소화가 되지 못한, 할머니의 손길을 가만히 따져보니 증조부께서 남겨주신 대를 물린 유산이거니 나 또한 외양간의 우직한 소가 되어 할머니의 사리 한 점 되새김질로 씹고 있다

김예태, 「애기구덕을 지고 수렁에 빠지다」 전문

이 시는 화자와 할머니의 관계를 형상화한 산문시이다. 따라서 화자와 할머니와의 에피소드가 이야기를 통해 서술되고 있다. 화자는 할머니를 추억하며 친족 간의 애정 계승도를 묘사한다. 그 이야기의 구성은 3단으로 전개된다. 첫째는 화자의 증조부와 며느리인 할머니 사이의 관계이다. 둘째는 할머니와 화자 사이의 관계이다. 셋째는 화자가 증조부로부터 할머니를 따라 내리받은 애정에 대한 반추이다. 이 이야기 조각들은 각 연을 통해 각각의 서사로 묘사된고 있다.

1연은 화자의 증조부와 할머니 사이의 소통 관계에 대해 서술하고 있다. 증조부는 며느리인 할머니에 대한 애정을 '연옥이'를 통해 간접적으로 표출한다. 시아버지로부터의 애정 내리받이에 대한 에피소드를 할머니는 손녀인 화자에게 반복적으로 이야기함으로써 확인받는 한편 추억한다. 2연은 할머니가 화자인 손녀에게 비장한 각종 먹을거리인 '사탕, 조청, 딸기'를 제공함으로써 애정을 대물림하는 정경이 서술되고 있다. 그것은 특히 "에구, 우리 강아지"라는 손녀에 대한 호칭과 인식을 통해 드러난다.

마지막 연은 증조부로부터 할머니를 거쳐 손녀인 화자에게 대물림된 애정의 관계망을 반추하며 확인하는 광경이 묘사되어 있다. 그러나 화자는 아직까지 할머니의 애정을 '소화'시키지 못하고 있다. 이는 할머니의 애정을 인지하지 못하는 것이 아니라 역으로 애정에 대한 대응/보답을

하지 못하는 현실에 대한 반성으로 보인다. 그리하여 화자는 할머니의 애정/'사리'를 반추하며 흐뭇한 추억에 젖는다. 이 시는 증조부로부터 할머니를 거쳐 화자에게 대물림되는 애정 관계를 통해 이루어지는 사랑의 공감을 흐뭇하게 연출하고 있다.

현대는 소통 기제의 발달로 인해 전 지구적 차원에서 소통이 활발하고 원활하게 이루어지고 있다. 그럼에도 신자유주의의 무한경쟁 때문에 진정한 의미의 소통 즉 공감이 이루어지고 있지 않다. 예컨대 인간 대 인간의 진정한 휴머니즘이 결여된 상황이다. 이로 인해 현대인들은 '소통'과 '힐링'을 강조하고 요구하는 상황에 직면하고 있다. 즉 진정한 인간관계를 통해 평화롭고 행복한 삶을 꿈꾸고 있다.

시인들 역시 불온하고 부조리한 사회제도로 인해 이지러진 관계망을 복원하고 회복시키기 위하여 고뇌한다. 그리하여 현실의 훼손된 관계에 대한 검토를 통해 관계의 본질이나 이상적 가치를 드러내는 작시 활동을 한다. 또는 과거의 행복하고 화평했던 사랑의 관계를 추억하거나 반추함으로써 현실의 훼손된 관계를 보상 받으려 한다. 소통이 활발하고 원활한 현대에 역설적으로 외롭고 쓸쓸해서 공감과 힐링을 요구하는 신자유주의 시대를 맞아 시인들은 진정한 '관계' 맺음을 통해 이를 극복하려 고군분투하고 있다.

06
기억, 관습, 문화를 온축하는 언어

인류의 위대한 발명은 무엇인가? 이러한 토픽에 대한 궁금증은 영원한 가십거리이다. 그러나 관점과 시각에 따라 그 답변은 다양하게 개진될 것이다. 예컨대 바퀴, 종이, 시계, 그릇, 자동차, 비행기, 수세식변기, 컴퓨터, 제도, 언어 등 그야말로 다양한 품목들이 나열될 것이다. 이들은 각자 나름대로 인류의 삶을 행복하게 해주는 발명품으로 훌륭한 역할을 해왔다. 그러나 인문학자 혹은 문인들의 관점에서 보면 인류의 가장 위대한 발명은 아마도 언어가 아닐까 생각한다. 그야 물론 문인 혹은 인문학자들은 그들의 학문과 문학의 매체로 언어가 가장 중요하기 때문이다. 말하자면 그들은 언어를 사용하여 자신의 학문과 문학을 성취하기 때문이다.

인류는 언어의 발명으로 인해 그들의 모든 기억과 관습과 문화를 저장 축적하였다. 이로 인해 인류는 지식과 문화를 기하급수적으로 팽창시켜 삶을 윤택하게 하였다. 나아가 언어를 가지고 활용할 수 있는 다양한 기능이 개발되고 확장되었다. 이러한 언어는 실로 다양한 기능을 지니고 있다.

로만 야콥슨에 따르면 언어의 기능은 크게 여섯 가지로 구분할 수 있다. 즉 지시적, 정의적, 명령적, 친교적, 메타언어적, 시적 기능이다. 물론 이 기능들은 서로 상보적이지만 그 중 대표적인 기능을 말한다. 첫째, 의사를 전달하는 기능이다. 이는 가장 기본적인 기능으로써, 지식의 전달과 축적에 지대한 영향력을 행사해왔다. 둘째, 감정 전달 기능이다. '아휴', '쯧쯧'과 같은 감탄사가 대표적이다. 또는 음운의 변이에 따른 음상의 차이로 빚어지는 감정 표현을 들 수 있다. 예컨대 '함빡 맞아도 좋으련.'과 '흠뻑 맞아도 좋겠군.'과 같은 비교에서 볼 수 있는 발화자의 감정 차이이다.

셋째, 호격과 명령 기능이다. 이는 명령문이 대표적이다. 그러나 포괄적으로 보면 주술적 기능도 포함된다. 예컨대 원시인들은 언어가 곧 진실이라 믿었다. 그리하여 그들이 언어로 발화하면 세상이 실제로 변화하리라는 믿음을 가졌다. "거북아 거북아 머리를 내어라. 머리를 내지 않으면 잡아서 구워 먹으리."라는 고대시가의 「귀지가」를 보자. 원시인들은 그렇게 외치면 실제로 거북이가 머리를 내리라 믿었다. 이러한 생각은 속담 "말이 씨가 된다" 에 반영되어 있다. 넷째, 친교적 기능이다. 이를 가장 잘 활용하는 예는 여성들의 대화/수다이다. 이들의 대화는 의미 전달이 주목적이 아니다. 그들은 언어를 통해 자신들의 친밀한 접촉성을 강화한다. 또는 관습적인 인사이다. 예컨대 지인과 만났을 때 관습적으로 건네는 "식사하셨어요?"와 같은 발화이다. 이는 식사를 했느냐는 가부가 문제가 아니라 서로 접촉을 통해 친교를 목적으로 한 언어행위이다.

다섯째, 메타언어적 기능이다. 이는 일종의 언어 습득 과정과 밀접한 관련이 있다. 예컨대 "나는 그녀를 보면 심쿵해." "심쿵이 무슨 말이야."

"하하하. 심쿵이란 말은 마음이 쿵 울린다는 요즘 젊은이들이 사용하는 센스 있는 조어야." 이 대화에서는 언어의 메타언어적 기능이 발현되고 있다. 여섯째, 시적 기능이다. 이 기능은 전달하는 메시지의 효과와 관계가 있다. 동일한 의미라고 하더라도 더욱 미학적으로 전달하려는 언어 기능이다. 예컨대 동일한 의미라도 "이왕이면 다홍치마"처럼 어감이 부드러워 듣기 좋은 표현을 말한다. 영랑의 시구 "오매 단풍 들것네"를 표준어 "어머나 단풍 들겠구나"로 고쳐보자. 그 어감이 반감되어 소리 효과가 일그러지는 것을 알 수 있을 것이다.

그러나 이 언어의 여섯 가지 기능은 독자적으로 발현되는 것이 아니다. 그 여섯 가지 기능이 서로 맞물려 있지만, 어떤 하나의 기능이 지배적으로 부각될 때 이를 대표적인 기능으로 취급하는 것이다.

시인들은 물론 이 언어의 여섯 가지 기능을 혼융하여 사용한다. 그런데 시에서 특히 메시지를 효과적이고 미학적으로 전달하려는 기능이 활발하고 우세하여 그 명칭을 시적 기능이라 한 것이다. 그런데 언어는 기억과 관습과 문화를 온축하는 매체이다. 시인들은 언어의 이러한 기능을 활용하여 상상력을 발동하고 이미지를 형상화한다. 시를 독해하며 언어의 이러한 측면을 살펴보는 것은 또 다른 흥미를 유발한다.

바람이 휘몰아칠 때 더 높이 날리던 연은 어디로 갔을까
폭포수의 길 학습하던 푸른 가락은 어디로 갔을까

무뚝뚝한 세월 따라 長江千里 서정의 시절은 가고 물길마저 무례히 얼굴 가리고 지하로 숨었다

고독이 운명인 양
홀로 남은 마로니에 민낯의 우듬지에
바람난 눈썹달이 바투앉아
환하게 수하를 하고 있다

목로주점에서 꽃피우던 가난한 사랑
얼얼이 되새김질하며
무람없는 잡초처럼 시치미 떼고
다시 찾은 철 지난 연정
사위에서 겨누고 있는 눈총으로 아슬해지는 심장 소리

두려움달까
스스럽달까

겨울밤 실은 혜화역 전철이 심드렁하다

안재찬,「마로니에 공원」 전문

이 시는 과거의 기억을 반추하는 회고시이다. 기억은 구체적 물상을 제거하고 추상으로 압축되는 경향이 있다. 뿐만 아니라 과거는 현재와 대비되어 화평한 기억으로 윤색되는 경향이 농후하다. 화자는 현재적 관점에서 과거를 기억한다. 예컨대 과거의 공간과 현재의 공간이 대립되고 있다. 그리하여 과거는 온전하고 화평한 청춘의 시기였던데 반해 현재는 고독과 두려움이 존재하는 불화의 시간으로 형상화되고 있다.

1연에서 화자는 지나온 유년 혹은 청춘의 시기를 기억한다. 유년의 놀이인 연날리기를 회상하며, 현재는 그 상황이 부재함을 인지하고 있다. 이는 역경을 딛고서도 열심히 생활했던 유년의 패기가 현재는 존재하지 않는다는 아쉬움의 정서로 노출되고 있다. 또한 '폭포수의 길'이 함의하는 질풍노도의 청춘 시절에 미래를 향하여 꿈꾸었던 열정이 부재함을 토로하고 있다. 1연은 과거의 기억을 노래하면서 현재는 패기와 열정의 결핍과 부재에 대한 자탄의 심정을 형상화 하고 있는 것이다. 2연 역시 과거의 서정이 삭제되고 '물길'/방향성마저 상실한 현재적 관점의 정서를 비극적으로 표출하고 있다. 그리하여 '세월'/시간의 속성은 '무뚝뚝함'으로, '물길'/방향성은 '무례함'으로 은유된다.

3연은 현재 시간에 대해 화자가 응시한 풍경을 형상화하고 있다. 그 현재는 외로움과 쓸쓸함의 표정을 짓고 있다. '고독', '홀로', '민낯'이 계열체를 이루어 이러한 화자의 정서를 강화하고 있다. 그러나 화자는 현재의 우수와 외로움을 '운명'으로 받아들이며 수용하고 있다. 특히 '바람난 눈썹달'에서는 과거와 현재의 불일치에 대한 화자의 불만이 '바람난'의 수식을 통해 드러나 있다. 역설적으로 그 '바람난 눈썹달'은 '환하게 수하'를 한다. 이는 과거가 낯설게 변이되어 화자를 어색하게 만드는 광경을 연출한다.

4연은 다시 과거의 흐뭇한 기억을 반추하며 불충족한 현재를 대비시키고 있다. 청춘 시절에는 가진 것 없어도 '사랑'을 꽃피우는 충족의 세계였다. 그 기억은 화자를 '얼얼'하게 만드는 기제로 작용한다. 그런데 그렇지 못한 현재, 화자는 '무람없는 잡초'로 은유된다. 예컨대 화자는 과거와 현재가 불일치된 상황에 직면하여 '잡초'처럼 어색한 존재가 된 자신을 성찰한다. 그러나 그러한 무렴한 상황을 짐짓 모른 채 과거 사랑을 꽃피우던 공간을 찾는다. 그러나 곧 이어 화자는 그러한 자신의 쓸쓸한 내면 풍경을 주위 사람들이 알기나 한 듯 소심해진다. 그러한 화자의 심정은 타자의 '눈총'을 받는 것으로 은유된다.

5, 6연은 과거의 기억과 현재의 상황이 동일화되지 못하고 어긋남으로써 야기되는 정서가 직접적으로 표출되고 있다. 화자의 정서는 '두려움'과 '스스러움'으로 표상된다. 나아가 화자는 현재 '혜화역 전철'을 타고 이동 중이다. 이는 인간이 시간의 지배를 받아 유동적 존재라는 점을 저변에 내장하고 있다. 물론 과거와 현재가 불일치하도록 만든 주체는 '시간'이다. 동시에 그 시간은 과거와 현재의 불일치에 대해 '심드렁하고' 냉담하다.

> 저물녘, 그날도 내 차는 친구가 떠난 친구의 자취방으로 향했다
> 모르는 사람의 불빛이 창문에서 새어 나왔다
> 이제 이 골목은 오래된 잡지처럼 구겨지겠군
> 그렇지만 내 차는 오래된 잡지의 기록을 밟으며
> 어느 비오는 날 이곳으로 향하겠지
> 그렇다고 나는 신라의 김유신이 말의 목을 벤 것처럼
> 차의 보닛을 도끼로 찍을 수는 없었다
> 굴삭기의 큰 삽이 필요하겠지, 이 추억을 다 퍼내기 위해서는
> 먼 곳에서 댐이 터진 것처럼 찬 물결이 발목을 적시고 있었다
> 어둠이었다
> 동네 미장원의 삼색등에 등이 꺼지고 삼색만이 남았다
> 이윽고 거리의 모든 색이 어둠에 잠겨 보이지 않았다
> 보고 싶었다
> 보고 싶었다

빛을 잃어버린 지도는 새롭게 바꾸는 것이 낫겠군
귀가하는 주인집 여고생이 힐끗 쳐다보며 대문으로 들어갔다
반바지 차림의 아이가 아이스크림을 빨며 나를 쳐다보고 있었다
아니면 쳐다보고 있었을까?
가로등의 그림자가 도끼처럼 차의 보닛을 내리찍고 있는 것을

이강하, 「취업에 성공한 친구는 부산으로 떠나고」 전문

이 작품 역시 과거의 추억을 현재 시점에서 반추하고 있는 회고시이다. 우연히 친구의 자취방을 찾아간 화자는 친구의 부재를 통해 친구와의 추억에 대해 상념에 잠긴다. 여기서 중요한 것은 당시 자취할 때의 생활 모습이 아니라 지금은 부재한 친구, 그리고 화자의 쓸쓸한 정서가 문제시된다는 점이다. 예컨대 이 시는 부재한 친구에 대한 그리움, 그와의 우정에 대한 추억, 현재의 외로움과 쓸쓸함을 형상화하고 있다.

화자는 우연히 친구가 자취했던 집을 찾아간다. 그러나 친구는 취직이 되어 다른 지방으로 떠나버린 상태이다. 친구의 자취방이 있던 골목에서 화자는 우두망찰 그리움을 환기한다. 친구가 부재한 골목은 이제 더 이상 의미가 없으므로 화자는 "오래된 잡지처럼 구겨지겠군"이라며 추억과 그리움이 낡아갈 것이라는 예감을 한다. 그럼에도 화자의 친구를 향한 그리움은 멈추지 않고 지속될 것임을 감지한다. 그것은 '김유신 설화'의 차용으로 인해 더욱 강화되고 있다. 예컨대 김유신의 말과 동일시된 자동차의 무심결에 이루어진 방문을 통해 그리움의 자연발생적 사실을 표명하고 있다. 그리고 떠나간 친구에 대한 그리움의 크기는 '굴삭기'와 '댐'의 차용을 통해 표상되고 있다.

이어서 화자는 떠나버린 친구가 부재하는 골목에서 외로움의 정서를

노출하고 있다. 그것은 '어둠'의 존재로 상치되고 있다. 예컨대 친구가 부재한 골목에는 친구 대신 '어둠'만이 상대적으로 짙게 존재한다. 말하자면 지산의 모든 '색'은 '어둠'에 의해 무화되고 있는 것이다. 친구가 없는 골목의 상태는 색이 존재하지 낳고 어둠만이 존재하는 무의미한 골목으로 치환된다.

화자는 "보고 싶었다"는 독백을 두 번이나 반복하며 그리움을 표출한다. 그러나 이어서 '색'/'빛'을 잃어버린 현재의 골목에서 마음 속 '지도'를 바꾸어야겠다는 다짐을 한다. 이는 친구가 부재한 현실을 어느 정도 인정한다는 의미이기도 하다. 또한 화자는 골목에서 현재 거주하는 여고생과 아이에게 타자로 존재함을 인지한다. 그들이 화자를 바라보는 자세는 '힐끗'이거나 '쳐다보고 있었을까?'에서처럼 무관심의 대상으로 드러나기 때문이다. 친구가 존재하지 않는 골목에서 친구와의 화평했던 시간을 기억하던 화자는 현재 자아가 그 공간에서 무의미한 존재임을 확인한다. 그리하여 화자는 이루어질 수 없는 과거 시간과의 조우를 향하여 '가로등 그림자'가 자신의 추억을 도끼질하고 있음을 인지한다.

이 시는 친구가 부재하는 골목의 자취방을 찾아간 화자가 추억에 잠겨 그리움과 외로움을 순차적으로 교차하여 전개하고 있는 작품이다. 시상이 사실적인 시간 순서에 따라 이야기 형식으로 전개됨으로써 완결성이 강화되고 있다.

결혼하자마자 헌 신발 버리듯 버렸다
서러운 시간들을 내동댕이치고 싶었다
함께 했던 기억도 송두리째 버렸다
단칸방에서 외로움과 싸우면서

쓰린 속을 달래야 하는 아침마다
단출한 식탁도 행복해 하던 그녀는,
인덕션랜지를 사주지 않아도
불평 한 번 없던 그녀는,
하루도 부엌을 떠나지 않고
연탄불 위에서 쭈글쭈글 늙어가던 그녀는
아무런 원망 없이 떠나갔다

한 해가 저물어가는 도심의 차가운 거리
이웃을 도웁시다, 라며 풍경을 울리는 청년 앞에
두 귀를 붉은 천으로 묶은 그녀가 있었다
호주머니 속을 뒤지다 석상이 된 나를
그녀는 알아보지 못했다
돌아오는 길, 그녀를 닮은 냄비를 다시 샀다

강병철, 「버린 냄비와의 재회」 전문

이 작품도 과거의 삶과 현재의 삶이 대비되어 형상화되고 있다. 그 대비는 '냄비'라는 사물을 통해 이루어지고 있다. 즉 '냄비'는 시인의 상상력을 발동시키는 매체이자 기제가 되고 있다. 나아가 시인은 상상력을 활성화하기 위하여 의인법을 활용하여 '냄비'를 '그녀'로 치환하고 있다. 어찌 되었든, '냄비'는 이 시의 주요한 시적 대상으로서, 화자 혹은 대중에게 헌신하는 긍정적인 존재로 형상화되고 있다.

화자는 결혼하기 전에 자취하며 항상 애용하던 '냄비'를 결혼과 동시에 가차 없이 내다버린다. 그 심정은 자취할 때의 '서러운 시간'과의 단절을 위해서이다. 나아가 '함께 했던 기억'과의 단절도 희구하는 심정 때문이다. 이어서 화자는 함께 동고동락했던 '냄비'의 기억을 환기한다. 여기서 화자는 '냄비'를 '그녀'로 의인화하여 환기한다. 이는 냄비의 기억을 긍정적으로 인지하는 효과를 성취한다. 화자가 단칸방에서 자취를 하며 외롭던 시절에, 그녀/냄비는 가난과 불편함을 아무런 원망도 하지 않고 화자를 위해 헌신하는 삶을 기꺼이 감내한다. 어찌 보면 냄비/그녀는 조강지처와 다를 바 없는 헌신적인 존재인 것이다.

이처럼 화자를 위해 헌신했던 냄비/그녀를 버렸던 화자는 우연히 "한 해가 저물어가는 도심의 차가운 거리"에서 그녀/냄비와 조우한다. 그녀/냄비는 세밑의 자선냄비로 전이되어 나타난 것이다. 그녀/냄비는 여전히 타자를 위한 헌신의 삶을 살고 있었던 것이다. 그러나 그녀/냄비는 화자를 알아보지 못한다. 이는 화자와의 영원한 단절을 의미한다. 그리하여 화자는 그 동안 타자를 위해 헌신하는 삶을 알아보지 못한 자신의 삶을 반성하며 '그녀를 닮은 냄비' 즉 타자를 위해 헌신하는 새로운 냄비를 구입하여 돌아온다. 이는 앞으로 타자를 위하여 삶을 사는 존재들의 고마움을 각인하겠다는 다짐인 한편 자신도 타자를 위해 헌신하는 삶을 살겠다는 각오의 상징으로 표상된다.

> LED 스크린 속에 잡힌 표범 한 마리
> 송곳니를 드러낸 화면이 떨고 있다
>
> 아침신문 대형컬러화면에 사자 여섯 마리가 고기를 뜯고 있다
> 코끼리를 뜯고 있는 갈기를 적신 핏빛 욕망
> 마네의 풀밭 위의 식사는

옷을 입은 젊은 남자 가운데에 맨살의 여인을 차려놓았다
녹음 진 풀밭에 수컷은 여유롭다

태평양 한 조각을 클릭한다
전파탐지기를 매단 상어를 따라가는 심해
고래에서 플랑크톤까지 유연한 몸짓으로
심해 층층마다 생명은 드라마틱한 한 컷이다

늦가을 가을 한 장
기왓골에서 미끄러져 처마 끝에 매달려 바람 타고 논다
아버지는 남산을 불러 대작하며
남산이 술잔에 떠서 오르내리는
그 의연한 푸르름을 마시는 거다

진달래 꽃잎에 떨어진 햇빛에
놀라 깨어난 무성음의,
단옷날 냇가 여인을 엿보는 악동들
숨 죽여 웃는 언어
붓 하나 메고 인사동 화랑 소리를 그리러 간다

이솔,「관계」 전문

이 시는 인간들 사이의 관계성에 대한 성찰을 형상화하고 있다. 특히 시상의 전개가 에피소드의 나열을 통한 대비로 이루어지고 있다. 그 에피소드는 동물의 왕국의 장면, 마네의 '풀밭 위의 식사'라는 그림, 바다 속

풍경, 아버지의 음풍농월 장면, 김홍도 혹은 신윤복의 그림을 연상시키는 조선조 말 풍속화, 화자의 그림 그리러 가는 장면 등이다. 이 에피소드들은 관습에 따른 행동 양식을 드러내거나 아니면 관습을 벗어난 자발적 행동 양식으로 대별된다. 그리하여 이 장면들은 서로 대비되거나 계열체를 형성하면서 시인의 의도를 향하여 전개되고 있다. 이 시에서 시인이 추구하는 작시 의도는 약육강식과 같은 불화의 관계가 아니라 음풍농월이나 순수한 욕망을 추구하는 화해의 관계이다.

먼저 화자는 티브이를 통해 정글의 약육강식 장면을 목도한다. '송곳니를 드러낸 표범'은 순수한 욕망의 자연적 발로를 표상한다. 이어서 사자가 코끼리를 잡아먹는 장면이 전개된다. 이 역시 자연의 법칙에 다른 순수한 동물의 생활상을 표상한다. 타자를 살해함으로써 자신의 삶을 영위하는 동물의 세계는 일견 잔인한 불화의 관계로 보인다. 그러나 이는 자연의 이법에 따라 생활하는 관습적인 동물 세계의 순수한 관계일 뿐이다.

마네의 그림「풀밭 위의 식사」는 인간의 성욕에 대한 페미니즘 시각의 제시이다. 말하자면 인간 중에서 남성은 여성을 성적으로 '식사'하는 것으로 다루는 관습을 지니고 있다. 성을 인식하고 취급하는 남자와 여자의 관계가 어긋나 있는 것이다. 바람직한 여성과 남성의 성적 관계는 자유 의지에 따라 상호존중 정신을 바탕으로 자발적으로 이루어질 때이다. 그런데 마네의 그림은 상호존중 정신에 입각한 평화로운 남녀 관계가 이루어지지 못하는 현실에 대한 야유이자 비꼼이라 할 수 있다. 마네의 그림에 대한 시인의 부정적 해석 태도는 '수컷의 여유'라는 시인의 인지를 통해 부각되고 있다. 3연은 다시 자연의 관계를 제시한다. 그것은 바다 속 풍경으로 역시 약육강식의 관계로 드러난다.

4연은 화자의 현실 체험을 형상화하고 있다. 화자의 아버지는 가을에 자연을 응시하며 음풍농월하는 유유자적한 생활을 한다. 여기서 남산은 자연을, 아버지는 인간을 환유한다. 예컨대 남산/자연과 아버지/인간은 화평한 관계망을 형성하고 있다. 그 화평한 관계는 '대작'이라는 어휘를 통해 확인된다. 그리고 자연과 인간 사이의 관계를 연결하는 매체는 다름 아닌 '푸르름'이라는 기운 즉 정신이다. 인간과 자연은 서로 호혜의 정신을 '대작'/소통함으로써 동일화되어 화평한 관계를 지속한다. 이러한 순수한 '대작' 정신은 다음 연에서 소개되는 '무성음의 악동들'로 중첩 강화되고 있다. 조선조의 풋풋한 풍속화를 연상시키는 장면은 악동들이 순수한 성적 호기심을 맑고 환하게 드러내는 풍경이다. 이 역시 성적 폭력에까지는 도달하지 못한 순수한 성적 관심사로 묘사되고 있다. 화자 역시 이러한 화평한 관계를 긍정적으로 인식하여 '인사동 화랑 소리를 그리러' 순수한 관계 속으로 나아간다.

목을 늘린 CC카메라 속에
찬비가 찍힌다
광화문 앞을 걸어가는 우산도 찍힌다
당당히 행진하는 붉은 머리띠도 찍힌다
울부짖는 구호는 풍년가도 아닌데
끌려가는 꼬리에는 불고기 냄새
이끼 낀 덕수궁 담벽을 따라가는
비닐우산도 찍힌다

중국산 미세먼지로 숨통이 막히는 날
빌딩도 어지러워 흔들리는 날

또다시 짓밟히는 것은
빗방울들의 하루살이
두들겨야 하는 것은
답답한 우리들의 가슴이다

찬비가 찍힌다
찬비를 받는 우산도
불을 켠 노란 불방망이도 찍힌다
비에 젖는 세종대왕의 용포도
충무공의 칼자루도 찍힌다
무거워진 북악산의 하루가 찍힌다

서윤석, 「북악산의 하루」 전문

이 작품은 북악산을 배경으로 한 광화문 일대의 풍경을 통해 현실을 묘사한 세태시이다. 이 시에서 묘사되는 현실 세태의 풍경은 불화 관계를 드러내고 있다. 그 풍경은 CC카메라에 고스란히 기록된다. 시인은 그 기록된 풍경을 언어로 묘사하고 있다. 광화문 거리 풍경을 CC카메라가 영상으로 기록하듯이, 시인은 주관적 감정을 배제한 채 그 풍경을 담담하게 언어로 묘사하고 있다. 물론 어느 정도 감정의 노출은 2연에서 '답답한' 등으로 이루어지지만 시인은 가급적 감정을 의도적으로 배제하려고 노력한다.

1연은 CC카메라에 찍히는 '찬비'에 주목하고 있다. 여기서 '찬비'는 시인의 주관이 개입된 것으로, 내리는 비의 온도감을 통해 풍경에 대한 화자의 부정적 인식을 드러내고 있다. 그리고 이어서 CC카메라에 포착된 대상들이 열거된다. 그 대상은 일반 미지칭의 '우산', '붉은 머리띠'로 환유된 데모대의 행렬, 비정한 속사정을 담고 있는 안티 데모대의 '불고기 냄새', 연인들의 '비닐우산' 등이 나열되어 찍히고/묘사되고 있다. 여기서 CC카메라에 영상이 '찍힌다'는 묘한 소리 울림을 환기한다. 왜냐하면 '찍힌다'는 사진이나 영상으로 '옮겨지다'의 기본 개념 외에 누군가에게 '좋지 못한 존재나 대상으로 정해지다'의 의미도 지니고 있기 때문이다. 예컨대 이 '찍히다'의 어휘는 중의적 의미를 함의하고 있다. 말하자면 광화문 일대의 풍경은 CC카메라에 객관적인 영상으로 옮겨짐과 동시에 누군가에게 좋지 못한 존재나 대상으로 찍히고 있기도 하다.

2연은 부정적인 풍경이 열거되어 있다. 예컨대 "중국산 미세먼지로 숨통이 막힌다"는 일견 단순한 풍경 묘사는 외세에 심각하게 영향을 받는 우리 한국의 정치적 상황을 암시하고 있다. 또한 "빌딩도 어지러워 흔들린다"는 사실 묘사는 그 이면에 자본주의의 경제 상황이 위태롭다는 함의를 지니고 있다. 역시 '짓밟히는 것'은 우리 시민들의 생활일 것이다. 그것은 다음 행의 '빗방울들의 하루살이'를 통해 확인할 수 있다. '빗방울들'은 각각 땅에 떨어지지만 나중에 지상에서 서로 만나 물줄기를 이루기 때문이다. 그러나 시민들을 암시하는 그 '빗방울들'은 '하루살이'에 지나지 않는다. 이는 그 시민들의 삶이 매우 위약하고 위태로운 상황에 처해 있음을 내포한다. 그래서 "답답한 것은 우리들의 가슴"이 된다. 이러한 부정적 상황 인식은 '막히는', '흔들리는', '짓밟히는' 이라는 부정 의미를 지닌 계열체적 수식어들을 통해 중첩 강화되고 있다.

3연은 1연을 변주하여 광화문 일대의 풍경을 다시 묘사하고 있다. 역시 CC카메라에 찍히는 것들이 나열되어 묘사되고 있다. 그 풍경의 대상은 '우산', '불방망이', '세종대왕', '충무공', '북악산' 등이다. 그런데 이 시적 대상들은 모두 환유적 의미를 거느리고 있다. 우산은 일반 시민들을, 불방망이는 권력의 탄압을, 세종대왕과 충무공은 우국충정을, 북악산은 우리 대한민국을 각기 환유하는 것이다. 다시 말해 이 3연은 '찬비'로 은유된 부정적 현실 풍경이 시행을 따라 열거된 시적 대상들을 적시고 있다는 현실 인식을 표상하고 있다. 그 현실 인식이야 물론 지극히 부정적이고 비극적인 것으로 드러나고 있다. 이 시는 CC카메라에 관습적으로 찍히는 대상들을 비관습적으로 환유하여 묘사함으로써 시적 성공을 거두고 있다.

이번 여행은 좀 특별하다
짐도 부치지 않았고 Hand Carry도 하지 않았다
한 번도 가보지 못한 세계는
생각만 해도 가슴 설렌다

공항은 늘 웃음과 울음이 교차하지만
오늘따라 사람들은 눈물만 흘린다
흰옷 입은 스튜어디스들 환영하고
이상하게 승객은 나 혼자 뿐이다

손을 흔드는 사람들은 점으로 변하고
빌딩은 성냥갑이 되고
차들은 장난감 되어 이리저리 움직인다
울고 웃던 세상은 동화책이 아니었을까?

비행기가 구름 위로 솟구치자
따뜻한 햇볕만 구름을 어루만진다
나는 갑자기 구름 위로 뛰어내려
텀블링을 하다가 다시 비행기 안으로 돌아왔다

드디어 비행기가 도착하자
나는 친구들이 가슴에 안겨준 꽃송이를 가득 안고
영생이라고 쓰여진 패스포트를 보여주었다

강원호, 「공항에서」 전문

이 시는 여행을 떠나는 과정을 비일상적 상념으로 형상화하고 있다. 특히 그 여행은 상식적이고 일상적인 상황이 아니라 몽환적으로 전개되고 있다. 자세히 들여다보면 마치 입사入死 의식을 다룬 것으로 여겨진다. 말하자면 죽음 이후에 이루어질 과정을 상상을 통하여 묘사하고 있는 것이다. 삶과 죽음에 대한 관심은 인류의 영원한 화두이다. 특히 죽음 이후의 사후세계는 궁금증을 자아내기에 충분하다. 이 시는 죽음 이후의 세계를 긍정적이고 동화적으로 인지하고 있다는 특징을 지니고 있다.

이 시에는 '인생은 여행이다'는 기본개념은유가 시상을 전개하는 기본축으로 기능하고 있다. 예컨대 죽음 이후의 과정도 일종의 여행 즉 비행의 과정으로 인지되고 있다. 1연은 비일상적 여행 즉 특별한 여행의 광경이 묘사되고 있다. 즉 화자는 '짐'이나 'Hand Carry'를 소지 않은 채 여행을 떠난다. 이는 일상의 여행과는 다른 이질적인 광경이다. 또한 이는 죽음에 이르러 공수래공수거의 관념을 표상한 것으로 보인다. 죽음 이후의 세계는 '한 번도 가보지 못한 세계'로 제시되고 있다. 그런데 이 여행을 떠나는 화자의 심경은 '설렘'으로 제시된다. 이는 죽음을 부정적으로 인지하는 것이 아니라 긍정적인 또 다른 하나의 출발로 보고 있다는 증표이다.

2연은 화자 자신이 죽은 이후의 풍경을 담담하게 제시하고 있다. 죽음으로 떠나는 '공항'에는 '울음'만이 존재한다. 여기서 '공항'의 함축적 의미가 발현된다. 일상의 공항은 잠시 동안의 이별을 위해 울음이 존재하고, 또 새로운 만남을 위해 웃음이 존재하는 이중적 공간이다. 즉 공항은 희비가 엇갈리는 중의적 공간인 것이다. 그런데 이 시의 공항은 죽음으로 떠나는 공간이기 때문에 '눈물'만이 존재하는 단일성의 장소로 드러난다. 따라서 승객은 '나 혼자' 뿐이며, '스튜어디스'도 '흰옷'을 입고 있다. 이는 죽음을 떠나보내는 상가의 의례적 문화 관습을 여실히 따르고 있는 풍경이다.

3연은 죽음으로의 여행을 떠나는 과정이 묘사되고 있다. 현실 공간을 떠나는 공간 이동의 과정이 그려지고 있는 것이다. 이는 표면상 비행기의 이륙 장면으로 설정되어 있다. 죽음으로 떠나가는 과정에서 바라보는 이승의 풍경은 비현실적인 풍경으로 드러난다. 사람은 '점'으로, 빌딩은 '성냥갑'으로, 차들은 '장난감'으로 축소됨과 동시에 추상화되는 경향을 드러낸다. 이러한 형상화는 희로애락이 점철된 이 세상을 맑고 투명한 '동화'의 세계로 인지하는 태도를 노출한다. 말하자면 시인은 삶이 이루어지는 이승을 부정적 특성이 존재하는 공간으로 인지하는 데 반해 죽음이 거주하는 저승을 긍정적인 특성이 존재하는 공간으로 인지하는 것이다. 이는 이승과 저승을 대립적인 이원론으로 바라보는 시각을 반영한다.

4연 역시 죽음이 이루어지는 저승의 광경을 형상화하고 있다. 저승의 공간은 "따뜻한 햇볕만 구름을 어루만지는" 화평한 장소이다. 그러한 긍정적인 화평의 공간에서 죽음의 과정 중에 있는 화자는 비현실적인 초월적 행동을 한다. 비행기에서 구름 위로 나가 텀블링을 하다가 다시 비행기로 귀환하는 초현실적 행동을 자유롭게 하고 있는 것이다. 이는 저승 공간이 자유와 평화가 충만한 장소라는 점을 표상한다. 마지막 5연에서 화자는 마침내 저승에 도착하여 미리 와 있던 또 다른 죽음의 존재들로부터 환영을 받는다. 그리하여 드디어 '영생'의 또 다른 삶을 완성한다. 이 시는 삶으로부터 죽음으로의 과정을 '인생은 여행'이라는 도식으로 환원하고 있다. 그것은 죽음을 출발로 영생을 도착이라는 길 도식을 통해 완성된다.

지금까지 언어가 인간의 기억, 관습, 문화를 어떻게 수용하고 또 새롭게 확장해가는 지를 시인들의 인지 과정을 통해 살펴보았다. 언어는 다양한 기능을 하고 있다. 그 중에서 시인들은 언어의 의미 보존과 생성 기능을 활용하여 삶과 세계를 새롭게 인식하고 구축하고 확장함으로써 인류의 정신문화를 한층 풍요롭게 하고 있다.

07
인생, 그 불가사의한 화두를 향하여

고난 속에 인생의 기쁨이 있다.
풍파 없는 항해, 얼마나 단조로운 것인가!
고난이 심할수록 내 가슴은 뛴다.
- 니체

나는 어디로부터 왔는가? 이러한 존재론적 질문은 유아기 시절 필수적으로 풀고 넘어가야 할 숙제이다. 물론 그 해답은 '다리 밑에서'라는 조금은 궁색하고 음험한 것이기는 하지만. 다음으로 청소년기에 이르면 또 다른 질문이 기다리고 있다. 그것은 나는 무엇을 위해 사는가? 혹은 나는 왜 사는가? 라는 화두이다. 이 인생론적 화두에 대한 고민을 통해 인간은 자아 정체성을 확립하고 미래를 향하여 나아간다. 예컨대 이러한 화두의 성찰을 통해 인간은 마침내 인생의 길로 나아간다. 그리고 그 인생의 길을 나아가며 고민하고 좌절하고 절망하는 존재론적 사투를 벌인다. 그리하여 따지고 보면 인생이란 존재의 궁극적 질문에 대한 해답을 찾아가는 여정에 다름 아니다. 도스토예프스키가 "인생은 고통이며 공포이다. 고로 인생은 불행하다. 그러나 인간은 인생을 사랑한다. 그것은 고통과 공포를 사랑하기 때문이다."고 이미 설파했듯이.

시인들이 시를 쓰는 이유도 어찌 보면 인생의 화두에 대한 끊임없는 풀이인지도 모른다. 그러나 인생의 정답은 결정되어 있지 않다. 그것은 오로지 개별적 존재자에 의해 상대적이고 주관적으로 결정되는 문제이다. 인생의 화두는 절대적이고 객관적인 문제가 아니기 때문이다. 그럼에도 인간은 자아 정체성과 존재론적 의의를 위하여 살아가는 내내 그 질문을 멈추지 않는다. 지속적으로 인생의 본질에 대한 질문을 제기하는 것은 자신의 삶을 성찰함으로써 미래의 이정표를 확립하는 것이다. 나아가 자신의 현재적 삶에 대한 평가 행위이기도 하다. 이러한 인생의 화두에 대한 문제 제기는 자아의 내면 성찰을 통해 자아의 존재 근거를 설정하고 삶의 의의와 가치를 확립하려는 존재론적 행위이다.

인생에 대한 화두는 동서고금을 막론하고 꾸준히 제기되어 왔다. 특히 이러한 문제를 해결하기 위하여 인류는 철학이라는 학문을 발전시켜 왔다. 철학의 주된 학문적 명제는 인생 혹은 존재에 대한 불가사의를 해명하는 것이다. 그리하여 철학은 논리적이고 분석적으로 인생의 의미를 탐구한다. 그러나 인생 혹은 존재에 대한 해명이 철학에 의해 객관적이고 과학적으로 규명되기 시작하였으나 결국은 상대적인 주장을 주관적으로 제시함으로써 미완에 그치고 말았다. 이는 인생 혹은 존재가 명약관화하게 그 궁극이나 본질 자체를 드러내지 않는 성격을 지니고 있기 때문이다. 따라서 여전히 철학은 인생 혹은 존재의 본질을 규명하기 위한 작업을 멈추지 않는다.

한편 시 역시 인생 혹은 존재의 불가사의에 대한 해명에 골몰하고 있다. 그러나 시는 철학과 달리 직관과 통찰에 의해 인생 혹은 존재의 본질을 탐구한다. 더군다나 시는 현상을 통해 본질에 직핍하려는 성향을 지니고 있다. 시인들은 특수한 단편적 현상에서 보편적이고 항구적인 본질을 읽어내려는 노력을 게을리 하지 않는다. 하이데거는 언어가 존재를 말한다고 주장했다. 즉 언어는 존재의 집이라는 주장을 제시했다. 이는 물론 존재론적 현상학의 절대 명제이다. 시인이 언어를 통해 존재의 본질을 말하는 것이 아니라 그 어떤 이데아가 시인을 부려 존재의 본질을 드러낸다는 형이상학적 인식이다. 시인은 이데아에 접신하여 인생의 본질을 주술적으로 읊조리는 매체인 것이다. 여하튼 존재는 본질을 단일하게 드러내는 것이 아니라 시시각각 그 존재를 변용하여 다의적으로 드러내는 현상학적 실체이다.

시인들은 이러한 불가사의한 존재의 본질 혹은 인생의 궁극에 대해 자신의 생 체험을 통해 형상화하고 있다. 현실에서의 삶을 통한 경험을 바탕으로 직관과 통찰로 인생 혹은 존재의 불가사의를 규명해내려 고투하는 것이다. 그리고 자유로운 상상력을 통해 그 인생의 불가사의를 구체적이고 감각적으로 묘사하는 데에 노심초사한다. 알 수 없는 인생의 비밀을 알기 위하여 고투하는 시인들의 작품을 살펴보는 것은 흥미로운 일이다.

때때로 낙향落鄕을 생각한다
내 아무 것도 해놓은 것이 없는데, 떠밀려가듯이
그냥 떠밀려가듯이

나이 들수록

사무치는 일도 많아지고
가물가물한 육성肉聲들
아쉬움 남아

마음에 걸리는 것
다시 시작할 순 없을까

고작 그 모양이겠지만

문득 떠오르는 말
-이 선생은 왜 그리 욕심이 많소?

이석근,「단장斷章—늦은 안부」 전문

이 시는 인생에 대한 상념을 형상화하고 있다. 인생의 늘그막에 지나온 삶에 대한 추회와 성찰을 회고적으로 드러내고 있다. 시상은 지나온 삶에 대한 묘사, 현재의 자아에 대한 성찰, 미래에 대한 욕망, 그리고 반성적 자아 성찰로 전개되고 있다.

화자는 1연에서 '낙향'을 고려한다. 이는 현재까지 이루어진 치열한 삶의 현장으로부터 격리 혹은 휴가를 꿈꾸는 것이다. 그러나 결단은 이루어지지 않고 오로지 내면에서 이루어지는 상념놀이에 불과하다. 예컨대 현실로부터의 자의적인 이탈은 실제로 실행되지는 않고 '생각'을 통한 꿈꾸는 행위로만 그치고 만다. 이는 여전히 현실에 대한 욕망이 거세되지 못하고 잔존하고 있는 상황을 드러낸다. 특히 현실 공간으로부터의 '낙향'을 꿈꾸는 행위는 '때때로' 이루어짐으로써 절박감과 진지성을 동반하지 못하고 있다. 이렇게 현실 공간으로부터의 의도적 이탈이 적극적으로 이루어지 못한 심리적 동인은 '아무 것도 해놓은 것이 없다'는 미완의 삶에 대한 자격지심 때문이다. 말하자면 화자는 현실에서 이루어야 할 것이 아직 남아 있으므로 현실 공간을 떠나지 못하는 것이다. 그리하여 화자가 만약 낙향하게 된다면, 그것은 자발적인 이동이 아니라 '떠밀려가게 되는' 것이다. 하여 화자는 현실 공간에 안주할 것인가 아니면 낙향할 것인가의 판단을 유보하는 어정쩡한 국면에 처해 있다.

화자는 2, 3, 4, 5연에서 현재의 자아에 대한 성찰을 시도한다. 현재의 자아는 원망과 아쉬움의 정서에 침윤되어 있는 모습으로 드러난다. 살아온 날보다 살아갈 날들이 짧기 때문에 화자는 사소한 일에도 격정적으로 사무치는 일이 많아지는 자아를 인지한다. 또한 지나온 여러 육성 등을 반추하면서 아쉬움 가득한 미련의 정조에 함몰되기도 한다. 그리하여 화자는 과거 미완의 일들을 다시 시작하고 싶은 욕망에 사로잡힌다. 물론 화자는 미완의 일을 다시 시작한다 해도 역시 또 다시 미완의 일이 되고 말 것임을 알고 있다. 이는 과거 자신의 인생에 대한 후회와 미련의 정조가 다시 보완 충족될 수 없음을 인식하고 있기 때문이다.

그리하여 화자는 6연에서 과거에 대한 후회와 미련 그리고 생에 대한 반복이 '욕심'이라는 것을 깨우친다. 이는 인생이 일회적이라는 사실, 지나간 시간을 되돌릴 수 없다는 관념, 인생을 다시 한 번 반복하고 싶은 욕망은 탐욕이라는 깨우침으로 형상화되고 있다. 이 시는 인생의 일회성, 반복이 불가능한 엄격한 시간의 지배성, 후회와 미련의 속성을 지닌 인생의 단면을 삶의 체험을 통해 담백하게 묘파하고 있다.

한결 마음 편해진 무덤

이승의 기억 다 끊고
온 산의 적막을
할미꽃 두어 송이에 깊인다

빛을 안고
어둠을 안고
뜨겁고 찬 언어가 땅을 오르내린다
인기척 바람이 치맛자락을 잡는다

울컥 솟는 그 얼굴
피 당기는 그리움이
거기 기다리고 있었다

김정원, 「무덤가 할미꽃」 전문

이 시는 인생의 영원한 화두인 죽음에 대한 정서를 서정적으로 제시하고 있다. 무덤가에 핀 할미꽃을 시적 대상으로 하여 화자의 죽음에 대한 느낌을 투사하고 있다. 1연은 죽은 자로 변용된 화자가 자신의 내면 심정을 토로하고 있는 장면이다. 죽어서 저승 공간인 '무덤'에 이른 망자는 현실 공간을 초월하여 탈속한 마음을 '한결 편해진 마음'이라고 직접적으로 표현하고 있다. 화자가 보기에 망자는 이승에서의 삶과 절연하고 '온 산의 적막'을 느긋하게 향유하고 있다. 그런데 죽음 공간에 존재하는 망자는 '할미꽃'으로 환생 혹은 투사되어 '적막'과 동일화되고 있다. 이는 화자의 죽음 이후의 삶을 응시하는 인생관이 탈속한 무욕의 경지로 표상되고 있는 것이다.

2연에서 무덤 속의 망자를 응시하는 화자는 현실 공간의 이율배반적인 속성을 인지한다. 이는 1연의 저승 공간과 대립적인 의미소를 지니고 있다. 예컨대 저승이 무욕의 적막 공간이라면 이승은 빛과 어둠이 공존하는 욕망의 공간인 것이다. 뿐만 아니라 이승의 현실은 '뜨겁고 찬 언어'가 부침하는 공간이다. 이는 이승의 현실이 빛/어둠, 뜨거움/차가움이라는 대립적인 모순이 존재하는 공간이라는 점을 환기한다. 그러한 모순된 현실 공간에서 욕망에 부침하는 화자는 '인기척'을 느낀다. 이는 저승 공간에 존재하는 망자와 이승 공간에 존재하는 화자 사이의 교감 혹은 소통을 의미한다.

그리하여 3연에서 화자는 그 인기척으로 하여 느닷없이 부각하는 망자의 환영과 조우한다. 그 망자의 환영은 화자에게 그리움의 정조를 불러일으킨다. 울컥 솟는 감정의 분출은 '피 당기는'의 수식을 통해 육친의 그리움으로 한정됨과 동시에 본능적이고 자연스러운 속성을 지니게 된다. 화자는 할미꽃이라는 대리물을 통해 망자의 존재를 인지한다. 그리하여 화자는 무덤가에 핀 할미꽃을 통해 저승의 망자와 소통 교감을 이룬다. 이는 삶과 죽음의 절연과 단절을 환생 모티프를 통해 극복하는 동양적 상상력의 기본 형식이다.

고소증이 몰려온다
머리가 깨어질 듯 아프다
아무 것도 먹고 싶지 않다
손가락으로 얼굴을 누르면
살갗이 물결처럼 파동친다
머리 못 감은 지 9일 째

몇 걸음 걸으면 숨이 차올라
말 잔등에 앉아
될마라 고개를 넘는다
내가 쌓아온 죄와 허물을 본다
경사가 심한 내리막길에서는
말에서 내려 걸어야 한단다
마지막 가는 길은 누구라도
혼자 가야 하는 것을

신현봉,「수미산 코라 길에서」 전문

이 시는 여행을 하며 인생을 성찰하는 기행시이다. 여행의 고통을 통해 인생의 궁극을 깨우치는 각성의 과정이 구체적이고 현실감 있게 형상화되어 있다. 이 시의 근간에는 '인생은 여행이다'는 기본개념은유가 자리 잡고 있다. 화자는 티벳의 고산지대 수미산을 여행하면서 극심한 육체의 고통을 겪는다. 고소증으로 인해 두통에 시달리며 식욕까지도 잃어버린다. 육신에서 물이 탈수되어 기진할 지경이다. 심지어 머리도 9일 동안 감지 못하여 몰골이 말이 아닌 상태이다. 이를테면 화자는 극지의 여행을 통해 극심한 육체적 한계와 맞닥뜨린 것이다.

그러나 화자는 육신의 고행을 통해 자신의 인생을 반추한다. 순수 원형질의 고산지대에서 화자는 인생의 본질에 대한 상념에 젖는다. 그는 순수한 자연을 마주하고 자신의 허물과 죄를 읽어낸다. 일상에 함몰되어 있을 때는 미처 생각할 수 없는 근본적인 사색을 하게 되는 것이다. 자연과 인간의 대비를 통해 순수와 타락의 인생 가치를 비교하는 것이다. 이러한 명상을 통해 화자는 마침내 인생은 고독한 것이라는 속성과 만난다. 즉 인생은 죽음으로써 결말을 맺게 되는데, 홀로 그 죽음을 감당해야 한다는 것이다. 예컨대 인생은 단독자로서의 여행이라는 명제에 도달하게 되는 것이다.

아이가 식탁의자에 갇혔다
고정벨트가 아이의 자유를 묶어놓은
식당 안의 풍경

아이의 식탁이 올가미란 걸
두 살배기 아기는 알지 못한 채
작은 식탁에서 케   을 먹고 있다

어른의 식탁은 올가미에 대한 사랑

황홀한 식탁을 위해
식탁에 갇혀 떠돌던 수많은 시간들이
이 저녁에 도착해 있다

삶의 끝없는 줄다리기는 식탁에서 시작된 역사

외줄을 타듯
식탁 위에 써내려간 고통의 문장들

우리는 모두 식탁의자에서 자라다가

고요하게 무너진다

이복래, 「식탁의 풍경」 전문

이 시는 인생의 자유와 사랑과 역사를 '식탁의 풍경'을 통해 형상화하고 있다. 예컨대 인생의 의미를 식탁을 중심으로 사유하고 있는 것이다. 인생에서 식탁은 육체의 존속을 위해 매일 마주하는 공간이다. 달리 말하면 인간은 한 끼니의 식사를 위해 자유를 저당 잡힌 생을 살고 있는지도 모른다. 인간의 최소한의 삶의 조건은 식탁에 굴복하는 것이다. 이 시는 인생이 식사에 대한 투쟁의 역사라는 점을 제시하고 있다.

1연에서 화자는 식당 안의 풍경을 응시한다. 그리고 식탁의자의 고정 벨트에 묶여 식사하는 아이를 목격한다. 화자는 그 아이의 자유가 묶인 것으로 인지한다. 이는 아이의 인생이 한 끼의 식사를 위해 구속되고 있음을 환기한다. 그런데 두 살배기 아이는 자신의 자유가 속박되었다는 사실을 알지 못한 채 식사를 하고 있다. 심지어 식탁이 '올가미'라는 사실도 인지하지 못하고 있다. 그러나 어른인 화자는 식탁이 올가미라는 사실을 알고 있다. 아이는 세계 혹은 인생에 대해 미성숙한 태도를 보이는 것이다. 그러나 어른은 인생의 함축적 의미 곧 식탁이 올가미라는 은유를 이해하고 있다.

그리하여 어른인 화자는 "어른의 식탁은 올가미에 대한 사랑"이라는 은유를 제시한다. 물론 그 올가미는 다시 역전되어 식탁과 결부된다. 어른들의 인생은 식탁을 위하여 올가미에 걸린 형국에 처해 있는 것이다. 그리하여 어른들은 '황홀한 식탁'을 위하여 '식탁'에 얽매인 생활을 하는 운명이다. 따라서 오늘 저녁의 식탁 역시 식사를 추구하는 운명의 반복에 지나지 않는다. 어른의 인생은 식탁을 향한 지리멸렬하고 권태로운 반복을 지속하는 것이다. 그리하여 시인은 인류의 영원한 인생 본질을 '식탁에서 시작된 역사'로 규정한다. 그 식탁을 향한 인간의 삶은 '고통'에 다름 아니다. 그것도 '외줄을 타듯' 위태롭고 위험한 일상을 통해 성취되는 가혹한 것으로 표상된다.

인간은 '식탁'을 위하여 존재하다가 마침내 생을 '고요하게' 마감하는 존재이다. 이 시는 인생을 '식탁'을 위해 존재하는 것으로 압축하여 인지한다. 시상도 아이로부터 시작하여 성년을 거쳐 결국 생을 마감하는 시간적 순차성에 따라 배열되고 있다. '황홀한 식탁'을 위한 방황과 고통의 역사가 인생이라니. 이처럼 단순하게 인생의 본질을 묘파한 것은 결국 인생의 허무 혹은 무상함을 드러내고 싶은 것에 다름 아닐 것이다.

이 깊은 산속에 섬이 어디 있느냐고
이 깊은 산속에선 내가 섬이다

따개비 삿갓조개 허리를 휘감는 파도는 없어도
달을 보고 별을 보고 바람을 안고
홀로 울 줄 아는
내가 섬이다

바람에 실려 오는 꽃향기 새소리 낙엽은 파도이고
정다운 이 찾아오면 밀물로 맞고
보낼 땐 아쉬움의 썰물이 된다

밀물 썰물 기약 없는

산중의 섬은
기다림을 배우며 그리움을 알고
그리움을 모아서 시를 쓴다

장대규,「섬」 전문

이 시는 자아를 '섬'으로 치환하여 존재론적 외로움을 형상화하고 있다. 특히 화자가 실제로 거주하는 현실의 산속 공간을 상상의 바다 공간과 혼융하여 은유함으로써 의미 층위를 중층화, 입체화하고 있다. 시인은 활달한 상상력의 확장을 통하여 시적 자아를 '섬'과 동일화함과 동시에 산과 바다까지도 동일화함으로써 이미지의 역동성을 획득하고 있다. 또한 이러한 역동적인 상상력으로 인하여 존재론적 외로움을 '섬'으로 표상하는 낯 익은 상투성을 극복하고 있다.

1연에서 화자는 자아의 존재성이 곧 '섬'이라고 자문자답하고 있다. 말하자면 화자의 외롭고 고독한 산속 생활을 바다 공간의 대표적인 외로움의 존재성을 띤 '섬'으로 치환하여 제시하는 것이다. 2연에서 바다에 존재하는 섬으로 표상되어 있는 화자는 바다가 아닌 산속에 거주하는 존재이다. 그리하여 역동적인 바다의 사물들 즉 "따개비 삿갓조개 허리를 휘감는 파도"가 없는 산속에서 "달, 별, 바람"과 소통하며 유유자적한다. 문제는 화자는 '홀로' 울 줄 아는 존재인 것이다. 이로 인해 '섬'은 외로움을 지배적 의미소로 거느리는 은유가 된다.

3연에서 화자는 '섬'으로서의 외롭고 쓸쓸한 존재 양상을 드러낸다. 그것은 산속 공간의 생활을 바다 공간의 생활로 전이하여 인지하는 것으로 표상된다. 예컨대 화자는 "꽃향기 새소리 낙엽"을 '파도'로 전이하여 인지하고 있다. 또한 타자와의 만남과 이별을 바다 공간에서 이루어지는 밀물과 썰물로 은유하고 있다. 현실에서 실제로 이루어지는 육지의 삶을 바다의 풍경으로 대치하는 은유적 상상력이 이 시의 중심축을 이루고 있는 것이다. 산중의 섬 생활은 타자와의 만남이 소원한 공간이다. 그리하여 화자는 기다림과 그리움의 정조에 함몰된 산속 생활을 지탱한다. 나아가 그러한 정서를 시로 형상화하며 외로움을 견디는 것이다. 이 시는 인생에 필수적인 속성인 외로움을 '섬'을 통하여 구체화하고 있다.

그는 눈이 세 개다
오른 눈은 다른 사람들 눈처럼 앞을 바라보고 있다
그는 이 눈으로 사물을 날카롭게 관찰한다
왼쪽 눈은 옆으로 많이 찢어져 있다
그는 이 눈으로 옆을 살피고 뒤를 쳐다보기도 한다
앞 눈은 미래를, 옆 눈은 과거를 보는 눈이다
또 다른 눈은 가슴에 박혀 있다
이 눈으로 다른 사람들의 마음을 읽고 온도를 측정한다
나이가 들어 앞 눈은 시력이 떨어져
안경의 도움을 받아야 하지만
심안은 점점 깊어지고 있다
망원경 없이 숲속에서 새가 알을 낳는 것을 보고
상상의 세계에 있는 보물을 발견할 수 있다
그는 눈이 하나 더 많은 이상한 사람이지만
사람들은 그가 기형아인 줄 모른다
눈 하나는 철저하게 숨겨져 있기 때문이다
눈은 하나 많으나 눈치는 보통 사람들만큼 빠르지 않다

최복림, 「눈이 세 개인 사람」 전문

이 시는 3인칭 관찰자 시점으로 눈이 세 개 달린 사람을 형상화하고 있다. 그리하여 객관적 태도로 눈이 세 개 달린 '그'를 묘사하고 있다. 여기서 '눈'은 신체 기관으로서의 눈임과 동시에 시인에 의해 의미가 부여된 상징적 눈이기도 하다. 따라서 이 '눈'은 신체적 고유 기능과 더불어 상징적 기능을 담당한다. 이 '눈'의 상징적 기능은 인생의 혜안으로 작용한다.

먼저 '오른 눈'에 대한 묘사가 이루어진다. 오른 눈은 정면을 응시하는 방향성을 지니며, 사물을 관찰하는 기능을 한다. 왼쪽 눈은 측면과 후방을 응시하는 방향성을 지니며, 역시 관찰 기능을 한다. 말하자면 이 두 눈은 기능 측면에서 눈의 고유 기능인 사물 관찰 능력을 지니고 있다. 그러나 방향성에 있어서는 일반적인 눈의 기능을 벗어나 특수한 기능을 지닌다. 이 두 눈의 특수한 기능은 시인에 의해 오른 눈은 '미래'를 지향하는 기능을, 왼쪽 눈은 '과거'를 지향하는 기능을 부여 받는다.

세 번째 눈은 가슴에 위치하며, 타자의 마음을 읽어내는 '심안'으로 기능한다. 그런데 세 개의 눈을 가진 사람은 인생을 어느 정도 살아낸 나이 든 인간이다. 이 나이 든 '그'는 신체의 기능이 약화되어 육체의 두 눈은 안경의 도움을 받아야 제 기능을 발휘한다. 그러나 역설적으로 육체의 눈이 퇴화하는 것에 상응하여 '심안'의 기능은 더욱 강화되고 있다. '그'는 육체의 눈으로는 볼 수 없는 초월적인 풍경을 '심안'으로 응시한다. 예컨대 '그'는 '숲 속의 알을 낳는 새'와 '상상 세계의 보물'을 감지하는 초능력을 획득한다. 말하자면 육체의 눈으로 감지할 수 없는 마음을 읽어내는 능력을 소지하게 되는 것이다.

'그'가 획득한 '심안'은 육체적으로 노출되지 않기 때문에 타자들은 '그'가 '기형아'인 줄 모른다. 이는 일종의 유머이다. 나이가 들어 세계와 인간에 대해 축적된 경험을 바탕으로 직관력과 통찰력이 생성되었으므로 '그'는 기형아라기보다 오히려 예지자인 것이다. '그'는 인생의 연륜으로 인하여 잡다한 세상사를 초월한 삶의 본질을 읽어내는 혜안을 지니게 된 것이다. 이 시는 나이 듦에 따라 성숙한 세계 인식을 할 수 있게 된 원숙한 인간의 초상을 기괴한 인물의 이야기로 풀어내고 있다.

무거운 듯
축 처진 나무들
서쪽 하늘을 향해 반짝인다
하늘의 환대에 숨죽인 세상은
그 명성을 기리며

마음의 강은 조용히 흐르고
넣어두고 잃어버렸던
푹 익은 동백의 향기
설익은 내 몸에 아직도 남아 있는데

살아온 내력을 가득 담고 있는 얼굴
마른 가지의 나뭇잎이 떨고 있다
한줄기 그대의 빛이
마음의 지평 위에
하얗게 내려앉아도

등불은 주저 없이 빨갛게 타오른다

차가운 공기로 감싸인
검은 외투자락
그냥 당신의 곁에 서서 펄럭이기만 해도
설레이는 날
모든 인연은 헤어짐으로 통하는

정숙자, 「눈 오는 날」 전문

이 시는 눈 내리는 날 차분하게 명상한 인생의 본질에 대해 형상화하고 있다. 화자는 인생을 '하늘'을 향한 숭고한 기림의 자세로 표출한다. 초월적 대상인 '하늘'을 향한 화자의 지향은 인생을 열정적으로 설레게 하는 추동력이 된다. 그러나 결국 모든 인연은 별리로 마감한다는 인생의 본질을 쓸쓸하게 진술한다.

1연의 시적 대상은 '나무'와 '세상'이다. 그 '나무'는 '무거운 듯 축 처져' 있다. 이는 그냥 나무가 아니라 시인의 상상력에 의해 변용된 것이다. 예컨대 삶의 무게에 짓눌린 한 존재의 모습이 투사되어 얼비친다. 그리하여 '나무'는 삶에 지친 인간 존재의 대리물로 표상된다. 그 존재는 '서쪽 하늘'을 지향한다. 이는 서쪽이 해가 지는 곳이기 때문에 서방정토를 상징하므로 죽음을 향해 나아갈 수밖에 없는 존재론적 숙명을 환기한다. 한편 '하늘의 환대'는 눈이 내리는 풍경에 대한 긍정적인 의미 부여이다. 세상은 '하늘'이 허여하는 눈의 축복으로 인해 하늘의 '명성'/시혜에 존경하는 태도로 반응한다.

2연에서 화자는 시선을 자아로 전환시킨다. 하늘의 시혜인 눈의 축복으로 인해 화자의 정서는 차분하고 경건해진다. 그러나 화자는 그동안 망각하고 있었던 '동백의 향기'를 떠올린다. 그것은 아마도 '하늘'을 향한 화자의 열정을 암시하는 것으로 보인다. 화자는 그 열정이 아직 존재하고 있는데, 온 세상을 죽음으로 안내하는 '눈'이 내리는 상황으로 인해 아쉬움의 정조에 휩싸인다. 예컨대 화자는 죽음의 계절 겨울이 도래한 것에 대해 후회와 미련의 정서를 노출한다.

3연에서 화자는 '얼굴'과 '나뭇잎'의 동일화를 통해 존재의 위약한 속성을 표상한다. '얼굴'은 지나온 삶의 과정이 온축되어 있는 증표인데, 그것은 '마른 나뭇잎'으로 전이된다. 이는 노년에 이른 자아 존재의 대리물로 기능한다. 화자는 겨울 나뭇가지에 매달린 나뭇잎과 동일한 존재 속성 즉 죽음이라는 운명론적 속성을 지니게 된다. 소멸할 수밖에 없는 존재 속성을 지닌 화자에게 '하늘'은 '그대'가 되어 '빛'/눈을 하얗게 내린다. 이는 죽음이라는 운명적 숙명을 고즈넉이 수용하는 화자의 경건하고 엄숙한 태도로 드러난다. 그러나 한편 화자는 '그대'/하늘을 향한 지향의 '등불'을 열정적으로 태워 올린다. 인간의 존재론적 숙명인 죽음을 수용하면서도 '하늘'/'그대'를 향한 열정을 포기하지 않는 것이다.

4연에서 화자는 자신의 현재 상황을 비극적으로 제시한다. 그는 '차가운 공기'에 노출된 '검은 외투자락'으로 표상된다. '차가운'의 수식어는 세계의 비정하고 냉정한 분위기를 환기하고, '검은'의 수식어는 불길하고 부정적인 자아의 존재성을 환기하기 때문이다. 하여 화자는 부정적 세계에서 비극적 운명으로 존재하게 되는 상황에 놓이게 되는 것이다. 그러나 화자는 '당신'/하늘에 의지하여 위약한 존재 속성을 위무 받으려 한다. 화자는 '당신'의 주변에서 내리는 눈처럼 '펄럭이기만'/존재하기만 하여도 삶의 가치를 느끼게 된다. 그리고 마침내 화자는 이러한 자신의 가녀린 소망이 결국은 극복할 수 없는 헤어짐으로 귀결된다는 사실을 인정하고 수용한다. 말하자면 '모든 인연은 헤어짐'으로 귀착된다는 존재론적 운명을 받아들이는 것이다.

인생의 본질은 무엇인가? 인간의 존재 특성은 무엇인가? 이 존재론적 화두는 끝끝내 불가사의한 것이다. 그럼에도 인간은 그 존재 특성에 대해 끊임없는 질문을 하지 않을 수 없다. 이러한 질문을 통해 인간은 삶의 이정표를 세우고 미래를 향하여 나아갈 수 있기 때문이다. 뿐만 아니라 인간으로서의 참다운 삶을 영위할 수 있는 성찰의 동기를 부여받기 때문이기도 하다. 특히 시는 인간과 세계의 본질에 대한 사색과 성찰을 중요한 화두로 삼고 있다. 그리하여 시인들은 오늘도 영원히 규명할 수 없는 인생의 본질을 탐구하는 숙제를 하느라 고군분투하고 있다. 이 존재론적 탐색으로 인하여 인류의 삶이 더욱 맑고 환해질 수 있다는 신념을 불 밝히기 위하여. 미지의 세계와 운명을 위하여 오늘 밤에도 시인들은 잠 이루지 못한 채 불가사의한 인생의 본질을 탐구하고 있다.

08
일상 체험에서 길어내는 소소한 삶의 미학

시는 일상 체험을 상상력을 통해 형상화하는 언어예술이다. 예컨대 시는 우리의 일상과 밀접한 관련을 맺고 있다. 일상은 반복적이고 지리멸렬하고 사소한 사건들의 연속이다. 그리하여 일상은 권태와 환멸을 제공한다. 인간의 삶은 이러한 권태롭고 환멸스럽고 소소한 일상의 반복으로 이루어진다. 그러나 시인은 소소한 일상으로부터 삶의 진정한 의미와 가치를 빚어낸다. 사소한 일상의 체험으로부터 삶의 가치와 의미를 길어 올리는 일은 치밀한 관찰과 따뜻한 애정으로부터 비롯된다.

시인은 꾀죄죄하고 부박한 삶의 현장을 섬세한 시선과 애정 어린 관심으로 응시한다. 이러한 시선으로 인하여 지리멸렬한 일상과 권태로운 반복은 무의미하고 무가치한 성격을 제거하고 삶의 새로운 모습을 드러낸다. 여기서 필요한 시 정신은 통찰력과 직관력이다. 통찰력은 사소한 삶의 현장에서 인생과 세계의 본질이나 궁극을 보아내는 정신이다. 직관력은 부분적이거나 피상적인 현상으로부터 세계의 전체상 혹은 인생의 본성을 읽어내는 능력이다. 이렇게 획득된 삶의 가치와 미덕은 시인의 상상력을 통과하여 언어로 구축된다.

삶이 이루어지는 현장인 일상은 반복을 통해 상투화되거나 고정적인 관념을 제공한다. 그러나 시인은 직관력과 통찰력을 통하여 숨겨진 세계의 비의를 밝혀내고, 인생의 새로운 가치를 창발한다. 그리하여 시는 진흙탕과 같은 일상으로부터 연꽃과 같은 삶의 가치를 피워내는 것이다. 시는 일상과 유리되어 논리적인 거대담론을 생산하는 장르가 아니다. 시는 사소하고 반복적인 일상체험으로부터 삶의 신선한 가치를 생산해내는 미시담론의 장르이다. 시는 일상체험을 발상의 근거로 삼음으로써 구체성과 현장감을 획득한다. 나아가 특수하고 사소한 일상체험으로부터 보편적이고 항구적인 삶의 지표를 드러낸다.

요즘 어떤 출입문은 밀어도 당겨도 열리지 않고
명찰처럼 작은 판에 '누르세요' 적은 후
혹시 모를까봐 해석까지 달았다, "Push"
Push 판 그까짓 것 누를 수야 있지만
누른다는 말이 찜찜하다
지구 표면을 누르는 대기압, 표면장력은 그렇다 치고,
따르라 따라오라, 꼬여내는 술수를 넘어
짓밟아버려, 찍소리 못하게 눌러버려
이런 말도 버젓하게 나도는 세상에
나 하나 입장하면서 누구를 제압하라 하는가,
왜 그래야 하는가
세상의 약한 것들은 눌리면서 일어나고

밟힐수록 숨을 골라 고개를 쳐드는데
기선을 잡고 초장에 누르라고
제대로 이겼는지,
이겼으면 이겼지 어쩌자는 것인지
아무것도 모르면서 누르라고 한다.
망설이고 있는 사이 내 가슴을 짓누르는
아, 누군가의 억센 검지손가락

이향아, 「누른다는 것」 전문

이 시는 문을 열 때면 체험하게 되는 '누르세요'라는 안내문에서 착상하여, 가학과 피학이라는 힘의 역학을 삶의 양상으로 형상화하고 있다. '누르세요'는 문을 통과하고 싶은 사람이 누름의 대상을 향하여 힘을 가하라는 언표이다. 그런데 화자는 문 여닫기의 상황을 강자와 약자의 힘의 논리 상황으로 확장하여 인지한다. 예컨대 화자는 일상생활에서 자주 직면하는 사소한 문 여닫기 행위 체험을 통해 힘의 논리가 지배하는 세계의 일면을 포착한 것이다.

화자는 문의 누름판에 부착되어 있는 '누르세요'라는 안내문에 대해 심리적 불편함을 보인다. 화자의 심리적 저항의식은 '누르세요'라는 말의 권유성의 진위 여부를 인정할 수 없는 기만적인 사회 분위기 때문이다. 또는 '누르세요'라는 말이 '제압하라'는 의미로 전이되어 인지되기 때문이다. 이러한 형태의 의미 전성은 "짓밟아버려, 찍소리 못하게 눌러버려"라는 사회적 강자의 생활태도에 기인된 것이다. 화자는 이 세계를 약육강식의 힘의 논리가 지배하는 구조로 파악한다. 특히 강자가 약자를 힘의 논리로 지배하는 구조로 인지한다.

특히 강자의 '기선을 잡기 위해 초장에 누르라'는 태도는 가혹하고 비정한 힘의 논리를 더욱 부각시킨다. 또한 이겼으면서도 완전한 승리를 위해 계속 누르라는 지시는 약육강식의 힘의 논리가 지배하는 비참하고 부정적인 세계의 모습을 강하게 환기한다. 그러나 힘의 약자는 강자의 '누름'/억압/지배 행위에 대해 그대로 수용하는 것이 아니라 저항하는 태도를 보인다. 이는 '눌리면서 일어나고', '고개를 쳐드는데'의 표현으로 제시된다. 이는 세계가 힘의 논리가 아닌 평등과 공평의 논리로 충만한 것이기를 소망하는 화자의 심리가 저변에 잠복해 있기 때문으로 보인다.

눈이 침침한 것은
보기 싫은 것들 보지 않으려고
귀가 먹먹한 것은
듣기 싫은 것들 듣지 않으려고
입이 붙어버린 것은
시시비비에 얽히지 않으려고
늙은이들은 하나 둘 셋
천천히 문을 닫는다

최원, 「단조短調·29-노인의 문」 전문

이 시는 노년에 이른 화자가 육체적 침체 현상이라는 체험을 통해 삶의 태도를 새롭게 정립하고 있는 작품이다. 나이가 들어 육체가 쇠약해지면 다양한 신체의 침체 현상이 일어난다. 이는 인간뿐만 아니라 세계에 존재하는 모든 생명체에게 두루 적용되는 공통적인 현상이다. 이러한 신체적 쇠약 현상은 더욱 심화되어 결국 모든 생명체는 소멸하게 된다. 시인은 이러한 신체적 노화 현상의 체험을 삶의 자세의 변동으로 읽어낸다.

화자는 노년에 이르러 눈이 침침해지고, 귀가 먹먹해지고, 말수가 줄어드는 신체의 쇠약 현상을 체험한다. 그런데 화자는 이러한 육체적 변화를 단순한 신체적 침체로 수용하는 것이 아니라 세계에 대응하는 삶의 자세의 변화 요인으로 인지한다. 이러한 통찰력은 사소한 일상의 현상을 통해 새로운 의미를 부여하려는 상상력의 개입으로 야기된다. 그는 우선 시력의 감퇴를 '보기 싫은 것들 보지 않으려'는 불쾌의 차단 의미로 가치를 부여한다. 청력의 감퇴는 '듣기 싫은 것들 듣지 않으려'는 불편한 정보의 차단 의미를 생성한다. 그리고 말수가 적어진 현상 '입이 붙어버린 것'은 논쟁에 대한 차단 의미로 이해한다. 여하튼 노인들은 신체의 쇠약 현상에 따라 세상과의 접촉이나 대응을 소극적으로 하기 시작한다. 이는 세상으로 나아가는 '문'을 닫는 것으로 표상된다.

이 시는 결국 노년에 이르러 신체적 쇠약이 심화되면 세상과의 적극적이고 능동적인 통섭을 거부하고 고요하고 평화로운 삶을 유지하려는 노인들의 태도를 드러내고 있다. 즉 이 시는 신체적 쇠퇴 현상 체험을 통해 절제의 미학이라는 삶의 자세를 표출하고 있다.

나무의 본 모습은
꽃으로 가득한
화려할 때의 것일까?
아니면
잎으로 풍성할 때의 것일까?
꽃 지고 잎 떨어져

굽은 가지
부러진 가지
울퉁불퉁 옹이 드러내는
겨울일 때이겠지
사람은
관 뚜껑 덮일 때 안다지만
정년퇴직해
힘 떨어지고 권력 없어지니
이제 알겠네
자신 넘치던 때의 것은
확실히 아니라는 것을
두 손이 초라한 지금이
진정 내 모습이라는 것을

장원상,「모습」 전문

이 시는 정년 이후의 인생의 의미를 '나무'의 일생을 통해 형상화하고 있다. 즉 이 시는 '정년퇴직'이라는 일상 체험을 통해 인간 본연의 모습을 탐색하고 있다. 인간의 인생 패턴은 역할에 따라 성장기, 성년기, 노년기로 구분할 수 있다. 성년에 이르기까지의 성장기는 양육과 배움의 과정을 통과한다. 그리고 성년기에 이르러 결혼을 하고 가정을 갖고 직업을 통해 자녀를 양육한다. 그리고 은퇴 이후인 노년기에는 안락하고 고요한 삶을 유지하며 삶을 마무리하게 된다. 이 시는 이러한 인생 패턴 중에서 정년퇴직 이후의 삶을 시화하고 있다.

화자는 나무의 본 모습 즉 나무의 본질적인 속성에 대해 생각한다. 나무의 본질적인 모습은 잎이 무성하고 꽃이 화려할 때인가? 아니면 겨울이 되어 꽃과 잎이 지고 난 뒤 굽은 가지와 옹이가 드러난 때일까? 화자는 후자의 경우를 나무의 본질적 속성이 드러난 경우로 이해한다. 그리고 나무의 모습 변화로 인한 본질적 속성 규명을 통해 인생의 본질적 가치를 비유적으로 표명한다. 즉 화자는 존재의 본질적 속성을 규명하기 위해 나무의 변화 양상을 예시적으로 도입하고 있다. 이와 같은 존재의 본질은 화자의 정년퇴직이라는 사건을 통해 깨우침으로 다가온다.

인간의 삶의 본질에 대한 모습은 죽고 난 다음에 드러나는 것이다. 그러나 화자는 정년퇴직을 한 다음 사회적 권력을 상실하고 나서 인간의 본질에 대해 깨우친다. 성년기 시절 왕성한 사회적 관계를 맺으며 살던 때의 모습이 곧 한 인간의 본질이 아니었다는 것을 깨우친다. 한 인간의 본질적 보습은 모든 사회적 역할을 마감하고 난 뒤 '두 손이 초라한' 상황에서야 '본 모습'을 드러낸다는 것이다. 예컨대 이 시는 정년퇴직이라는 일상 체험을 통해 인간의 본질적 모습을 파악한다. 즉 인간의 본질적 존재 양상은 사회적 역할을 마감하고 난 뒤의 고요하고 적막한 자연인으로서의 모습이라는 것이다.

갑으로 돌아가(回甲)보니
나는 갑도 을도 아닌 병이었다
을 앞에서
갑인 체하며 뻐기고 산 것도
을 취급한다며
갑의 멱살을 잡고 늘어진 것도
다 병이었다

어릴 적부터
잔병치레 잦던 내가
갑을 틈 사이에서
여태 살아남은 이유는
병이 갑 노릇하며
꾀병 부린 것을
다독거려주었기 때문이다

김욱진, 「고백」 전문

이 시 역시 '회갑'을 맞아 사회적 계약 관계를 통해 자신의 삶을 반추하고 있다. 우리는 다양한 계약 관계를 맺으며 경제 활동을 비롯한 사회 활동을 하고 있다. 계약 관계에서 '갑'은 주도자이고 '을'은 피주도자이다. 그러나 화자는 자신의 삶을 돌이켜보건대 '갑'도 아니고 '을'도 아닌 '병'으로 살아왔음을 고백하고 있다. 예컨대 화자는 자신의 지나온 삶이 주체적이고 주도적인 자세가 아니라 항상 제삼자의 입장으로 견인되어 왔음을 고백하고 있는 것이다.

이 시는 특히 언어의 이중적 의미를 활용하여 시의 긴장감을 유지하고 있다. 첫 시행 "갑으로 돌아가(回甲)보니"에서 '갑'은 주도적인 계약자 신분인 '갑甲'을 의미함과 동시에 '회갑'을 지시하기도 한다. 화자는 회갑을 맞아 자신의 삶을 생각해보니 '갑, 을'이 아닌 '병丙'이었음을 깨닫는다. 을 앞에서 가식적으로 교만을 부리며 살았던 것도, 갑에게 을 취급한다고 행패를 부리며 살았던 것도 모두 이제야 생각해보니 사실은 병이었다는 것이다. 이 시행 "다 병이었다"의 병도 '병丙'과 '병病'의 이중 의미를 지니고 있다.

화자는 갑을 사이에서 회갑에 이르기까지 살아온 이유를 자신의 갑 행세로 꾀병 부린 행위를 타자들이 이해해 주었기 때문이라고 이해한다. 예컨대 어려서부터 허약한 자아를 세상의 타자들이 도와주었기 때문이라고 생각한다. 이 시는 결국 회갑이라는 일상 체험을 통해 지나온 자신의 삶이 타자의 배려 때문임을 깨우치는 각성을 형상화하고 있다.

화음으로 들뜬 봄날
텃밭호미질 하는 할머니와 잠시 노닥거리다
야생풍경 한 컷 담아 일어서려던 때다

워매, 그냥 가실라요잉
밥 한 술 뜨고 가랑께, 시방 워째 그요잉
어르신, 말씀만으로도 감사합니다
내 집에 온 사람 밥 안 멕여서 보내면 쓴다요
어서 이짝으로 앉으시요잉

마당 가 살구나무 아래 평상에
야생 밥상 한 상 가득 받쳐주신다
봄 햇살 같은 밥상 받고
속울음이 울컥울컥 수저질을 한다
취나물 두릅 더덕장아찌 묵은 김치에 햇살도 한 접시
뜨겁게 포식한다

아름다워라

할머니 꼭 빼닮은 야생 밥상
아무 셈도 없는 이 순수
어디서 장만한 걸까

텃논개구리 목청껏 우는 봄날보다
농촌살이 생태계가 더 청정하고 무사한 것은
이 노부부의 오랜 삶의 향기 아닐까

께와 잉 사이 꽉 차오르게
야생 밥상도 원앙새 부부의 따순 마음도
찰칵! 찰칵! 찰칵!

김일곤, 「야생 밥상」 전문

이 시는 화평한 봄날 야외 촬영을 나가서 체험하게 된 노부부의 친절한 식사 대접에 대한 고마움을 형상화하고 있다. 현대는 물질과 자본에 대한 욕망의 팽배로 인간에 대한 존중심이 약화되어가고 있다. 예컨대 물질 중심의 가치관이 만연하면서 휴머니즘이 더욱 약화되고 잇는 것이다. 이러한 상황에서 야외 촬영을 나갔다가 우연히 만난 노부부가 베푸는 '야외밥상' 대접을 받고 화자는 인간중심주의의 감동을 체험한다. 이 시는 이러한 일상체험을 통해 따뜻한 인정의 감격을 사실적으로 서술하고 있다.

2연에서는 화자와 노부부의 대화를 감칠맛 나는 전라도 토속어의 사용으로 사실적으로 제시하고 있다. 화자는 늙은 부부를 귀찮게 하지 않기 위하여 노부부와 작별하려 한다. 그러나 노부부는 "내 집에 온 사람 밥 멕

여서 보내"려고 식사 대접을 한다. 여기서 서로를 배려하는 따뜻한 인정이 발현되는 아름다운 풍경이 묘사된다. 노부부의 소탈한 인정미를 거절할 수 없는 화자는 식사 대접을 뿌리치지 못하고 자리에 앉는다. 그리하여 화자는 "마당 가 살구나무 아래 평상에" 앉아 '야생밥상'을 받고 노부부의 인정을 '뜨겁게 포식한다.' 노부부가 대접하는 "아무 셈도 없는 이 순수"를 기꺼이 받아들인다.

화자는 할머니의 야생밥상을 받고서 순수하고 아름다운 친절의 인정에 감동한다. 그리고 노부부의 인간미가 '농촌살이 생태계'를 청정하고 풍요롭게 만드는 원인임을 인식한다. 다시 말해 '노부부의 오랜 삶의 향기'가 인간 사회를 맑게 정화하는 인간미임을 체득한다. 특히 '께와 잉'이라는 전라도 종결형 어미에서 구수하고 질박한 인간미의 어감을 읽어낸다. 이 시는 노부부의 친절한 식사 대접 체험을 통해 '야생'의 순수한 인정을 감동적으로 그리고 있다. 여기서 '야생'은 인공/인위와 대립되는 시어로 맑고 순수한 노부부의 심성을 대변한다.

내 소박한 서실書室의 숨통이다
담쟁이덩굴에 갇혀 있어
아내는 늘 남쪽 창을 열라 성화지만
해질녘 바람 끝에 묻어오는
풀잎 냄새를 나는 즐긴다

빈한한 나의 휴식처, 그러나
삶의 그림자를 되돌아 볼 수 있는 공간
가끔은 속으로 욕심도 부리지만

한때 가난을 잊을 수 있었던
예닐곱 평 남짓한 보금자리,
언제 헤어질지 모르는 동행을 위해
인사치레도 생략한 채
야구경기장 관객들처럼 둘러앉아
믿음직하게 성원해 주는 빈약한 서권書卷들,
주인보다 세상살이에 밝은 속기俗氣가
충만한 안식을 안겨주는 놀이터

창이 열려 있어
나는 언제나 행복하고 감사한다
좀 성급하지만
함께 하던 세월이 모두 떠나는
아름다운 어느 날,
서창西窓은 조용히 장막을 내릴 게고
나는 다시 깊은 잠에 빠질지 모른다

최재환, 「서창西窓에 기대어」 전문

이 시는 노년에 이른 화자가 자족적인 태도로 무위자연하며 사는 자신의 삶에 대해 형상화하고 있다. 화자는 노년의 일상 체험을 담백하게 묘사하고 있다. 그의 삶은 친자연적, 무욕적, 자족적, 성찰적 태도로 드러난다. 노년에 이르면 사회적 관계망이 희박해지며 절대적 자아에 대한 성찰적 자세로 삶을 영위하게 된다. 화자는 이러한 노년의 삶을 수용하고 자족적인 자세로 자신의 생을 반추한다.

화자는 '남쪽 창'을 열라는 아내의 성화에도 불구하고 '서창'을 열고 자연과 소통한다. '남쪽 창'을 열라는 아내의 요구는 더욱 많은 일조량을 받아들이면서 적극적이고 능동적인 삶의 태도를 유지하라는 것이다. 그럼에도 화자가 '서창'을 열고 자연과 소통하는 이유는 자아를 절제하며 소극적이고 소탈한 태도를 유지하려는 욕망 때문으로 보인다. 화자는 그저 소박한 자세로 "해질녘 바람 끝에 묻어오는/ 풀잎 냄새를" 즐길 뿐이다. 이는 무욕의 태도로 자연과의 동일화를 꿈꾸는 친자연적 자세를 함축한다.

화자가 존재하는 공간인 '서실'은 '예닐곱 평'에 해당하는 소박한 공간이지만 '보금자리'로 인지된다. 이 서실은 화자의 자족적 태도와 무욕의 자세를 보여주는 공간인 것이다. 그는 이 '빈한한' 공간인 서실을 휴식처와 보금자리로 활용하여 지나온 삶을 반추하며 무욕의 자족적 삶을 유지한다. 이 서실은 또한 '놀이터'로 기능한다. 화자는 이 서실에서 '빈약한 서권'들을 통해 세상과 삶의 이치를 헤아리며 '충만한 안식'을 얻는다.

휴식처이자 보금자리이며 놀이터인 그의 서실에서의 삶은 '창'이 열려 있으므로 자연과 소통할 수 있는 것이다. 화자는 충만한 안식을 제공하는 이 서실에서의 삶에 대해 충분히 행복을 누리며 감사한 마음을 표출한다. 그리고 화자는 세월이 흘러 '깊은 잠'에 빠지는 생의 마지막이 오더라도 고즈넉이 수용하겠다는 자세를 보인다. 이 시는 노년에 이른 화자가 자신만의 고요한 공간인 서실에서의 일상 체험을 통해 자족적이고 친자연적인 삶의 행복감을 소박하게 표현하고 있다.

막걸리 한 잔을 마시고
찌그러진 주전자에서
기억을 토해 내듯

우린, 발 없는 말들을
안주 삼아

그저 썩은 미소와
의미 잃은 시어詩語들로
허공을 채우고 비우지만
산산이 흩어져
먼지가 되어 쌓인다

술, 그 달콤한 입술의 망각들
사랑의 상념은 파도처럼 밀려오고
아픈 기억은 젖은 낙엽처럼 뇌리에 붙어
바람 불지 않아도 가슴 시리고
서럽지 않아도 마음이 아픈,

김용, 「기억記憶을 마시다」 전문

이 시는 일상에서 흔히 체험하는 술 마시는 행위를 형상화하고 있다. 그 음주 행위는 지나온 삶의 추억들을 환기하는 의미가 부여된다. 시제 '기억을 마시다'가 표상하는 바와 같이 일상의 술 마시는 행위는 지나온 삶을 추억하는 동기를 부여한다.

화자는 막걸리를 마시며 기억을 되살리고, '발 없는 말'들을 서로 주고받는다. 이는 같은 자리에 앉아 술을 마시지만 지향이 없는 무의미한 대화를 하는 광경을 드러낸다. 말하자면 서로 각자의 지나온 기억을 떠올리며 술을 마시는 정경을 묘사한 것이다. 이들이 나누는 대화는 '썩은 미소' 아니면 '의미 잃은 시어'에 불과한 것이다. 따라서 술을 마시며 나누는 대화는 허공으로 산산이 흩어져 '먼지'가 되어 버린다. 이는 술 마시는 행위의 공허함과 허무함의 정서에 대한 표출로 보인다. 나아가 이러한 정서는 인생의 허무함의 정서로까지 확산되어 나간다.

술을 마시며 떠오르는 기억들은 '사랑의 상념'이거나 '아픈 기억'으로 제시된다. 이러한 기억의 소재들은 음주 과정 동안 끊임없이 부침한다. 화자에게 환기되는 과거의 기억들은 후회와 반성을 동반한다. 그리하여 화자는 지나온 생의 아쉬움과 미련으로 인한 슬픔과 서러움의 정조에 함몰된다. 결국 이 시는 음주라는 일상 행위를 통해 인생의 허무와 무상을 서정적으로 표상하고 있다.

목련나무 한 그루가 내 안으로 들어와
정박한 봄밤이다

그대는 종일 수평선처럼 누워 있네
꽃눈을 뜨고 내다보는 젖은 눈동자
암초에 걸려 있네
한때는 사랑을 키웠으나 무덤이 되어버린
젖가슴 속 멍울들
망울망울 자꾸자꾸 번지고 있었네

사랑을 노래하던 당신을
누군가 점령해 버렸다지
그 사랑 앞에 그만 무릎 꿇어버렸다지

맹목적인 그 사랑에게 다 주어버렸다지
왜 모든 사랑은 과거형인가
왜 모든 그리움은 떠나간 후인가

가지마다 화사한 흰 꽃송이 조등처럼 걸어두고서
당신은 한사코 웃으며
목련나무 꽃배를 타고
이 봄을 무사히 건너가는 중이라시네

황영선, 「목련나무 꽃배를 타고」 전문

이 시는 봄날 화사하게 핀 목련꽃을 바라보며 사랑했던 과거와 무덤덤한 현재의 사랑을 비교하고 있다. 사랑하는 대상과의 과거와 현재의 열정에 대한 체험을 목련나무를 통해 형상화하고 있는 것이다. 목련나무는 시적 화자의 정서를 대리하는 정서적 등가물로 기능한다. 나아가 목련나무는 화자와 동일화되는 사물로 작용한다. 이 시는 추상적이고 불투명한 사랑의 감정을 목련나무에 대한 일상적 관찰을 통해 구체적으로 선명하게 그려내고 있다.

1연에서 화자는 목련나무와 동일시되고 있다. 이는 객관적 사물과 화자의 일체화를 통해 서정적 감동을 자아낸다. 특히 그 목련나무는 '나'에게 '정박'을 함으로써 항해하는 배의 이미지를 환기시킨다. 이로 인해 이 시의 배경은 식물성과 해양성이 혼융되는 복합성을 성취한다. 젊어서 사랑했던 '그대'/상대는 이제 '수평선'처럼 누워 '젖은 눈동자'로 외부를 응시하고 있다. 화자는 이를 '암초에 걸려' 있는 것으로 이해한다. '그대'의 젊어서 사랑할 때의 열정은 사라지고 이제는 무덤덤한 자세로 내부가 아닌 외부만을 응시하고 있는 것이다. 화자는 이제는 '무덤'과 같은 존재가 되어버린 '그대'를 향하여 아련한 '멍울'로 추억만 하고 있을 따름이다. 여기서 '망울망울' 번지는 화자의 아련한 향수는 목련꽃의 벙그는 이미지와 중첩되어 시각적 선명성을 강화하고 있다.

화자는 '그대'의 사랑의 열정이 식은 이유를 제삼자에 대한 애정으로의 변심으로 생각한다. 구체적으로 제시되어 있지는 않지만 '그대'는 제삼자에 대한 맹목적인 애정 때문에 화자와의 사랑을 등한시한다. 그리하여 화자는 사랑이 끝나고 난 뒤의 아쉬움과 그리움을 표출한다. 이러한 화자의 심정은 화사한 목련꽃 송이를 '조등'으로 인지한다. '당신'/그대는 화자의 안타깝고 아쉬운 미련의 정서와는 무관하게 목련꽃나무를 바라보며 '이 봄'을 보내고 있다. 이와 같은 화자의 사랑에 대한 비련의 태도는 목련꽃이 피었다 지는 봄의 계절적 속성과 어우러져 그 슬픔의 강도를 더욱 강화한다. 말하자면 신생과 부활의 봄은 화자와 그대와 사랑의 순간을 암시하고 있다. 봄이 지면 목련꽃이 지듯 사랑도 함께 진다는 이미지의 혼융이 이 시의 비극적 서정성을 감각적으로 드러내고 있는 것이다.

09
시의 즐거움 혹은 즐거움의 시

인생이 행복하기 위해서는 즐거워야 한다. 즐겁기 위해 사는 것이 인생의 목표가 되기도 한다. 그리고 그 즐거움을 제공하는 것 중의 하나로 예술을 들 수 있다. 인생은 일상의 반복으로 이루어지는 측면이 있다. 사소한 일상의 반복은 인간의 정신과 감성을 무미건조하게 만든다. 나아가 이 무미건조한 일상의 반복은 결국 권태를 선사한다. 인간은 반복되는 노동을 통해 삶을 영위한다. 그런데 노동은 생존에 필요한 기본적 조건을 충족시키는 반면에 정신적 피로와 휴식을 요구한다. 그리하여 인간은 정신적 피로를 제거하고 휴식을 취하기 위하여 노동을 상쇄하는 놀이와 유희를 추구한다. 또한 인간은 노동과 일상의 반복으로 이루어지는 권태를 극복하기 위하여 놀이와 유희를 활용한다. 이 놀이가 추구하는 핵심 요소는 즐거움이다.

인간은 행복해지기 위하여 매우 다양한 놀이와 유희를 개발하였다. 그 놀이와 유희 중 하나로 예술을 들 수 있다. 그리하여 예술 역시 즐거움을 지향한다. 아니 예술을 규정하는 핵심 특성이 바로 즐거움이다. 무엇보다도 예술은 재미, 즉 즐거움이 있어야 독자들과 소통을 원활하게 할 수 있다. 예술은 즐거움을 주는 기능이 중요하다. 물론 예술의 기능은 크게 교훈설과 쾌락설로 나뉜다. 문학의 쾌락적 기능은 독자를 즐겁게 하자는 데 그 본질적인 의의가 있다. 즐겁게 하기 위해서는 '기쁨'과 '재미'가 전제된다. 이것이 문학의 쾌락설이며 아리스토텔레스의 「시학」에서 시작되어 꾸준히 오늘에 이르기까지 계속되고 있다. 이후 절충적 의미에서 호라티우스는 이러한 생각을 문학당의설로 제시한 바 있다.

예술이 궁극적으로 지향하는 바는 교감과 공감을 통해 도달하는 정신적 즐거움이다. 예술이 독자에게 즐거움을 제공하는 원천은 다양하다. 크게 인식의 자극을 들 수 있다. 예컨대 세계와 삶에 대한 기존 인식에 충격을 주어 세계관과 가치관을 변환시키는 것이다. 또한 형식에 대한 충격을 들 수 있다. 예컨대 기존 형식에 대한 일탈과 낯설게하기를 통해 신선하고 새로운 분위기를 구축하는 것이다.

예술의 범주에 속하는 시 역시 독자에게 즐거움을 주는 양식이다. 왜냐하면 시를 읽는 독자는 즐거움을 추구하기 때문이다. 그리하여 시인은 즐거움과 쾌락과 재미를 통해 독자를 유혹한다. 독자는 시인이 구축해놓은 작품의 미학에 기꺼이 감염됨으로써 인식의 확장과 예술적 쾌락을 맛보게 된다. 그렇다면 시인은 독자를 매혹할 재미와 즐거움을 어떻게 구축하는가. 그 방식은 매우 다양하다. 우선 활달한 상상력을 통해 시의 메시지를 흥미롭게 제시하는 것이다. 여기에는 일상적 인식을 전복하는 신기함과 낯설음이 기본 요소로 작동한다. 또한 낭만적이며 비현실적인 스토리를 통해 아름다운 환상을 제공하는 방법도 있다

이러한 내용과 의미의 신선한 구축 외에도 형식 미학을 통해 즐거움을 제공할 수도 있다. 시는 언어예술이다. 따라서 독특하고 개성적인 언어

미학 구축으로 즐거움을 제시할 수도 있다. 시어의 유려한 리듬감 조성은 긍정적인 소리효과를 제공한다. 또한 다양한 시적 어법의 절묘한 활용을 통해 구축되는 미학이 주는 즐거움을 향유할 수 있다. 예컨대 은유, 역설, 이미지, 패러디 등 다양한 시어법이 제시하는 언어미학은 즐거움을 배가시킨다. 시에서 이러한 즐거움의 요소를 찾아 작가와 공감하는 즐거움이야말로 진정한 문학행위이다.

세월이 흐르는 건너편 산속
제 울음주머니 찢어 뱉으려는 듯
산비둘기 목에 걸려 꺽꺽거리는 저 소리!

우리 어머니
겨울 햇볕 환한 방문 앞에 앉아
내 검정솜바지, 이불홑청 뜯으면서
입에 문 실밥 눈에 삼삼히 그늘진 날
파삭파삭 삭아 내린
한평생의 한숨을 물고 와서

귀곡성처럼 구~구~구~
산과 들 뿌리째 흔들리는 봄날의
저 깊고 아득한 소리!

이운룡, 「산비둘기」 전문

이 시는 시적 화자가 봄날 산비둘기의 울음소리를 통해 돌아가신 "어머니"와 조우하는 상상력으로 인해 사유 혹은 인식의 즐거움을 제공한다. 화자는 "산비둘기"를 어머니 영혼의 대리물로 인지한다. 예컨대 "산비둘기"는 자식을 사랑하는 어머니의 마음을 전달하는 메신저로 기능한다. 이처럼 현실적으로 만날 수 없는 어머니를 대리물을 통해 만나는 장면이 이 시의 핵심 요소이다. 이 시의 화자는 현실의 그리움을 비현실 혹은 환상의 만남으로 해소한다. 어찌 보면 이 시는 현실의 불통을 환상의 소통으로 대치시킴으로써 상상력의 즐거움을 제공한다.

1연은 현실 공간에서 화자가 만나게 되는 "산비둘기"에 대한 조망이다. 그런데 화자는 "세월이 흐르는" 시간의 경과를 예민하게 인지하고 있다. 이는 시간의 흐름이 이 시의 불통의 중요한 요소로 작용하고 있음을 암시 전제하는 것이다. 예컨대 화자와 어머니 사이의 만남의 불통은 '시간'으로 인해 야기된 것이다. 즉 화자는 어머니가 죽었기 때문에 만날 수 없는 것이다. 또한 공간 구성도 "건너편"으로 인지된다. 이는 화자와 어머니가 거처하는 공간이 이편/이승과 저편/저승으로 단절되어 있음을 표상하는 것이다. 이어서 화자는 산비둘기의 울음소리를 듣는다. 그 울음소리는 처절하다. 2연에서 밝혀지지만 이 "산비둘기"는 어머니의 영혼으로 환치되는 대리물이다. 따라서 산비둘기의 "꺽꺽거리는 저 소리"는 자식을 향한 어머니의 그리움의 강도를 암시한다.

2연은 화자가 기억하는 생전의 "어머니"의 모습을 묘사하고 있다. 그 기억의 풍경은 겨울에 가족들을 위해 노동하는 어머니로 드러난다. 어머니의 환영은 "그늘"과 "한숨"의 이미지를 거느리고 가사를 돌보는 모습으로 묘사되고 있다. 즉 어머니는 가족의 남루한 삶을 꿰매는 바느질을 하고 있다. 이러한 어머니의 바느질은 비록 당신의 삶은 "그늘" 지고 "한숨"이 나오는 초라하고 불편한 것이지만 미래를 향한 개선의 의지와 극복의 자세를 드러낸다. 특히 어머니가 "겨울 햇볕 환한 방문 앞에 앉아" 있는 모습은 어머니의 노동을 긍정적으로 부감시켜주는 기능을 훌륭하게 수행한다. 여기서 2연에 묘사된 어머니의 기억은 저승/환상의 공간 속에 존재한다.

3연은 다시 화자가 존재하는 현실 공간으로 시점이 이동한다. 즉 어머니가 존재하는 저승/환상 공간으로부터 이승/현실 공간으로 이동한다. 그 시선과 공간의 이동은 어머니의 "한숨"을 물고 온 '산비둘기'에 의해 이루어진다. 저승/환상으로부터 이승/현실로 이동한 산비둘기는 화자와의 만남의 기쁨을 적극적이고 구체적으로 "구~구~구~" 표현한다. 그리고 이 산비둘기의 소통에 대한 기쁨은 이승/현실의 온 공간을 "뿌리째 흔들" 정도로 강력한 환기력을 드러낸다. 마침내 이승과 저승 사이의 절대적 분리의 세계는 활달한 상상력의 힘으로 무화되면서 소통과 통합의 세계로 치환된다. 그리하여 화자에게 어머니의 메신저 역할을 하는 산비둘기의 울음소리는 긍정적인 "저 깊고 아득한 소리!"로 인지된다. 이 시는 단절과 불통의 시공간으로 인해 제약받고 있는 어머니에 대한 그리움을 발랄한 상상력으로 극복하는 즐거움을 주고 있다.

> 조간신문에서 안개비가 내린다
> 사이드미러 안에서는
> 매직 쇼가 진행 중이다
> 잿빛 그림자를 등에 지고
> 지하클럽으로 들어가는 취객,
> 어둠을 흔드는 광고지마다
> 이십일 세기 겨울이

기운 옷처럼 붙어 있다
포장마차가 알전구를 매달고
횡단하는 건널목,
벗은 마네킹이 윈도에 붙어 서서
파랗게 떨고 있다
사거리의 붉은 궁전에는
춤추는 마네킹이 유방을 드리우고
붕어가 된 사람들을 낚아 올린다
기상청 콜센터에서 일교차가 심하게 일어나자
포스트를 꿰입은 배우가
일기예보를 지우기 시작한다

허벅지에 걸려 나오는 그대,
나의 앵글에서는 얼음 결정체가 맺힌다
기도하는 손이 하얗게 타들어가고
바람이 무한지대를 펼치며 지나간다

포스트를 꿰입은 여자의 등에서
앓은 잎사귀가 떨어진다

김금아, 「불신의 뉴스」 전문

이 시는 비현실 혹은 초현실의 세계를 시적 대상으로 삼고 있다는 점에서 시 읽기의 즐거움을 제공한다. 이 시의 이미지는 현실세계에서 성립되지 않는 기괴하거나 신기한 것들로 점철되어 있다. 또한 시상 전개 역시 논리적이거나 인과적이지 않고 불연속적이며 파편적인 특성을 보인다. 이러한 모자이크 기법으로 인한 돌연하고 불예측적인 시상들의 흐름이 그로테스크한 분위기를 주도하고 있다. 따라서 이 시를 읽으며 주목해야할 점은 의미 맥락의 논리적이고 인과적인 재구성에 힘쓰기보다 몽환적이고 그로테스크한 이미지가 환기하는 분위기에 빠져 들어가는 것이다. 이 시는 비현실의 몽환적인 이미지가 제공하는 불투명하고 아리잠직한 시적 분위기가 독특하기 때문이다.

우선 이 작품의 제목이 의미심장하다. "불신의 뉴스"에서 "뉴스"는 가장 객관적이고 중립적인 사실을 전달하는 소식이다. 즉 주관적이고 정서적인 시각을 용인하지 않는 사실 전달이 특징이다. 그런데 화자는 그 객관적이고 엄정한 "뉴스"를 불신한다. 이는 달리 말하면 화자는 자신의 주관적인 시각에 얼비친 뉴스를 제공하겠다는 표명에 다름 아니다. 그리하여 이 시는 개인적이고 주관적인 시선으로 보는 세상사를 뉴스의 형식/포맷으로 서술하려는 작시 의도를 보인다.

먼저 "조간신문에서 안개비가 내린다"는 진술은 애매모호하다. 현실적인 풍경이 아니기 때문이다. 그러나 연상되는 이미지를 해석하면, 뉴스의 대표적 매체인 신문에서 '안개비가 내리는' 이미지는 뉴스 자체가 투명하지 못하다는 사실과 뉴스 내용이 우울하다는 사실을 환기한다. 다음으로 "사이드미러 안에서는/ 매직 쇼가 진행 중이다"는 묘사 역시 비현실적이다. 자동차의 측면거울 안에서 매직 쇼가 전개될 수 없기 때문이다. 그렇지만 이를 현실에 대한 냉혹한 부정의 표현으로 볼 수 있다. 왜냐하면 측면거울에 비치는 길거리 풍경이야말로 매우 사실적이다. 그러나 화자는 이 거울에 비치는 객관적 풍경을 신뢰할 수 없는 "매직 쇼로" 전복시킴으로써 현실에 대한 강한 부정의 태도를 노출하고 있기 때문이다.

"잿빛 그림자를 등에 지고/ 지하클럽으로 들어가는 취객," 이 진술은 비교적 사실적이다. 물론 이 구절은 "취객"의 분위기와 행동을 묘사하고 있다. 이 구절의 시적 대상인 취객은 '잿빛 그림자를 등에 진' 상태이다. 이는 취객이 현실의 삶으로 인해 피로와 우울을 동반하고 있는 심리적 상태를 환기한다. 또한 취객이 들어가는 곳은 '지하클럽'으로 제시된다. 이는 지하가 환기하는 음습함과 '클럽'이 환기하는 열정의 소비를 동시에 드러낸다. 따라서 이 구절은 현실에 대응하는 현대인의 상심한 초상을 드러낸다.

"어둠을 흔드는 광고지마다/ 이십일 세기 겨울이/ 기운 옷처럼 붙어 있다"는 진술 역시 그로테스크한 이미지를 구축하고 있다. '광고지'는 사실 정보의 전달보다는 광고주의 목적을 과장하여 전달하는 매체이다. 그리하여 '어둠'을 흔든다는 수사 표현은 진실이나 사실을 어둡게 만든다는 부정적 인식이 반영된 것으로 보인다. 그런데 그 광고지에 현재 시점의 현실인 '이십일 세기'가 '기운 옷'처럼 부착되어 있는 것으로 진술되고 있다. 이는 화자가 몸담고 있는 현실 공간에 대한 부정적이고 비극적인 인식의 표상이다. 화자가 인지한 현실은 파편적이고 훼손되어 있기 때문에 '기운' 상태의 불완전한 모습으로 드러나기 때문이다.

다음으로 제시되는 도시의 풍경 역시 불구적이며 기괴한 이미지로 드러난다. 예컨대 무생물인데 생명성을 부여받은 "마네킹"이 도시의 풍경 속에서 파랗게 질려 떨고 있는 이미지가 그렇다. 나아가 "춤추는 마네킹"이 "붕어가 된 사람들"을 낚시질하는 풍경 역시 초현실주의 몽환적인 풍경을 제시한다. 이러한 낯설고 이질적인 도시 풍경은 시인이 응시하는 현실이 부정적이며 비극적인 상황에 처해 있음을 암시 환기한다. 심지어 도시의 "일교차"가 심한 상황에 대해 "일기예보를 지우는" 것으로 대응하는 기상청의 태도 역시 비현실적이며 이질적이다.

이러한 인과관계가 형성되지 않는 논리적 모순 어법, 질서가 부여되지 않은 시상의 전개 과정, 이질적인 대상들을 모자이크하는 파편적 조합의 어법 등은 이 세계에 현실 혹은 사실은 존재하지 않는다는 주관주의 또는 상대주의 인식론을 반영하고 강화한다. 예컨대 시인은 "뉴스" 자체를 불신하는 태도를 통해 이 세계를 부정적이고 비극적으로 인식한다. 그리하여 정상적이고 보편적인 사물과 세계를 전복하거나 파편화하여 제시하는 초현실주의 어법을 활용한다. 이 시는 이러한 비현실적 일탈의 낯설게하기 어법이 주는 생경함과 신선함이 우리의 상상력을 휘젓는 즐거움을 고무 진작한다.

> 성이 葛씨인 여자와 藤씨인 남자가
> 남의 중매로 결혼했지만 바로 크게 후회했다
> 둘은 모든 것이 너무 달랐고 반대였다
> 남자는 오른손잡이인데 여자는 왼손잡이였고
> 남자는 냉국을 좋아하는데 여자는 설렁탕을 더 좋아했다
> 여자는 서편제를 애창하는데 남자는 동편제가 낳다고 말했고
> 여자는 칡꽃이 고운데 남자는 등꽃이 이쁘다고 고집했다
> 와중에도 천만다행인 것은 그들의 밤 잠자리 자세였다
> 남자는 오른쪽으로 여자는 왼쪽으로 눕는데
> 항상 마주 보는 덕에 둘은 아들 딸 열셋이나 낳아 길렀다
> 서로 얽히고 사사건건 충돌하며 50년이 흘렀다
> 마음과 일에 지쳐 허리 굽은 아내를 보다 못한 남편이
> 든든한 지팡이 하나 만들어 주었고

황술에 간이 망가진 술고래 남편에게 아내도
해독에 특효라는 칡뿌리로 하루 삼시 칡차를 끓여준다
두 늙은 내외는
서로가 떨어지면 더는 살 수 없는 악연임을 뼈와 살로 느꼈다

윤하섭, 「갈등」 전문

이 시의 즐거움을 주는 요인은 두 가지로 보인다. 첫째, 이 시는 스토리 즉 서사를 지니고 있다. 이 시에 구성된 부부 이야기가 교훈과 재미를 동시에 제공한다. 둘째, 이 시에는 "葛藤"이라는 한자어를 시적 소재로 삼아 신기한 언어유희를 하고 있다. 물론 갈등의 어원에서 유래한 모티브가 시의 중심축을 이루고 있다. 특히 "갈등"의 어원을 부부의 특성과 본질로 은유하여 서사화한 점이 즐거움을 제공하는 핵심이다. 이는 마치 고려시대 가전체 소설에서 흔히 다루는 의인화를 연상케 하는 작시법이다.

먼저 "葛藤"을 이루는 칡과 등나무는 타자를 휘감고 올라가는 습성을 지닌 식물이다. 그런데 타자를 감고 올라가는 방향이 서로 다르다. 예컨대 칡이 왼쪽으로 감아 올라간다면 등나무는 오른쪽으로 감아 올라가는 것이다. 이러한 두 식물의 생태 습성은 부부를 이루는 남자와 여자의 서로 다른 특성으로 전이된다. 서로 다른 생태 조건과 습관을 지닌 채 결혼하는 부부는 마치 칡과 등나무의 결합과 유사하다는 발상이다.

그리하여 이 시는 칡과 등나무의 속성을 의인화된 부부의 시각으로 자세하게 열거하고 있다. 그들의 생활 습관은 서로 다른 정도가 아니라 아예 상반되는 것으로 묘사된다. 신체 특징은 오른손잡이와 왼손잡이로 상반되고 있다. 선호하는 음식도 냉국과 설렁탕으로 서로 엇갈리고 있다. 음악 기호도 동편제와 서편제로 철저하게 대립되고 있다. 꽃에 대한 애

호 태도 역시 칡꽃과 등꽃으로 서로 일치하지 않고 있다. 이 작품에 등장하는 식물인 칡과 등나무는 당연히 "葛藤"을 환기하는 암시성이 강하다.

그런데 이들의 서로 상반되는 생태 습성은 "밤 잠자리"에서는 매우 효율적이고 긍정적으로 기능한다. 왜냐하면 이들은 서로 반대 방향으로 감아 오르는 생태로 인하여 서로 끌어안고 화평하게 한몸이 될 수 있기 때문이다. 그리하여 이들 칡과 등나무로 의인화된 부부는 자식을 열셋이나 낳는 금슬 좋은 관계를 50년이나 유지한다. 그리고 노후에 이른 부부는 서로에게 감사하며 사는 일체화된 모습으로 변화한다. 마침내 등나무 역할을 한 남편은 아내에게 등나무를 연상케 하는 "지팡이"를 만들어 선물한다. 또한 칡의 속성을 지닌 아내는 남편에게 "칡차"를 제공한다. 이와 같은 각각의 선물의 의미는 자신을 상대에게 공여하는 내포성을 환기한다. 예컨대 남편이 아내에게 만들어준 등나무 "지팡이"는 이제 상대를 존중하고 배려하는 마음을 함축한다. 또한 아내가 하루 세 번씩이나 끓여주는 "칡차" 역시 남편을 존중하고 배려하는 마음을 함축한다.

이 시는 "갈등"이라는 한자 어휘의 어원에서 부부의 관계를 착상하여 이야기를 만들어내고 있다. 이 이야기의 구축이 독자에게 즐거움을 주는 주요 모티브로 작동한다. 그리고 결구에 이르러 이 '갈등'이 지니고 있는 부정적인 의미는 말끔히 제거된다. 원래의 '갈등'의 요소는 오히려 부부의 한평생을 통해 화평과 조화의 끈끈한 관계로 변용된다. 그리하여 '갈등'은 해결되기 위해 존재하는 존재론적 속성으로 바뀌는 것이다. 결국 이 시는 교훈과 쾌락을 동시에 성취하는 작품적 위상을 확보한다.

부풀어 오른 뱃살을 셔츠의 깃처럼

접어 넣은 보정 속옷까지 차려 입고 나선 길
삼 센티 단화에 푹신푹신 밟히는 바람은
통통한 엉덩이가 흔들릴 때마다 허리를 감고 오른다

바둑판같이 짜여진 가계부 속의 잔액같이
지갑 속에 숨어서 나오지 않으려는 카드를 달래
삼겹살 두 근을 받아든다
어느새 새초롬히 기다리는 식탁 위로
불기 머금고 살아나는 쌈잎처럼 한상 차려지는 식욕

배에 힘을 주고
치맛자락을 잡아당기며 웃음이 흩어지는 사이
고소한 기름이 자글거리는 불판 위에서 함께 익어가며
체중계의 바늘처럼 흔들리는 저녁

안순,「실크원피스」 전문

이 시의 재미와 즐거움은 뭇 여성들의 '체중'에 대한 강박관념을 진솔하게 제시하는데 있다. 또한 맛있는 음식과 다이어트 사이에 야기된 심리적 갈등을 희극적으로 묘사한 점도 흐뭇한 재미를 제공한다. 시는 일인칭 고백의 형식을 띤 서정 양식이기 때문에 시적 화자의 세계관과 가치관의 솔직성/진솔성은 독자를 유인하는 작시 요인이 된다. 이 시 역시 본능적 욕망 충족과 이상적 자아를 향한 절제 사이의 딜레마적 상황에 대한 여성 심리를 매우 솔직담백하게 제시함으로써 재미와 즐거움을 느끼도록 자극한다.

우선 이 시의 제목인 "실크원피스"의 함의가 웃음을 자아내게 만든다. 실크원피스는 그 촉감의 유려함뿐만 아니라 착용한 사람의 몸매를 고스란히 드러나도록 하는 특성을 지니고 있다. 하여 이 실크원피스를 멋있게 소화하려는 사람은 무엇보다도 몸매에 자신이 있어야 한다. 하지만 이 실크원피스는 또한 몸매를 분명하게 드러내기 때문에 몸매를 관리해야 한다는 제약 조건을 동시에 부과한다. 즉 아름다움을 위해 식욕을 제한해야 할 선행 조건이 필수적이다. 결국 이 시는 아름다움과 식욕 사이에서 심리적 갈등을 겪는 여인의 모습과 자세를 코믹하게 형상화하고 있다.

1연에서 화자는 자신의 뱃살을 감추기 위해 보정속옷까지 착용한 뒤 실크원피스를 입고 외출을 한다. 화자는 자신의 몸매를 효과적으로 드러내주는 실크원피스를 입고 나선 보행에 대해 대단히 만족하는 태도를 보인다. 이러한 자기만족적 감흥은 "푹신푹신 밟히는 바람"이라는 감각적 접촉으로 드러난다. 나아가 이 바람은 원피스를 따라 온몸으로 전파되는 환희를 주기까지 한다. 화자는 원피스를 입고 길을 나선 자아를 매우 긍정적인 태도로 감각적으로 조망한다. 특히 자신의 신체 감각에 대한 솔직한 묘사는 화자의 진솔한 삶의 자세를 드러냄으로써 흥미를 유발한다.

2연에서 화자는 시장에 들러 "삼겹살"을 사고서 맹렬히 살아나는 식욕을 느낀다. 여기서 재미있는 것은 삼겹살을 사는 주부의 경제관념과 식욕의 대립적 관계 설정이다. 왜냐하면 주부는 살림을 위해 "바둑판같이 짜여진" 매우 계획적인 경제활동을 한다. 그리고 삼겹살을 사기 위해 갈등을 일으킨다. 그것은 "카드를 달래는" 행위를 통해 제시된다. 그러나 삼겹살 두 근을 받아든 화자는 미리 일어서는 식욕을 감당하지 못해 환상의 식탁 위에 상을 차린다. 이와 같은 왕성한 식욕의 창궐은 실크원피스를 입기 위한 화자의 절제의 자세를 위협하는 기제이다.

그러나 화자는 결국 식탁을 차리고 만다. 예컨대 본능적 식욕이 의도적 절제를 이기고 만 것이다. 화자는 자신이 소망하는 실크원피스를 입은 채, "배에 힘을 주고/ 치맛자락을 잡아당기며" 삼겹살의 풍미를 만끽하는 희열을 느낀다. 그리하여 본능적 식욕을 충족하는 "웃음"이 만개하는 것이다. 그러한 화자의 자기만족적 감각은 "고소한"이라는 취각과 "자글거리는" 후각의 결합으로 인해 매우 선명하게 구축된다. 특히 불판 위의 "삼겹살"과 그것을 바라보는 자아를 동일시하는 "함께 익어가며"의 일체화 시각은 이 시에 평화로운 분위기를 조성한다. 그러나 화자는 "체중계의 흔들리는 바늘"을 인식한다. 이는 물론 맛을 추구하는 본능과 다이어트를 추구하는 절제 사이의 흔들리는 갈등 심리를 표상하는 것이다. 이 시는 결국 체중에 대해 끊임없이 갈등하는 여성 심리를 매우 직접적이고 구체적으로 제시함으로써 독자의 공감을 이끌어내는 즐거움을 주고 있다.

동강난 바다
바다의 하얀 젖무덤을 더듬고 지나가던 물새떼
바다의 음파가 질퍽질퍽 절벽을 때려대듯
그믐밤을 비켜가던 괭이갈매기 날개가 잽싸게 여자의
엉덩이를 핥고 갔다

금오산 산고양이가 두 토막 나던 날,
스님은 신발을 머리에 이고 문밖으로 걸어 나갔다

은행잎의 날을 지나
툭

떨어졌던 2월의 동백

바다의 하얀 머리칼에 내리던 빗방울 신발은
오동도 흙바닥에 으깨졌던
동백 모가지를 송두리째
여수 하늘로 올려 갔다

강소이, 「찰나-여수에서」 전문

이 작품은 여수 오동도에 가서 느낀 여수旅愁를 감각적으로 묘사하고 있다. 이 시가 우리에게 주는 재미와 즐거움은 선정적인 감각적 묘사 때문이다. 시 뿐만 아니라 모든 예술 장르에서 성적 감각은 매우 유혹적이고 매력적인 유인책이 된다. 인간은 본능적으로 성적 자극에 민감하게 반응할 뿐 아니라 그것을 즐기기까지 하기 때문이다. 시에서의 성적 묘사 역시 맥락에 따라 독자에게 효과적으로 감각적 즐거움을 제공한다.

이 시는 바다의 풍경을 매우 선정적으로 묘사한다. 방파제에 의해 바다는 내해와 외해로 분할된다. 그리고 파도가 방파제에 부딪혀 하얗게 부서지는 포말은 "하얀 젖무덤"이라는 육감적 대상으로 은유된다. 또한 그 풍경을 바라보며 하늘을 날아가는 "물새떼"는 그 바다의 육감적인 "젖무덤"과 은밀한 접촉을 한다. 이는 자연 사물들 사이의 상호조응이 이루어지는 풍광을 내포하기도 한다. 또한 "바다의 음파가 질퍽질퍽 절벽을 때려대듯" 역시 매우 선명하고 자극적인 성적 행위의 묘사를 환기한다. 나아가 바다 위를 날던 "괭이갈매기"조차 "여자의 엉덩이"로 환유된 파도와의 육감적 접촉을 시도한다. 이 시에서 바다의 파도치는 풍경은 그 리듬적 질서에 힘입어 선명한 성적 감각으로 묘사되고 있다.

2연은 남천 스님과 조주 스님의 일화를 바탕으로 한 역설적 선문답을 제시하고 있다. 남천 스님은 고양이를 놓고 스님들이 두 패로 나뉘어 다툼을 버리자 문제가 되는 고양이를 죽여 버린다. 이러한 남천 스님의 태도는 문제를 푸는 가장 효과적인 방법은 문제 자체를 없애 버려야 한다는 역설을 드러낸다. 이러한 말은 들은 조주 스님은 신발을 머리에 이고 문밖으로 걸어 나가 버린다. 조주 스님의 이해하기 어려운 행동은 여러 가지 함축성을 내포하고 있다. 우선 "문밖"으로의 지향은 문제 자체로부터의 벗어남 혹은 남천 스님의 살육행위에 대한 비판을 암시하기도 한다. 또한 "신발을 머리에 인" 행위는 남천 스님의 문제 처리가 비정상적인 행위임을 함축하기도 한다. 여하튼 이 에피소드의 교훈은 불교에서 말하는 집착으로부터의 초월, 즉 색즉시공 공즉시색의 역설로 드러난다.

3연에서 화자는 "은행잎의 날"인 가을을 통과하여 "동백"의 계절 봄에 당도하고 있다. 이는 생과 사의 순환 혹은 계절의 순환적 흐름을 통해 우주의 본질이 생즉사, 사즉생이라는 것을 암시하고 있다. 한편 4연에서는 "바다의 하얀 머리칼" 즉 파도에 내리는 "빗방울"을 "신발"로 은유하고 있다. 이는 2연의 '조주의 신발' 이미지 간섭으로 인하여 현상을 드러내는 본질을 암시한다. 예컨대 인간은 자연에서 일어나는 가변적이고 순간적인 계절 현상의 이면에 존재하는 본질을 바라보아야 한다는 것이다. 여기서는 인생의 본질이 빗방울/동백의 하강과 하늘로의 상승이라는 대립적 역설로 형상화되고 있다. 혹은 인생이나 우주의 본질이 '찰나'에 드러나는 풍경을 통해 인지되고 있음을 시화하고 있는 것으로 읽힌다. 여하튼 이 시는 흥미로운 성적 이미지의 적극적이고 구체적인 활용으로 시적 재미를 효과적으로 구축하고 있다.

지금까지 독자를 유혹할 수 있는 재미와 즐거움을 적극적으로 활용하고 있는 작품들을 살펴보았다. 무릇 시는 아니 모든 예술은 독자에게 재미와 즐거움을 제공하여야 한다. 그 재미와 즐거움은 의미론적 차원에서의 교훈일 수도 있고, 형식론적 차원에서의 언어미학일 수도 있다. 여하튼 시인들은 무미건조하고 권태로운 반복의 일상에 쾌락의 죽비를 내려치기 위하여 고군분하고 있다. 시인들은 이십일 세기 황량한 세계를 사는 독자들에게 언어의 다양한 자질과 속성을 활용하여 즐겁고 유익한 시를 제공하기 위하여 악전고투하고 있다.

10
위기에 처한 존재와 세계에 대한 성찰

"우리나라는 유사 이래 위기 아닌 적이 없다"는 말이 있다. 이 역설적인 진술은 특히나 선거철마다 부각되곤 한다. 우리는 평소에는 위기에 빠진 처지를 망각하며 살다가, 아니 위기로부터의 탈출을 꿈꾸며 살다가, 선거철에 즈음하여 더욱 위기에 빠져버린 곤혹스런 상황에 처하고 만다. 그러나 우리가 빠졌다고 전제하는 위기의 실체는 무엇인가. 물론 현실적 차원에서 경제, 안보, 교육, 취업 등등의 범주화가 가능하다. 그러나 이러한 분야에 대한 위기의식은 언제나 이상적 기대치가 현실 상황보다 훨씬 우위에 놓이게 되므로 영원히 제거되지 못하고 상존할 수밖에 없다.

그러나 위기의 실체보다 중요한 것은 위기의식이 인식주체자의 자발성에 의해서가 아니라 타율성에 의해 고취되고 진작된다는 점이다. 위기의식을 조장하고 창출하고 확산하는 주체는 정치다. 정치는 위기의식을 의도적으로 조장함으로써 긴장감을 확산하여 권력 쟁취의 목적을 성취하려는 것이다. 이러한 때일수록 현실과 시대의 위기의식은 감각적으로 확장되고 유포된다. 그리하여 시대와 현실에 대한 인식은 심각하게 부정적으로 변환된다. 말하자면 자신이 몸담고 있는 세계에 대한 불안의식이 고조된다. 한편 이러한 불안의식은 자아의 존재론적 위기로 전이된다.

시인들은 본질적으로 자아와 세계에 대해 응시하고 관조하는 습관을 지니고 있다. 물론 시대와 현실에 대한 치밀한 관찰을 포함하여 더욱 거시적인 시야를 가지고 있다. 자신이 몸담고 있는 현실은 불안정하고 부조리한 세계상을 노출한다. 이에 대한 섬세하고 적확한 관찰과 인식은 시인의 기본적인 사명이다. 뿐만 아니라 시인은 이러한 세계에 대한 응시, 관조와 더불어 인생 혹은 삶의 정체성에 대한 본질적인 성찰을 한다. 시인은 궁극적으로 자아와 세계의 화평한 조화를 꿈꾸는 존재이기 때문이다. 시인은 자아의 본질에 대한 존재론적 성찰을 통해 정체성을 확립하고, 나아가 세계에 대한 철저한 관찰을 통해 미래의 행동 양식을 구체화한다.

넓고 넓은 하늘에
언제부턴가 작은 별 하나 떠 있다
그 별을 볼 때마다
내 캄캄한 뜨락이 움직이고
세상은 고요

대낮에도 그 별은 떠서
누워 있는 꽃들을 일으키고
잔잔한 바람만을 모아 입을 댄다
그 넓은 하늘

어떻게 구획을 지을까
걱정하지 않아도
내 작은 별 하나 떠서
만남과 이별 모두 지우며
내 속에 하나의 심지 하나의 기도…

이제 겨울이 오고 새들도 떠나는데
넓고 넓은 하늘엔
언제부턴가 작은 별 하나 떠 있다

허소라, 「작은 별」 전문

이 시는 현실 공간에 존재하는 화자가 정신 공간에 존재하는 "작은 별"을 기리는 구조로 되어 있다. 여기서 "작은 별"은 화자와 대립되는 성격을 지니고 있다. 그 대립성은 존재 공간 차원에서 하늘 : 지상, 능력 차원에서 만능 : 한계로 드러난다. 따라서 시적 화자 '나'에 대비되는 속성을 지닌 "작은 별"의 함축적이고 상징적 의미는 초월적 존재 혹은 이상적 존재로 파악할 수 있다. 화자는 불완전한 지상에서의 삶을 '작은 별'을 기리는 자세로 인해 평화와 안식을 얻는다.

1연에서 화자는 "작은 별"의 처소 공간과 상태, 그리고 자신과의 관계에 대해 묘사한다. "작은 별"이 존재하는 공간은 "하늘"인데, 그것도 아주 넓다는 사실이 강조되고 있다. 즉 "작은 별"은 좁은 공간인 지상에서 삶을 이루는 화자의 상부 공간인 넓은 하늘에 떠 있는 상태로 인지된다. 그런데 그러한 상황이 언제부터 시작되었는지는 알지 못한다. 예컨대 "작은 별"의 존재 공간은 "하늘"로 명확하지만, 존재 시간은 불명확하다. 이는 물론 "작은 별"의 존재 시점이 아주 오래되어 알 수 없을 정도라는 점에서 영원성을 함축한다.

화자는 지상에서 그 "별"을 바라본다. 이러한 응시는 그 "별"과의 동일화에 대한 욕망을 드러낸다. 그 동일화의 욕망은 화자에게 "캄캄한 뜨락"이 움직이도록 해줌과 동시에 "세상은 고요"한 상황을 제공한다. 이는 "별"이 화자의 불예측적인 삶의 진행에 있어 이정표로 기능함을 함축한다. 나아가 "별"은 화자가 이정표를 따라 원활하게 삶을 이루게 됨에 따라 "세상"의 부조리와 불합리를 제거하고 평화로운 상태로 전환시킨다. 화자는 "별"을 우러르는 행위를 통해 지상에서의 "캄캄한" 삶에 대한 위로와 위안을 받는다.

2연에서는 "별"에 대한 특성이 더욱 구체화되어 드러난다. 먼저 "별"은 밤 시간에만 존재하는 것이 아니라 "대낮"에도 여전히 존재하며, 자신의 역동적인 능력을 발휘한다. 예컨대 "별"은 "누워 있는 꽃들을 일으키는" 부활과 소생의 능력을 지니고 있다. 또한 "잔잔한 바람"을 애호하는 평화주의자의 속성을 보이고 있다. 나아가 자신이 존재하는 공간인 "하늘"을 운영하는 능력도 걱정할 것이 없다는 언급으로 인해 탁월한 능력/공평무사의 정신을 지니고 있는 것으로 이해된다. 심지어 "별"은 지상의 "만남과 이별"을 모두 무화시키는 능력의 소유자이다. 이는 만남과 이별에서 오는 인간의 희로애락이나 정서를 평안하게 평정하는 능력으로 읽을 수 있다. 그리고 마침내 그 "별"은 화자에게 세상을 살아가는 하나의 "심지"/줏대, 인생관을 제시한다. 이러한 "별"의 초월적 능력으로 인해 화자는 감사와 안도의 "기도"를 올리는 삶을 유지한다.

3연에서 화자는 먼저 지상의 운행 질서에 주목한다. 그것은 계절 감각과 아울러 "새들"의 떠남으로 드러난다. "겨울이 온다"는 사실에 관한 인지는 지상이 황량한 정서 공간으로 변질될 것이라는 예감이다. 또한 "새들의 떠남" 역시 그 황량한 불모의 땅으로부터 작별하는 것인데, 이는 별리의 슬픔과 애상의 정조를 환기한다. 그런데 화자는 이러한 지상의 비극적인 현실 상황으로부터 고개를 돌려 "하늘"을 응시한다. 그 지상에 대립되는 하늘에는 여전히 "작은 별"이 떠 있는 상황이다. 예컨대 화자는 지상의 비극적 현실을 천상의 "작은 별"에 대한 응시, 믿음, 기림의 자세를 통하여 견디고 있다. 이 시는 결국 가혹한 지상의 현실에서 삶을 이루는 화자가 천상의 "작은 별"에 대한 응시, 기도, 기림의 행위를 통하여 삶의 미래 의지를 확인하는 과정을 형상화하고 있다.

> 꽃비 하롱하롱 흩날리는 봄날 아침,
> 내 눈망울의 그물에 걸려 파닥이던 새 한 마리가
> 땅에는 절대 내려갈 생각이 없다는 듯
> 나뭇가지 위로만 폴짝폴짝 옮겨 다니더니
> 대기가 참말로 파동을 일으키는가를 확인하려고
> 후르르르 한 마장쯤 허공으로 날아가 보는 것이었다

허형만, 「새」 전문

이 시는 시적 화자가 바라본 "새"의 삶의 양식을 형상화하고 있다. 그런데 화자가 응시 관찰하는 객관적 대상인 "새"는 자연 사물로만 존재하는 것이 아니다. 화자는 그 "새"를 바라보며 자신의 처지와 감정을 투사하기 때문이다. 즉 화자는 "새"의 자유로운 비상을 바라보며 자신의 자유로운 삶에 대한 소망을 그려보고 있다. 특히 이 시에 빈번하게 사용되고 있는 밝고 맑은 소리 감각의 의성어와 의태어는 현실 공간을 벗어나고 싶은 정서를 효과적으로 표상하고 있다.

이 시는 먼저 긍정적인 시공간을 제시하고 있다. 우선 시간은 "봄날 아침"인 바, 만물이 생동하는 신선하고 희망찬 시간 이미지를 제공한다. 공간은 "꽃비 하롱하롱 흩날리는" 이미지로 제시된다. 이는 봄을 맞아 피었다 지는 꽃 이파리가 나부끼는 공간을 묘사한 것이다. 그리하여 이 1행의 시공간은 표면적으로는 긍정적이고 밝은 분위기를 환기하지만, 이면적으로는 상실로 인한 슬픔의 비애미를 미약하게나마 내장하고 있다.

2행에서 화자는 자신의 "눈망울의 그물"에 걸린 한 마리의 새와 관계를 맺는다. 이 표현은 화자가 우연히 날아가는 "새"를 바라본 상황을 전제한다. 그러나 화자는 자신의 "눈망울"이라는 "그물"에 "새"가 포획된 것으로 인지한다. 여기서 작동하는 은유 구조는 '화자는 사냥꾼, 새는 사냥물'로 드러난다. 나아가 화자는 "그물"로 은유화된다. 즉 "자유"의 속성을 지닌 "새"를 화자는 포획의 속성을 지닌 "그물"로 억압하는 관계를 맺는다. 그러나 이는 화자의 일방적인 생각에 그친다. 그럼에도 파닥이던 "새"는 다시 하늘을 향하여 비상하기 때문이다.

3-6행은 "새"의 비행에 대한 상세한 관찰과 묘사가 이루어지고 있다. "새"는 지상에는 내려갈 생각이 없이 오로지 하늘을 비행하고 싶은 욕망만을 지니고 있다. 그리하여 새는 "나뭇가지 위를 폴짝폴짝" 경쾌하고 발랄하게 여행하듯 유랑하고 있다. 심지어 자신의 존재 가치를 확인하기 위하여 "허공"을 파동 치는 날갯짓을 시도하기도 한다. 여기서 화자는 "새"의 허공에서의 자유로운 비행을 응시함으로써 감정의 전이를 일으킨다. 지상의 "그물"에 포획되어 날지 못하는 운명을 지닌 화자는 우연히 "새"의 비행을 보면서 자아의 존재론적 한계를 인식한다. 그리하여 "새"에게로의 감정 투사를 통해 현실의 제약을 극복하고 자유로운 비행을 희

구하고 있다.

이 시는 간결하고 함축적인 묘사를 통해 시의 의미 공간을 긴장감 있게 구축하고 있다. 또한 "새"에 대한 시선의 집중화를 통해 구조적 긴밀도를 강화하고 있다. 특히 "하롱하롱, 폴짝폴짝, 후르르르"와 같은 의성어, 의태어의 사용은 이 시의 음악성을 유려하게 하는 기능을 담당한다. 나아가 자유의 이미지를 내포하는 "새"의 역동성을 선명하게 구체화시키고 있다. 화자인 '나'와 "새"의 관계를 응시와 관조의 긴장감으로 구조화시킨 상상력이 탁월하다.

어찌하여 어두운 얼굴인가
목숨은 타오르는 불꽃
그 탄생 이유를 알 수 없는
하늘의 별보다 많은 원자로 된 몸
그러나 실상은 텅 빈 몸으로
우리는 악수하고 포옹하고 웃고 울며
격렬하게 타오르다가 꺼질 것이다

그리고 타고 남은 재
저 차디찬 어둠 속 원자들이 들끓는 세계
우리가 한 번도 경험해 본 적이 없는
그 영원한 나라, 하늘로 돌아갈 것이다

이 사실을 확실히 안다면
너의 얼굴이 환해질 것이다

김종희, 「너의 얼굴이 환해질 것이다」 전문

이 시는 삶과 죽음의 본질에 대해 사유하고 있어 철학적 분위기를 환기한다. 그 삶과 죽음에 대한 성찰과 사유는 "너"에게 말하는 형식을 취하고 있다. 화자와 대화를 나누는 상대인 "너"는 "어두운 얼굴"로 자신의 마음을 대변한다. 문맥에 따라 "어두운 얼굴"의 함축적 의미를 재구하면, 아마도 그것은 죽음에 대한 불길한 예감 혹은 죽음이라는 운명에 대한 불안의식으로 여겨진다. 이러한 이유로 인하여 어두운 얼굴을 하고 있는 "너"에게, 화자는 삶과 죽음에 대한 관점을 제시하고서, 이를 이해하게 된다면 불안의식이 거세될 것임을 예언하고 있다.

1연은 삶의 의미와 가치를, 2연은 죽음의 의미와 가치에 대하여 형상화하고 있다. 3연은 시적 청자 "너"에게 전하는 위로의 말이다. 1연에서 삶은 "목숨은 타오르는 불꽃"이라는 은유로 제시된다. 이 은유에서 추출할 수 있는 의미소는 "타오름"과 "꺼짐"이다. '타오름'은 삶의 과정으로써 열정과 소진을 암시한다. 즉 인생은 생성과 소멸이라는 이율배반적인 속성을 지니고 있다. 또한 화자는 탄생과 죽음은 이유를 알 수 없다고 토로한다. 그러나 삶의 과정과 의미에 대해서는 역시 이율배반적인 관점으로 인식한다. 인생/인간은 "원자"의 충만함으로 구성되어 있음과 동시에 "텅빔"으로 이해되기도 한다는 것이다. 이러한 역설적 존재 조건으로 인해 인간은 열정적인 삶을 이루다가 마침내 소화될 존재인 것이다.

2연은 죽음의 의미와 가치에 대해 말하고 있다. 여기서 삶과 죽음의 은유는 각각 "불꽃" 과 "재"로 대립 쌍을 이룬다. 죽음은 삶이 타고 남은 "재"의 속성을 지니고 있다. 그러나 화자는 다시 죽음의 세계를 활성화시키고 있다. 예컨대 "타고 남은 재"로 은유된 죽음은 "차디찬 어둠"의 공간에서 다시 "들끓는" 삶의 속성을 나타낸다. 죽음은 종말이 아니라 새로운 삶의 시작인 것이다. 그 죽음 이후의 또 다른 삶의 세계는 "우리가 한 번도 경험해 본 적이 없는" 세계이다. 그 세계는 다시 "영원한 나라, 하늘"로 구체화된다. 말하자면 '죽음'은 태어나기 이전의 "원자" 상태로 환원되는 것이다. 그리고 그 처소 공간은 "하늘"이 된다. 이 시는 삶이란 열정적으로 살아야 한다는 당위적 사실을, 죽음은 영원의 세계로 되돌아가는 것이기 때문에 두려워하거나 슬퍼할 필요가 없다는 위안을 제시한다.

혀가 짧은 말
그래서 놓쳐버리기 쉬운 말

벚꽃처럼 화사했던 때가
나에게도 있었던가

청춘은 봄이라는 말,
그래서 짧다는 말
바겐세일 같은 시간의 속도에
먼 길을 돌기도 했는데

청춘은
무릎을 드러낸 청바지 같은 말

그 무릎이 삐걱거리는 것은
무언가를 놓쳐버린 이유일까

실금이 가고
이가 빠진 찻잔처럼

거울 속에 굵은 주름살 노인이 웃고 있다

이복래, 「봄을 부르는 방법」 전문

이 시는 노년에 이른 시적 화자가 지나간 청춘 시절을 그리워하는 정서를 형상화하고 있다. 시상 전개는 '청춘'을 '봄'으로 은유하는 것에서 출발한다. 1연은 청춘을 환치하는 어휘 '봄'을 음성학적 관점에서 의미 부여를 하고 있다. 즉 "봄"이란 단어는 발음하기에 짧은 시간이 필요하다. 그리하여 "놓쳐버리기 쉬운 말"이 된다. 이는 환언하면 '청춘' 역시 '봄'처럼 인생에 있어 아주 빨리 지나가버리는 것이 된다.

2연은 봄을 대표적으로 상징하는 "벚꽃"의 이미지를 활용하여 시적 화자 자신의 인생, 즉 청춘 시절을 회상한다. 말하자면 자신의 인생에도 '봄'이라는 청춘 시절이 있었지만, 지금은 과거의 사실에 불과하다는 아쉬움과 안타까움의 정서가 표출되고 있다. 3연은 "청춘"을 "봄"이라는 어휘로 치환하는 은유를 제시한다. 그리고 '봄'이라는 어휘를 발화하는데 걸리는 시간이 짧은 것과 마찬가지로 '청춘' 역시 짧은 시간 동안 누릴 수 있다는 것이다. 나아가 '청춘'의 짧은 시간성은 "바겐세일"의 짧은 시간으로 비유된다.

4연에서는 '청춘'의 속성에 대해 묘사하고 있다. 그것은 "무릎을 드러낸 청바지"로 은유화되고 있다. 여기서 '청춘'은 자유, 발랄, 권위에 대한 도전, 일탈, 파격, 용기 등과 같은 이미지를 환기한다. 그런데 5연에서 화자는 청춘을 잃어버린 현재 상황에 대해 인지하고 아쉬움을 토로한다. 6연은 화자의 자아에 대한 현실 인식이 더욱 구체화된다. 예컨대 화자의 현재 모습은 “찻잔”으로 은유된다. 그런데 그 ‘찻잔’은 손상과 마모된 상태로 묘사된다. 이는 청춘을 보내고 난 뒤 현재 노년에 이른 자아의 상황에 대한 인지이다. 그리하여 화자는 마침내 “주름살 노인”과 만난다. 특히 웃고 있는 자아를 발견한 것은 노년에 이른 자신을 긍정적으로 수용하는 자세 때문으로 보인다. 이 시는 청춘의 상실에 대한 아쉬움과 아울러 늙음을 낙낙하게 수용하는 여유로운 정서가 형상화되어 있다.

이제 한국의 당대 현실을 직접적이고 적극적으로 관찰 응시하는 한편 미래 대안을 제시하는 작품을 보자.

> 이를테면,
> 여인천하女人天下도 아닌 터에
> 난데없는 한 여인과
> 최고권력 틀어쥔 여인 짝패가 되어
> 주물러 논 나라꼴은
> 개판이었다
>
> 보다 듣다 참다 못한 190만 성난 민심은
> 촛불로 변했고
> 썩은 냄새의 진원지
> 청와대로 향했다
>
> (중략)

문학이 정치에 등 돌리고
풍월이나 외며 뒷짐 진 사이
부패한 나라꼴과 동거해 온 문학인들이여
이 참담한 현실 앞에
부끄러워하자

들어야 한다 붓을
저 도둑질에 능숙해가는 지식인들보다
옳고 그름 가려낼 줄 아는
지성인 걸러내는 일부터를…

김시철, 「촛불 바람 앞에서」 부분

이 시는 올해 한국에서 일어난 정치 현실에 대해 분노의 정서를 형상화하고 있다. 위정자와 주변 인물의 국정 농단으로 인해 "나라꼴이 개판"이 되었다는 정치 현실에 대한 직접적이고 노골적인 비판의 직설이 토로된다. 예컨대 이 시는 현실에 대한 비판과 풍자의 어조가 우성소로 기능하고 있다. 지금의 정국을 "여인천하"가 아니라고 언급한 것도 일종의 풍자로 볼 수 있다.

그리하여 이러한 정치 현실에 분노한 민심이 촛불로 변한 상황을 제시한다. 여기서 '민심은 촛불'이라는 은유가 형성된다. 물론 '촛불'은 어둠을 밝히는 내포적 의미를 지닌다. 그리하여 부정직하고 불합리한 정치에 분노한 민심이 그러한 상황을 제거하고 정의로운 세상을 밝히려 한다는 것이다.

한편 시인은 이러한 비극적 정치 현실을 초래하게 된 원인이 국정을 농단한 정치인에게만 있는 것이 아니라 "문학인"들에게도 있다고 말한다. 그 이유는 문학이 시대나 현실의 문제에 적극적으로 대응하지 못했다고 비판한다. 나아가 문학의 기능 차원에서 볼 때, 정서적 음풍농월이나 하는 비현실적 문학 행위로 인해 나라가 부패하게 되었다는 것이다. 심지어 이러한 비극적 정치 현실과 "동거"해 온 혐의까지 있다고 질타한다. 때문에 문학인들은 이러한 "참담한 현실"에 대해 반성의 자세를 지녀야 한다고 권유한다.

나아가 이러한 현실을 타개하기 위하여 문인들은 더욱 문학 활동에 매진해야 함을 역설한다. 문인들은 문학 행위를 통해 국정 농단의 부패 세력과 동질화 되어 가는 "지식인"을 비판하고 선별해내는 일보다 오히려 시국과 정치 현실을 정확하게 읽어내고 올바른 미래에 대해 이정표를 제시하는 "지성인"을 알아보는 일을 선행해야 한다고 주장한다. 이 시는 당대 현실에 대한 능동적인 관찰과 조망을 통해 현실을 개혁하자는 메시지를 강력하게 표출하고 있다. 특히 이러한 시대 현실에 대해 문학의 기능과 역할의 중요성을 강조하고 있다.

> 임금은 늠름했다. 비를 맞아도 젖지 않고, 회오리바람이 불어도 넘어지지 않았다
> 아무리 추워도 몸을 떨지 않고, 더워도 땀을 흘리지 않았다
> 먹지 않아도 배고프지 않고, 오래 서 있어도 지치지 않는다
> 임금 밑에 엎드려 있는 버림받은 백성. 허기진 창자, 항상 부족 한 잠, 일어나도 앉은 자세
> 조그만 바람이 불어도 날려갈 것 같았다. 큰 나무 밑에서 햇볕을 못 보고 자라온 연약한 풀

폴투갈 도시를 지나다가 우연히 만난 두 사람. 시선은 꿈틀거리는 사람을 따라가고 있었다

나는 죽은 왕보다 살아 있는 홈리스를 뚫어지게 보고 있다

최복림, 「동상을 지나다가」 전문

이 시는 포르투갈 여행을 하며 목도한 "동상"을 보고 느낀 현실 인식을 형상화하고 있다. 이 시에 묘사된 현실은 포르투갈의 상황이지만 결국 한국 정치 상황으로까지 확장되어 읽을 수 있다. 왜냐하면 이 시에 묘사된 임금과 백성의 관계는 비록 포르투갈에만 제한적으로 적용되는 것이 아니기 때문이다. 특히 이 시는 지배자와 피지배자의 대립적 정치 현실을 도식적으로 드러내는 구조를 취하고 있다. 이러한 작품의 구조는 논의의 요점을 명확히 하는 장점과 더불어 대신에 인식의 단순성이라는 약점을 동시에 지니고 있다.

화자는 포르투갈을 여행하다가 임금의 동상을 보게 된다. 그리고 그 동상 아래에 있는 홈리스를 목도한다. 그런데 화자는 임금의 동상을 응시하며 계절이나 날씨와 무관하게 강건한 자세를 유지하는 "임금"의 성격을 헤아린다. 이러한 관찰은 물론 위정자의 긍정적이고 행복한 삶의 상황을 말한다. 그러나 이는 그 임금의 동상 아래에 있는 홈리스의 삶의 상황과 대비되어 부정적인 이미지로 변환된다. 왜냐하면 홈리스의 존재 상황은 극단적으로 위약할 뿐 아니라 심지어 "임금에게 버림받은 백성"으로 인지되고 있기 때문이다. 말하자면 임금과 홈리스는 지배와 피지배의 도식으로 구조화되는 것이다.

문제는 화자가 '임금'보다 '홈리스'에게 더욱 주목하고 있다는 점이다. 이는 화자의 가치관이 반영된 것이다. 예컨대 화자는 죽어서 동상으로

추앙 받는 "임금"보다는 살아서 고통 받는 "홈리스"의 삶의 조건에 더욱 민감하다. 죽음보다는 현실의 생존이 더욱 실존적이기 때문이다. 말하자면 화자는 '홈리스'의 삶에 대해 일종의 애정과 연민의 정서를 느낀다. 이와 같이 여행에서 맞닥뜨린 상황을 통해 한국의 현실을 중첩시켜 환기하는 것이 이 작품의 묘미이다.

한편 극악한 현실 속에서 휴머니즘의 실천을 통해 세상을 밝고 맑게 변화시키는 인물을 형상화하고 있는 작품을 살펴보자.

> 청량리 588번가 골목에 하얀 날개 달린 천사가 있었다고 한다
> 천사를 직접 목격한 사람이 한 둘이 아니다
>
> 두 다리를 잃은 불구자며 돈 없는 군바리며 척 봐도 알 수 있는 무일푼의 가난한 이웃에게, 눈길조차 주지 않는 쭈구렁텅 상노인네에 이르기까지 천사는 아낌없이 자기 몸을 나눠주곤 했다는데 행여 그들이 마음 다칠까 봐 천 원이나 이천 원 라면 한 그릇 값은 꼭 받았다고 한다
>
> 재개발로 건물이 철거되기 시작한 이후에도 자그마한 체구에 유난히 눈이 맑은 흰 드레스의 천사 모습을 한동안 보았다고 하는데 근처 가나안교회 담장에 개나리꽃이 흐드러진 어느 봄날 지상에서의 잠깐 외출을 마무리하고 곧 헐리게 될 두 평 남짓 작은 방에서 잠자는 듯 조용히 천상으로 복귀하였다고 한다
>
> 황상순, 「588 천사 이야기」 부분

이 시는 서울의 청량리에 있었던 홍등가의 한 인물에 대한 에피소드를 형상화하고 있다. 그 인물은 창녀이다. 그런데 그녀는 불우한 사람들인

"불구자, 군바리, 무일푼의 사람, 상노인" 등에게 자신의 육체를 헐값에 제공하는 일을 한다. 화자의 시각에 의하면, 이는 불우한 이웃에게 일종의 선행을 베푼 것으로 인지된다. 그것은 화자가 그 인물을 "날개 달린 천사"로 명명하는 것으로 보아 입증된다. 그 "천사"는 온몸으로 베푼 선행을 마감하고 마침내 천상으로 복귀하게 된다.

이 에피소드는 일종의 인물의 전기를 다루는 설화 형식을 취하고 있다. 각박하고 야박한 현실에서 타자를 배려하는 선행을 베풀고 생을 마감한 여인의 일생을 통해 바람직한 삶의 전형을 제시하고 있다. 결국 이 시는 황량한 현대사회에서 휴머니즘적 삶을 이루는 인물 제시를 통해 부박한 현실을 극복하려는 의도를 지니고 있다.

시인들은 한국의 현실에 대한 위기 담론을 나름의 응시와 관찰을 통해 미학적으로 형상화하고 있다. 우선 시인은 그러한 위기 현실에 직면하여 존재론적 성찰을 시도한다. 인간의 본질적인 존재론적 상황에 대한 거시적 조망으로 미시적인 현실의 문제점을 상쇄시키는 것이다. 또한 시인은 현실과 시대에 대한 올곧은 진단과 분석으로 미래로 나아갈 방향성을 확보한다. 예컨대 시인들은 위기에 처했을 때, 존재론적 성찰 혹은 현실에 대한 명확한 분석을 통해 돌파하려는 정신 지향을 보인다. 긍정적인 미래 세계를 향한 시인들의 상상력이 고군분투함으로써 세상은 환하게 밝아오기 때문이다.

11
不可抗力인 '시간'과 不可思議한 '마음'

시간은 실체가 없다. 하지만 시간은 다양한 징후들을 통해 존재를 발현한다. 인간은 생로병사를 통해 시간을 확인하고 수용한다. 뿐만 아니라 시간은 거대한 천체 현상으로부터 사소한 자연현상에 이르기까지 다양한 표정으로 제시된다. 예컨대 태양과 달의 운행으로 인한 낮과 밤의 순환, 비나 눈의 자연 낙하운동 등을 통해 시간은 존재성을 드러낸다. 특히 이 시간은 인간이 유한한 존재라는 숙명적 속성을 드러내주는 매개이다. 인간은 시간의 구속과 제약으로 인하여 일회성의 삶을 살 수밖에 없는 존재이다. 사람은 주어진 시간을 일필휘지로 단 한번만 쓸 수 있는 인생의 조건을 지니고 있는 것이다.

이러한 시간의 한계와 제약으로 인해 인간은 불완전한 존재 속성을 드러낸다. 시간은 직진의 절대성을 지니고 있다. 즉 시간은 진행하면 되돌아올 수 없는 속성을 지니고 있다. 예컨대 시간은 불가역성을 지니고 있는 것이다. 시간은 리콜할 수 없는 존재이다. 하여 지나간 인생은 회귀할 수 없을 뿐 아니라 수정할 수도 없다. 이로 인하여 인간은 가고 오지 않는 과거를 반성하고 추억할 따름이다. 나아가 인간은 이 시간의 엄숙한 절대적 강압에 의해 언젠가 꼭 한 번은 죽어줘야 할 운명을 지니게 되었다. 그리하여 죽음이라는 시간의 단절은 인간을 유한한 존재로 자리매김하였다.

그러나 인간은 유한성을 극복하려는 꿈을 꾼다. 이른바 불로장생을 꿈꾸는 것이다. 아니 불멸과 불사를 지향하며 영원을 지향하는 것이다. 그런데 시간을 극복하면, 예컨대 시간을 자유자재로 통제 가능하게 된다면, 그 때 인간은 신의 반열에 오르게 된다. 왜냐하면 인간은 영원 불사하기 때문이다. 시간을 극복하려는 노력은 과학의 힘을 빌어 여전히 현재진행형이다. 과거와 현재와 미래라는 시간의 선형성을 입체적으로 해결한다면 우리는 그야말로 자유로운 시간여행을 할 수 있게 되는 것이다. 이러한 인간의 인간에 대한 모반적인 꿈, 혹은 혁명적인 꿈은 실현될 수 있을까.

어찌 됐든 현재 인간은 시간의 불가역성, 선형성, 일회성 등으로 인해 불완전한 인간 특성을 지니게 된다. 이러한 인간과 시간 사이의 숙명적 조건은 삶의 여러 제약들을 제기한다. 그 중 가장 강력한 것이 죽음이다. 이처럼 인간에게 다양한 제약과 한계를 제공하는 시간에 대해 시인들은 다양하게 반응한다. 되돌릴 수 없는 인생의 시간에 대해 허무와 무상을 노래한다. 과거의 순간에 대한 추억과 기억을 환기한다. 일회적인 삶의 소중한 가치와 의의에 대해 형상화한다. 시간을 초월할 수 없는 인간의 운명을 토로한다. 하여튼 인간을 인간답게 규정하는 시간의 절대적 엄숙성은 인간을 겸허하게 한다. 시간은 인간에게 불가항력의 존재이기 때문이다.

해바라기 둥근 얼굴에 까만 씨알로 꼭꼭 점을 찍었다
큰 손 하나와 작은 손 하나가 번갈아가며
간난이 세수 시키듯 훔치고 있다

간난이는 잠이 많아서
팔다리가 점점 길어진다
팔다리가 길어진 아이를 엄마는
두 팔에 안고 환하게 웃는다

진흙길을 굴러가는 수레
뒤에 남은 웅숭깊은 바퀴자국을
한참만에야 바스러트려버리는 바람은
나무 등걸에도 나이테를 긋는 바람은

간밤에 자동차와 자동차가 맞붙다가 사라지는 소리를
새벽에 세상을 떠난 어느 환자의 마지막 숨소리를
큰 손 하나와 작은 손 하나로 낱낱이
해바라기 얼굴을 훔치며 기록하고 있다

밤이 되어도 잠잠해지지 않는다

김규화, 「바람 1－얼굴」 전문

이 시는 '바람'을 통해 시간의 흐름/경과의 이미지를 복합적으로 형상화하고 있다. 즉 이 시는 '바람' 연작시인데, 시간의 흐름에 따라 변모하는 '얼굴'의 이미지를 모자이크 방식으로 처리하고 있다. 이 모자이크 기법은 의미 논리적이지 않아서 여백을 메워 읽는 노력이 필요하다. 달리 생각하면 독자에게 시 이해의 재구 능력을 요구한다. 아니면 독자에게 시 해석의 창조성을 발현할 기회를 주기도 한다. 따라서 이 시의 이미지의 질서를 논리적으로 재구성하는 차원에서 꼼꼼하게 읽어보자.

이 시를 이끌어가는 핵심어는 단연 '바람'이다. 바람은 일찍이 하늘의 기운 혹은 우주의 숨과 기운으로 이해되어 왔다. 한편 바람은 자연의 섭리나 이법을 뜻하기도 한다. 또한 이 바람은 허무, 무상, 삶의 기복, 불안, 가변성 등의 내포 속성을 지니고 있다. 폴 발레리는 「해변의 묘지」에서 "바람이 분다. 살아야겠다"는 명구를 발상하기도 했다. 다음에 상술하겠지만, 이 시에서 '바람'은 파괴자 혹은 지우개로 기능한다. 동시에 '바람'은 기록자로 드러난다. 전체적으로 보아, 이 시에서 '바람'은 모든 존재를 풍화시켜 닳아지게 만드는 속성을 지님으로써 '시간'의 대리물로 작동한다.

1연은 '해바라기'를 묘사하고 있다. 그러나 그 해바라기는 '시계'의 이미지를 재현하고 있다. 해바라기와 시계는 여러 차원의 공통 속성을 지니고 있다. 우선 원형이라는 형태적 동일성을 들 수 있다. 다음으로 해바라기는 향일성 식물로 해와 긴밀한 관계를 맺고 있다. 따라서 해바라기는 시간의 의미 속성을 대표적으로 구현한다. 특히 "까만 씨알로 찍힌 점"은 시간을 표시하는 표지로 보인다. 2행의 "큰 손과 작은 손"은 시계의 시침과 분침을 연상시킨다. 3행은 시계의 시침과 분침이 이동하며 시간이 흘러가는 상황을 묘사하고 있다. 그런데 시간의 운행은 매우 조심스러울 뿐 아니라 신생의 긍정적 이미지로 드러난다. 시인은 시간의 흐름을 "간난이 세수 시키듯"으로 형상화함으로써 새로운 세계의 열림으로 인지하고 있다.

2연은 시간의 흐름에 따라 변화하는 "간난이"의 성장과정을 제시하고 있다. 시계로부터 이미지가 이월된 '간난이'는 신생아라 잠이 많다. 예컨대 간난이의 활동 시간은 매우 적고 오히려 시간을 정지시키는 잠을 많이 잔다. 여기서 시간의 역설적 상황이 제시된다. 즉 "잠이 많아서 팔다리가 길어진다"는 인과관계는 시간을 축적함으로써 인간이 생장한다는 논리이다. 엄마는 이렇게 "간난이"로부터 성장한 "아이"를 보고 만족한다.

3연은 시간의 흐름에 따른 삶의 변화 속성을 드러내고 있다. 모든 생명은 "수레"의 운명이 되어 고난과 역경의 세월을 헤치고 나아간다. 그리고 지나온 시간의 뒤에 삶의 흔적을 남긴다. 이는 그 삶이 지나쳐온 인생사의 자국이다. 그러나 그러한 삶의 자취도 얼마 가지 않아 "바람"에 의해 흔적 없이 지워지고 만다. 나아가 세월이 흘러갔음을 드러내는 "나이테"를 새겨 놓는다. 이는 시간이 흘러감에 따라 남긴 흔적, 기억, 역사 등도 결국은 "바람"에 의해 소멸되어 버린다는 허무주의적 세계관의 재현으로 보인다.

4연은 소멸과 무화의 기능을 지닌 "바람"이 현재 세계에서 일어나고 있는 사건, 상황에 개입하고 있는 정황을 묘사하고 있다. 즉 현실세계에서는 과학문명으로 인하여 야기되는 충돌과 파괴 현상이 일어나고 있다. 또한 인간도 질병으로 인하여 세상을 떠나고 있는 죽음의 상황에 처해 있다. 그런데 바람은 인간 세상에서 일어나는 이러한 상황을 "소리"를 통해 시간의 역사로 기록하고 있다. 이러한 '바람'의 기록 과정은 시간의 진행 과정임과 동시에 소멸의 과정이기도 하다. 그리고 5연에서는 이러한 모든 과정이 계속 진행되고 있음을 확인한다.

이 시는 '바람'이라는 매개를 통해 시간의 흐름에 따른 기억과 소멸의 변증법에 대해 형상화하고 있다. 여기서 시간의 이미지를 드러내는 사물들인 "해바라기, 얼굴, 수레, 바퀴, 나이테" 등은 모두 원형의 형태를 지니고 있다. 이는 시간의 운행이 순환론적인 특성을 지니고 있음을 암시하고 있다. 시간은 바람처럼 모든 사물과 기억을 풍화시켜 소멸하게 만드는 작용을 한다. 그러나 소멸과 함께 또 다른 신생의 "간난이"들이 성장하며 세계를 이어나가는 순환적 운행을 한다. 그리하여 이 작품은 시간과 바람 속에 소멸을 하는 세계의 풍경이 여백이 많은 이미지들의 연결로 쓸쓸한 우수를 환기하고 있다.

> 노인정 앞 가로등에 묶여 있는 자전거 한 대
> 저녁부터 아침까지 한 자리 그대로
> 겨울부터 봄까지 가을 지나 다시 겨울까지
> 체인 풀리고 페달 빠져도 그 자리 그대로
>
> 이 길 갈라치면 길보다 먼저 나타나는 자
> 한자리 지키기도 힘들어
> 노인정 앞 불 꺼진 가로등
> 그대로 기대고 있는 녹슨 자전거 한 대

지나가는 사람들 흘금 바라보다가
지나치던 사람들 힐끔 돌아보면
그러거나 말거나 바람 빠진 몸 축 늘어뜨리는
한 자리에서 늙어버린 자전거 한 대
그제처럼 어제처럼 오늘도 스쳐가다가, 으아
핸들아, 바퀴야, 단 한 번이라도 팍팍 굴러가보자

서정우, 「구르자, 바퀴」 전문

이 시도 시간의 퇴색으로 인하여 운동성과 활기를 상실한 존재를 "자전거"라는 대리물을 통해 집중적으로 조망하고 있다. 화자의 시선에 포착된 자전거는 낡고, 녹슬고, 묶여 있고, 늙어 있는 상태로 인지된다. 특히 이 자전거가 놓여 있는 삶의 자리는 "노인정 앞"이다. 이와 같은 공간의 인접성으로 인해 "자전거"는 시간이 오래 경과한 존재를 환유한다. 예컨대 이 "자전거"는 노인정 공간 안에 있는 '노인'을 환기한다. 이 시는 시간에 굴복한 혹은 시간에 압도당한 존재인 "자전거"를 통해 간접적으로 노인들의 쓸쓸한 삶을 투사하고 있다.

1연은 자전거의 "묶여 있는" 상태가 강조되고 있다. 그것도 동일한 공간에서 하루 종일 아니 일 년 내내 고정된 상태로 존재한다. 예컨대 자전거는 동일한 공간과 시간 속에서 전혀 움직임 없이 존재한다. 시간이 흘러감에도 동일한 공간에서 움직임이 없는 삶은 일종의 유폐 감금된 상황이다. 특히 동작과 운동을 작동하는 체인과 페달은 망가진 상태이다. 이로 인해 자전거로 표상된 존재는 활동성과 운동성이 제거된 상태로 존재하는 양상을 보인다. 이는 달리 말하면 죽음과 유사한 상태로 인지된다.

화자는 노인정 앞에 붙박여 있는 '자전거'를 연민의 눈길로 응시하고 있다. 화자의 시선에는 자신의 나아갈 길보다 먼저 '자전거'가 포착되기 때문이다. 역시 그 자전거는 매우 위약한 공간 상황 속에 놓여 있다. 자전거가 지키는 자리는 심지어 "가로등"까지 꺼져 있어 매우 어두운 분위기를 조성한다. 그럼에도 상황을 타개할 의지나 힘이 없기 때문에 '자전거'는 "그대로", "기대어", "녹슬고" 있을 따름이다. 이는 자전거라는 존재가 매우 수동적이며 활동성이 저하된 상태에 처해 있음을 표상한다.

화자는 노인정 앞에 묶여 있는 자전거를 바라보는 사람들의 시선을 주목한다. 시간의 경과로 인하여 운동성과 활력이 제거된 자전거를 바라보는 행인들의 시선은 "흘금, 힐끔"으로 인지된다. 이는 자전거의 부정적이고 비극적인 상태를 정면으로 응시하지 못하는 타자들의 연민의 정서가 반영된 것으로 보인다. 그런데 자전거는 타자의 시선을 의식하지 않는다. 정확히 말하면 의식할 여유가 없기 때문이다. '자전거'는 타자의 동정과 연민의 시선에 개의치 않고 조용히 한 자리에서 "늙어가고" 있다.

그런데 화자는 아무런 자의식 없이 타인들처럼 노인정 앞을 스쳐지나가다가 문득 새로운 각성을 한다. 화자는 활력을 잃어 무기력하게 늙어가는 '자전거'가 생기를 되찾아 예전처럼 활발하게 삶을 이루기를 희망한다. 이 작품에는 시간 앞에 서서히 낡고 늙어가는 존재들에 대한 연민의 정서가 중심축을 이루고 있다. 이 시는 시간의 절대적 위력 앞에 결국은 풍화될 수밖에 없는 나약한 존재의 모습을 "자전거"를 통해 우회적으로 형상화하고 있다.

> 언어들은 대장간의 칼로 녹슬어 있다
>
> 태양이 시간을 돌리는지

시간이 태양을 돌리는지
궁금하지 않은 나의 삶이 식상하다
달의 짜여진 공식처럼
세상엔 그녀의 달거리와 한통속 아닌 것이 없다
지구가 기울어져 한 쪽으로 도는 것과
나의 메시지가 물처럼 아래로만 가는 것과 무슨 관계가 있을까?
바람 따라 구름 흐르고, 그녀 따라 내 마음 흐르는
물리학의 법칙엔 예외가 없다
먹고 마시는 몸의 기계적 활동은 건망증의 뇌가 지시하기 전
내장들이 먼저 아우성 쳤기 때문이리라
주기적인 사랑에 길들여지고
빡빡한 일정표가 나의 삶을 제 맘대로 살고
장기들은 때마다 지급되는 양분에 군말이 없다
날마다 신문을 읽고 뉴스를 들으며 중독되는 생각들
부활과 윤회의 소식이 또 다른 반복일 뿐,
새 것이 되지 못한 지 오래다
쏟아진 우유가 다시 컵에 담기지 않는
고뇌하는 중년이 어린아이로 돌아갈 수 없는 시간의 화살에
집 나간 나의 언어들도 돌아오지 않는다
아침이면 어김없이 태양이 뜨듯
사랑한다는 메시지의 처절한 진동
집요한 울림이 아침마다 그녀 몸에 녹슨 못을 박는다

김기덕, 「사랑한다는 메시지가 낡아 보인다」 전문

이 시는 무기력하고 권태로운 일상적 삶의 반복을 다채로운 묘사를 통해 형상화하고 있다. 이상적 삶이란 항상 새롭고 신선한 세계와 만나 가슴 벅찬 설렘과 희열을 자극하는 것이어야 한다. 물론 이를 위해서는 삶의 주체자의 의식과 행동이 능동적이고 창조적인 태도를 지녀야 한다. 그런데 사실 우리들의 일상은 매일 규칙적으로 반복되는 상투적인 것이어서 권태와 환멸을 자아낸다. 우리의 삶은 규격과 반복의 일상에 길들여져 타성적이고 수동적인 자세를 노출하기 쉽다. 이 시의 제목 "사랑한다는 메시지가 낡아 보인다"는 주어 "사랑한다는 메시지"와 서술어 "낡아 보인다"로 구성되어 있다. 주어 "사랑한다는 메시지"는 원래 항상 새롭고 신선한 자극을 주는 것이다. 그런데 여기서는 "낡아 보인다." 이는 듣는 이에게 신선한 자극과 충격을 주지 않는다는 말이다. 신선하고 자극적이어야 할 사랑의 메시지가 낡아서 더 이상 자극과 충격을 주지 못하고 오히려 권태와 환멸을 제공하는 현실. 이 비극적인 현실을 구체적으로 따라가 보자.

이 시의 첫 행에서 화자는 자신의 언어가 "칼"이기를 바란다. 예컨대 화자는 자신의 언어가 칼처럼 선명하고 자극적이고 명확하기를 바란다. 언어는 의식을 발현하기 위한 도구이다. 따라서 화자 자신의 언어 혹은 의식이 칼처럼 명징하기를 소망하고 있는 것이다. 그런데 화자의 언어/의식은 "녹슬어" 있다. 그것도 "대장간의 칼"로 무미건조하게 상투화되어가고 있다. 말하자면 언어/의식이 태어나자마자 활용되지도 못하고 상실되고 만 것이다. 이 시구는 언어와 의식의 원초적 불구성을 드러낸다.

화자는 세계의 변화에 대해서도 의미심장한 궁금증을 가져야 한다. 그런데 일상의 자아는 세계의 변화에 대한 근원적 질문 같은 것에 무관심하다. 예컨대 세계의 변화를 주동하는 요소인 시간의 기능과 역할에 대한 자의식이 없는 상태이다. 그러나 화자는 자신의 이러한 관성적이며 무의식적인 삶의 자세에 대해 부정적으로 인식한다. 또한 화자는 권태를 유발하는 요인이 자아와 더불어 세계에 있음을 토로한다. 세상에서 일어나는 일들 역시 모두 예측 가능한 "짜여진 공식"에 따라 일사불란하게 연출되기 때문이다. 심지어 모든 세상사는 "그녀의 달거리와 한통속"이다. 이는 '달거리'가 주기적으로 반복되는 것이어서, 화자가 인식하는 세상사는 예측 가능한 도식성을 드러낸다는 뜻이다.

화자는 이처럼 무반성적, 무의식적, 도식적 삶의 반복에 대해 회의와 의문이 생긴다. 그 의문은 지구의 자전과 자아의 의식 사이의 인과관계가 존재하느냐의 여부이다. 지구가 23.5도로 기울어진 채 자전하는 운동으로 인해 우리는 계절의 변화를 감지한다. 또한 화자 자신의 메시지가 물처럼 아래로 흐른다는 사실은 논어에서 말하는 상선약수上善若水의 상태를 암시한다. 따라서 화자 자신의 행동이나 의식이 자연의 천체 운동과 어떤 긴밀한 인과관계가 있는 것은 아닌지 궁금한 것이다. 이는 독립적인 자아 존재가 사실은 자연의 모든 사물들과 보이지 않는 관계로 서로 엮여 있다는 존재의 대연쇄에 대한 궁금증이다.

이러한 성찰 이후에 화자는 자연의 현상과 자신의 일상을 "물리학의 법칙"으로 은유한다. 구름은 바람을 따라 운동하고, 자아는 그녀를 따라 마음이 움직이는 현상은 '모든 물체는 위에서 아래로 떨어진다'는 중력의 법칙처럼 천편일률적으로 동일한 것이다. 예컨대 바람과 구름 사이의 인과관계와 그녀와 자신 사이의 인과 관계는 물리학의 법칙처럼 정해진 도식에 따라 운명처럼 진행된다. 세계에서 일어나는 모든 일이 정해진 도식에 따라 규칙적으로 반복된다는 운명론적인 생각이다.

화자는 심지어 우리의 육체 활동도 "기계적" 성격을 지녔다고 이해한다. 즉 우리의 음식 섭취 행위도 신체 기관들의 기계적, 도식적, 상투적 요구에 의한 것이라는 인식이다. 나아가 화자 자신의 피동적, 수동적, 타성적, 반복적 삶에 대한 자각적 성찰이 여러 측면에서 이루어진다. 화자는 사랑도 "주기적"으로 미리 예정되어 있는 것에 "길들여지는" 피동적 행위로 인식한다. 또한 자신의 일상적 삶도 자의적이거나 주체적이지 못하고 타율적이며 수동적인 상태로 이루어진다고 이해한다. 심지어 육체도 일정한 규칙에 따라 주기적으로 공급되는 음식물에 의해 사육되는 것으로 인지된다. 화자의 모든 삶은 주체적이지 못하고 타율적이고 피동적인 성격을 띤다.

또한 화자의 생각/인식/정서 역시 "신문, 뉴스"의 타율적 주입에 따라 "중독"되고 있다. 우리의 일상의 의식은 보이지 않는 생각 공급자의 조종에 따라 교묘하게 길들여지고 있는 것이다. 한편 세상에서 일어나는 "부활과 윤회의 소식" 역시 새로운 것이 되지 못하고 "또 다른 반복"으로 전락한다. 이 역시 상투적이고 낡은 것일 뿐이다. 일회적으로 명멸하는 세상사는 더 이상 수정되거나 새로운 것으로 갱신할 수 없다. 시간은 가혹한 것이다. 시간은 환원과 수정을 용인하지 않는다. 시간은 지상에 존재하는 모든 존재들을 낡고 닳아지게 만들어 결국 죽음으로 인도한다. 그리하여 화자의 "언어들"/생각들/인식들은 귀가하지 못한 채 방황을 하며 떠돌게 된다.

화자의 삶 혹은 우리의 인생은 "아침이면 어김없이 태양이 뜨듯" 도식에 따라 반복적으로 운행하는 상투적인 작업에 불과한 것이다. 심지어 "사랑한다는 메시지의 처절한 진동"도 상대를 녹슬게 하는 작용을 할 뿐이다. 우리의 사랑은 원래 자신의 전 존재를 투기하여 애정을 주는 것이다. 즉 진정한 사랑은 주체적이고 신선하고 생동적이어서 역설적으로 "처절"할 정도에 이르는 것이다. 그러나 이러한 사랑의 진정성과 치열성은 오히려 "그녀"를 낡고 닳아지도록 추동하는 "못"일 따름이다.

이 시는 우리의 삶을 타성적, 피동적, 수동적 측면에서 부정적으로 조망하고 있다. 어찌 보면 이러한 시각은 삶에 대한 비극적 인식 때문으로 보인다. 그러나 우리 인생은 다양한 시각으로 살펴볼 필요가 있다. 이와 같은 타율적 존재로서의 삶의 도식성은 니힐리즘을 유발한다. 인간은 시간의 절대성 앞에서 상투적이고 도식적인 삶을 영위하며 낡고 닳아지다가 결국은 무상하게 죽음에 이른다는 이런 인식은 허무의 정서를 자아낸다. 심지어 치열하고 진정한 사랑조차 상대를 녹슬게 하는 "못"이라는 은유는 인생이 무상함을 더욱 고취시킨다. 이 시는 허무한 인생을 집요하고 처절하게 그러나 매우 감각적으로 시니컬하게 드러내고 있다.

한편 인간의 마음은 참말로 불가사의한 것이다. 그리하여 인간의 마음은 인문학의 영원한 탐구 주제가 된다. 인문학의 학문 분야인 문학, 철학, 역사학, 언어학 등 모든 부문에서 인간의 마음은 중요한 요소로 기능한다. 특히 시는 근본적으로 인간의 마음을 형상화하고, 인간의 마음을 위무하는데 힘써온 예술 장르이다. 시는 정서와 서정을 환기하기 위하여 다양한 작시법을 활용한다. 여기서 서정 혹은 정서는 인간의 마음에서 일어나는 분위기를 말한다. 시인은 시적 분위기를 조성하기 위하여 마음에서 일어나는 현상에 집중한다. 즉 희로애락애오욕으로 표상되는 인간의 감정과 정서를 표상하기 위하여 심사숙고한다. 시는 마음의 교감을 통하여 공감에 이르기를 꿈꾼다. 시를 통해 마음의 진정성을 소통하는 것은 영혼의 교감을 이루는 것이기 때문이다.

내가 너의 마음을 읽을 수 있게
네 마음을 그려 전시하면 좋겠다는 생각이 들어

긴 세월을 함께 해도
때로 네 마음 알 수 없어 언성이 오갔던 일
전시회를 둘러보며
저 때는 맑고 뽀송하여 따뜻한,
어느 때는 차갑게 얼어붙은 마음
함께 웃었던 날은 구름 위에 앉은 듯 평화로웠고
어느 날은 습하고 퀴퀴한
또 어떤 날은 어릴 적 친구들과 가재를 잡았구나 하며

마음 꺼내 널은 너에게

네 웃음 닮은
꽃 한 다발 내려놓으며
표현하지 않았던 내 고마움도 걸어놓을 수 있게

박강남, 「마음 전시회」 전문

이 시는 화자 "나"와 상대방 "너"의 마음의 교감에 대해 형상화하고 있다. 그들은 그 동안 서로 마음을 소통하며 살아 왔지만 상대의 마음을 읽고 해독하고 이해하는데 어려움을 겪은 것으로 보인다. 이러한 마음 읽기의 곤란함은 마음을 그림으로 그려서 전시회를 갖고자 하는 욕망으로까지 나아간다. “마음”은 형체가 없는 추상이어서 서로 교감하는 데에 일정한 장애를 일으킨다. 특히 화자 “나”는 상대방 “너”의 마음을 읽을 수 없음을 고백하고, 그 해결책으로 “네 마음”을 구체적인 그림으로 그려 전시회를 갖고 싶다는 희망을 드러낸다. 이는 나와 너의 마음 소통을 객관적으로 공인받고 싶은 욕망까지도 함축하고 있다.

2연에서 화자는 “긴 세월”을 동고동락하며 살아오면서 겪은 불통의 사례들을 제시한다. 예컨대 상대의 마음을 이해하지 못하여 서로 다투었던 일화, 서로 교감과 소통이 원활하여 “맑고 뽀송하고 따뜻한” 상태의 마음, 서로 상대의 마음을 잘못 읽고 이해하지 못하여 “차갑게 얼어붙은” 상태의 마음 등이다. 그리고 소통이 잘 되어 공감이 잘 되던 날의 마음은 “평화” 상태였고, 역으로 불통이 되어 공감을 이루지 못했던 날은 “습하고 퀴퀴한” 불화의 상태였음을 제시한다.

3, 4연에서는 화자에게 상대가 동심에 젖어 과거의 추억을 “꺼내 널은” 마음을 통해 화평한 관계를 이루고 있다. 이러한 상대의 허심탄회한 마음 보여주기에 대해 화자 역시 화답한다. 그것은 상대에게 고마움을 표시하기 위해 바치는 “꽃 한 다발”로 드러난다. 이 시는 결국 부부 혹은 동료 사이에 불투명하고 불가사의한 마음을 구체화시켜 상호 소통 교감함으로써 행복하고 평화로운 관계가 성립된다는 메시지를 표상한다. 이 시는 인간들 사이의 마음 전달하기가 어려운 이 시대 현실에 간접적으로 자극을 주는 효과가 있다.

> 아직은 찬 3월의 빗속에서 그대가 고개를 숙였다 어깨에선 설설 끓는 체온을 식히느라 허옇게 김이 올랐다 어데 골목 모퉁이에선가 밤마실 나간 어미를 찾는 아기고양이가 울었다 밀장빼기 게임에 실패한 나무 블록처럼 무너져 내린 시절들을 수습하려 그대는 무릎을 꺾었을까 나는 그저 그간 참고 있던 말들을 토해 냈을 뿐인데 함박 피었던 목련꽃 모가지 툭툭 떨어져나갔다 그대 어깨가 기어이 바닥을 향해 고꾸라졌다 오래도록 일어서지 못할 그 곁에 그대 그림자가 혼자 하얗게 눈물을 훔치고 있었으니
>
> 배선옥, 「나는 치자꽃 손수건을 준비해드리리」 전문

이 시는 제목이 환기하는 바와 같이 상대를 배려하고 존중하는 마음이 아름답게 형상화되어 있다. 그러나 화자 "나"와 상대인 "그대" 사이에 일어나고 있는 마음 주고받기가 교감을 이루지 못하고 비극적 상황을 맞고 있다. 즉 사랑하는 "그대"와 사랑 받는 "나"의 불화 관계가 함축적으로 구성되어 있다. 이는 일종의 설화처럼 선명하고 감각적인 사랑과 이별의 장면을 재현하고 있다. 즉 서로 사랑하는 둘 사이에 일어나고 있는 서정적인 마음의 불협화음이 몽환적으로 그려지고 있다.

텍스트에 밝혀 있지 않지만, "그대"는 어떤 실수나 잘못을 저질렀다. 이는 그대의 "고개를 숙였다"는 행위를 통해 압축적으로 묘사되고 있다. 그리하여 "그대"는 아직 추위가 가시지 않은 3월의 비가 내리는 상황에서도 화자인 "나"에게 용서를 구하러 왔다. 비를 맞으며 용서를 구하는 "그대"에게선 사랑의 열정과 뉘우침의 진정성으로 인하여 팽팽한 긴장감이 감돈다. 이는 "허옇게 김이 올랐다"는 선명한 시각적 장면 제시로 인해 함축적으로 묘사되고 있다. 그러한 시적 긴장감은 어미를 찾는 "아기고양이의 울음소리"라는 청각적 효과로 인하여 그 간절함과 비극적 정조의 분

위기가 더욱 강화된다.

특히 "그대"는 "나"와의 관계를 행복했던 시절의 원상으로 복구하기 위하여 전력투구하여 애원한다. 이 구절 또한 "밑장빼기 게임의 실패"라는 구체적인 상황 제시로 인해 그대가 저지른 잘못이 감각적으로 드러나고 있다. 나아가 이 '밑장빼기 게임'은 위험하고 조심스러운 사랑의 과정을 암시하는 기능까지도 수행한다. 뿐만 아니라 용서를 구하는 그대의 간절하고 진정성 있는 자세는 "무릎을 꺾었을까"라는 설의법 종지를 통해 어렴풋한 몽환적 분위기를 환기한다.

이에 대응하여 화자는 "그간 참고 있는 말들"을 토로한다. 이는 "그대"가 저지른 잘못이나 실수에 대한 화자의 참았던 마음의 노출이다. 또한 화자의 이 마음의 표명으로 인하여 둘 사이의 관계는 비극적 상황의 정점으로 치닫는다. 이는 "함박 피었던 목련꽃 모가지 툭툭 떨어져나갔다"는 비극적 풍경을 통해 무너져 내린 둘 사이의 불화 관계를 환기시키는 훌륭한 서정적 묘사로 나타난다. 이러한 화자의 반응에 "그대"는 좌절과 절망의 자세로 "고꾸라질" 뿐이다. 그 좌절과 절망의 장면은 그대가 "혼자 하얗게 눈물을 훔치고" 있다는 실연의 구체적인 모습을 통해 선명하게 부각된다. 그런데 이 시의 본문은 "눈물을 훔치고 있었으니"라는 미완의 문장으로 마친다. 그리고 이 시의 제목이 본문의 미완결 문장을 받아 완성하는 형식을 취한다. 예컨대 "그대가 나의 이별 통보로 좌절하여 눈물을 훔치고 있었으니" 본문 마지막 문장 다음에 시 제목 "나는 치자꽃 손수건을 준비해드리리"로 이 스토리를 완성하는 것이다.

이와 같은 화자와 그대 사이의 아름답고도 비극적인 사랑과 이별의 이야기는 구체적이고 함축적인 장면 제시로 인해 구조적인 스토리를 형성한다. 이 작품의 근저에는 사랑하는 마음과 이별하는 마음 그리고 용서를 구하는 마음과 용서를 받아들이지 못하는 마음이 서로 충돌하고 있다. 이 충돌과 자극이 시 속의 이야기를 긴장감 있게 이끌고 가는 동인이다. 이 시는 시속 인물인 화자 나와 상대인 그대의 마음과 정서를 간접적인 풍경이나 장면 제시를 통해 효과적으로 형상화하고 있다. 이러한 작시법은 서사 양식에서 즐겨 사용하는 것인데, 서정 양식에서 활용함으로써 불가사의한 사랑하는 마음의 구체성을 훌륭하게 표상하고 있다.

현대시가 다루는 주요 소재인 시간의 불가항력과 마음의 불가사의를 초점으로 하여 시를 살펴보았다. 시인들은 인간이 극복할 수 없는 시간의 절대성에 대해 좌절과 한계를 인식하면서도 정면으로 대응하는 자세를 보이고 있다. 예컨대 일상의 반복성과 도식성으로 인한 권태와 환멸을 인식하고 극복하려는 응전의 태도를 갖는다. 또한 시간의 강압에 의해 낡고 닳아질 수밖에 없는 죽음의 운명을 직시하고 있다. 한편 시인들은 불가사의한 인간의 마음을 집요하게 형상화한다. 그것은 일찍이 시의 감정과 정서로 중요하게 다루어져 왔다. 해독할 수 없는, 변화무쌍한 인간의 마음결을 다루는 시인들은 그 불가사의한 마음의 정체를 찾아 오늘도 여전히 언어의 자갈밭을 헤매고 있다. 기꺼이, 자청하여, 피 흘리면서, 외롭고, 처절하게 .

찾아보기

ㅂ

ㅅ

ㅇ

기타

양병호

전북대학교 국어국문학과 교수

· 저서

『한국현대시의 인지시학적 이해』, 태학사 / 『몽상과 유랑의 시학』, 인간과문학사 / 『시여 연애를 하자』, 시문학사 / 『그리운 시 여행에서 만나다』, 박이정 / 『김영랑전집』, 한국문화사 / 『스테파네트 아가씨』, 시문학사 / 『구봉서와 배삼룡』, 고요아침 외 다수

· 역서

『시와 인지』, 한국문화사 / 『인지문체론』, 한국문화사 / 『인지시학의 실제비평』, 한국문화사

· 논문

『김영랑 시 연구』 / 『만해 한용운 시 연구』 / 『'초혼'의 인지시학적 연구』 / 『이육사 시의 인지시학적 연구』 / 『이성선 시의 인지시학적 연구』 외 다수

건지학술총서 ⑫

詩의 고독과 절망

지은이 양병호
펴낸이 이남호
펴낸곳 전북대학교출판문화원

초판 1쇄 인쇄 2018. 04. 20
초판 1쇄 발행 2018. 04. 27

전북대학교출판문화원 전라북도 전주시 완산구 어진길 32 (풍남동2가)
전화 (063) 219-5321~2
FAX (063) 219-5323
출판등록 2012년 8월 20일 제465-2012-000021호

값 32,000원

ISBN 979-11-87892-84-7 94810
ISBN 978-89-98534-66-0(세트) 94080

이 도서의 국립중앙도서관 출판예정도서목록(CIP)은 서지정보유통지원시스템 홈페이지(http://seoji.nl.go.kr)와 국가자료공동목록시스템(http://www.nl.go.kr/kolisnet)에서 이용하실 수 있습니다. (CIP제어번호 : CIP2018011287)